LE TOUT POLITIQUE 2022

JEAN-LOUIS BEAUCARNOT

LE TOUT POLITIQUE 2022

l'Archipel

Notre catalogue est consultable à l'adresse suivante :
www.editionsarchipel.com

Éditions de l'Archipel
92, avenue de France
75013 Paris

ISBN 978-2-8098-4338-5

Sommaire

Curiosités, observations, analyses

Un peu d'histoire

Explications et références

Introduction

On parle d'eux sans cesse et pratiquement que d'eux en période électorale. Autant et sinon plus que des people. Pourtant, que sait-on vraiment d'eux – et d'elles ? Qui sont nos ministres, nos dirigeants de parti, acteurs majeurs de la vie politique nationale ?

D'où viennent-ils ? La question est légitime et doit être posée. Elle ne procède pas du voyeurisme, mais de l'information et – vie publique oblige – elle est aussi essentielle que le fait pour eux de jouer la transparence, comme ils le font au plan médical ou patrimonial. Et puis, n'ont-ils pas justement souvent rejoint, au cours des dernières années et plus ou moins malgré eux, ce monde des people, au travers des médias ?

Par des approches multiples, souvent originales et novatrices, ce livre propose de mieux connaître nos politiques. De mieux les situer, pour mieux les comprendre et mieux saisir leurs modes de fonctionnement. À cette fin, il offre une sorte de petit vademecum du « tout politique » et répond à vos questions.

Quel a été leur parcours, tant personnel que familial ? Quelle a été leur formation ? Combien et lesquels sont passés par l'Ena ? Et avec qui ? En 1980, la promotion Voltaire avait réuni Hollande, Royal et Villepin…

Où habitent-ils ? Dans les beaux quartiers ou en banlieue ? Sont-ils riches ou pauvres ? Passent-ils leurs vacances à Saint-Trop' ou dans le Gers ?

Se marient-ils et dans ce cas qui épousent-ils ? Une amie d'enfance, une journaliste en vue ou leur assistante parlementaire ?

Qui est noble et qui ne l'est pas ? Car il faut faire le tri entre faux nobles, nobles d'apparence et vrais nobles, entre de Gaulle, Giscard, Sarkozy…

Quels sont leurs goûts ? Que ce soit à table, avec tête de veau, cachous, fraises Tagada, andouille de Guémené, poireaux vinaigrettes ou tiramisu. En musique, avec Véran et Villani pianistes à leurs heures, face à Arthaud à la trompette et Quatennens à la batterie, après l'accordéon de Giscard, ou plutôt fans de rock, comme

Édouard Philippe, ou d'opéra, comme Roselyne Bachelot, Élisabeth Borne ou Florence Parly ?

Côté sports, saviez-vous qu'Édouard Philippe et Emmanuel Macron pratiquent tous deux régulièrement la boxe et que Gérard Larcher avait été champion d'équitation ?

Dans ce livre, chacun trouvera non seulement ce qu'il cherche, mais aussi, bien souvent, ce qu'il ne cherchait pas...

Saviez-vous que Jean-Luc Mélenchon a été enfant de chœur et que Gérard Larcher avait été couronné « Bébé Blédine » à dix-huit mois ? Qu'Emmanuel Macron n'a pas son rival pour danser le tango, que Gérald Darmanin a chanté Brassens et Brel dans les bistrots de Paris ? Que Nicolas Hulot avait un père chercheur d'or et que c'est son grand-père qui a inspiré le film de Jacques Tati, *Les Vacances de M. Hulot* ?

Sans oublier les révélations purement généalogiques, découvertes au terme de souvent très longues recherches, pour défricher au coupe-coupe des généalogies souvent inexplorées, comme j'avais dû le faire, en 2016, pour celle d'Emmanuel Macron, aujourd'hui facilement accessible en quelques clics, alors que celles de Bertrand ou de Jadot restent encore quasi inconnues. Des généalogies par ailleurs de plus en plus denses et complexes, en ce que les archives de l'état civil commençant pour la plupart dans les années 1650-60 et le nombre des ancêtres doublant à chaque génération, si l'on pouvait en identifier quelque deux cent cinquante, en remontant celle de Jacques Chirac, né en 1932, jusqu'à la huitième génération, on en trouve quatre fois plus pour Emmanuel Macron, né en 1977, qui pourrait être son petit-fils, et huit fois plus pour Jordan Bardella, né en 1995.

D'où des recherches exigeant souvent des jours et des nuits de travail, mais qui se révèlent souvent « payantes ». Elles m'ont permis, à la veille de de l'élection de 2012, de découvrir François Hollande cousin de Nicolas Sarkozy et DSK arrière-petit-fils d'un tenancier de maison close qui avait terminé au bagne, puis, en 2017, de montrer Valérie Trierweiler cousine de sa rivale Julie Gayet. Un étonnant florilège de parentés, plus surprenantes les unes que les autres, avec aujourd'hui des cousinages entre Gérald Darmanin et Marine Le Pen, entre Édouard Philippe et le Gilet jaune Éric Drouet, entre Brigitte Macron et François Hollande. Une chaîne qui pourrait être interminable, avec Clémentine Autain cousine de Nicolas Sarkozy, lui-même cousin de François Hollande, cousin de Brigitte Macron, cousine de Cédric Villani, cousin du Gilet jaune Éric Drouet, cousin d'Arnaud Montebourg, cousin de Valérie Trierweiler, cousine d'Yvonne de Gaulle, cousine de Benjamin Griveaux, cousin d'Édouard Philippe, cousin de Laurent Wauquiez, cousin de Bruno Le Maire, cousin du général de Villiers, etc. Des parentés que je ne saurais sortir de mon chapeau au gré de mes fantaisies, puisque les nuits de veille passées sur les archives de Saint-Loubouer, dans les Landes, ne m'ont pas permis d'établir le moindre cousinage entre Alain Juppé et Marine Le Pen, qui y ont tous les deux des ancêtres. Comme le passage au peigne fin de celles du minuscule village basque d'Esquiule, comptant à peine cinq cents âmes et où toutes les familles autrefois cousinaient, ne permet pas d'apparenter Martine Aubry et François Fillon, qui y ont pourtant tous deux des racines, comme si les Lephaille, ancêtres de l'une, et les Bédecarratz, ancêtres de l'autre, avaient appartenu à deux lignées ennemies depuis la nuit des temps…

Des recherches longues mais passionnantes, et surtout riches d'enseignements. La connaissance des données généalogiques et des trajectoires familiales éclaire magistralement les parcours et les choix personnels de ceux et celles qui briguent nos suffrages ; et je suis toujours étonné, lorsque je rédige ou mets à jour ce livre, de constater combien ces éclairages originaux sont presque toujours générateurs d'empathie. L'approche familiale et généalogique, en nous permettant de les mieux comprendre, permet finalement de retrouver – y compris souvent chez celui qui semble le plus arriviste – cette part d'humanité que chacun porte en lui. Qui donc a dit que nos hommes et femmes politiques ne gagnaient pas à être connus ? En apparence souvent dérangeant, ce livre peut aussi aider l'électeur à se réconcilier avec ses élus…

Avant-propos

NOS POLITIQUES NE CESSENT DE CHANGER !

Autres temps, autres mœurs – et aussi autres modes d'élection et de communication. Nos leaders politiques, sur presque tous les plans, sont différents de ceux de nos parents.

Évolution socioculturelle...

Si autrefois – sous les IIIe et IVe Républiques – nos chefs d'État étaient majoritairement issus des milieux intellectuels et bourgeois, ceux du XXIe siècle descendent davantage de familles dont la réussite sociale est moins ancienne et moins assise (☞ p. 359). Certes, les milieux familiaux, pour être très variés, expliquent souvent les choix idéologiques ; le fossé est profond entre les ancêtres de Nathalie Arthaud et ceux de Bruno Le Maire. Il y a un monde entre les parents de Julien Denormandie – tous deux médecins, avec un ancêtre fondateur du très aristocratique Jockey Club – et ceux de Gérald Darmanin – père tenancier de bar, mère femme de ménage – ou de Jordan Bardella : grands-pères immigrés italiens, travaillant dans le bâtiment. Certains, qu'ils le veuillent ou non, sont arrivés en politique par héritage ou tradition familiale : Aubry, fille de Delors, Jean Castex, petit-fils de sénateur, Marion Maréchal, nièce de Marine et petite-fille de Jean-Marie Le Pen, alors que la majorité n'y était nullement préparée : Emmanuel Macron, Xavier Bertrand, Yannick Jadot... ou mieux encore Rachida Dati ou Christiane Taubira...

Arrivent donc sur la scène des rejetons de familles dont la marche a été longue et difficile, tels Anne Hidalgo ou Éric Dupond-Moretti. Voire de familles parties avec des handicaps, naguère difficiles à remonter, comme les Montebourg, descendants d'un enfant trouvé... Des familles qui ont sans doute durement lutter pour s'en sortir... Mais, au cours du XXe siècle, l'accès à l'enseignement et les progrès sociaux ont fait sauter les anciens verrous, et des professions intermédiaires se sont révélées d'excellents moteurs d'ascension sociale. La plus efficace a été sans conteste celle d'instituteur. Nombre de nos politiques sont en effet des enfants – ou petits-enfants – d'enseignants, de ces « hussards noirs » laïcs et républicains si chers à Péguy, tels les parents instituteurs de Jean Castex, de Yannick Jadot, les mères de Marlène Schiappa et d'Arnaud Montebourg, la très chère grand-mère d'Emmanuel Macron, ou comme autrefois les deux grands-pères radicaux-socialistes de Jacques Chirac ou les parents de Georges Pompidou, premier président à avoir des ancêtres instituteurs. Cela, face à l'effacement confirmé du monde agricole, avec seulement trois fils d'agriculteurs (François Bayrou, Christian Jacob et Jean Lassalle) et à la stabilité du milieu ouvrier (neuf fils d'ouvriers ou de travailleurs manuels en 2017, pour dix en 2012) (☞ p. 359).

Autant de changements importants, qui conduisent certains commentateurs à carrément se demander si les valeurs traditionnelles n'ont pas changé de camp avec, à gauche, des natifs des beaux quartiers ; à droite, des élèves boursiers. Changement ayant son écho au niveau des professions : si les ministres et leaders politiques étaient autrefois des élus provinciaux, devant leur élection à l'exercice de certaines professions leur assurant estime et popularité, tels que médecins ou vétérinaires de campagne, ils sont plutôt aujourd'hui des avocats urbains ou parisiens, des techniciens ou des énarques, quand ils n'ont pas directement commencé leur vie active dans le monde politique, dans un cabinet ministériel ou comme assistant parlementaire : un profil de plus en plus fréquent, tels ceux de Gabriel Attal, Jordan Bardella, Gérald Darmanin, Olivier Faure, David Lisnard... ou plus anciennement de François Fillon.

Au plan culturel, l'évolution est encore plus forte, avec plusieurs personnalités à double culture, tels Arnaud Montebourg, avec sa mère fille de Kabyle, voire à triple culture, comme Gabriel Attal, pourvu d'ancêtres juifs, orthodoxes et catholiques.

... et évolution géographique

L'évolution tout aussi nette au plan géographique, avec de nombreuses personnalités ayant des racines à l'étranger et la présence massive de descendants à la seconde génération d'Italiens et d'Espagnols, comme Damien Abad, Jordan Bardella, Anne Hidalgo, Éric Dupond-Moretti, Philippe Martinez..., voire de Maghrébins, comme Rachida Dati et naguère Myriam El Khomri et Najat Vallaud-Belkacem. Des racines dans d'autres pays parfois, comme Nicolas Sarkozy en Hongrie ou Gérald Darmanin à Malte. Cela passant souvent par des origines pied-noir, dotant de racines espagnoles Bernard Cazeneuve et Jean-Luc Mélenchon, auxquelles s'ajoutent pour ce dernier des racines siciliennes. Les ancêtres belges sont également très présents, notamment bien sûr chez les personnalités originaires du Nord, avec pour elles aussi parfois des aïeux polonais, venus entre les deux guerres y travailler dans les mines. Autant de familles ayant bel et bien « fait leur chemin ».

Si l'on s'en tient à l'Hexagone, le changement est tout aussi flagrant. Si nombre des gouvernants d'autrefois étaient originaires du Massif central, dont les ressortissants se retrouvaient à Paris au sein de réseaux organisés et solidaires, encore bien réels au temps de Pompidou et de Giscard, cette région est désormais sous-représentée, les racines de ceux d'aujourd'hui ne cessant de se diversifier.

On observe un premier pic de concentration d'hommes politiques dans le Nord-Pas-de-Calais, région dont les ressortissants s'affirment comme une minorité active et entreprenante, face à plusieurs reculs. Ceux des départements lorrains et surtout de la Bretagne, naguère mais temporairement fortement représentée, sous la présidence de François Hollande. Face à une sous-représentation des départements du Centre et du Val-de-Loire, de l'Auvergne, du Poitou-Limousin, de la Franche-Comté et du Languedoc, on note une lente remontée des natifs des départements du Sud, avec une irrésistible montée des racines corses – auxquelles ceux et celles qui en ont se montrent généralement très attachés, de Marlène Schiappa à Valérie Pécresse, en passant par Philippe Juvin, Cédric Villani et Bernard Cazeneuve. Avec surtout le maintien du second pic dans les Pyrénées-Atlantiques, notamment en Béarn, région dont les habitants se sont de tous temps affichés comme actifs et entreprenants, en n'hésitant pas à migrer, parfois au loin (☞ p. 371)...

Autres changements

D'autres évolutions peuvent être dénoncées au plan de la famille proche, avec une très nette montée de l'instabilité matrimoniale, près de la moitié étant divorcés et certains ayant été mariés trois fois – tels Xavier Bertrand et Nicolas Sarkozy –, beaucoup vivant en union libres ou étant pacsés, avec quelques-uns ayant fait leur *coming out* (☞ p. 382). En revanche, la tendance observée dans la précédente édition à choisir les conjoints dans le monde du journalisme ou du show-biz s'avère en très net recul, les ministres de la Macronie s'étant dans leur majorité montrés plus discrets auprès des médias et s'étant nettement moins mêlés au monde des people (à l'exception du couple Éric Dupond-Moretti-Isabelle Boulay).

L'évolution, enfin, sera tout aussi nette au plan astrologique, montrant les froids Scorpion d'hier cédant la place aux Lions d'aujourd'hui, au caractère ambitieux et conquérant (☞ p. 369). Sans oublier une autre évolution, avec l'impressionnante montée des procédures judiciaires les concernant, qu'il s'agisse d'abus de pouvoir, de financements illégaux ou de plaintes pour agressions et viols, qui a carrément poussé plus d'un de nos dirigeants, au cours des dernières années, à se retirer de la vie politique.

Une étonnante diversité

L'approche généalogique étonnera sans doute par l'extraordinaire diversité de ses résultats.

Rien de plus logique, si l'on considère notre nombre d'ancêtres. Chacun de nous ayant deux parents et quatre grands-parents, qui en avaient eux-mêmes autant, et cela à l'infini, nous avons tous 16 arrière-arrière-grands-parents, 32 arrière-arrière-arrière-grands-parents, 64, 128, 256, 512, 1024... En gros, les archives françaises permettant dans la bonne moyenne de remonter jusqu'à nos ancêtres nés vers 1650, chacun de nous peut donc identifier quelque trois à quatre mille ancêtres différents, ayant vécu depuis cette époque. Trois à quatre mille individus qui ne peuvent qu'être dispersés.

Dispersion géographique, et de plus en plus nette, du fait des brassages de la population au XXe siècle, tant ethniques que sociaux. Les cas d'ancêtres concentrés dans un seul département, encore très fréquents aux générations de Pompidou ou de Chirac, font désormais figures d'exception et se rencontrent chez des personnalités généralement issues de milieux modestes, comme Nathalie Arthaud, Laurent Berger, Jean Lassalle, Philippe Poutou ou Jean-Marie Le Pen. Benoît Hamon, aux racines ne quittant pas le Finistère, et Richard Ferrand, à 99 % de l'Aveyron, font ici très piètre figure face à Julien Denormandie, qui compte des ascendants dans trente-sept départements et huit pays étrangers, un éclectisme généralement propre aux milieux aisés. La bonne moyenne, ici, pour les générations récentes, oscille entre dix et quinze départements, plus des deux tiers de nos personnalités ayant par ailleurs des racines plus ou moins proches dans au moins un pays étranger. Le melting-pot français est une réalité d'autant plus perceptible ici que ceux et celles s'engageant dans le débat public sont majoritairement issus des minorités les plus actives et entreprenantes de la population nationale, à commencer par celles ayant bougé au plan géographique ou/et social.

Dispersion sociale également, faisant descendre Hulot à la fois de modestes journaliers percherons et de l'une des fameuses « deux cents familles », comme autrefois Giscard de Louis XV et d'un pâtissier de Limoges. Tous les métiers sont représentés, avec l'incontournable majorité de paysans – les laboureurs de La Fontaine, faisant sous l'Ancien Régime figures de « Français moyens » –, beaucoup de maçons, comme aussi nombre de professions artisanales, parfois mal connues ou disparues comme, dans le Nord, les ancêtres mulquiniers de Gérald Darmanin, fabriquant une sorte de toile de batiste appelée le *mulquin*.

De la dispersion aux cousinages

Avec, pour chacune de la petite centaine de personnalités traitées, trois à quatre mille ancêtres identifiables et donc généralement dispersés sur plusieurs départements, on arrive à près de quatre cent mille individus dispersés sur quelque cinq mille de nos anciennes communes. De quoi fatalement découvrir que plusieurs ont des racines dans la même, avec dès lors de grandes chances d'y avoir des ancêtres communs. Des communes parfois minuscules, où plusieurs leaders vont avoir des racines et des ancêtres. Ainsi à Saint-Loubouer, dans les Landes, pour Alain Juppé et Marine Le Pen, à Rieupeyroux, dans les Pyrénées-Atlantiques, pour François Bayrou et Philippe Poutou. Et les surprises, alors, d'arriver... Pourvus tous les deux d'ancêtres à Château-Chinon, voilà que sont cousins Arnaud Montebourg et Édouard Philippe, lequel, ayant aussi des racines à Wambrechies, dans le Nord, va y cousiner avec Laurent Wauquiez..., d'où une cinquantaine de cousinages découverts entre les personnalités étudiées dans ce livre, à côté d'une centaine d'autres, les liant à des personnalités d'autres milieux, à commencer par celui du showbiz.

Hollande, cousin de tout le monde et Macron, cousin de personne

On notera ici deux curieux records. Le premier revient à François Hollande, que le généalogiste découvre cousin à la fois de son ami Michel Sapin, de son ancien ministre Christian Eckert, mais aussi de Nicolas Hulot, comme de tout un éventail de personnalités de droite, de François Baroin, Nathalie Kosciusko-Morizet, Claude Guéant, Jean-Pierre Raffarin à Bernadette Chirac, comme encore – plus à droite – de Florian Philippot, Marion Maréchal et Frigide Barjot. Sans oublier un cousinage avec Brigitte Macron et, hors du monde politique, avec le présentateur Jean-Pierre Foucault et la célébrissime dame au chapeau, Geneviève de Fontenay. Soit pas moins de quatorze cousins et cousines de premier plan. Un record que nul ne réussit ici à battre et dont tente vainement de s'approcher Édouard Philippe, avec seulement – excusez du peu ! – sept cousins et cousines dans le monde politique : deux de droite (le maire LR de Cannes David Lisnard et Laurent Wauquiez) et cinq de gauche (son ancien ministre Benjamin Griveaux, Arnaud Montebourg, l'Insoumis Adrien Quatennens, l'ex-cégétiste Bernard Thibault et le Gilet jaune Éric Drouet). Hollande et Philippe : deux hommes aux nombreux cousins, qui sont justement deux hommes réputés consensuels, alors que le généalogiste se casse les dents pour essayer d'apparenter Emmanuel

Macron à des personnalités de premier plan, y compris avec Yannick Jadot ou avec sa propre femme, Brigitte Trogneux, qui ont tous les deux des racines dans les mêmes secteurs que lui. Comme si, fidèle à son image de travailleur volontiers solitaire, le président se gardait bien de cousiner…

Des parentés et des ancêtres surprenants…

Personne, bien sûr, ne choisit sa famille. Si les Le Pen aimeraient évidemment se découvrir de la parenté de Jeanne d'Arc, c'était au syndicaliste Jean-Claude Mailly que l'on en avait découvert une, alors que Yannick Jadot se trouve être un lointain neveu de l'évêque Cauchon, qui l'avait envoyée au bûcher.

Si pour Laurent Wauquiez la pioche généalogique est inespérée, avec de Gaulle pour cousin, Xavier Bertrand se retrouve neveu de Danton et Gérald Darmanin de Robespierre, comme Jean Castex d'un propriétaire d'esclaves, alors que Marine Le Pen – comme quelques autres – descend de Mahomet…

Moins original : plus du quart de nos personnalités descendent d'un de nos anciens rois – à commencer par Louis VI le Gros, ancêtre entre bien d'autres du corpulent président du Sénat Gérard Larcher, alors que François Hollande et Laurent Wauquiez comptent tous les deux parmi leurs aïeux Philippe V le Long, l'un des célèbres rois dont la descendance avait été maudite…

Ce sont également beaucoup d'ancêtres curieux, insolites ou au sort particulier, comme le sieur de Heyd, aïeul belge de Ségolène Royal, assassiné pour être arrivé en retard à la messe, l'aïeul « nabab » de Gilbert Collard ou le Berbère Ahmed Ould-Cadi, aïeul d'Arnaud Montebourg, qui lutta contre Abd el-Kader. D'autres sont plus pittoresques. Ainsi le grand-père Le Pen, qui but littéralement parlant les économies de sa femme. Ainsi Léon Bricot, trisaïeul de DSK, professeur de violon, qui tenait une maison close et qui, pour avoir tué un de ses clients, termina sa vie au bagne. Ainsi encore un autre bagnard : un Picard nommé Jean Baptiste Le Grand, qui s'était fait pincer, en 1750, pour trafic de faux tabac. Une erreur de jeunesse qui avait valu à ce petit dealer trois ans de travaux forcés à Brest, aux termes desquels il s'était racheté une conduite, en devenant ouvrier-fileur dans une filature de Corbie… Des aïeux poussant parfois leur descendant à réagir, comme Christophe Castaner, dont un ancêtre avait enchaîné les faillites et deviendra joueur de poker, ou comme le Gilet jaune Éric Drouet, dont les plus anciens ancêtres Drouet connus labouraient sous Louis XVI les terres de Grandchamps-les-Fontaines, commune de la banlieue nantaise, sur le territoire de laquelle devait empiéter le fameux aéroport de Notre-Dame-des-Landes, qui des années durant mobilisa les énergies de ses opposants… Des ancêtres d'autres fois étonnamment « légitimants », comme ceux découverts à Olivier Véran – il a des racines dans sa propre circonscription électorale.

Une formidable fresque d'ancêtres, peuplée de personnages parfois romanesques sinon troublants et non sans influence sur la construction de certaines personnalités. Ainsi les deuils répétés des Bayrou ou les tragédies familiales des Delors ou des Hulot, face à de nombreux fantômes, comme le grand-père d'Éric Dupond-Moretti, dont les circonstances de la mort, jamais élucidées, ont déterminé la vocation. Des fantômes ou des poids, comme celui des très rigoureux militaires peuplant l'arbre généalogique de Ségolène Royal ou comme les nombreuses blessures, jamais cicatrisées chez beaucoup, du divorce ou du désaccord des parents, qui les ont poussés à réagir et à s'affirmer. Avec aussi l'affrontement au père, obligeant Castaner à claquer à dix-sept ans la porte de la maison familiale ou ayant valu à Éric Zemmour de récurrents coups de ceinture.

Grâce à la généalogie donc, beaucoup de points s'éclairent, à commencer avec les noms, révélant que Nadine Morano était née Pucelle ou qu'Arnaud Montebourg a failli se nommer Letoquar, alors que le nom du secrétaire d'État à la Transition numérique et aux Communications électroniques, Cédric O, n'a pour toute originalité que d'être coréen. Sans oublier le poids des prénoms, avec chez les Le Pen, Marion, parfait « clone généalogique » de sa tante Marine.

La généalogie, à laquelle Amélie de Monchalin n'hésite pas à se référer, puisant dans l'histoire de sa famille pour alimenter le débat général, ne peut qu'influencer les parcours et les engagements et participer à la construction de la personnalité, que tout individu doit forger à partir de ce que la grande loterie lui a offert à sa naissance : ancêtres, racines, mais aussi autres héritages en tout genre, avec coïncidences parfois curieuses, ainsi au plan des dates de naissance, valant à Valérie Pécresse d'être née un 14 juillet. Face à toutes ces données imposées par le hasard, nos personnalités politiques ont dû apprendre à réagir. C'est ainsi qu'elles se sont construites et qu'elles ont bâti leur projet politique. Un projet qui leur ressemble, à elles qui, souvent, ressemblent à leurs ancêtres…

LE DICO DES POLITIQUES
de *A* à *Z*

Mode d'emploi

Nom

Prénom
(prénom usuel en italique, avec son étymologie)

Date de naissance
personnalités nées le même jour

Lieu de naissance

Signe astrologique

PROFESSION :
DOMICILE :
FILIATION :
RACINES : **départements et pays où se trouvent ses racines (en gras, la lignée patronymique)**

Nom de famille : fréquence (notamment d'après les fichiers de l'Insee), implantation, monophylétisme (porteurs issus d'une seule ou de plusieurs souches, donc tous apparentés ou non), éventuelles homonymies et étymologie.

Origines et histoire familiale : synthèse présentant généralement les origines, avec les plus anciens ancêtres porteurs connus du nom, retraçant l'histoire familiale, évoquant les diverses branches de l'arbre généalogique et les parentés découvertes.

Famille proche : conjoints(es), enfants, éventuellement les frères et sœurs et parents ou alliés proches.

Parcours : rappel de la carrière, des mandats électifs, des fonctions ministérielles, etc.

Indiscrétions et anecdotes : enfance, sports, loisirs, goûts divers, anecdotes, etc.

☺ cet émoji appelle l'attention sur un aspect insolite ou curieux, étonnant, amusant, et cet autre ☹ sur un aspect plus « dérangeant ».

DAMIEN ABAD
COUSIN DE SOPHIE MARCEAU

J.-L. Hauser

Nom
ABAD

Prénom
Damien
issu du grec Damios, formé lui-même sur Damia, surnom de la déesse Cybèle

Date de naissance
05 04 1980
né le même jour que David Ginola

Lieu de naissance
Nîmes (Gard)

Signe astrologique
Bélier

PROFESSION : Maître de conférences
DOMICILE : Habite Oyonnax, dans l'Ain
FILIATION : Fils de Michel, responsable des achats dans une grande entreprise, et de Brigitte Boureux, assistante sociale
RACINES : Cher, Creuse, Eure-et-Loir, Isère, Loiret, Orne, Pas-de-Calais, Savoie ; **Espagne**.

Nom de famille

Porté par plusieurs centaines de foyers français, ce patronyme, rencontré dans le Sud et le Sud-Ouest, est une variante languedocienne d'« abbé » et peut avoir surnommé soit l'enfant, soit le domestique d'un abbé, ou plus volontiers la personne dépendant d'un abbé pour cultiver les terres d'une abbaye.

Origines et histoire familiale

Cet héroïque député de l'Ain, sachant vivre et combattre malgré son arthrogrypose, n'a aucune racine dans son fief électoral. Ses racines, en effet très éloignées du Jura, sont d'abord en Espagne, d'où les Abad sont arrivés en France avec Indalecio (équivalent espagnol du prénom français Ignace), le grand-père de Damien, venu avec sa femme, Iluminada, après la dernière guerre. Fuyant l'Espagne de Franco, le couple s'était établi dans la Loire, où Indalecio travailla dans les usines de Saint-Étienne, ville de naissance du père de Damien. Un long, très long chemin – plus de 1 500 kilomètres – pour Indalecio et Iluminada, tous deux natifs de Pechina, bourg voisin d'Almería, en Andalousie. Une ville où les Abad étaient établis depuis plusieurs générations, leur présence y étant attestée par les archives depuis l'arrière-arrière-arrière-grand-père de l'élu, lui aussi prénommé Indalecio, époux de María Marin et né au tout début des années 1800.

Côté maternel, en revanche, les racines sont concentrées dans l'Hexagone, très majoritairement dans le Cher et les départements voisins (Creuse, Loiret), avec quelques incursions dans les Alpes (Isère et Savoie), le Pas-de-Calais, mais aussi à nouveau dans la péninsule Ibérique, en Catalogne cette fois, avec un aïeul né là-bas en 1813, du temps de la présence française. Un homme que les hasards de la vie conduisirent dans un village des environs de Bourges, où il devint « garde ligne », chargé de surveiller les rails et les voies, aux premiers temps du chemin de fer. Cet aïeul fut à l'origine de toute une lignée d'employés des chemins de fer, établis en Berry, qui finirent par se fixer à Vierzon, gros nœud ferroviaire et centre d'attraction économique, où sont nés les deux grands-parents maternels de Damien Abad, tous deux enseignants, lui professeur, fils d'un couple de coiffeurs, et elle institutrice.

Une galerie familiale offrant les très classiques ancêtres simples et modestes, à quelques exceptions près, notamment par des aïeux venus du Pas-de-Calais, qui permettent au généalogiste de découvrir Damien Abad, d'une part par les familles de Habart, d'Audinghen, et de Bournonville, descendant du premier mariage de la reine Aliénor d'Aquitaine avec le roi Louis VII de France, mais aussi descendant d'autre part d'un Jean de Habart, seigneur de Floringuezelles, condamné en 1550 par la sénéchaussée du Boulonnais à être pendu, pour avoir alors choisi le mauvais côté : celui des Anglais.

Enfin, dans le Loiret, une parenté se dessine par la famille Maupu, avec une certaine Sophie Maupu, plus connue sous son pseudonyme de… Sophie Marceau. L'actrice se trouve justement être – coïncidence ? – la marraine de l'association Arc-En-Ciel, dont la vocation est de réaliser les rêves d'enfants atteints de maladies graves. Comme celui de siéger un jour à la Chambre ?

Famille proche

Sa compagne est infirmière à l'hôpital d'Oyonnax.

Parcours

Enfance dans le Gard. École primaire de Vauvert. Lycée Alphonse-Daudet de Nîmes. Major de Sciences Po Bordeaux, diplômé de Sciences Po Paris (2004), il y devient maître de conférences, après deux échecs à l'Ena. Chargé d'études sur les questions budgétaires et fiscales au groupe EDF (2006). Échoue aux législatives de 2007 dans les Yvelines. Élu conseiller municipal de Vauvert (Gard) en 2008, il fonde le mouvement des Jeunes Centristes, rattaché au Nouveau Centre, qu'il préside jusqu'à devenir secrétaire général adjoint du Nouveau Centre (2010). Député européen de la majorité présidentielle (2009-2012, plus jeune député européen français, à son élection) ; installation de sa permanence à Bourg-en-Bresse. Conseiller régional de Rhône-Alpes (2010-2015). Conseiller départemental de l'Ain (depuis 2015) et président du conseil départemental de l'Ain (2015-2017), puis député de l'Ain (depuis 2012), vice-président des Républicains (2017-2019) et vice-président du groupe à l'Assemblée nationale, qu'il présidera en 2019. Soutien de Xavier Bertrand en 2021, il plaide pour la dispense de primaire.

Indiscrétions et anecdotes

Atteint d'arthrogrypose (raideur des articulations et difficultés de déplacement), il a été élevé comme un enfant ordinaire et a toujours voulu être traité comme les autres, détestant, sur les manèges, que le forain descende le pompon rouge pour l'aider à l'attraper. Compétiteur dans l'âme, il aimait les podiums et le sport, reconstituant les Jeux olympiques avec ses Playmobil. Meneur de son groupe de copains, il organise, à douze ans, un tournoi de foot dans le jardin familial et sera classé, en tennis de table, chez les valides, avant de pratiquer le ski de fond et la natation. Lors de sa première séance dans l'hémicycle, il ne peut déplier ses jambes, faute d'espace adapté : on lui aménagera un siège, ainsi qu'un bureau avec un lit et une grande douche.

Dès ses débuts en politique, ses parents ont contribué à ses campagnes en « boîtant » pour lui à Bourg, autrement dit en distribuant des tracts dans les boîtes à lettres.

En plein confinement, il a fêté ses quarante ans sur la pelouse du petit immeuble d'Oyonnax où il habite avec sa compagne, autour d'un barbecue, avec un couple de voisins, chacun assis à un bout de la table, en respectant les gestes barrières.

NATHALIE ARTHAUD
COUSINE DU FACTEUR CHEVAL !

Nom
ARTHAUD

Prénom
Nathalie **Yvonne Thérèse**
prénom issu, comme Noël, du latin natalis, *signifiant « jour de naissance », qui connut une formidable mode entre 1964 et 1971, et est de ce fait le 2e prénom français féminin le plus porté (375 000)*

Date de naissance
23 02 1970

Lieu de naissance
Peyrins (Drôme)

Signe astrologique
Poissons asc. Balance

née le même jour que Jacques Séguéla et que Mayer Amschel Rothschild, fondateur de la célèbre dynastie

PROFESSION : Professeur d'économie

DOMICILE : Un appartement de 48 m² en Seine-Saint-Denis.

FILIATION : Fille d'Yves, mécanicien automobile, et de Marie-Claude Menier, ouvrière

RACINES : Drôme, **Isère**.

Nom de famille

Patronyme fréquent, porté par environ 600 foyers, essentiellement rhônalpins (Isère, Drôme, Loire), issus de plusieurs souches différentes (dont une vingtaine de Nathalie). Hérité d'un lointain ancêtre ainsi prénommé (nom de baptême, patronné par un saint évêque de Belley du XIIe siècle, et issu du germanique *hart* = fort et *waldan* = gouverner).

Origines et histoire familiale

Nathalie Arthaud a vu le jour dans ce qu'Arlette Laguiller appelle une famille de « travailleurs ». Une famille modeste, où l'on vit simplement, comme tout le démontre :

– Le choix du prénom, hyper-conformiste – n'en déplaise à Nathalie Kosciusko-Morizet, de trois ans sa cadette. Prénom qui s'est étonnamment démocratisé, passant en quelques années des familles de cadres, où il était cantonné vers 1964, au monde ouvrier à l'époque de sa naissance, pour être donné cette année-là à une fille sur dix !

– Les professions : le père, garagiste ; la mère, ouvrière papetière, aidant son mari dans sa comptabilité tout en élevant leurs trois enfants.

– Les choix matrimoniaux : les parents sont nés dans deux communes voisines, limitrophes de Romans, d'où une étonnante concentration des origines familiales, faisant que, contrairement à ce que l'on observe chez les natifs de la région parisienne, les racines de la candidate de Lutte ouvrière sont concentrées dans un secteur très circonscrit, à cheval sur les départements de la Drôme et de l'Isère, entre le Vercors, au sud, et ce que l'on nomme les Terres froides, au nord.

Depuis la nuit des temps, les Arthaud avaient labouré la même terre de La Baudière, en bordure de l'Isère, sur l'actuelle commune de Saint-Lattier – au moins depuis Jean, né vers 1590 –, qu'ils n'avaient quittée que sous l'Empire pour, en quelques générations, arriver à Peyrins, où ils avaient accédé au statut alors envié de « cultivateurs propriétaires ». Au XXe siècle, ils étaient passés, comme bien d'autres, du monde de la terre à celui de l'usine, se contentant de dire, comme leur voisin et cousin éloigné, le célèbre facteur Cheval : « Le travail fait ma gloire. »

En fait, ce sera Nathalie qui rompra la première le fil. À quinze ans – soit à l'âge où son arrière-grand-mère, fille d'agriculteurs, s'était mariée, en 1896, avec un agriculteur –, elle partira comme pensionnaire à Lyon…

Précisons que les Arthaud de Nathalie n'ont rien à voir avec ceux de la navigatrice Florence Arthaud, « maîtres papetiers » aisés, implantés à Valcivières, dans le Puy-de-Dôme, au village de L'Artaudie, auquel ils avaient donné leur nom. En revanche, Nathalie Arthaud figure au nombre des descendants du roi Louis VI le Gros.

Famille proche

Très discrète sur sa vie privée, elle a reconnu « ne pas vivre seule » au micro de Jean-Jacques Bourdin, en 2017.

Parcours

Débarque à Lyon à quinze ans pour ses études. Sport études, section aviron. Pensionnaire au lycée Lumière. Bac. Hypokhâgne. Agrégée d'économie et de gestion. Enseignante au lycée Albert-Camus, à Rillieux-la-Pape (Rhône), puis à Aubervilliers (Seine-Saint-Denis). Rejoint Lutte ouvrière en 1990. Porte-parole du mouvement trotskiste depuis décembre 2008, succédant à Arlette Laguiller, après avoir été sa porte-parole durant la campagne électorale de 2007. Conseillère municipale de Vaulx-en-Velin (Rhône), de 2008 à 2014. Candidate aux européennes, aux régionales et aux législatives dans le Rhône, aux présidentielles de 2012 (0,56 %) et de 2017 (0,64 %). « Solidaire des revendications ouvrières » du mouvement des Gilets jaunes, en 2018. Tête de liste de Lutte ouvrière aux élections européennes de 2019 (0,78 %). Élue à Pantin (2020). Tête de liste aux régionales en Île-de-France (2021), elle est désignée en décembre 2020 comme candidate à la présidentielle de 2022.

Indiscrétions et anecdotes

Cette enseignante, qui gagne un peu plus de 2 000 euros par mois, reversait à son parti les 116 euros d'indemnités qu'elle recevait au titre de conseillère municipale. Elle fait de la trompette et beaucoup de sport, notamment du jogging et du volley-ball. Fan de la chanteuse Amy Winehouse et d'Ayo, elle aime lire Kundera, Hugo, Prévert, Tom Wolfe… sans oublier les classiques du marxisme.

Son film culte : *RRRrrr*, d'Alain Chabat, qu'elle a visionné des dizaines de fois et qui l'« apaise », lorsqu'elle est chez elle, dans un vieux jean Lee Cooper troué qu'elle adore.

FRANÇOIS ASSELINEAU
ÇA GAZE POUR LUI !

UPR

Nom
ASSELINEAU

Prénom
François
prénom signifiant « français »

Date de naissance
14 09 1957

Lieu de naissance
Paris XVIIe

Signe astrologique
Vierge asc. Vierge

né le même jour que Gaston Defferre, Gérard Larcher, Olivier Bouygues et Martin Fourcade

PROFESSION : Haut fonctionnaire

DOMICILE : Habite à Paris (XIe)

FILIATION : Fils de Pierre, ingénieur à Gaz de France, et de Lucienne Gadille

RACINES : Ariège, Aude, Côtes-d'Armor, Eure-et-Loir, Gard, Haute-Garonne, **Loiret**, Haute-Saône, Tarn, Vosges.

Nom de famille

Porté par plus de 250 foyers français, ce patronyme, essentiellement concentré dans le Loiret, est un diminutif d'Asselin, nom de personne d'origine germanique (Azzelin, forgé sur la racine *adal*, « noble »).

Origines et histoire familiale

Né à Paris, François Asselineau est issu de familles modestes, arrivées dans la capitale au fil du XXe siècle, entre 1900 et 1930, et venues d'horizons variés. Le grand-père paternel, employé puis inspecteur à Gaz de France, fils d'un éclusier du Loiret devenu électricien à Paris, y avait épousé la fille d'un employé d'octroi, originaire de la Haute-Saône. Le grand-père maternel, lui aussi employé du gaz comme son père, était le fils d'un natif d'Uzès (qui y avait épousé une Bretonne des Côtes-d'Armor) et d'une sténodactylo (fille d'un employé de la Banque de France, natif de l'Aude et marié à une Ariégeoise). Le décor généalogique est planté : tous ces Parisiens, dans leur majorité employés du gaz, venaient tous de milieux très simples et des six coins, ou presque, de l'Hexagone.

La lignée des Asselineau a son berceau dans le Loiret, à Vitry-aux-Loges, avec des ancêtres cultivateurs, bûcheron, maçon, manouvriers…, dont on peut remonter la chaîne jusqu'à Charles Asselineau, né vers

1645, époux de Marie Leclerc. Une branche offrant peu de relief, tout comme celles des ancêtres franc-comtois et d'ailleurs : dans le Gard, des ancêtres « faiseurs de bas » ; en Bretagne, dans le Trégor, quelques marins, aux côtés des classiques paysans ; et dans le Sud, des métayers et des brassiers (manœuvres), ainsi que quelques meuniers, fixés à Revel, tenant si l'on peut dire le haut du pavé de cette fresque familiale.

Sur le plan des parentés surprises, on mentionnera deux cousinages : en Haute-Saône, avec Mimie Mathy et en Eure-et-Loir, par la famille Pavard, d'Oinville-Saint-Lyphard, avec l'ancien président du Sénat et président de la République par intérim, Alain Poher – qui fut lui ☺ aussi, comme François Asselineau, deux fois candidat à l'élection présidentielle.

Famille proche

Marié à une universitaire, François Asselineau est père de deux enfants.

Parcours

HEC puis Ena (promotion Léonard-de-Vinci, 1985). Inspecteur des Finances, il travaille dans divers ministères, successivement conseiller de Gérard Longuet, Françoise de Panafieu, Hervé de Charrette. Inspecteur général des Finances (2001). Directeur de cabinet de Charles Pasqua au conseil général des Hauts-de-Seine (2001-2004), il rejoint le RPF en 1999 comme membre du bureau. Nommé en 2004 directeur délégué général à l'intelligence économique au ministère de l'Économie et des Finances. Conseiller municipal de Paris, dans le XIXe (2001-2008). D'abord non inscrit, puis un temps UMP, puis au RIF souverainiste. Fonde en 2007 l'UPR (Union populaire républicaine), qu'il préside depuis cette date. Faute d'avoir récolté les parrainages nécessaires pour se porter candidat à la présidentielle de 2012, il y parvient en 2017, avec un projet de « Frexit », et recueille 0,92 % des voix. Réélu président de l'UPR en juillet 2020, il est fragilisé par une mise en examen, en mai 2020, puis de nouveau en février 2021, pour « harcèlement moral au travail », « harcèlement sexuel » et « agression sexuelle », ses avocats invoquant alors une « machination politique ».

Indiscrétions et anecdotes

Passionné par l'Asie et l'Océanie, parlant couramment le japonais, celui qui dit avoir arrêté l'athlétisme pour coller des affiches est souvent vu comme « pas nécessairement comme tout le monde, un peu bizarre, un peu atypique, un peu précieux ». À Charles Pasqua qui lui lançait : « Vous n'êtes pas de Gaulle ! », il répondit : « Qu'en savez-vous ? » Aux élus lui ayant accordé leur parrainage, il a offert des chocolats pour le jour de l'an. Régulièrement interrogé par des médias russes, il s'est rendu en Crimée un an après l'annexion de la péninsule par la Russie.

GABRIEL ATTAL-DE COURISS
UN HOMME À TRIPLE CULTURE

T. Reynaud

Nom
ATTAL

Prénom
Gabriel **Nissim**
prénom signifiant « Dieu est ma force » en hébreu

Date de naissance
16 03 1989
né le même jour que Sully-Prudhomme et Marine Lorphelin

Lieu de naissance
Clamart (Hauts-de-Seine)

Signe astrologique
Poissons asc. Cancer

DOMICILE : Habite Vanves

FILIATION : Fils d'Yves, avocat puis producteur de cinéma, et de Marie de Couriss

RACINES : Ain, Ardèche, Aube, Dordogne, Hérault, Jura, Loiret, Maine-et-Loire, Meurthe-et-Moselle, Moselle, Haut-Rhin ; Allemagne, États-Unis, Italie, Royaume-Uni, Russie, Suisse, **Tunisie**.

Nom de famille

Porté par plusieurs centaines de foyers français, ce patronyme, typique des familles séfarades d'Afrique du Nord, est issu de l'arabe *attâl*, désignant le portefaix.

Il a ajouté à son nom, pour nom d'usage, celui de sa mère, pour se faire appeler Attal de Couriss.

Origines et histoire familiale

Il paraît que le jeune porte-parole du gouvernement déteste qu'on le surnomme Gaby. Parce que c'est « abîmer » son prénom d'ange, signifiant en hébreu « Dieu est ma force » ? Ou parce que cela fait un peu « commun », comme Ginette pour Geneviève ? Ce jeune soldat de la Macronie, qui a battu tous les records de jeunesse en devenant secrétaire d'État à vingt-neuf ans et qui est très à l'aise dans les bureaux lambrissés, a bien le droit de tenir à son image de « fils de bonne famille », étant né, en effet, dans une famille parisienne bien lancée. Une famille qui a déjà fait ses preuves, avec des parents dans le cinéma.

Son père, Yves Attal, à l'origine avocat, fut un temps journaliste au *Monde*, avant de se lancer dans le septième art, en tant que producteur. Et non des moindres, puisqu'il a produit des films d'Almodóvar

(*Talons aiguilles*, 1991) et de Bertolucci (*Beauté volée*, 1996). Il a dirigé une société de production dans laquelle a travaillé sa seconde femme, Marie, dont il a divorcé en 2000, lorsque Gabriel n'avait que onze ans. Des parents travaillant dans le même secteur, mais issus de milieux différents. Lui, juif, fils d'un agrégé en pédiatrie, chef de service à l'hôpital Tenon, qui s'était engagé dans la France libre ; elle, petite-fille d'un musicien russe ayant gagné sa vie de réfugié comme précepteur et d'un authentique comte français. Tout cela, bien mixé dans un shaker, nous donne un ministre à double culture.

De confession orthodoxe par sa mère et non pas juif, son père, se souvenant de ses père et grand-père, tous deux incarcérés en 1943 à la prison militaire de Tunis, l'avait prévenu : « Tu es peut-être orthodoxe, mais tu te sentiras juif toute ta vie, notamment parce que ton nom te fera subir l'antisémitisme. » À quoi Gabriel Attal ajoute aujourd'hui : « Ça n'a pas manqué. Mais je ne m'en plaindrai jamais. » Pour mieux assumer et revendiquer cette double culture, il a décidé de porter comme nom d'usage les noms de ses deux parents réunis, en se faisant donc appeler Attal de Couriss.

Deux milieux, deux cultures, mais plus de deux univers, sur le plan géographique. Côté Attal, le grand-père, né à la médina de Tunis, était d'une famille établie dans la ville voisine de La Marsa, où l'arrière-grand-père, Élie, avait épousé une Modigliani, issue d'une riche famille juive séfarade de Libourne, qui avait donné des banquiers du pape et le célèbre peintre, dont elle semble bien avoir été une cousine assez proche, descendant quant à elle de Modigliani devenus chocolatiers à Tunis. Le trisaïeul, Haïm Attal, né vers 1820 et au-delà duquel on ne peut remonter plus loin la généalogie, avait quant à lui épousé Dehia Chaltiel, d'une famille au parcours étonnant, arrivée à Tunis avec un grand-père ancien rabbin de Corfou, en Grèce, dont le propre grand-père, ancien agent de police à Alger, s'était marié à Gibraltar, en tant que fils d'un Anglais de Londres. Une lignée ayant précédemment slalomé entre l'Italie, la Grèce, Barcelone, où elle serait arrivée au XIe siècle de Bagdad et que les généalogies traditionnelles relient directement au roi David, donnant ainsi au ministre le père Adam pour ancêtre attesté, à la 132e génération…

À ces origines séfarades, s'ajoutent des origines ashkénazes, par Jeanine Weil, l'épouse du grand-père pédiatre. Née à Paris en 1920, celle-ci lui apporte les classiques ancêtres juifs d'Alsace-Lorraine : commerçants, agents d'affaires, marchands de chevaux et de bétail, pour beaucoup d'origine allemande et souvent grands voyageurs : ainsi un ancêtre Zivy, bijoutier, parti, dans les années 1880, tenter sa chance au Mexique dans le commerce du café.

Côté maternel, on trouve d'abord les Russes. Le grand-père, Alexandre Alexandrovitch de Couriss, né à Cannes, dont l'arrière-grand-père, Ivan Iraklievitch de Couriss, né en 1841, était maréchal de la noblesse russe du district d'Odessa. Une branche dans laquelle on trouve les plus grands noms de l'ancienne aristocratie de l'empire des tsars, comme les Dolgorouky-Krymsky, Potemkine et Orlov, avec un héros de la guerre patriotique de 1810 et des amants de la grande Catherine II. Sans oublier un ☺ ambassadeur de Russie à la cour de Louis XV, le prince Bariatinsky, marié à la princesse allemande Catherine de Schleswig-Holstein-Sonderbourg-Beck, par laquelle le généalogiste montre que le ministre descend des anciennes familles royales du Danemark – notamment du roi Christian III –, de Suède, de Prusse, de Bavière, etc., y compris bien sûr de Saint Louis, qui se chargera de le relier à Mahomet… Saint Louis et Mahomet, que l'on retrouvera dans la branche de la grand-mère maternelle, née Anne-Marie de La ☺ Forest-Divonne, d'une famille d'extraction chevaleresque, connue en Savoie depuis le XIIIe siècle. Une branche bourrée de grands noms et de grands ancêtres, parmi lesquels la sous-gouvernante du roi de Rome, un marquis breton guillotiné sous la terreur, le roi fou Charles VI et son infidèle épouse Isabeau de Bavière, mais ☺ aussi la dynastie des barons Hottinguer, grands banquiers d'origine suisse, dont le « fondateur », Jean-Conrad, avait épousé à Londres en 1793 Martha Redwood, descendante d'un marin anglais de Bristol, devenu armateur et millionnaire, propriétaire de plantations ☹ de canne à sucre et qui, comme beaucoup de ses semblables, était aussi marchand d'esclaves.

Des ancêtres paternels juifs et des ancêtres maternels orthodoxes, protestants et catholiques, un négrier et un guillotiné, des racines sur trois continents… On trouve rarement généalogie plus variée !

Famille proche

Pacsé en 2017 avec le député européen Stéphane Séjourné (né en 1985, député européen, président de la délégation française du groupe Renew Europe et conseiller d'Emmanuel Macron), il a rendu publique son homosexualité en confiant, en avril 2019, son désir d'enfant via une GPA « éthique », si la procédure devenait légale.

Parcours

Enfance dans les XIIIe et XIVe arrondissements de Paris. École alsacienne. Adhère au PS en 2006. Sciences Po Paris (BDE). Licence en droit à Paris II (Assas). Mission à la Villa Médicis. Après un stage à l'Assemblée nationale auprès de Marisol Touraine, il entre en 2012 à son cabinet, aidé par Benjamin Griveaux, dont il devient l'adjoint (préposé aux discours). Conseiller municipal de Vanves (2014). Adhère à En Marche ! dès avril 2016, puis à LREM. Élu député des Hauts-de-Seine (2017-2018), il se montrera très actif dans l'hémicycle. Porte-parole de LREM (2018). Secrétaire d'État auprès du ministre de l'Éducation nationale et de la Jeunesse (2018-2020). Porte-parole du gouvernement (depuis 2020).

Indiscrétions et anecdotes

Après une enfance dorée, rive gauche, le divorce de ses parents réduit le train de vie familial, sans mettre fin pour autant aux vacances avec les cousins, dans la maison de famille de l'Île-aux-Moines, en Bretagne, ancien hangar d'ostréiculteur réaménagé. Ami d'école de la chanteuse Joyce Jonathan, future compagne de Thomas Hollande (fils de François et de Ségolène Royal), il y a aussi noué une relation néfaste avec l'avocat pro-Gilets jaunes Juan Branco. Sa vocation politique est née en 2002, lorsque ses parents l'ont emmené à une manifestation contre la présence de Jean-Marie Le Pen au second tour de l'élection présidentielle.

Surnommé le « *sniper* des mots », auteur de mots-valises comme la « gréviculture des cheminots », il adore la série *The West Wing*, mais aussi le cocktail Moscow Mule (vodka, *ginger beer* et citron vert), qu'il savoure avec des crêpes au Kasha, le restaurant de son cousin à la déco bobo-vintage, près du canal Saint-Martin, ainsi nommé en souvenir des graines de sarrasin grillées que leur grand-mère russe mettait dans tous ses plats. Une tendance à l'embonpoint lui vaut les railleries de ses petites sœurs, qui le comparent à un vieux sénateur.

MARTINE AUBRY
HISTOIRE D'UN MAUVAIS TIREUR

ph. P. Grangeaud/Solfé Com

Nom
AUBRY, née **DELORS** (épouse **BROCHEN**)

Prénom
Martine Louise Marie
prénom d'origine latine, issu du nom de Mars, dieu romain de la guerre ; prénom très à la mode entre 1950 et 1955

Date de naissance	Lieu de naissance	Signe astrologique
08 08 1950	**Paris (XVIIe)**	**Lion asc. Scorpion**

née le même jour que Dustin Hoffman et Francis Lalanne

PROFESSION : Haut fonctionnaire

DOMICILE : Se partage entre sa maison du vieux Lille et son appartement parisien, dans un petit square du XVe, près de Montparnasse

FILIATION : Fille de Jacques, cadre de banque, ancien ministre, et de Marie Lephaille, employée de banque

RACINES : Cantal, **Corrèze**, Pyrénées-Atlantiques.

Noms de famille

Aubry : patronyme extrêmement répandu, porté par plus de 7 000 foyers (pics dans le Nord, la Loire et en Normandie), issu du vieux prénom Albaric ou Albéric (du germanique *alb* = elfe et *ric* = puissant), dont la première syllabe a été « modernisée », comme pour Albert, venu de Aubert.

Delors : patronyme porté par environ 100 foyers français, variante orthographique des plus courants Delor, Delord et Delort, tous très répandus dans les anciens pays de langue d'oc, où l'on trouve de très nombreux lieux ainsi nommés, venus du latin *hortus*, désignant le jardin.

Brochen : porté par environ 130 foyers, ce patronyme breton des Côtes-d'Armor est issu de l'ancien prénom celtique Brochmael.

Origines et histoire familiale

Les Delors sont originaires de Corrèze, où leurs ancêtres étaient de modestes paysans. Connus dans la paroisse de Donzenac, près de Brive, depuis Mérigou Delort – un diminutif local d'Aymeric –, né vers 1600, ils s'étaient fixés à une trentaine de kilomètres au nord, aux abords du plateau de Millevaches, dans le bourg du Lonzac, avec le mariage d'un autre Mérigou, en 1724.

La vie s'était dès lors écoulée paisiblement, d'une métairie à l'autre, où l'on se transportait avec meubles et enfants, enfants le plus souvent nombreux. Un destin imperturbable, dont la Grande Guerre seule infléchira le cours.

Mobilisé dès le début des hostilités, le grand-père de Martine se retrouvera un jour très grièvement blessé, sur un champ de bataille. Un soldat allemand sera chargé de l'achever mais, dans sa précipitation – ou sous le coup de l'émotion –, il lui tirera une balle dans le bras. Louis Delors rentrera donc au pays vivant, mais invalide. Pris en charge par le ministère des Anciens Combattants, il se verra proposer un emploi de bureau à Paris. Courageux et incapable de rester inactif, il l'acceptera et entrera comme garçon de recettes à la Banque de France, où il fera carrière et fera entrer deux de ses frères plus jeunes et où son fils, Jacques – le futur ministre des Finances, né de son mariage avec une Auvergnate –, le rejoindra aussi un jour.

Ce dernier aurait aimé faire des études, mais ses parents n'en avaient guère les moyens. Il rêvait même, dit-on, d'être metteur en scène et de travailler dans le cinéma. Mais le père lui avait déclaré tout net : « La Banque de France, il n'y a rien de mieux. » En 1944, Jacques Delors y était donc entré comme stagiaire, sans imaginer qu'en 1973 Giscard d'Estaing, alors ministre des Finances, le nommerait au conseil général de ladite banque (en même temps, d'ailleurs, qu'un professeur d'économie nommé Raymond Barre). On connaît la suite de sa carrière : ministre des Finances de François Mitterrand de 1981 à 1984 et président la Commission européenne de 1985 à 1994.

Mais revenons à la Banque de France. C'est là que Jacques Delors a fait la connaissance de celle qui devait devenir sa femme : Marie Lephaille, militante CFTC. Une Basque, fille d'un couple de paysans venus travailler à Paris comme employés de maison, chez de riches industriels habitant un grand hôtel particulier du XVIe arrondissement. Lui, comme maître d'hôtel ; elle comme cuisinière.

Les deux enfants qui naîtront, Martine et son frère, connaîtront les vacances en famille. Les départs dans l'Aronde familiale pour la Corrèze, à laquelle le père voue un véritable culte, mais que la fille ressent comme une région austère et individualiste. Rien à voir avec le Pays basque, où l'on part ensuite par un de ces trains spécialement affrétés par les Basques rentrant chez eux, pour aller à Menditte, village de trois cents âmes accroché aux contreforts pyrénéens. Un village empli de gaieté où, avec le grand-père, que Martine adore, on allait traire les vaches, chasser les palombes, faire les foins, attraper des truites et parfois aussi jouer à la pelote basque.

Des vacances qui reposent des mois scolaires, durant lesquels les enfants devaient répondre aux attentes des parents – leur père étant, sur la question des études, d'une exigence sans limites, pour se souvenir sans doute des nuits de veille qui, même une fois marié, lui avaient permis de gravir un à un les échelons de la toute-puissante institution financière. Une vie tournée aussi vers les autres, avec ici tout le poids de la mère, forte, généreuse et très gaie. Une catholique s'occupant des familles en difficulté, donnant des cours aux petits Algériens, faisant dire à sa fille, admirant pourtant son père, « mes valeurs, ma morale, mon approche de la vie, c'est à elle que je les dois ». Mais cette enfance sera bientôt marquée de façon indélébile, le destin allant une nouvelle fois frapper la famille de plein fouet avec la mort du petit frère, Jean-Paul, journaliste au service politique de *Libération*, emporté par une leucémie à l'âge de vingt-neuf ans, en 1982…

Une famille très terrienne, aux parentés cependant peu nombreuses. Si, en Corrèze, se profile un très lointain cousinage avec les Chirac, par une famille Train, de Chamboulive et Saint-Hilaire-Peyroux, on ne peut parvenir, à Esquiule, en Pays basque, à apparenter Martine Aubry à François Fillon, bien que tous deux y aient de très nombreux ancêtres, comme si les deux lignées se vouaient une haine héréditaire.

Famille proche

Mariée en 1973 à Xavier Aubry, rencontré six ans plus tôt à Assas et camarade de Sciences Po, expert-comptable et commissaire aux comptes, dans un grand cabinet d'audit international. Divorcée, elle s'est remariée en 2004 avec Jean-Louis Brochen, avocat, ancien adjoint à la Culture à la mairie de Lille (né en 1944, fils d'un avocat d'origine bretonne et d'une mère du Nord, divorcé d'une ancienne administratrice générale de l'Orchestre national de Lille ; il est l'oncle de la comédienne Julie Brochen, directrice du Théâtre national de Strasbourg).

De son premier mariage, Martine Aubry a une fille, Clémentine (1978), administratrice de l'auditorium du musée du Louvre, puis du théâtre des Bouffes-du-Nord, et elle-même mère de deux filles.

Parcours

Grandit dans le XIIIe arrondissement de Paris. Institut Saint-Pierre Fourier, annexe du couvent des Oiseaux. Lycée Paul-Valéry. Sciences Po Paris. Ena (promotion Léon Blum, 1975, aux côtés d'Alain Minc et de Pascal Lamy). Haut fonctionnaire. Maître des requêtes au Conseil d'État. Contribue largement aux lois Auroux et à l'ordonnance sur les 39 heures, au cabinet de Jean Auroux, après l'élection de François Mitterrand. Directrice générale adjointe du groupe Pechiney (1989-1991). Fondatrice et présidente de la fondation Agir contre l'exclusion (1993). Ministre du Travail (1991-1993), de l'Emploi et de la

Solidarité (1997-2000 : 35 heures, CMU). Élue députée PS du Nord en 1997, elle n'a jamais siégé à l'Assemblée nationale car elle est aussitôt entrée dans le gouvernement Jospin. Battue aux législatives en 2002. Maire de Lille depuis 2001.

Maire de Lille (*Lille 2004*, 2500 événements culturels, pour 73 millions d'euros et 9 millions de visiteurs, puis *Lille 3000*, tous les 3 ans ; réélue en 2020). Présidente de la communauté urbaine de Lille (2008-2014). Première secrétaire du PS (2008-2012). Candidate à la primaire socialiste : seconde au premier tour (30,4 %), éliminée au second (43,4 %). Représentante spéciale pour la Chine du ministre des Affaires étrangères (2012). Présidente de l'Eurométropole Lille-Roubaix-Tourcoing (2010/2011 ; 2012/2013). Formule, à partir de 2014, plusieurs critiques à l'encontre de la politique gouvernementale, dont une tribune dans *Le Monde* (Pacte de responsabilité, réforme du Code du travail, déchéance de nationalité), en février 2016, mais refuse, en août, de se présenter à la primaire socialiste. Au lendemain de l'élection d'Emmanuel Macron, elle crée avec Anne Hidalgo et Christiane Taubira le mouvement d'innovation « Dès demain ».

Indiscrétions et anecdoctes

Sens du devoir exigeant et intransigence sont dénoncés par le graphologue et l'astrologue, avec l'image du père très présente, mais source d'inquiétude, lui faisant craindre de n'être pas à la hauteur et cause d'angoisses secrètes, au point de se demander si Martine Aubry, écrasée par une image paternelle forte, arrivera un jour à prendre réellement son envol…

La « dame des 35 heures » s'habille chez Monoprix, pratique peu le sport, sauf la marche. Elle adore passer ses vacances en Toscane, comme François Fillon, et en Bretagne, où elle possède une maison, près de Tréguier (Côtes-d'Armor). Fêtarde, fine cuisinière selon ses amis, elle affectionne tout particulièrement la gastronomie italienne et réussit très bien l'osso buco à la milanaise et le tiramisu, tout en raffolant des macarons. Cette férue d'opéra aime aussi la musique baroque et la littérature japonaise. C'est une grande amatrice d'art et particulièrement d'art contemporain. Elle rêverait d'ailleurs, paraît-il, d'être un jour ministre de la Culture.

Amie proche d'Alain Minc et du patron de la SNCF, Guillaume Pepy, son ancien collaborateur, elle a toujours sur elle deux grigris, un rouge et un bleu, donnés par un marabout lorsqu'elle était ministre. Elle ne sort jamais sans un foulard ou une écharpe. Cette athée revendiquée, qui aime aussi beaucoup l'Afrique, fredonne souvent « La Java bleue ».

CLÉMENTINE AUTAIN

FILLE DE SALTIMBANQUES… ET COUSINE DE SARKO

Nom
AUTAIN

Prénom
Clémentine
féminin de Clément (signifiant doux, pacifique)

Date de naissance
26 05 1973
née le même jour qu'Isadora Duncan et Guillaume Pépy

Lieu de naissance
Saint-Cloud (Hauts-de-Seine)

Signe astrologique
Gémeaux asc. Verseau

PROFESSION : Journaliste
DOMICILE : Habite Montreuil, en banlieue est de Paris
FILIATION : Fille d'Yvan, chanteur, et de Dominique Laffin, comédienne
RACINES : Charente, Drôme, Isère, Savoie, Haute-Savoie, **Deux-Sèvres**, Vosges ; Suisse.

Nom de famille

Porté par une cinquantaine de foyers français, ce patronyme, essentiellement concentré dans l'Ouest (Charente-Maritime et Deux-Sèvres), n'est généralement que la forme contractée du prénom Augustin.

Origines et histoire familiale

Clémentine Autain est née chez les people. Pas les mégastars du showbiz, mais un couple d'artistes connus du grand public, surtout son père, le chanteur Yvan Dautin, dont on connaît encore la chanson « Boulevard des Batignolles ». Un « anar à guitare » des années 1970, pote d'Alain Krivine et de Jack Ralite, travaillant sous un pseudonyme « light », peut-être à cause de son frère ministre : François Autain, médecin, maire de Bouguenais, en Loire-Atlantique, député PS puis sénateur et secrétaire d'État, successivement en charge de la Sécurité sociale, des Immigrés puis de la Défense, avant de rallier, en 2008, le Parti de gauche de Jean-Luc Mélenchon.

Fille de saltimbanques, elle entretient une relation très forte et complice avec son père. « Je suis fière d'être fille d'artiste. J'adore le voir sur scène, alors que je n'aimais pas voir ma mère au cinéma, à part dans *La femme qui pleure*, de Doillon. » Cette dernière, l'actrice Dominique Laffin, une comédienne d'avenir – César de la meilleure actrice, en 1980 –, fut retrouvée morte un beau matin dans sa baignoire, terrassée par une crise cardiaque. Sa fille lui a consacré un livre, *Dites-lui que je l'aime*. Une mère dont la famille comptait aussi son homme politique, avec un grand-père député de l'Yonne, mais quant à lui de droite. Chirurgien-dentiste, il avait été l'un des fondateurs du Front pour l'Algérie française, faisant dire à Clémentine Autain : « J'aurais préféré avoir un grand-père résistant, mais les convictions politiques ne sont heureusement pas génétiques. » Fille d'un saltimbanque anar, nièce d'un ministre socialiste, petite-fille d'un député d'extrême droite : une généalogie peu anodine !

Les Autain ont leurs origines dans les Deux-Sèvres, où les ancêtres étaient agriculteurs et petits propriétaires à Brioux-sur-Boutonne, après avoir été simples journaliers au terme d'un lent déclassement. En effet, la remontée de la lignée conduit le généalogiste à Fors, un village du pays de Niort, où les archives lui livrent des Autain de condition supérieure, avec des marchands et pour plus ancien ancêtre identifiable un respectable notaire, en la personne de Luc Autain (ou Authin), né vers 1690 et époux de Louise Mercier. Une famille et des familles alliées, toutes poitevines et sans surprise, tout à l'ouest de l'Hexagone, très loin des autres ancêtres, plus dispersés, mais quant à eux tous à l'est, de la Drôme aux Vosges.

De tout autre milieu, les Laffin étaient des notables savoyards. L'arrière-grand-père, médecin à Sallanches, Croix de guerre 14-18, médaille de la Résistance, décoré de la Légion d'honneur, était lui-même fils d'un médecin, avec ancêtres pharmaciens, tanneurs, aubergistes... Des racines essentiellement savoyardes, avec quelques branches conduisant dans l'Isère et en Suisse, parallèlement à une arrière-grand-mère, native de la Haute-Saône, par laquelle on plongeait dans les Vosges. Des branches elles aussi sans grandes surprises, hormis une parenté bien inattendue, révélant que l'élue insoumise, proche de Mélenchon, est la cousine de... Nicolas Sarkozy (par le laboureur Claude Claret, marié en 1654 à Vézeronce-Curtin, avec Clauda Bourjaillat).

Famille proche

Divorcée du père de ses deux enfants, Mikaël Garnier-Lavalley (né en 1975), juriste, militant associatif (Association nationale de conseils d'enfants et de jeunes) et coauteur de son livre *Salauds de jeunes !*, elle est aujourd'hui pacsée avec un professeur de physique à Saint-Denis et vit une recomposition familiale harmonieuse.

Parcours

Enfance à Paris, dans le quartier populaire des Batignolles, élevée par ses parents artistes, son père chanteur et sa mère comédienne, touchée par l'alcoolisme. Tourne, à l'âge de quatre ans, dans un film au côté de cette dernière, tout en désirant devenir chanteuse comme son père. Elle chantera avec Daniel Balavoine et Plastic Bertrand, enregistrera trois disques et tournera dans un feuilleton, dont son père est le scénariste, tout en baignant dans la politique auprès de ce dernier, sympathisant d'extrême gauche.

Bac et études d'histoire, DEA (sur le MLF), militante à l'Unef et initiatrice du nouveau mouvement féministe Mix-Cité. Chargée de mission auprès du groupe d'études sur les discriminations fondé par Martine Aubry (1999). Violée à vingt-trois ans, sous la menace d'une arme blanche, elle organisera le manifeste des 313 « Je déclare avoir été violée » (2012).

Conseillère municipale de Paris (2001-2008), adjointe de Bertrand Delanoë, chargée de la jeunesse (antennes-jeunes et conseils de jeunesse). Participe à la création de la Fédération pour une alternative sociale et écologique (2008). Porte-parole de Jean-Luc Mélenchon durant la campagne présidentielle de 2012, elle participe à la création d'Ensemble ! (2013). Conseillère municipale de Sevran (2014-2020) et conseillère régionale d'Île-de-France (2015-2017 et depuis 2021). Député de Seine-Saint-Denis (LFI, depuis 2017). Journaliste, elle écrit dans *L'Humanité* et dirige le trimestriel communiste *Regards*. Chroniqueuse sur France 2 (« Vous trouvez ça normal ? », avec Bruce Toussaint) et sur RTL.

Indiscrétions et anecdotes

En 1978, elle a tourné son premier rôle, à quatre ans, dans le film *Les Petits Câlins*, de Jean-Marie Poiré, et a récidivé quarante ans plus tard en jouant son propre rôle dans *L'Amour flou*, de Romane Bohringer.

Auteur de dix-sept livres en vingt ans, dont *Salauds de jeunes !*, *Les machos expliqués à mon frère* et *Dites-lui que je l'aime*, dédié à sa mère comédienne, alcoolique, retrouvée morte dans sa baignoire à trente-trois ans, lorsqu'elle-même n'en avait que douze. Par réaction, elle n'a goûté au vin rouge qu'à trente ans et rapporte avec humour cette remarque de Mélenchon : « Qu'est-ce qu'on va faire d'une fille qui boit de la tisane et se couche à 21 heures ? »

Pratiquant régulièrement la natation, elle mange sur une table ayant appartenu à sa mère et conserve quelques claps de ciné qu'elle tient d'elle. Elle montre volontiers sa fiche de paie, affichant 4 731 euros nets, dont elle reverse immédiatement 1 500 à son parti Ensemble ! À la maison, elle prépare sans déplaisir des crêpes et des lasagnes, tout en gérant aussi le linge sale de la smala.

ROSELYNE BACHELOT
HÉRITIÈRE D'UNE LIGNÉE DE DONDON !

d.r.

Nom
BACHELOT, née NARQUIN

Prénom
Roselyne Cora Marcelle
prénom dérivé de Rose, surtout donné dans les années 1950

Date de naissance
24 12 1946
née le même jour que Louis Jouvet et Ava Gardner

Lieu de naissance
Nevers (Nièvre)

Signe astrologique
Capricorne asc. Vierge

PROFESSION : Pharmacienne
DOMICILE : Un appartement du quartier Montparnasse, qu'elle aime appeler sa « caverne d'intimité »
FILIATION : Fille de Jean Marcel, dentiste et député, et d'Yvette Le Du, dentiste
RACINES : Finistère, Morbihan, **Nièvre**.

Noms de famille

Bachelot : patronyme courant, porté par environ 600 foyers (surtout présents dans le Calvados, le Maine-et-Loire et l'Ille-et-Vilaine). Vient de l'ancien français *bachelier* désignant d'abord l'aspirant chevalier, puis le jeune homme (à l'origine du *bachelor* anglais). La belle-famille de Roselyne est originaire de la Champagne mancelle (Auvers-sous-Montfaucon, près du Mans).

Narquin : patronyme très rare, porté par une trentaine de foyers, tous issus d'une même souche. Surnom hérité d'un lointain ancêtre *arquin* (= archer).

Origines et histoire familiale

Pour être la fille d'un couple de chirurgiens dentistes d'Angers et avoir eu un père résistant et député gaulliste, Roselyne Bachelot a baigné dès sa plus tendre enfance dans ce double milieu, médical et politique. Tout en étant en même temps issue du monde rural et en faisant le grand écart entre la Nièvre et la Bretagne.

Dans la Nièvre, les racines très rurales avaient constitué pour son père, fils d'agriculteur devenu chirurgien dentiste, un solide acquis qui lui avait permis une belle carrière politique. Établis dans le village de Nolay, en plein cœur du département, depuis Antoine Narquin, né vers 1700, les ancêtres étaient longtemps

☺ allés travailler de ferme en ferme, épousant de jeunes et solides Nivernaises, comme cette arrière-grand-mère, née Marie Dondon.

Gens de la terre comme les Loisy – par lesquels elle cousine avec ☺ François Baroin –, fermiers dans le village de Billy-Chevannes, à quelques centaines de mètres du château de Dumphlun, alors habité par des ancêtres directs de Dominique de Villepin – un autre ☺ cousin éloigné –, les aïeux paternels sont en tout point semblables aux maternels. Coiffes et binious mis à part, puisque ces derniers vivaient dans le Finistère et le Morbihan, où l'on va trouver, dans plu- ☹ sieurs villages, des patronymes présents dans l'arbre généalogique de Jean-Louis Borloo et dans celui de Jean-Marie et Marine Le Pen, notamment avec Le Boedec, du côté de Saint-Tugdual. Une branche à laquelle la ministre est très attachée, comme en témoigne le livre consacré à la vie de sa grand-mère, Corentine Sinou, née en 1890 à Roudouallec.

Famille proche

Mariée en 1968 avec Jacques Bachelot (dont elle a divorcé en 1998), lui aussi pharmacien et fils de médecin, fixé à la Réunion (d'une famille nombreuse, dont un frère, François Bachelot, radiothérapeute, un temps engagé au FN, est l'auteur de plusieurs livres : *Ne dites pas à ma mère que je suis chez Le Pen, elle me croit au RPR*, paru en 1986, et plus récemment d'un ouvrage sur les éléphants).

Enfant : un fils, Pierre, né en 1969, diplômé de l'Institut supérieur des Arts de Paris, assistant parlementaire puis conseiller de sa mère (qui l'a elle-même marié, en 1996, à la mairie d'Angers), nommé en 2010 chargé de mission auprès de la direction générale de l'Institut national de prévention et d'éducation pour la santé (alors que sa mère était ministre de la Santé). Un petit-fils, Corentin, passionné de photographie.

Un frère et une sœur plus jeunes : son frère Jean-Yves Narquin, attaché parlementaire de leur père, puis de Roselyne, durant ses premières années de député, est aujourd'hui maire de Villedieu-le-Château (Loir-et-Cher), après avoir été candidat FN aux élections européennes de 2014, alors que sa sœur soutient son adversaire.

Parcours

Passe sa jeunesse en Anjou. Pensionnaire, à sept ans, dans un établissement catholique très strict. Distribue ses premiers tracts, pour son père, à l'âge de six ans.

Déléguée médicale dans un laboratoire pharmaceutique. Doctorat de pharmacie, en 1988 (major de sa promotion), à Angers, où elle sera pharmacienne jusqu'en 1991. Conseillère générale RPR du Maine-et-Loire (1982-1988). Conseillère régionale des Pays de la

Loire à partir de 1986. Reprend en 1988 le siège de député du Maine-et-Loire, occupé par son père. Se fait connaître du grand public, en 1998, pour son combat en faveur du Pacs. Députée européenne (2004-2007). Ministre de l'Écologie (2002-2004), de la Santé et des Sports (2007-2010), des Solidarités et de la Cohésion sociale (depuis novembre 2010).

Nommée en 2012 à la Commission sur la rénovation et la déontologie de la vie politique, après avoir publié un livre sur la campagne de Nicolas Sarkozy (*À feu et à sang*, chez Flammarion), elle est membre du Haut Conseil à l'égalité entre les femmes et les hommes, créé en 2013 par Najat Vallaud-Belkacem. Elle se lance à 66 ans dans une carrière médiatique : chronique TV, au côté d'Audrey Pulvar, dans l'émission « Le Grand 8 », avec Laurence Ferrari, sur D8 (2012) ; chronique politique dominicale sur iTélé (2013) ; rejoint Cyril Hanouna sur Europe 1 (2014) et intègre l'équipe des « Grosses Têtes », sur RTL (2015), avant de rejoindre l'équipe de Julien Courbet sur D8 et d'animer sa propre émission sur RMC (100 % Bachelot»). Après un passage sur France 2, elle arrive sur LCI en 2017, où elle animera « L'Heure Bachelot » (2018-2019).

Nommée ministre de la Culture en juillet 2020, elle défendra le monde du spectacle et des festivals face à la pandémie de Covid-19 (qui lui vaudra d'être elle-même hospitalisé en mars 2021).

Auteur de nombreux ouvrages, dont *Bien dans mon âge. Tout commence à soixante ans* (2016), *Corentine* (2019, consacré à la vie de sa grand-mère maternelle gourinoise Marie-Corentine Sinou, épouse Le Du, 1890-1965), *Ma vie en rose* (2021), elle a également tourné dans des films et est montée sur scène (*Les Monologues du vagin*, à Bobino, en 2018, avec Myriam El Khomri et Marlène Schiappa).

Indiscrétions et anecdotes

Celle que le général de Gaulle a embrassée sur la joue à neuf mois et demi assure ne pas pouvoir vivre sans musique. Elle va d'ailleurs au concert et à l'opéra dès qu'elle le peut et est l'auteur d'un livre sur Verdi (2013). L'été, elle aime faire la tournée des festivals d'art lyrique, dont celui de Bayreuth. Elle aime aussi chanter et apprécie la tauromachie, ne fume pas, ne boit pas, fait du sport – 45 minutes d'exercices par jour (yoga, stretching…) – et dit vivre « avec la notion de bonheur et de plaisir ». Connue pour ses tailleurs mandarine, turquoise ou rose fuchsia, elle est une grande amie de François Fillon, qu'elle surnomme son « petit frère » et avec qui elle continue à échanger des SMS. Elle a fait une dépression en 2004, après avoir été congédiée du gouvernement ; traversant une période d'agoraphobie, elle a mis plusieurs semaines à reprendre le métro et à sortir dans la rue.

Végétarienne par conviction, cette bonne cuisinière, championne de la tarte Tatin, adore les pâtes, les poireaux vinaigrette et « les pizzas qui piquent », mais pas le chocolat, et ne saurait résister à un petit verre de rosé avec une assiette de fromages, sa boisson préférée restant le gin tonic (elle a douze sortes de gins).

Armée d'une mémoire infaillible, elle peut réciter les fables et poésies apprises à l'école et se souvient des prénoms de tous les huissiers des ministères et des parlements qu'elle a pu rencontrer. Après avoir travaillé sur le bureau du général de Gaulle, elle est aujourd'hui assise à celui d'André Malraux. Pour sa première élection, son père lui avait offert une montre sur laquelle il avait fait graver le nombre des électeurs lui ayant donné leur voix : 25 703.

JORDAN BARDELLA
ANCÊTRES ITALIENS... MAIS AUSSI ALGÉRIENS !

d.r.

Nom
BARDELLA

Prénom
Jordan
forme anglo-saxonne de Jourdain, vieux prénom chrétien dérivé du nom du fleuve dans lequel fut baptisé le Christ ; prénom ayant connu une grande mais très éphémère poussée dans les années 1990

Date de naissance
13 09 1995
né le même jour que César Borgia

Lieu de naissance
Drancy (Seine-Saint-Denis)

Signe astrologique
Vierge asc. Sagittaire

DOMICILE : À Saint-Denis, où il est élu

FILIATION : Fils d'Olivier, commerçant, et de Louisa Bertelli-Motta, employée

RACINES : Aisne, Cantal, Doubs, Eure, Marne, Moselle, Haut-Rhin, Paris, Seine-et-Marne, Seine-Saint-Denis ; Algérie, **Italie**, Suisse.

Nom de famille

Porté par une vingtaine de foyers français, ce patronyme italien que l'on imagine issu du latin *bardellum*, désignant le barde, semble plutôt être un dérivé de l'ancien prénom Bardus.

Origines et histoire familiale

« Oui, Bardella, c'est d'origine italienne. Mais mes parents sont issus d'une immigration qui aimait la France, qui s'est intégrée, s'est assimilée, a travaillé », aime à clamer l'élu RN et compagnon de la nièce de Marine Le Pen, ajoutant plus incisivement – politique oblige : « Il n'y a aucune raison que les suivantes soient dispensées de cet effort. » Analyse indiscutable : jusqu'aux années 1960, les Italiens, communauté étrangère la plus importante de France, ont été la première cible des xénophobies, aussi mal vus alors qu'Algériens et Arabes vingt ans plus tard. Générations après générations, « estrangers » et immigrants ont toujours été regardés avec méfiance et suspicion, quand ils n'étaient pas rejetés. Cela valait déjà, dans le Paris de Balzac, pour le ferrailleur auvergnat, débarquant sur les bords de la Seine avec son accent et s'exclamant « fouchtra ! ».

Voyons en revanche ce qu'il en est réellement, en explorant un peu son arbre généalogique, que lui-même connaît sans doute imparfaitement… Très vite, une observation s'impose : l'élu, né à Drancy, dans le « 9-3 », en 1995, a bien des ancêtres italiens. Le grand-père Bardella offre le profil type de l'immigrant italien. Natif d'Avilto, un petit bourg du Latium, en plein cœur de la péninsule, il vient en France avec ses parents pour travailler avec son père comme maçon, puis comme plombier, en région parisienne, où il s'installe à Montreuil, vers 1960. Peu après, les Bertelli-Motta et les Benedetto – ancêtres maternels – arrivent à leur tour de Turin, ville industrielle où s'étaient retrouvés des arrière-grands-parents aux origines diverses, venus des rivages nord et sud de l'Adriatique et dont les descendants se retrouveront donc, eux aussi, ouvriers dans le bâtiment à Saint-Denis. Jordan Bardella, qui y a grandi, déclare que sa mère habite en HLM, ce qui lui permet de dire que lui-même « représente l'origine modeste et la fibre sociale ».

Des ancêtres italiens, du côté tant paternel que maternel, modestes en effet, donnent une famille qui a indéniablement contribué à la construction de sa personnalité. Il explique ainsi que son « mentor », avec qui « tout a commencé », était son oncle Alberto, qui tenait un bar-restaurant, L'Europa, dans la banlieue de Turin. C'est là qu'il avoue avoir eu ses premières révélations culinaires : « [Avec mes parents], nous allions chaque été dans le nord de l'Italie, dont est originaire ma grand-mère maternelle, Iolanda. J'adorais me rendre à l'heure du déjeuner à L'Europa et le regarder travailler. J'ai d'ailleurs retrouvé un carnet sur lequel j'ai noté, année après année, avec ma petite écriture d'enfant – et pas mal de fautes d'orthographe ! –, les recettes que m'ont transmises mon oncle et ma grand-mère. »

Pourtant, si les ancêtres italiens sont bien là et très présents, ils ne sont pas les seuls ; car si les trois quarts de ses racines sont concentrées dans la botte, un autre quart conduit ailleurs. Ce dernier quart est la branche de la grand-mère paternelle, native de La Ferté-sous-Jouarre et elle aussi issue pour partie de l'immigration, avec un père algérien, venu travailler en France comme manœuvre dans le bâtiment, qui avait débarqué dès les années 1930 à Villeurbanne et lui aussi avait réussi l'intégration prônée par son arrière-petit-fils en épousant une Parisienne.

Trois quarts de ses racines en Italie, un huitième en Algérie et un dernier huitième en France, par cette arrière-grand-mère née dans le quartier Saint-Antoine et fille d'un employé de commerce. Une branche par laquelle on découvre à l'élu des ancêtres venus de divers horizons. Pour beaucoup de Seine-et-Marne, mais aussi d'Alsace, avec Georges Jaeck, natif du village d'Hégenheim, à la frontière de la Suisse, d'où était originaire sa famille et qui, choisissant à vingt ans la nationalité française, eut le courage de quitter sa région natale, tombée sous le joug allemand. Du Cantal également, avec un aïeul marchand de chevaux, arrivé vers 1830 dans la Marne et fils d'un de ces chaudronniers ambulants auvergnats, n'hésitant pas à se rendre à pied par-delà les frontières pour gagner leur vie, et qui avait trouvé la mort en 1813 à Figueras, en Catalogne.

Un arbre généalogique comme Jordan Bardella n'aurait peut-être pas osé en rêver, avec non seulement ses Italiens, mais toute une légion de migrants : Auvergnats, Alsaciens, Lorrains, Suisses, et jusqu'à des Algériens, qui tous ont su s'intégrer et s'assimiler, sans doute, comme l'affirme leur descendant, parce qu'ils aimaient la France...

Famille proche

Un temps en couple avec une des filles de Frédéric Chatillon, proche de Marine Le Pen, il est le compagnon de sa nièce, Nolwenn Olivier, fille de Marie-Caroline Le Pen (☞ p. 207).

Parcours

Enfance à Drancy, dans une cité HLM. Vacances familiales chaque été, en Italie. Lycée privé Jean-Baptiste-de-la-Salle, à Saint-Denis. Bac ES (mention TB). Adhère au FN à seize ans. Entreprend une licence de géographie, qu'il abandonne pour entrer en politique, devenant à dix-neuf ans secrétaire départemental du FN en Seine-Saint-Denis (2014), puis assistant parlementaire du député européen FN Jean-François Jalkh (2015) et chargé de la question des banlieues. Conseiller régional d'Île-de-France (depuis 2015). Lance le collectif Banlieues patriotes (2016). Membre de l'équipe de campagne présidentielle de Marine Le Pen (2017). Nommé la même année porte-parole du FN (2017-2019), dont il rejoint le bureau national l'année suivante. Nommé directeur national (2018-2021) du Front national de la jeunesse (FNJ), qui deviendra Génération nation (GN). Deuxième vice-président du RN (2019), puis premier (2021), avec charge d'assurer la présidence du parti par intérim durant la campagne présidentielle de 2022. Tête de la liste FN aux élections européennes, il est élu député européen (2019), avant d'être réélu conseiller régional d'Île-de-France (2021).

Indiscrétions et anecdotes

Celui qui a collé des affiches dès l'âge de seize ans a pour violon d'Ingres la cuisine, et d'abord celle à l'italienne (risotto, osso-buco, spaghettis carbonara et tiramisu), à laquelle il a été initié, gamin, par son oncle Alberto, qui tenait un restaurant-bar dans la banlieue de Turin. Capable de passer trois heures devant ses fourneaux, il admire l'inventivité de Philippe Etchebest ou du pâtissier Philippe Grolet et conserve un carnet dans lequel il a noté, de son écriture d'enfant, les recettes de sa grand-mère. Il aime faire la tournée des caves, à la recherche de « petits vins parfaits », et voue un véritable culte au châteauneuf-du-pape, qu'il aime associer à un petit pecorino au poivre ou à la truffe, avouant ne pas avoir encore de problème de ligne. Car ce grand sportif ne manque pas une occasion de chausser ses baskets pour s'en aller courir le long des rues ou des sentiers, lorsqu'il est en vacances.

MICHEL BARNIER

« M. BREXIT », NEVEU DE GUILLAUME LE CONQUÉRANT !

AG Gymnasium Melle

Nom

BARNIER

Prénom

Michel

de l'hébreu Mika'el, signifiant « qui est comme Dieu » ; a connu une très grande et longue mode, de 1935 à 1955 ; 2e prénom masculin français le plus porté

Date de naissance
09 01 1951
né le même jour que Richard Nixon

Lieu de naissance
La Tronche (Isère)

Signe astrologique
Capricorne asc. Cancer

PROFESSION : Haut fonctionnaire

DOMICILE : Se partage entre Paris, sa Savoie natale et sa vieille ferme de Sologne

FILIATION : Fils de Jean, industriel, et de Denise Durand

RACINES : Hautes-Alpes, Ardèche, Bouches-du-Rhône, Côte-d'Or, **Isère**, Hérault, Rhône, Saône-et-Loire, Savoie, Var.

Nom de famille

Porté par plus de 1 000 foyers français, ce patronyme très courant, ayant son pic de fréquence dans la Drôme et l'Isère, n'est qu'une variante de Bernier, nom de personne d'origine germanique voisin de Bernard (forgé sur les racines *bern*, « ours » et *hari*, « armée »).

Origines et histoire familiale

Son père, franc-maçon, artisan maroquinier, avait fondé une petite fabrique de coffrets à bijoux. Sa mère, catholique de gauche pratiquante, s'était mobilisée sans compter à l'Unafam (Union nationale des parents et amis des handicapés psychiques), structure gérant des établissements pour personnes handicapées psychiques, et participa à la création de la Ligue contre la violence routière, après un accident de voiture familial. Un couple solide, lui alpin et elle fille d'un médecin marseillais : deux univers qui ont contribué – mais pas forcément à parts égales – à la construction de Michel Barnier.

Les Barnier étaient arrivés à Grenoble dans les années 1860. François, l'arrière-grand-père, menuisier de son état, y avait épousé la fille d'un couple de cafetiers, dont il avait rapidement repris l'établissement. Né à Saint-Étienne-de-Crossey, dans le parc de la Chartreuse, fils d'un boulanger, cet aïeul était issu d'une lignée de fermiers et laboureurs, établis au hameau de Tolvon, au pied d'un château en ruines, où l'on peut remonter l'arbre généalogique familial jusqu'à un ancêtre nommé Ennemond Barnier, né vers 1590-1600. Cette famille de l'Isère s'était alliée à une famille savoyarde, la grand-mère du ministre, native d'Aiguebelle, ayant ses racines en Maurienne et en Tarentaise, dans cette Savoie à laquelle Michel Barnier est viscéralement attaché.

Côté maternel, résultat du brassage marseillais, les racines sont éclatées avec, aux côtés de vieilles familles provençales, des paysans de l'Hérault et de l'Ardèche et des ferblantiers de Briançon.

Rien de plus à signaler, sinon bien sûr quelques parentés, mais d'abord ☺ avec des artistes : par plusieurs familles de Rocles, en Ardèche, Michel Barnier cousine avec Nathalie Baye et sa fille Laura Smet, alors que par le couple Cabasse-Rachier, marié en 1719 à Bargemon, dans le Var, il cousine avec Simone Signoret et donc avec Catherine Allégret et Benjamin Castaldi. Un seul cousinage politique sera offert par des branches bourguignonnes, avec le couple Fiacre Peteuil-Huguette Renaud, marié en 1663 à Saint-Émiland, en Saône-et-Loire, par lequel François Barnier cousine avec l'ex-ministre et astronaute Claudie Haigneré. Cinq cousins vivants, ça suffit : une cordée ne doit pas dépasser cinq personnes ! Une sixième, cependant, pourrait vouloir ☹ la rejoindre : Valérie Trierweiler, descendant comme lui de la famille Dessuches, de Couches, en Saône-et-Loire…

Et dans tout cela, bien sûr, pas le moindre ancêtre anglais. Si ce n'est que, descendant par ses aïeux ardéchois des anciens seigneurs de Roches, on lui découvre pour ancêtre le duc Richard II de Normandie, ☺ qui n'était autre que le grand-père… de Guillaume-le-Conquérant ! Alors, ce Brexit ? Une histoire de famille ?

Famille proche

Marié en 1982 avec Isabelle Altmeyer (née en 1955, avocate, conseillère au ministère de la Santé, fille d'un président-directeur général du Crédit foncier international), il est père et grand-père. Trois enfants : Nicolas (1987), candidat aux élections européennes de 2019 en Belgique, sur la liste du Mouvement réformateur (libéraux francophones) ; Benjamin (1990) et Laetitia (1990) épouse Prate (psychologue).

Parcours

Écoles primaires et lycée Jean-Moulin d'Albertville, puis lycée du Parc, à Lyon. École supérieure de commerce de Paris (dans la promotion de J.-P. Raffarin). Chargé de mission auprès de Robert Poujade, ministre de l'Environnement (1973-1974), puis de Pierre Mazeaud, secrétaire d'État chargé de la Jeunesse et des Sports (1974-1976) et d'Antoine Rufenacht (1977-1978). Conseiller général de Savoie (1973-1999). Député de Savoie (1978-1993 ; à son élection, le plus jeune député de l'hémicycle, à vingt-huit ans). Élu président du conseil général (1982-1999), il agit pour la protection de l'environnement et s'engage avec Jean-Claude Killy dans l'organisation des JO d'hiver de 1992 à Albertville. Ministre de l'Environnement (1993-1995 : loi Barnier et début du principe de précaution). Ministre délégué aux Affaires européennes (1995-1997 : traité d'Amsterdam). Sénateur (1997-1999). Commissaire européen à la politique régionale (1999-2004 : présidence du groupe de travail sur la défense européenne). Fonde en 2003 le club Nouvelle République. Ministre des Affaires étrangères (2004-2005 : libération de Florence Aubenas). Conseiller d'État (depuis 2005). Vice-président de la holding Mérieux Alliance (2006-2007). Conseiller politique de l'UMP (2006), il devient ministre de l'Agriculture et de la Pêche (2007-2009). Vice-président du Parti populaire européen, il sera élu député européen (2009-2010), puis commissaire européen au marché intérieur et aux services (2010-2014). Il échoue au poste de président de la Commission européenne, mais sera nommé conseiller spécial pour la politique européenne de défense (2015), avant d'être nommé, suite au Brexit, responsable du groupe de travail de la Commission chargé de la préparation et de la conduite des négociations avec le Royaume-Uni (2016-2019), qu'il poursuivra comme négociateur en chef, chargé de la préparation des relations futures avec le Royaume-Uni (2019-2021). Début 2021, il fonde le cercle de réflexion Patriotes européens, publie un livre (*La Grande Illusion : journal secret du Brexit*), puis annonce en août 2021 sa candidature à l'élection présidentielle de 2022. Arrivé troisième au premier tour de la primaire, il est éliminé et invite à voter pour Valérie Pécresse.

Indiscrétions et anecdotes

Celui qui, à quatorze ans, en vue de l'élection présidentielle de 1965, militait à Albertville pour le général de Gaulle, dont il avait une affiche dans sa chambre, a gardé dans son bureau bruxellois une photographie le montrant serrant la main du chancelier allemand Adenauer.

Mettant un point d'honneur à se rendre chaque semaine dans une ou deux capitales européennes, il n'en reste pas moins attaché à sa Savoie natale et aime à revendiquer son « tempérament de montagnard », n'oubliant jamais son mentor, Pierre Mazeaud, député de la Savoie, dont il fut l'attaché parlementaire, l'année où il conquit l'Everest.

Victime d'un grave accident de moto en 2009, il choisit de démissionner de ses fonctions, ce qui lui est refusé. Fervent européiste, il collectionne les décorations étrangères : Grand-croix de l'ordre de l'Infant Dom Henri de Portugal, grand commandeur de l'ordre du Mérite allemand, commandeur de l'ordre du Mérite de la République de Pologne et décoré de l'Ordre souverain de Malte.

Ses deux lieux de prédilection sont le minuscule village de Monal, en Tarentaise, qu'il définit comme « magique », et la vieille ferme de brique rouge à colombages au milieu des bois, héritée par sa femme en Sologne, dont le chêne quadricentenaire lui fait observer que « les arbres nous donnent des leçons d'humilité et de sérénité ». S'il ne va pas à la messe, le dimanche est pour lui synonyme de sérénité et de racines retrouvées : joie d'aller faire le marché, à la Ferté-Saint-Aubin, et de choisir fruits, légumes et viande pour la cuisine, simple, qu'il aime faire. Si recevoir est une de ses détentes, il aime s'isoler pour réfléchir dans un sommet de grange où il a aménagé son bureau, décoré de photos de son équipe au conseil général de Savoie et de lui-même avec le pape Jean-Paul II, et meublé d'une vieille table rustique qui fut son bureau de député pendant vingt ans.

Son secret : il fait du sport tous les jours, pratiquant régulièrement la natation – et bien sûr les sports alpins. Il reconnaît être animé d'un besoin vital et impératif de nager, de courir ou d'aller faire du vélo en forêt. Il mange sainement et ne boit presque pas d'alcool. Enfin, si certains l'ont souvent dit austère, son ami Michel Dantin, maire de Chambéry, qui reconnaît qu'« il n'est pas un homme d'humour », ajoute qu'« avec l'âge il le manie davantage ».

FRANÇOIS BAROIN
COUSIN DE BERNARD THIBAULT !

d.r.

Nom
BAROIN

Prénom
François Claude Pierre René
prénom signifiant « français »

Date de naissance	Lieu de naissance	Signe astrologique
25 06 1965	**Paris (XIIe)**	**Cancer asc. Lion**

né le même jour que Jean-Paul Sartre, Gérard Lanvin, Michel Platini et le prince William d'Angleterre

PROFESSION : Avocat
DOMICILE : Se partage entre Paris et Troyes
FILIATION : Fils de Michel, sous-préfet, et de Michèle Paulin
RACINES : Creuse, Moselle, **Nièvre**, Nord, Paris ; Hongrie.

Nom de famille

Patronyme porté par environ 300 foyers français (dont trois ou quatre François). Spécifiquement bourguignon et surtout morvandiau (Saône-et-Loire et Nièvre), il comptait au nombre des déformations du prénom régional Bénigne (signifiant étymologiquement « amical »).

Origines et histoire familiale

Laboureurs dans le village morvandiau de Planchez depuis la nuit des temps, les Baroin épousaient de préférence… des Baroin, tissant et retissant des cousinages enchevêtrés entre les diverses branches familiales vivant en vase clos dans les hameaux de la paroisse.

En 1770, un de leurs descendants était allé se fixer – par mariage – dans la commune voisine d'Ouroux, près du lac des Settons, commune du canton de Montsauche dont François Mitterrand a longtemps été conseiller général. Un village paisible en hiver, qui s'anime en été avec l'arrivée d'estivants et le retour des Parisiens, et qui a été très fier, en 2008, après l'entrée de Chypre et de Malte dans la zone euro, d'en être considéré comme le centre de gravité.

Centre de gravité économique, il l'est aussi en quelque sorte sur le plan politique, puisque l'ancien ministre y cousine plusieurs fois avec le syndicaliste Bernard Thibault, tant par les Brossier, dont ils descendent tous les deux plusieurs fois, que par les Baroin eux-mêmes, dont on peut par ailleurs aisément retracer l'histoire. Dans cette même branche, il cousine également avec le Gilet jaune Éric Drouet (par Dimanche Chaussivert et Léonarde Vacher, mariés vers 1659 à Planchez).

L'arrière-grand-père, qui n'exploitait que vingt-cinq hectares et avait quatre enfants à nourrir, était en même temps « facteur auxiliaire ». Le grand-père, entré dans la police pour s'en sortir, deviendra gardien de la paix. Il sera nommé à Paris et reviendra chaque été au village, où il tombera amoureux de la demoiselle des Postes, une Nivernaise elle aussi, mais de la vallée de la Loire, à l'autre bout du département. Une pupille de la Nation dont le père, comptable aux usines d'Imphy, avait été tué à la guerre. L'affaire sera rondement menée : le couple se mariera et regagnera Paris, où leur fils, Michel, naîtra en 1930.

Né dans la capitale, le gamin passera sa jeunesse entre Paris et le Morvan, souvent confié à un oncle d'Ouroux, où il connaîtra les joies des foins, avant d'intégrer à son tour la police, commençant sa carrière comme commissaire et la terminant, après être passé aux Renseignements généraux et à la DST, comme chef de cabinet de deux présidents de l'Assemblée nationale – le grand Edgar Faure et Achille Peretti, le père spirituel de Nicolas Sarkozy. Il sera ensuite patron de la GMF et de la Fnac, et deviendra un grand ami de Chirac.

Élu grand maître du Grand Orient de France, il trouvera la mort, en 1987, dans un accident d'avion au Cameroun, moins d'un an après que François a assisté à la mort de sa sœur aînée, renversée par une voiture. Deux terribles épreuves qui l'ont réorienté, selon ses propres confidences – il n'a alors que vingt-deux ans –, et qui, d'une certaine manière, ont appuyé son engagement politique.

Voilà pour le côté paternel et la Nièvre, où, par les Loisy, d'Achun, la famille partage des racines avec Roselyne Bachelot.

Du côté maternel, les ancêtres sont plus variés, avec des chefs de bureaux dans des ministères, des entrepreneurs de travaux publics, des familles du Nord, des Cévennes... Des Lorrains aussi – avec, en Moselle, par les Piquelle, de Vittoncourt, un cousinage avec le leader communiste Pierre Laurent. Des maçons creusois, enfin, originaires du bourg de Dun-le-Palestel – où Dominique de Villepin a lui-même des ancêtres – et où l'on remonte à un prisonnier hongrois, manifestement arrivé avec les armées napoléoniennes. Un homme natif de Starobystrická, aujourd'hui en Slovaquie et autrefois en Haute-Hongrie, dans cette région qu'avaient défendue contre les Turcs les ancêtres de Nicolas Sarkozy...

Famille proche

Divorcé de Valérie Broquisse, journaliste au *Figaro Magazine*, épousée en 1991 et dont il a trois enfants (Jules, Constance et Louis). Il a été le compagnon de Marie Drucker (nièce de Michel Drucker, issue d'une famille originaire de Roumanie) et vit depuis 2008 avec la comédienne Michèle Laroque (également roumaine par sa mère et parente de Pierre Laroque, considéré comme le fondateur de la Sécurité sociale).

Parcours

Enfance à Nogent-sur-Seine puis à Paris. Collège Stanislas et lycée Claude-Bernard. Faculté d'Assas. Aurait aimé être vétérinaire. DESS de défense, de sciences de l'information et DEA de géopolitique. Disc-jockey aux Champs-Élysées. Repéré par Jean-Pierre Elkabbach, il devient journaliste à Europe 1 (1988-1992). Conseiller municipal de Troyes à vingt-trois ans, maire depuis 1995. Rejoint le RPR en 1992. Député RPR puis UMP de l'Aube à partir de 1993 (alors benjamin de l'Assemblée nationale) et jusqu'en 2014, pour être élu sénateur de l'Aube. Vice-président de l'Assemblée (2002-2005). Protégé de Jacques Chirac, il est son porte-parole de campagne en 1995, puis celui du gouvernement (quelques mois en 1995 et depuis novembre 2010). Ministre de l'Outre-mer (2005-2007), de l'Intérieur (2007). Porte-parole du gouvernement (2010-2011). Ministre du Budget (2010-2011), de l'Économie (2011-2012). François Barouin aimerait finir sa vie professionnelle comme avocat (a prêté serment en 2001) ou comme patron de presse. Rejoint en 2012 le groupe R-UMP de François Fillon. Président de l'Association des maires de France (2014-2021).

Se retirant de la vie politique partisane en 2017, il devient conseiller à la banque Barclays et entre au cabinet d'avocats parisien de son ami Francis Szpiner. Élu membre de la seconde section de l'Académie des sciences d'outre-mer (2018), il fait son retour à la direction des Républicains (2019). Il est l'auteur de plusieurs ouvrages, dont une *Histoire de France par les villes et villages*, et d'un roman, en 2019.

Indiscrétions et anecdotes

Grand ami de jeunesse de Jean-Michel Blanquer, ce gros fumeur, qui grille un paquet de Marlboro light par jour, aime aussi le Coca. Il apprécie la nature, la poésie, la marche, la pêche à la truite et la chasse, et aime se ressourcer dans la Creuse. Il joue au foot, au tennis et aux échecs, et est capable de réciter des scènes entières des *Tontons flingueurs* et de *La Panthère rose*. Fasciné par Louis de Funès, il aurait aimé partager un repas avec Churchill et passer cinq minutes avec de Gaulle. Il a peur de prendre l'avion.

JEAN-MICHEL BAYLET
UN RECORD DYNASTIQUE

Nom
BAYLET

Prénom
Jean-Michel
Jean, signifiant en hébreu « Dieu fait grâce », et Michel, de l'hébreu Mika'el, signifiant « qui est comme Dieu » ; prénom composé très en vogue dans les années 1950

Date de naissance
17 11 1946
né le même jour que Louis XVIII et Sophie Marceau

Lieu de naissance
Toulouse (Haute-Garonne)

Signe astrologique
Scorpion asc. Cancer

PROFESSION : Journaliste et patron de presse
FILIATION : Fils de Jean, directeur de *La Dépêche du Midi* et député, et d'Évelyne Isaac, professeur de latin
RACINES : Drôme, Isère, Moselle, Pyrénées-Orientales, Bas-Rhin, **Tarn-et-Garonne**, Vaucluse ; Allemagne.

Nom de famille

Porté par plus de 300 foyers français, ce patronyme est originaire des régions de langue d'oc (Dordogne, Tarn…), où il désignait le valet, ou parfois le petit *bayle* (bailli, chef ou seigneur d'un village).

Origines et histoire familiale

À la tête d'un patrimoine estimé à 61 millions d'euros, la famille Baylet compte au nombre des fortunes professionnelles françaises, avec pour fleuron *La Dépêche du Midi*.

Tirant aujourd'hui à 150 000 exemplaires, après avoir dépassé les 280 000 dans les années 1960, ce quotidien régional, fondé à Toulouse en 1870, avait rapidement diffusé des idées progressistes, laïques et républicaines. C'est dans ses colonnes que Jaurès a fait ses premières armes de journaliste et Clemenceau – le grand « modèle » de Jean-Michel Baylet – y a lui aussi signé quelques articles.

Au lendemain de la Grande Guerre, le titre avait failli tomber entre les mains des Rothschild, mais un homme politique du cru était intervenu. Député-maire de Valence-d'Agen, il se nommait Jean-Baptiste Chaumeil, et sa réussite comme entrepreneur de travaux publics lui permettait en 1924 de devenir actionnaire majoritaire. Sans enfant, il avait élevé une nièce de sa femme, qu'il avait mariée à Jean-Bernard

Baylet, le fils d'un notable des environs, auquel il avait passé son entreprise (☞ p. 59).

Chaumeil fera ensuite entrer au journal le fils de ce couple, Jean Baylet, jeune licencié en droit, qui y gravira rapidement les échelons, avant d'en devenir propriétaire, aux termes du testament de l'oncle Chaumeil, en même temps qu'il lui succédera à la mairie.

Plus jeune maire de France en 1931, Jean Baylet, après avoir été déporté, deviendra député. À sa mort, ce sera son épouse, Évelyne Isaac (professeur de latin-grec et fille d'un gros actionnaire des Chemins de fer algériens), qui lui succédera. Tant à *La Dépêche*, où elle présidera les conférences de rédaction, qu'à la mairie et au conseil général, pour être la première femme de France à présider un conseil régional. Elle passera à son tour tous les relais à leur fils, Jean-Michel, membre comme ses prédécesseurs du parti radical et bientôt du gouvernement.

Une belle continuité dynastique que celle des Baylet, avec quatre-vingt-dix-sept ans à la mairie de Valence-d'Agen et quatre-vingt-douze ans au journal, devenu groupe financier à la veille des années 2000 et où, malgré quelques dissensions familiales, ils restent aujourd'hui majoritaires via une holding familiale, avec Jean-Michel et sa sœur Martine. Majoritaires et décisionnaires, avec un temps pour P-DG Marie-France, la femme de Jean-Michel (déjà salariée du groupe précédemment à leur mariage) et avant que leur fils, Jean-Nicolas, en devienne directeur général.

Une dynastie d'autant plus belle que ses origines étaient modestes.

Originaires de ce département du Tarn, les Baylet ont leur berceau à Saint-Vincent-Lespinasse. Un vieux village juché sur une butte, à quelques encablures de Valence, où les ancêtres – dont le nom était autrefois volontiers orthographié *Baillet* – travaillaient la terre et s'étaient peu à peu élevés en en devenant propriétaires. Des racines restant donc très locales, jusqu'au mariage de Jean Baylet avec la nièce orpheline du député Chaumeil : une grand-mère aux racines partagées entre le Dauphiné et les Pyrénées-Orientales, fille d'un pharmacien militaire, décoré de la Légion d'honneur, après les campagnes d'Orient et d'Afrique, sous le Second Empire.

La famille maternelle est en revanche toute différente. Décédée en 2014, à l'âge de cent un ans, Évelyne Isaac-Baylet avait vu le jour en Algérie française, dans une famille juive, aux racines dispersées entre l'Allemagne (Hambourg, pour les Isaac eux-mêmes), la Lorraine, l'Alsace et l'ancien Comtat Venaissin, avec également des ancêtres juifs du pape vivant à Carpentras (dont les Mayrargues, par lesquels Jean-Michel Baylet cousine avec… Nagui).

Baptiste MARCELO
maître d'hôtel
x Anne GINESTOU

Neige MARCELO
1844
x Jules JOURDAN

Olympe JOURDAN
x *1900* **Jean Bernard BAYLET**

Jean BAYLET
1904-1959
député-maire de Valence-d'Agen, directeur de La Dépêche du Midi
x Évelyne ISAAC
1913-2014
directrice de La Dépêche du Midi*, présidente du conseil général*

Jean-Michel BAYLET
1946
directeur de La Dépêche du Midi*, député-maire de Valence-d'Agen, président du conseil général et ministre*

Clémentine MARCELO
1861
x Jean-Baptiste CHAUMEIL
1856-1930
député-maire de Valence-d'Agen, achète La Dépêche du Midi

Famille proche

Mariage : en 1985, avec Marie-France Marchand (née en 1953, directrice financière du groupe *La Dépêche*, directrice de deux magazines et de la Fondation La-Dépêche), aujourd'hui compagne de Laurent Fabius (☞ p. 131).

Enfants : père de trois enfants : deux jumeaux (Victoria, chargée de mission à la fondation avant de l'être au comité régional du tourisme Languedoc-Pyrénées, en 2015 ; Jean-Nicolas, directeur général de *La Dépêche*, marié en 2012 avec Nicole Fitolite, argentine) et Jean-Benoît (copropriétaire avec sa mère de la société Viking).

Fratrie : deux sœurs : Danièle (Dany, Mme Mallet, un temps conseillère municipale de Toulouse, sur la liste apolitique de Dominique Baudis, puis conseillère régionale, en procès avec sa famille, dans les années 1990) et Martine (Mme Laffont).

Parcours

Lycées Pierre-Fermat, à Toulouse, et Ingres, à Montauban. Études de droit à l'université de Toulouse. Commence une carrière de journaliste en 1971, à *La Dépêche du Midi*, dont il devient directeur (1975), puis P-DG du groupe (à la suite de sa mère, 1995) tout en étant président de sociétés satellites. Fonde en 1973, avec Robert Fabre, le MRG (Mouvement des radicaux de gauche) qui deviendra le PRG (Parti radical de gauche) et dont il sera président (1996-2016). Maire de Valence-d'Agen (1977-2001 et depuis 2020), puis président de la communauté des communes des Deux-Rives. Remplace sa mère, en 1985, au conseil général du Tarn-et-Garonne, qu'il préside jusqu'en 2015. Député du Tarn-et-Garonne (1978-1984 et 1988). Sénateur du Tarn-et-Garonne (1986-1988 et 1995-2014). Secrétaire d'État auprès du ministre des Relations extérieures (1984-1986), puis chargé des Collectivités locales (1988-1990). Ministre du Tourisme (1990-1993). Seul candidat non socialiste à la primaire socialiste, en 2011 (avec un livre, *L'Audace à gauche*, et le projet d'un gouvernement économique européen ; obtient 0,64 % des voix et rallie François Hollande). Ministre de l'Aménagement du territoire, de la Ruralité et des Collectivités territoriales (depuis 2016).

Indiscrétions et anecdotes

La très forte présence de sa mère dans sa carrière lui a valu à ses débuts de se voir surnommer « veau sous la mère » et « fistonné ». Fan de rugby – racines toulousaines obligent – mais aussi de trial et de ski, Jean-Michel Baylet est en outre un grand amateur de musique classique et un collectionneur de voitures anciennes. Avec un sens aigu de l'organisation et du détail, et Clemenceau pour modèle en politique, il avoue qu'il aurait aimé être grand reporter ou capitaine au long cours. Passionné par la Renaissance, il aime les tableaux de Jérôme Bosch, les films de Werner Herzog, *Le Riz pilé* de Pierre Perret et la verve de Luchini. Avec *Des souris et des hommes* de Steinbeck en livre de chevet, il a pour devise la phrase de Camus : « Le pouvoir donne ses chances à l'impossible. » Entré en 1991, par tradition familiale et politique, au Grand Orient de France (loge « Demain »). Mis en examen avec sa sœur et sa mère, en 1997, pour abus de biens sociaux, il a été condamné en 2003 à six mois de prison avec sursis et 30 000 euros d'amende. Il fait l'objet d'une procédure judiciaire, ouverte en juin 2020, suite à une plainte pour viol, déposée par la fille d'un de ses anciens amis.

JULIEN BAYOU

DÉJÀ LES CRUES DE LA GARONNE !

C. Guilhem

Nom
BAYOU

Prénom
Julien
dérivé de Jules, qui viendrait lui-même du latin iuli, *désignant le chaton du noisetier ; surtout à la mode dans les années 1980*

Date de naissance
11 06 1980

Lieu de naissance
Paris (XIe)

Signe astrologique
Gémeaux asc. Cancer

né le même jour que le commandant Cousteau, José Bové et Julien Alaphilippe

PROFESSION : Avocat

DOMICILE : Sur les bords du canal Saint-Martin, à Paris (Xe)

FILIATION : Fils de Pierre, architecte, et de Mylène Dubois, professeur d'économie

RACINES : Aveyron, Cher, Drôme, Gard, Hérault, Loire, **Lot-et-Garonne**, Lozère, Haute-Marne, Meuse, Nièvre, Rhône, Haute-Saône, Saône-et-Loire, Savoie, Haute-Savoie, Tarn, Vaucluse, Vosges, Hauts-de-Seine ; Autriche-Hongrie.

Nom de famille

Porté par moins de cent foyers français, ce patronyme, qui a son pic de fréquence dans le Lot-et-Garonne, se rapporte très probablement au nom du lieu d'origine, avec plusieurs toponymes Baillou(x) en Périgord, Bordelais, etc.

Origines et histoire familiale

Les Bayou offrent l'image d'une lignée au parcours classique.

Sans doute originaires de Penne-d'Agenais, ils sont connus à Fumel depuis Antoine Bayou, né vers 1690-1700, où ils ont été pêcheurs puis cultivateurs, avant qu'un de leurs descendants, devenu scieur de long, ne prenne un virage à 90 degrés en partant s'établir à Villeneuve-sur-Lot. C'est là que naîtra, en 1845, Antoine Bayou, qui apprendra le métier de boulanger – nouveau degré dans l'ascension sociale – et dont le fils, Camille, partira s'établir dans l'Hérault, où il sera tuilier. Son petit-fils, Raoul, né en 1914, confirmera la promotion en devenant instituteur, puis maire de sa petite ville natale de Cessenon-sur-Orb, avant d'entamer une carrière politique, élu successivement conseiller général puis député PS, pour devenir questeur de l'Assemblée nationale. Il sera le défenseur attitré de la viticulture. Son épouse, Marguerite, elle aussi institutrice et fille d'un couple d'instituteurs, a également été maire, durant plus de vingt ans, de sa commune natale voisine, Saint-Chinian. Une trajectoire classique, illustrant parfaitement le poids de la profession d'instituteur, mais trajectoire marquée par une tragédie, avec le décès, en 1897, du trisaïeul boulanger, découvert un beau matin noyé dans la Garonne, à Caumont-sur-Garonne, à plus de cinquante kilomètres de chez lui, au-delà de la confluence avec le Lot, manifestement emporté par les terribles crues d'avril 1897 – crues déjà catastrophiques un siècle avant le réchauffement climatique – et repêché quinze jours plus tard, sans pouvoir être identifié. Son acte de décès, enregistré comme celui d'un inconnu, se contente de décrire son apparence physique et ses vêtements. Il faudra une enquête judiciaire pour permettre l'identification, plusieurs mois après, de cet homme qui avait déjà eu le double malheur de perdre, au cours des dernières années, sa femme et son fils aîné, qui travaillait avec lui à la boulangerie. C'est peut-être cet enchaînement de deuils qui décida Camille Bayou à suivre son frère aîné, colporteur, à Béziers, ville où il trouvera l'âme sœur et ne prendra jamais de billet retour pour sa Gascogne natale. Si, au-delà de Camille, toutes les racines sont concentrées dans le Lot-et-Garonne, son mariage dans l'Hérault ajoute dans l'arbre des racines dans le Gard, la Lozère et l'Aveyron.

De son côté, la branche de la grand-mère institutrice conduit dans la Haute-Marne, où son mari, muté peu avant la guerre, l'a épousée, avant de regagner rapidement avec elle la France du Sud, non occupée. Un cousin proche de cette aïeule, l'un des fondateurs, avec Leclerc, de la 2e DB, prit part en Libye au légendaire serment de Koufra. La même branche révèle aussi que celui qui entend « sauver l'Europe » compte parmi ses ancêtres deux prisonniers de guerre, ramenés en France par la Grande Armée napoléonienne, l'un autrichien et l'autre hongrois, qui marieront leurs enfants ensemble, dans le village d'Autigny-le-Petit, aux environs de Joinville.

Du côté maternel, les branches partent un peu dans toutes les directions avec, face aux instituteurs de la famille paternelle, un grand-père militaire, engagé volontaire, « jeune capitaine impassible au danger » durant la Grande Guerre, colonel de chasseurs alpins, officier de la Légion d'honneur, fils d'un ingénieur en chef des Manufactures et gendre d'un industriel. Un homme sévère et conservateur, dont la fille – la mère de Julien – deviendra une « vraie maoïste » et sera « porteuse de valises » pour le FLN, pendant la guerre d'Algérie… Avec dans cette branche aussi, des élus, tel l'arrière-grand-père Rachel, maire, après son père, de Veyrier-du-Lac, en Savoie, ou tel autre encore, conseiller général du Vaucluse.

On ne saurait bien sûr éviter l'incontournable Louis VI le Gros, récupéré à la fois du côté paternel, par une famille Fagotin, de Chaumont, et du côté maternel, ancêtre d'une famille Bourdin, de Bourges. Pour ce qui est enfin des parentés, cette même branche maternelle, conduisant en Haute-Saône, montre Julien Bayou descendant des Besancenot, de Noidans-le-Ferroux, avec pour ancêtre direct un frère de celui d'Olivier.

Et le vert, dans tout cela ? Que Julien Bayou se rassure, il ne manque pas d'ancêtres fort convenables de ce point de vue. Hormis les Bayou eux-mêmes, pêcheurs, cultivateurs et scieurs de long, voici les Berthet, jardiniers autrefois à Lyon, dans l'actuel quartier de Vaise, alors commune indépendante ; et voici encore, plus près de nous, le trisaïeul Claude Huguenin, conseiller municipal de Montrouge au début des années 1900 et arboriculteur de son état, décoré en 1906 du Mérite agricole.

Famille proche

Julien Bayou est célibataire.

Parcours

Lycée Turgot, à Paris. Sciences Po. DEA d'Économie internationale. Licence en droit. Capa. Erasmus (Londres, 2001). Consultant pour l'Unesco, au ministère de l'Éducation nationale. Participe à la fondation de Génération précaire (2005) et deviendra une des figures du collectif Jeudi noir (crise du logement). Chargé de mission pour l'Afrique, au sein de l'ONG Coordination SUD (2005-2008). Monte une coopérative de conseil en communication et mobilisation. Chargé de campagne pour Avaaz.org (ONG mobilisée notamment sur le changement climatique et la pauvreté : 2013, année au cours de laquelle il soutient Jérôme Kerviel). Cofonde l'association Notre affaire à tous (2015) et participe au mouvement Nuit debout (2016). Rédacteur d'articles (Rue89...). Conseiller régional d'Île-de-France (depuis 2010, PS-EE-Front de gauche). Soutien d'Eva Joly, à la présidentielle de 2011. Porte-parole (2013-2019), puis secrétaire national (depuis 2019) d'EELV. Auteur de *Désobéissons pour sauver l'Europe* (2018).

Indiscrétions et anecdotes

Cet ancien enfant de chœur, qui a connu un *burn out*, a récemment fait couper son énorme tignasse. Pratiquant régulièrement l'escalade à Saint-Pierre-de-Nemours, il reste très marqué par ses voyages en Afrique, effectués dans le cadre de ses engagements de solidarité internationale, et par son voyage de Paris à Shanghai, voilà dix ans, via le Transsibérien, pour lequel il est parti de chez lui sac au dos, pour rejoindre la gare de l'Est. Joueur de saxo, il a monté un orchestre d'une trentaine de musiciens, au sein des Verts, qui s'est produit durant l'été 2021, avec violon, clarinette, ténor et choristes. Peu sensible à la gastronomie, il préfère les livres, dont le *Magellan* de Stefan Zweig. L'homme qu'il admire le plus ? Peut-être Thomas Sankara, le révolutionnaire anti-impérialiste africain. S'adonnant à ses heures à la généalogie, il a commencé à mettre son arbre en ligne, sur Geneanet.

FRANÇOIS BAYROU
UNE SUITE DE TRAGÉDIES !

ph. A. Borgeaud

Nom
BAYROU

Prénom
François **René Jean Lucien**
prénom signifiant « français »

Date de naissance
25 05 1951
né le même jour que Padre Pio et Pierre Bachelet

Lieu de naissance
Bordères (Pyrénées-Atlantiques)

Signe astrologique
Gémeaux asc. Balance

PROFESSION : Agrégé de lettres

DOMICILE : Se partage entre son deux pièces de 50 m² à Paris, rue Cler (VIIᵉ) et sa ferme de Bordères, son village natal

FILIATION : Fils de Calixte, agriculteur, et d'Emma Sarthou, agricultrice

RACINES : Haute-Garonne, **Pyrénées-Atlantiques**, Hautes-Pyrénées (mais aucun ancêtre irlandais, contrairement à ce que l'on peut parfois lire).

Nom de famille

Patronyme rare, porté par environ 70 foyers français, qui se rencontre à la fois dans les Pyrénées-Atlantiques et le Tarn-et-Garonne.

Autrefois Bairou ou Bayroo, il reste d'étymologie floue, pouvant venir du béarnais *bayroun*, désignant une cuve...

Origines et histoire familiale

La famille Bayrou a son berceau tout près de Pau, dans le village de Serres-Castet, où Bernard Bayrou s'était lourdement endetté, en 1719, pour construire la maison dont il avait fait héritière sa fille unique, mariée en 1738 à Jean Cazaillet, un cadet de famille. Les enfants du couple avaient été nommés Bayrou et la vie à l'oustal avait continué. C'était l'habitude, en Béarn, dont la coutume permettait aux parents de choisir librement celui de leurs enfants auquel ils transmettaient leurs biens, les autres, en bons cadets, n'avaient qu'à se débrouiller...

C'est ainsi que, vers 1850, un cadet de la famille, François Bayrou, partira comme garde forestier, aux confins de la Bigorre. Mais s'établir à vingt kilomètres de son village natal était alors lourd de conséquences. Le nouvel arrivé y faisait figure d'étranger, et il lui fallait du temps pour s'intégrer. Il en ira d'autant plus ainsi pour les Bayrou qu'un drame va survenir.

Un matin, le garde est retrouvé mort en pleine forêt, et l'on conclut à un suicide, acte qui, dans la société très croyante de l'époque, est violemment condamné. Inflexible, le curé refuse les funérailles religieuses, ce qui jette la honte sur la famille. Ce ne sera que vingt ans plus tard que l'on apprendra la vérité, lorsqu'un mourant confessera être l'assassin du garde, qui l'avait surpris, un matin, en train de braconner…

Mais avant ce dénouement, les enfants du présumé suicidé avaient eu du mal à se marier, son fils ne trouvant d'autre épouse que Marie Bergez-Cazaban, une jeune femme doublement éprouvée. Fille d'un homme assassiné à la foire de Nay par des marchands espagnols, contre lesquels il avait gagné une forte somme au jeu, elle était par ailleurs la veuve, sans ressources, d'un de ces cadets qui s'en était allé chercher fortune en Amérique, où il avait trouvé la mort, dans le golfe du Mexique.

Ce seront pourtant les fils de ce couple qui relèveront la famille. L'un, après être allé au séminaire et avoir renoncé à sa vocation, deviendra un érudit local et un membre de l'Action française – il osera même, lors d'élections, se présenter contre Léon Blum ! L'autre, le grand-père de François, homme autoritaire et volontaire, ajoutera à son métier d'agriculteur celui de marchand de grains, ce qui lui permettra d'acheter une dizaine d'hectares et de compter au nombre des notables du lieu, avec bientôt un fils polytechnicien, un autre colonel et une fille médecin dans la Légion, sans oublier un autre fils, François, mort bébé en tombant dans le feu de la cheminée – un drame dont la grand-mère était morte de chagrin.

Calixte, l'aîné de cette fratrie, qui avait été choisi comme héritier, continuera l'exploitation. Cultivant maïs et haricots et élevant vaches et chevaux, il épousera – à plus de quarante ans – une orpheline, fille de maquignon, avant de devenir maire de Bordères et de s'aventurer aux élections cantonales. Un homme qui était à la fois « un roc » et « un poète », un passionné de littérature, labourant ses champs en récitant des vers et apprenant Victor Hugo à son fils en trayant les vaches…

Un père dont la mort tragique – en tombant d'un char de foin – sera ressentie comme « injuste de brutalité » par ce fils, François, alors déjà père et passant son agrégation. Il reprendra néanmoins la ferme, ajoutant ce deuil aux précédents, à ceux de ces deux François, le garde-chasse et le petit bébé, dont il portait le prénom. Un fils qui souffrait alors de bégaiement et savait que « l'on porte en soi les blessures des générations précédentes ».

Famille proche

Marié en 1971 avec Élisabeth Perlant, dite « Babette » (née en 1951), professeur et fille de professeur.

Six enfants : Hélène (professeur en khâgne à Bordeaux, épouse de Christophe Lastecoueres, historien), Marie (Mme Donato, ingénieur des Eaux-et-Forêts), Calixte (enseignant à la Faculté vétérinaire de Liège), Agnès (Sciences Po et philosophie) et André (agrégé de lettres). Il est grand-père de vingt et un petits-enfants

Parcours

Lycées de Nay-Bourdettes et Montaigne à Bordeaux. Classe préparatoire littéraire et université de Bordeaux III. Agrégé de lettres classiques. Enseigne quelques années. Conseiller général UDF de Pau-sud (1982-2008). Président du conseil général des Pyrénées-Atlantiques (1992-2001). Conseiller municipal de Pau (1983-1995). Député UDF puis MoDem de la 2e circonscription des Pyrénées-Atlantiques (1986-2012). Ministre de l'Éducation nationale (1993-1997). Soutient Édouard Balladur en 1995. Président du CDS (1995), de Force démocrate (1995), de l'UDF (1998-2007). Membre fondateur et président du Mouvement démocrate (MoDem), depuis 2007. Député européen (1999-2002). Candidat UDF en 2002 (6,84 %) et 2007 (3e avec 18,5 %). Candidat à l'élection présidentielle de 2012 (éliminé au 1er tour, 5e avec 9,13 % des voix, il annonce qu'il votera personnellement pour François Hollande, sans donner de consigne de vote, et sera battu aux législatives suivantes). Maire de Pau et président de la Communauté d'agglomération Pau-Béarn-Pyrénées (depuis 2014). Annonce son soutien à Alain Juppé, tout en refusant de faire participer le MoDem à la primaire (août 2014), avant de soutenir Emmanuel Macron en 2017. Ministre d'État, garde des Sceaux, ministre de la Justice en 2017 (un mois et quatre jours), il cesse ses fonctions suite à l'affaire des assistants parlementaires du MoDem au Parlement européen. Réélu président du MoDem, il est depuis 2020 haut-commissaire au Plan..

Indiscrétions et anecdotes

Mordu de littérature et de poésie, François Bayrou, qui parle couramment béarnais, a consacré une biographie au bon roi Henri IV, qui a grandi au château de Coarraze, à deux kilomètres de sa maison natale. Catholique pratiquant, il est également un farouche défenseur de la laïcité. Passionné de chevaux, il possède une exploitation agricole d'élevage de pur-sang, assiste régulièrement aux ventes de yearlings à Deauville. Féru d'architecture, il admire l'œuvre de l'Aquitain Jean Nouvel, en particulier son musée des Arts premiers, et le Brésilien Oscar Niemeyer, artisan du siège du PCF à Paris, qu'il a tenu à visiter, décrochant un jour son téléphone pour en faire la demande à Georges Marchais.

LAURENT BERGER

UNE FAMILLE TRÈS SALÉE

CFDT

Nom

BERGER

Prénom

Jean-Marc **Laurent**

saint Laurent, enfant fugueur, ainsi nommé car sa mère le retrouva caché sous un laurier; prénom très à la mode dans les années 1965-1970

Date de naissance	Lieu de naissance	Signe astrologique
27 10 1968	**Guérande** (Loire-Atlantique)	**Scorpion asc. Lion**

né le même jour que le commandant Cousteau, José Bové et Julien Alaphilippe

PROFESSION : Professeur d'histoire, puis salarié dans divers organismes

DOMICILE : Habite Paris, dans le XIIe arrondissement

FILIATION : Fils de Robert, ouvrier soudeur aux Chantiers de l'Atlantique, et de Françoise Lecallo, auxiliaire de puériculture

RACINES : **Loire-Atlantique**, Morbihan.

Nom de famille

Porté par plus de 6 500 foyers français, ce patronyme, très courant, ayant son pic de fréquence dans la Loire, le Rhône et les départements voisins, est hérité d'un lointain ancêtre berger.

Origines et histoire familiale

Natif de Guérande, Laurent Berger a grandi dans la ville voisine de Saint-Nazaire, où son père était entré en 1968 comme soudeur aux fonderies des Chantiers navals. Robert et Françoise : des parents dont le syndicaliste parle volontiers, évoquant leur engagement militant à la CFTC, puis à la CFDT, ainsi qu'à la JOC (Jeunesse ouvrière chrétienne). Un couple de catholiques de gauche, qui partageaient « une culture de l'humilité ». Les fins de mois étaient parfois difficiles, mais le port, les bateaux, la mer et la plage de Saint-Marc – immortalisée par le « M. Hulot » de Jacques Tati – aidaient à garder le moral. Robert, qui avait commencé à travailler dès quatorze ans, distribuait des tracts et participait volontiers aux piquets de grève, sachant aussi mener des négociations. Une fois retraité, il s'investira dans les Restos du Cœur. Françoise, mobilisée de son côté pour le planning familial, était « une femme forte, douée, élevée par une jeune veuve » sans ressources. Comme les filles pauvres de sa génération, elle avait suivi les cours de l'École ménagère et était devenue auxiliaire de puériculture à la mairie de Saint-Nazaire.

Au-delà des parents, la galerie familiale offre une image très classique et parfaitement représentative de celles de la région. Une généalogie où beaucoup de familles reviennent plusieurs fois, par d'inévitables mariages endogames.

Les Berger étaient de Saint-Marc, cultivateurs au Ventard, un petit écart en retrait de la côte, fouetté par les vents comme son nom l'indique, et auparavant au Petit-Gavy, autre écart, plus près du centre de Saint-Nazaire, qui comptait alors moins de 3000 habitants, pour plus de 70000 aujourd'hui. Une lignée de laboureurs, que l'on peut remonter jusqu'à Jean Berger, né vers 1695, sans doute natif d'Herbignac, à quelques kilomètres à l'ouest, et fils d'un autre Jean Berger, laboureur lui aussi, né vers 1660 et époux de Jacquette Peron. Des ancêtres tous simples, très majoritairement paysans, avec quelques marins, notamment à La Baule, et parfois un garde-côte. Du côté maternel, des dynasties de sauniers et de paludiers dans les marais salants de Guérande, ainsi que quelques « chausseurs de marais », chargés d'entretenir les digues et les canaux.

L'arbre est truffé de patronymes typiques de la région : Bellec, Cavaro, Guiheneuf, Le Bihan, Cadro, Le Callo, Lelan, Le Huédé, Ollivaud... Les racines restent concentrées dans la région nazairienne, la presqu'île guérandaise, la Brière voisine, et ne quittent presque jamais la Loire-Atlantique, hormis de très rares ancêtres morbihannais du voisinage immédiat. Une généalogie de rêve, auquel Laurent Berger sait rester fidèle.

Famille proche

Divorcé d'un premier mariage et père de grands enfants, il s'est remarié en 2018 avec Mireille Le Corre, maître des requêtes au Conseil d'État, qui avait participé à la campagne de François Hollande et travaillé au cabinet de Jean-Marc Ayrault, où il l'a rencontrée. Ensemble, ils ont eu un fils et ont recomposé une famille de six enfants.

Parcours

Enfance à Saint-Nazaire, avec son port et la plage de Saint-Marc, dite « de M. Hulot ». Lycée Aristide-Briand, de Saint-Nazaire. Baignant, par ses parents engagés, dans le syndicalisme chrétien, il combat la loi Devaquet (1986) et adhère à la CFDT lorsqu'il est surveillant dans un collège, pendant ses études d'histoire à l'université de Nantes, études conclues par un mémoire de maîtrise consacré à l'épiscopat nantais de Mgr Villepelet (1936-1966). Entre à la Jeunesse ouvrière chrétienne (1991), dont il devient secrétaire général (1992-1994). Salarié d'une association d'insertion pour RMIstes, à Saint-Nazaire. Secrétaire général de l'union régionale CFDT des Pays de la Loire et membre du bureau national (2003). Secrétaire général national adjoint, avant de succéder à François Chérèque comme secrétaire général (2012). Soutient la loi Travail, présentée par Myriam El Khomri (2016). Publie un tweet, en décembre 2018, claironnant le passage de la CFDT devant la CGT, comme premier syndicat de France. Président de la Confédération européenne des syndicats (depuis 2019).

Indiscrétions et anecdotes

Écolier, Laurent Berger, qui avait du mal à s'exprimer, a fréquenté un centre médico-psychologique qui lui a redonné confiance. Lycéen médiocre, mais bon étudiant, il lit beaucoup et vite. Pas du genre à rester tard au bureau, il rentre chez lui pour le repas familial, quitte à travailler ensuite, sa prise de responsabilités l'ayant fait fondre de 10 kilos. Son « trip » : les virées entre potes, la belote, la pétanque et le tennis de table, sachant qu'en sport, comme en toute chose, ce gros bosseur déteste perdre. Resté Nazairien de cœur, il ne résiste pas à la visite du dernier paquebot sorti des Chantiers. Dans son bureau parisien, décoré de photos des marais salants et des pêcheries de l'estuaire de la Loire, flotte un parfum d'Atlantique.

XAVIER BERTRAND
L'AUDACE DE SON ONCLE DANTON

d.r.

Nom
BERTRAND

Prénom
Xavier René Louis
prénom issu du nom de la maison natale de son saint patron : le château de Xavier, en Navarre, dérivé du basque etche bar, *signifiant « maison neuve »*

Date de naissance	Lieu de naissance	Signe astrologique
21 03 1965	**Châlons-sur-Marne** (Marne)	**Bélier asc. Cancer**
né le même jour que David Ginola		

PROFESSION : Agent d'assurances

DOMICILE : Un appartement de 140 m² dans un bel immeuble classique, dans le centre de Saint-Quentin, à 5 mn de la mairie

FILIATION : Fils de Jean-Pierre, cadre de banque, et de Madeleine Bedin, employée de banque

RACINES : Aisne, **Aube**, Cher, Marne, Nièvre, Bas-Rhin, Savoie ; Belgique.

Nom de famille

18e patronyme français le plus fréquent, porté par plus de 22 000 foyers (dont environ 70 Xavier), il est hérité d'un lointain aïeul l'ayant reçu comme prénom (issu du germanique *berth* = « brillant » et *hramm* = « corbeau »).

Origines et histoire familiale

La famille Bertrand a pour berceau le minuscule village champenois de Ramerupt, dans l'Aube, où ses ancêtres étaient des paysans aisés, sinon des coqs de village, apparentés aux familles de notaires et de percepteurs.

Connus depuis Henry, né vers 1660, ils ne quitteront les lieux qu'au début du XXe siècle et n'abandonneront la terre qu'avec Louis, le grand-père du ministre, qui s'établira entre les deux guerres comme assureur, près de Vitry-le-François.

À 75 % champenois, Xavier Bertrand compte beaucoup d'ancêtres vignerons. Il descend aussi, par les femmes, d'un mercenaire suisse qui avait glorieusement combattu dans l'armée de François Ier et s'était couvert de gloire à Marignan, au point que le roi lui avait, en remerciement, octroyé des terres à Aÿ, où ses descendants allaient être maires et lieutenants de police, avant de se lancer directement dans la production de vin de Champagne. Descendant aussi par les femmes des Danton, de Plancy, l'ancien ministre cousine avec le célèbre révolutionnaire (né lui-même dans le bourg voisin d'Arcis-sur-Aube), dont on garde en mémoire la fameuse harangue : « De l'audace, encore de l'audace, toujours de l'audace ! » (prononcée à l'Assemblée, en septembre 1792, pour exhorter les Français à prendre les armes contre les coalisés).

Côté maternel, Xavier Bertrand a une partie de ses racines en Berry (avec un arrière-grand-père arrivé en Champagne comme palefrenier), comme il en a aussi aux confins de la Marne et de l'Aisne – racines souvent très proches de celles de Christian Jacob, son adversaire de 2012. Si ce sont les mutations de son père, cadre de banque, qui ont conduit la famille à Saint-Quentin, où il se lancera en politique, il n'en compte donc pas moins plusieurs ancêtres maternels établis sous l'Ancien Régime dans plusieurs communes du canton de Condé-en-Brie et a donc été le seul des trois candidats têtes de listes aux élections régionales de 2015, dans le Nord-Pas-de-Calais-Picardie, à y avoir des racines.

Famille proche

Divorcé d'Isabelle Dubois, dont il a une fille, Caroline (1996).

Remarié en 1998 avec Emmanuelle Gontier, dite « Manu », conseillère en ressources humaines (et fille d'un adjoint au maire de Hem, dans le Nord), dont il a eu des jumeaux, Malo et Ambre (2007), avant de divorcer en 2014.

Remarié en 2018 avec Vanessa Williot, jeune conseillère municipale de Saint-Amand-les-Eaux, dont il a un fils, Lucas (2018).

Parcours

Faculté de droit à Reims. DESS d'administration locale. Aurait aimé être journaliste. Militant RPR dès 1981. Agent d'assurances à Flavy-le-Martel (Aisne). Franc-maçon, membre du Grand Orient de France (jusqu'en 2012). Conseiller général de l'Aisne. Maire de Saint-Quentin (2010-2016). Député UMP de l'Aisne (2002, 2007). Secrétaire d'État à l'Assurance maladie (2004-2005). Ministre de la Santé (2005-2006), du Travail (2007-2009), du Travail et de la Santé (2010-2012).

Secrétaire général de l'UMP (2008-2010), dont il sera candidat à la présidence du groupe, en 2012, contre Christian Jacob. Élu président du conseil régional de Nord-Pas-de-Calais-Picardie, en janvier 2016, puis au conseil régional des Hauts-de-France (depuis 2016). Président de l'agglomération du Saint-Quentinois (2014-2020). Après avoir quitté Les Républicains en 2017, il annonce, en 2021, sa candidature à la présidentielle de 2022, mais, arrivé quatrième au premier tour de la primaire, il est éliminé et invite à voter Valérie Pécresse.

Indiscrétions et anecdotes

Enfant dans une cité HLM de Troyes, Xavier Bertrand avait pour héros Thierry la Fronde. Grand ami des bêtes, il aime les lapins nains et les chiens, et a une petite chienne cavalier-king, Alice, qui le suit partout. Il passe ses étés en Corse, près de L'Ile-Rousse, se détend en faisant de la moto et en courant les brocantes. Il dit dormir très peu, environ trois à quatre heures par nuit. Très gourmand, il adore les cachous et l'osso buco. C'est aussi un fan de toupies et des films de Luc Besson et de Sergio Leone. Ami de Francis Lalanne, de Gilbert Montagné et de Geneviève de Fontenay, il adore les romans de Fred Vargas. Ministre de Nicolas Sarkozy, il avait Jean Castex comme directeur de cabinet.

OLIVIER BESANCENOT
COUSIN DE LILIANE BETTENCOURT ?

ph. G. Paumier

Nom
BESANCENOT

Prénom
Olivier Christophe
prénom chrétien rappelant le mont des Oliviers et la Passion du Christ, surtout à la mode entre 1965 et 1975

Date de naissance	Lieu de naissance	Signe astrologique
18 04 1974	**Levallois-Perret** (Hauts-de-Seine)	**Bélier asc. Scorpion**

né le même jour qu'Adolphe Thiers, Charles Pasqua, Nadine de Rothschild, Laurent Baffie et Élisabeth Borne

PROFESSION : guichetier à La Poste
DOMICILE : habite un appartement de 55 m², dans le XVIIIe arrondissement
FILIATION : Ardennes, Cantal, Landes, Meuse, Nièvre, Pas-de-Calais, Pyrénées-Atlantiques, **Haute-Saône**, Saône-et-Loire.

Nom de famille

Patronyme porté par environ 180 foyers français, issus de deux souches homonymes, en Côte-d'Or et Haute-Saône. Semble venir d'un nom de hameau (Le Besancenot, commune d'Adelans, au sud de Luxeuil), il a également pu être un diminutif de Besançon, qui avait eu valeur de nom de baptême au Moyen Âge.

Origines et histoire familiale

On ne peut pas dire que le chantre de l'extrême gauche est issu du prolétariat. Des parents enseignants, un grand-père clerc de notaire et un autre ingénieur : il faut remonter aux arrière-grands-parents pour trouver un sabotier à Bayonne et à la génération précédente pour plonger dans les milieux ouvriers de Levallois-Perret et de Clichy. Il n'empêche que, parfait produit du *melting-pot* francilien, le célèbre postier a ses racines aux six coins de l'Hexagone, dispersées entre le Béarn, la Nièvre, la Lorraine, les Ardennes, le Pas-de-Calais et la Haute-Saône.

Les Besancenot ont, en effet, leur berceau dans le village de Noidans-le-Ferroux, à une vingtaine de kilomètres de Vesoul, où leurs ancêtres, sous Louis XIV, étaient de très modestes laboureurs et souvent de simples manouvriers, jusqu'à ce qu'ils décident d'aller tenter leur chance en ville. La ville, ce sera Port-sur-Saône, un bourg actif où, d'abord aubergistes, ils deviendront « propriétaires », puis perruquiers, épousant bien logiquement des modistes, deux activités évidemment complémentaires.

À la fin du XIXe siècle, un fils deviendra pâtissier à Bourbonne-les-Bains, où il aura pour clientèle la meilleure bourgeoisie de la ville et verra son fils, après avoir fait des études, devenir clerc de notaire à Levallois.

Ce dernier épousera une institutrice, fille d'une couturière, Maman Berthe. Une arrière-grand-mère morte centenaire, qui racontera au petit Olivier, entre deux parties de dominos, le Levallois ouvrier de 1900. Un jour, elle le conduira au très chic Jardin d'acclimatation, dans le bois de Boulogne, où une mère très bourgeoise traitera le bambin de « petit pouilleux ». Aux dires mêmes d'Olivier, c'est cette bonne aïeule, éprise d'ascension sociale et admiratrice inconditionnelle de Louise Michel, qui lui aurait forgé sa conscience politique.

Pour ce qui est des parentés, on note de possibles cousinages avec le maréchal Lyautey, descendant des Besancenot, et avec Victor Hugo, dont la grand-mère, fille d'un boulanger de Dole, descendait elle-même d'une Denise Besancenot. Plus curieusement, on notera aussi que plusieurs mariages ont autrefois uni, aux environs de Vesoul, la famille Besancenot à une famille Goutheret, dont se trouve descendre… Liliane Bettencourt !

Par les Besancenot de Noidans-le-Feroux, il cousine également avec Julien Bayou, alors qu'il partage des ancêtres landais avec Christophe Castaner.

Famille proche

Compagnon de Stéphanie Chevrier, éditrice chez Flammarion et ancienne compagne du chanteur Yves Simon, avec laquelle il a un fils, Ronan, né en 2003.

Parcours

Collège et lycée à Louviers (Eure). Adhère aux Jeunesses communistes à quinze ans, puis à la LCR à dix-huit. Licence d'histoire à l'université de Paris X-Nanterre. Facteur, il distribue le courrier à Levallois-Perret puis à Neuilly (travaille à temps partiel, du mercredi matin au samedi). Membre de Sud-PTT. Attaché parlementaire d'Alain Krivine, au Parlement européen, en 1999. Candidat aux présidentielles de 2002 (4,29 %) et 2007 (4,08 %). Prix de la révélation politique de l'année 2003, décerné par le jury du Trombinoscope (distinction qu'il refuse de recevoir). Membre fondateur (février 2009) du Nouveau Parti anticapitaliste (NPA), dont il est le porte-parole. Renonce à être candidat à la présidentielle de 2012. Retour médiatique (2018), avec soutien aux mouvements des Gilets jaunes, pour envisager une candidature en 2022.

Indiscrétions et anecdotes

Passionné de foot, Olivier Besancenot aime aussi la boxe et écouter du rap. Cet athée, qui se définit comme « communiste libertaire et altermondialiste », déclare toucher 1 100 euros net par mois. Son patrimoine s'élèverait à 37 000 euros… En mai 2008, *L'Express* a révélé qu'il avait été espionné, entre octobre 2007 et janvier 2008, par une officine de renseignement privée.

JEAN-MICHEL BLANQUER

SON ANCÊTRE INVENTA L'ÉCOLE !

G. Paumier J. Barande

Nom
BLANQUER

Prénom
Jean-Michel
Jean, issu de l'hébreu, signifiant « Dieu fait grâce » ; Michel, de l'hébreu Mika'el, signifiant « qui est comme Dieu » ; prénom composé, à la mode dans les années 1950

Date de naissance
04 12 1964
né le même jour que Christian Jacob et Franco

Lieu de naissance
Paris (VIIIe)

Signe astrologique
Sagittaire asc. Balance

PROFESSION : Haut fonctionnaire

DOMICILE : Habite Paris, fidèle à son beau quartier natal

FILIATION : Fils de Roland, avocat, et d'Anne-Marie Vendeuil, professeur d'anglais

RACINES : Aisne, Ardennes, Côtes-d'Armor, Marne, Morbihan, Moselle, Bas-Rhin, Haut-Rhin, Var, Vaucluse, Territoire de Belfort ; **Algérie,** Allemagne, **Espagne**, Royaume-Uni.

Nom de famille

Porté par plus d'une centaine de foyers français, ce patronyme, rencontré dans les Pyrénées-Orientales et en Espagne, désignait le mégissier, le tanneur.

Origines et histoire familiale

Pur produit du très chic VIIIe arrondissement de Paris, le ministre de l'Éducation nationale est né dans une famille déjà bien lancée, avec un père cultivé et influent : Roland Blanquer, avocat à Paris et auparavant à Alger, où il était né, personnalité de la communauté pied-noir, engagé volontaire en 1943, saint-cyrien, croix de la Valeur militaire, médaille d'argent de la Ville de Paris, fondateur et président de la Maison des rapatriés de Paris, membre de la Commission du bicentenaire de la Révolution en 1989, membre du Haut Conseil des rapatriés auprès du Premier ministre dès 2006, membre puis président de l'Académie des sciences d'outre-mer… Arrêtons-là les titres et qualités : voilà un homme incarnant la réussite achevée d'une famille, après plusieurs générations d'efforts : père transitaire à Alger (autrement dit, responsable du fret et des transports) et grand-père maçon devenu entrepreneur, arrivé très jeune à Alger avec ses parents,

Josep Miguel, maçon lui aussi, et Maria Clara, couple de migrants espagnols établi à Sidi-Moussa, dans la banlieue d'Alger. Un couple natif du village de Cocentaina, au nord d'Alicante, où les ancêtres, déjà maçons, vivaient depuis les premières années du XVIIe siècle, avec des racines plus anciennes dans la petite ville de Mutxamel, fondée à l'origine sur un village musulman et devenue, avec ses plages, la résidence d'été des bourgeois d'Alicante. À Mutxamel, on peut remonter l'arbre généalogique familial jusqu'à un ancêtre nommé Juan Blanquer, né vers 1570 et mari d'Angela Graciana.

Une belle trajectoire, que Roland Blanquer avait donc su parachever dès son entrée dans la vie professionnelle, à Alger, où il connut celle qui devait devenir son épouse : une jeune femme diplômée, professeur de français, fille d'un avoué et capitaine de réserve d'artillerie d'Orléansville, chevalier de la Légion d'honneur, et dont la généalogie est la parfaite vitrine du brassage des familles françaises en Algérie, avec quatre grands-parents originaires des quatre coins de la France, sinon de l'Europe : grand-père militaire, natif de l'Aisne, marié à une Parisienne, elle-même fille d'un couple belgo-hollandais ; autre grand-père alsacien, marié à Mostaganem avec la fille d'un Breton, directeur d'école à Batna, et d'une receveuse des Postes dont le père, natif du Var, était arrivé à Constantine dès les années 1850, où il avait épousé la fille d'un négociant juif de Nîmes. Une galerie familiale on ne peut plus éclectique, rassemblant laboureurs champenois, aubergistes hollandais, nautonier allemand sur le Rhin, notaire alsacien, petits seigneurs bretons, meuniers provençaux, colporteur juif de Moselle et juifs du Pape, marchands de mules à Carpentras… Une fresque à même d'inspirer à Jean-Michel Blanquer l'envie d'encourager les classes bilingues et au milieu de laquelle on aura bien sûr pointé le trisaïeul, Jean Baptiste Noguès, directeur d'école dans l'Aurès, seul ancêtre enseignant connu – hormis sa mère – du ministre de l'Éducation nationale. Ajoutons que par les Gueit, de Rocbaron, dans le Var, celui-ci doit cousiner avec Renaud Muselier ; et que, par les petits seigneurs bretons cités, le généalogiste le rattachera au club des descendants de Louis VI le-Gros, lequel permet aussi de le démontrer, par les femmes, descendant de « ce sacré Charlemagne », qui eut un jour l'idée folle… d'inventer l'école !

Famille proche

Marié en 1991 avec Sophie Poute de Puybaudet (psychopraticienne, née en 1966), d'ancienne famille noble (Marche, Poitou), de qui il a trois enfants (Marie, 1992, Mme Caireta ; Paul, 1995 ; Flore, 1998). Après divorce (2012), il s'est remarié (2016) avec Aurélia Devos (magistrate, son ancienne élève à Sciences Po Lille), dont il a une fille (Anna). Depuis 2020, il a pour compagne la journaliste (*JDD*, i24news…) Anna Cabana (Anne Bitton, née en 1979, séparée d'Yves Cabana, fils de Camille Cabana, ministre de Jacques Chirac sous la cohabitation, notamment chargé des Rapatriés).

Parcours

Enfance à Paris, dans un 240 m² boulevard Haussmann. Collège Stanislas. Bac B. Sciences Po. Onze mois à Harvard. Universités de Paris I et II : deux DEA (droit public et sciences politiques, 1989) et maîtrise de philosophie. Doctorat (1993) et agrégation de droit public (1996). Service militaire comme coopérant à Bogota. Attaché d'enseignement et de recherche à Paris-Assas (1992-1994). Professeur de droit public aux universités de Tours, Lille et Paris-Assas (1991-1998). Directeur de l'Institut des hautes études de l'Amérique latine (1998-2004). Recteur de l'académie de Guyane (2004-2006). Directeur adjoint du cabinet de Gilles de Robien, ministre de l'Éducation nationale (2006-2007). Nommé par Xavier Darcos recteur de l'académie de Créteil (2007-2009), puis par Luc Chatel, directeur général de l'enseignement scolaire (2009-2012) – il est alors surnommé « ministre *bis* ». Directeur de l'Essec (2013-2017). Publie *L'École de demain : propositions pour une Éducation nationale rénovée* (2016). Adhère à LREM et devient ministre de l'Éducation nationale (2017). Publie *École ouverte* (2021).

Indiscrétions et anecdotes

Nourri par sa mère, prof d'anglais, à la *jelly* colorée, il écrivait dès l'âge de sept ans des histoires sur la vieille Remington de son père et a remporté le prix Signe de piste (édition scoute) du plus jeune auteur, pour une nouvelle intitulée *Le Meurtre des statues*.

Lié depuis la septième à François Baroin, qu'il regarde comme son « petit frère » depuis un échange de cartes Panini en classe de neige, il est le parrain de sa fille comme lui est parrain de la sienne. Adolescents, ils ont fondé ensemble une petite boîte de DJ, baptisée Try' Pomme, pour animer les rallyes BCBG. « Jean-Mi » écrira une bio du père de Baroin, qu'il admirait et auquel il doit son intérêt pour les neurosciences et la franc-maçonnerie, sans y avoir été pour autant initié.

Autres amis de jeunesse : l'ancien ministre Luc Chatel, avec qui il a joué, lycéen, dans une pièce de Labiche, et Richard Senghor, petit-neveu du président sénégalais, qui sera plus tard son conseiller spécial et qu'il avait connu à Sciences Po – toujours avec Baroin –, à une époque où ils participèrent à la rédaction d'une nouvelle *Déclaration universelle des droits de l'homme*, impliquant des centaines de jeunes de quatre-vingts pays et transmise à François Mitterrand.

Enfant, mordu de foot, il tapait dans un ballon à toutes les récréations, puis, inscrit au Paris Université Club, jouait avec ses copains sur l'esplanade des Invalides, avant d'assister à la finale France-Espagne au parc des Princes, en 1984, pour regarder jouer son dieu Platini.

Il a décroché son bac avec mention AB, seul garçon à avoir choisi l'option « couture », dont l'épreuve consistait à faire « une petite robe de plage pour enfant de trois ans ».

Parti à vingt-cinq ans comme coopérant en Colombie, sans parler un mot d'espagnol, il se passionne pour l'Amérique latine, au point d'être l'auteur du « Que sais-je ? » sur ce pays. En revanche, s'il se veut, en français, le champion du passé simple, il s'est montré incapable de conjuguer le verbe « courir » dans l'émission « Au tableau », sur C8.

Friand de fruits de la passion, ce fumeur de pipe passé au cigare ne dort – comme Emmanuel Macron – pas plus de quatre heures par nuit et adore la poésie – il en lit et en écrit. Fils d'un champion de France de bridge, féru du jeu d'échecs, il a introduit cette discipline à la maternelle, après avoir organisé un tournoi géant de sept cents élèves.

Abonné, adolescent, aux mésaventures à mobylette – sa première, baptisée *Ciboulette*, lui avait été volée –, il fut un habitué des plantages, jusqu'à une collision frontale avec vol plané dont il est sorti indemne. Alors directeur de l'Essec, il refusa une voiture de fonction pour ne pas grever les finances de l'école, préférant prendre le RER.

Longtemps « mal fagoté », ce collectionneur d'anciens livres de droit arborait des cravates jaunes criardes et portait des lunettes cassées, qu'il a récemment changées pour des lunettes incassables en titane. Il est subjugué par un platane bicentenaire du jardin de son ministère, dont il aime caresser presque quotidiennement le tronc.

ÉLISABETH BORNE
LA RHINAQUINTINE ET LE BON BEURRE NORMAND

A. Urb

Nom
BORNE

Prénom
Élisabeth
prénom issu de l'hébreu elisheba, *signifiant « Dieu est promesse »*

Date de naissance	Lieu de naissance	Signe astrologique
18 04 1961	**Paris (XVe)**	**Bélier asc. Gémeaux**

née le même jour que Charles Pasqua, Nadine de Rothschild et Olivier Besancenot

PROFESSION : Haut fonctionnaire
DOMICILE : Habite à Paris, dans le XIVe arrondissement
FILIATION : Fille de Joseph, né Bornstein, et Marguerite Lescène, directeurs d'un laboratoire pharmaceutique
RACINES : Eure, Loiret, Seine-Maritime, Seine-et-Marne, Yonne ; Belgique, **Pologne**.

Nom de famille

Porté par plus de 1 000 foyers français, ce patronyme fréquent, le plus souvent issu d'un nom de lieu (forgé sur le prélatin *borna*, désignant la cavité naturelle, puis la source), s'explique ici par la francisation du patronyme Bornstein, comme expliqué ci-après.

Origines et histoire familiale

La première fois qu'elle a remis, comme préfet, son décret de naturalisation à un citoyen, Élisabeth Borne se souvient d'avoir été très remuée : « Que moi, la fille d'un réfugié apatride, qui n'a été français qu'en 1950, j'accomplisse ce geste, cela disait quelque chose sur l'intégration. »

Joseph, le père de notre ministre du Travail et de l'Insertion, était en effet un juif d'origine russo-polonaise, arrivé en France avec sa famille en 1939. Établi à Nîmes, il rejoint la Résistance, est arrêté avec son frère, en août 1942, et transféré au camp de Rivesaltes, puis d'Argelès, d'où tous deux parviennent à s'échapper. Une chance que n'aura pas eu leur père, déporté à Auschwitz, d'où il ne reviendra pas. Au lendemain de la guerre, comme beaucoup de juifs, Joseph Bornstein fera le choix lourd et difficile de changer de patronyme, en

1950, pour devenir Borne, choix par lequel il entend se protéger et protéger l'avenir de sa famille.

La lignée paternelle de la ministre conduit donc très vite hors de l'Hexagone. Zelig Bornstein, le grand-père, arrivé vers 1899 à Anvers, où il s'était établi comme diamantaire, était né dans la ville de Łuków, à l'est de l'actuelle Pologne, ville un temps russe, dans laquelle une importante communauté juive s'était établie au cours du XVe siècle. Une ville où la remontée de l'arbre généalogique familial s'arrête au trisaïeul, Pesach Arieh Bornstein, né vers 1830.

Devenu Borne, Joseph Bornstein épousera une Normande, avec laquelle il dirigera un laboratoire pharmaceutique familial et terminera sa vie à Livarot, après avoir eu deux filles.

La lignée maternelle, de son côté, conduit d'abord en Normandie, précisément à Livarot, où le grand-père, Marcel Lescène, pharmacien, tenait une officine. C'est à Paris qu'il avait fondé ce laboratoire familial, très connu dans l'entre-deux-guerres, où furent mis au point le Balsamol et la Rhinaquintine, deux antigrippaux alors réputés. Maire de Livarot, puis conseiller général, il eut le redoutable honneur, en juillet 1944, de soigner le maréchal Rommel, transporté dans le coma à l'hospice de Livarot, dont la voiture, mitraillée par un bombardier de la Royal Air Force, s'était encastrée dans un arbre. On avait réquisitionné le pharmacien pour lui apporter les premiers soins, avant de le transférer à l'hôpital de Bernay.

À Livarot, les Lescène ont donné trois générations de pharmaciens. L'arrière-grand-père, fils d'un maçon des Andelys, avait épousé la fille d'une marchande de beurre de la ville. Une branche aux racines essentiellement normandes, avec toutefois un rameau conduisant en Belgique, par un couple venu à Paris comme domestiques sous le Second Empire et dont le fils était devenu directeur de fabrique à Bernay. Une branche aux ancêtres variés, où l'on trouve un conseiller du roi, un mendiant, des perruquiers, des vignerons, des bergers, sans oublier les inévitables et nombreux laboureurs…

Famille proche

Divorcée d'Olivier Allix (né en 1959, universitaire), qu'elle avait épousé en 1989, Élisabeth Borne est mère d'un fils, Nathan.

Parcours

École polytechnique (1981). Ingénieur des Ponts, Eaux et Forêts. Maîtrise en administration des Affaires. Intègre la Direction régionale de l'équipement d'Île-de-France (1987-1991), avant de devenir conseillère de Lionel Jospin, puis de Jack Lang. Directrice technique de la Sonacotra (1993-1996). Directrice de la stratégie de la SNCF (2002-2007), puis à Eiffage (2007-2008), et directrice générale de l'urbanisme à la mairie de Paris (2008-2013). Préfet de la région Poitou-Charentes et de la Vienne (2013-2014). Directrice de cabinet de Ségolène Royal, au ministère de l'Écologie (2014-2015). Présidente de la RATP (2015-2017). Adhère à LREM et devient ministre des Transports (2017-2019), puis de la Transition écologique et solidaire (2019) et enfin du Travail, de l'Emploi et de l'Insertion (2020).

Indiscrétions et anecdotes

Aimant le théâtre et l'opéra, Élisabeth Borne préfère les romans aux essais. Parmi ses auteurs préférés : le Finlandais Arto Paasilinna et Sorj Chalandon, auteur de *Petits suicides entre amis*, l'odyssée en car d'un groupe de suicidaires. Amoureuse de Paris, elle se ressource dans de longues randonnées en plein désert, en Jordanie ou dans le Sud marocain.

CHRISTOPHE CASTANER
UNE LIGNÉE DE FLAMBEURS

A. Empereur

Nom
CASTANER

Prénom
Christophe Jean Franck
prénom de racine grecque, signifiant « qui porte le Christ »

Date de naissance	Lieu de naissance	Signe astrologique
03 01 1966	**Ollioules** (Var)	**Capricorne asc. Cancer**

né le même jour que l'ancien ministre Jean-Marie Le Guen et que l'écrivain Marie Darrieussecq

PROFESSION : Juriste
DOMICILE : Habite Forcalquier, où son domicile a été tagué en 2015 et attaqué par les Gilets jaunes en novembre 2018
FILIATION : Fils de Pierre, technicien supérieur au Commissariat à l'énergie atomique, et de Marie-Claire Saint-Jean
RACINES : **Charente**, Charente-Maritime, Gironde, Landes, Pyrénées-Atlantiques ; **Espagne**.

Nom de famille

Porté par moins d'une centaine de foyers français, ce patronyme espagnol se référait au châtaignier.

Origines et histoire familiale

« L'arrière-grand-père était très riche, avec des ancêtres qui auraient même possédé un château à Cognac. Le grand-père a tout flambé. Le père ne s'est jamais remis de la ruine familiale. Il s'est engagé dans la marine à quatorze ans comme simple mousse. Il a passé sa vie à économiser le moindre centime, à rogner sur tout ce qu'il considérait comme superflu, jusqu'aux ampoules accrochées au plafond. » Ainsi est résumée, par *Le Nouvel Obs*, l'histoire de la famille de Christophe Castaner. Une histoire dont la suite est assez simple, avec le père pour personnage central et faisant figure d'« antithèse ».

Né à Angoulême, ancien militaire, vétéran d'Indochine et d'Algérie, ce père était arrivé en Provence sur un bateau venu mouiller en rade de Toulon et s'était reconverti dans le nucléaire. La famille s'installe à la campagne, dans les Alpes-de-Haute-Provence. Les enfants sont de corvée au jardin. Le patriarche, un « Géo Trouvetou monomaniaque », a la main leste. Malgré ses revenus confortables, il se lève aux aurores pour faire la collecte des encombrants et collectionne les lave-vaisselle défectueux, tandis que la mère, femme au foyer, « récure en rêvant à la piscine qu'ils pourraient faire creuser avec leurs économies ».

Mais avant ? Pour le savoir, il faut reconstituer l'arbre généalogique et consulter les archives. Celles de l'état civil et de la presse, qui confirment et précisent l'histoire. Ainsi, dans l'édition du 14 février 1935 de *La Charente* un entrefilet annonce que « messieurs les créanciers vérifiés et affirmés de la liquidation judiciaire du sieur Castaner Bernard, marchand de fruits et primeurs à Angoulême, sont invités à se réunir au palais de justice, le 19 février ». On n'aura guère de mal à vérifier : ce commerçant malchanceux, âgé de trente-trois ans, est en effet le père de notre militaire, qui n'est alors qu'un bébé de dix-huit mois, mais dont cet événement a scellé le destin.

Mais on apprend vite que cette faillite n'est pas la première essuyée par la famille, tant les Castaner semblaient abonnés à ces procédures. En 1909, avaient en effet été prononcées, toujours à Angoulême, celles de Georges Castaner, négociant en vins et primeurs, et celle d'Antoine Castaner, négociant en vins et spiritueux, après celle de Jacques Castaner, marchand de primeurs et comestibles, survenue en 1905. Autant de faillis qui étaient évidemment de très proches parents, le dernier, Jacques, étant le frère d'Antoine, l'oncle de Georges, le père de Bernard et donc l'arrière-grand-père de Christophe. En résumé, le grand-père et l'arrière-grand-père de l'ancien ministre avaient fait, comme l'on dit, de mauvaises affaires. Des gens riches ? Sans doute, du moins des gens aisés, mais auxquels on ne découvre pas – n'en déplaise à la légende familiale – de château à Cognac...

On pourrait ajouter que ces Castaner semblaient également assez instables en ménage, certains ayant eu des enfants hors mariage, d'autres – sinon les mêmes – ayant divorcé ou s'étant séparés. Des hommes au tempérament sanguin et, semble-t-il, aimant les risques, flambeurs et joueurs de poker... comme leur descendant ?

Mais avant Angoulême ? Lorsqu'ils sont déclarés en faillite, les Castaner ne sont pas depuis très longtemps dans la ville, où ils ne se sont établis qu'à la fin du XIXe siècle en arrivant de loin : le trisaïeul de Christophe, Antoine, ou plutôt Antonio Castaner, sujet espagnol, est venu avec sa femme Isabelle et leurs cinq enfants de la lointaine Majorque, où tous étaient nés dans le port de Soller, au nord-ouest de l'île. Un superbe village, au pied la chaîne montagneuse de la Serra de Tramuntana, où les recherches s'arrêtent malheureusement à la génération précédente, avec un autre Antonio Castaner et sa femme Juana Maria, nés vers 1810.

Quant aux autres lignées, les racines, bien françaises, restent concentrées dans le Sud-Ouest. D'abord en Charente, les premiers

Castaner d'Angoulême ayant épousé des filles du pays, la grand-mère de l'ancien ministre étant issue d'une lignée de tonneliers. Son arrière-grand-mère était fille d'un cafetier de la ville, avec un aïeul maître de gabarre.

La branche de sa mère, native de Bordeaux, dote en revanche l'ancien ministre de racines plus diverses, résultant des mariages et brassages bordelais, avec des ancêtres venus des forêts landaises, essentiellement de la région de Soustons, et surtout de nombreux Basques, avec la lignée des Saint-Jean, commençant par deux générations d'ancêtres douaniers, dont ne pouvait qu'être fier un ministre de l'Intérieur. ☺ À noter enfin, un grand-oncle, natif d'Halsou, établi comme vigneron et marchand de vin au Chili, où il a laissé des descendants.

Par le couple Jean Sautier et Madeleine Bernadette, mariés en 1775 à Sainte-Marie-de-Gosse, dans les Landes, Christophe Castaner a ☹ pour cousin… Olivier Besancenot.

Famille proche

Marié à Hélène, cadre de banque, Christophe Castaner est père de deux filles, Jade et Léane.

Parcours

Enfance à Manosque. Claque la porte de la maison familiale, à dix-sept ans, pour aller vivre à Marseille, où il devient joueur de poker. Reprend ses études à vingt ans (bac en candidat libre, 1986). Faculté de droit d'Aix-en-Provence (DESS de juriste d'affaires internationales et diplôme de sciences pénales et de criminologie). Adhère à l'Unef-ID, rejoint les Clubs Forum des jeunes rocardiens, où il se lie à diverses personnalités de gauche, à commencer par Olivier Faure. Adhère au PS (1986). Juriste à la BNP (1992-1993). Directeur de campagne de Jean-Louis Bianco en 1992, dans les Alpes-de-Haute-Provence. Directeur général adjoint des services de la mairie d'Avignon (1992-1995 ; scandale et condamnation, suite à la distribution d'une BD pornographique). Chef du cabinet de Tony Dreyfus, maire du Xe arrondissement de Paris (1995-1997). Conseiller et chef du cabinet de Catherine Trautmann, au ministère de la Culture (1997-1998), puis de Michel Sapin, à la Fonction publique (2000-2002). Maire de Forcalquier (2001-2017) et président de la communauté de communes, puis conseiller régional (2004-2012). Député des Alpes-de-Haute-Provence (2012-2017 et depuis 2020). Rejoint En marche ! en 2016 et devient porte-parole d'Emmanuel Macron, lors de sa campagne présidentielle. Secrétaire d'État chargé des Relations avec le Parlement et porte-parole du gouvernement (2017). Ministre de l'Intérieur (2018-2020). Redevenu député, il est élu président de groupe LREM à l'Assemblée nationale.

Indiscrétions et anecdotes

Élevé à la dure par un père à l'esprit militaire, enfant de chœur malgré lui et élève rebelle, mais lecteur du *Monde*, il a claqué la porte de la maison familiale à dix-sept ans pour gagner Marseille, où il a fait tous les métiers – serveur, maçon, magasinier, chauffeur-livreur, pigiste au *Provençal* – et a fréquenté le « milieu ». Joueur de poker, il se lie avec le braqueur Christophe Oraison, caïd des Alpes-de-Haute-Provence, qui sera abattu de plusieurs balles en 2008 et dont il dit : « C'était mon grand frère, mon protecteur. Il m'appelait l'étudiant. » Il a passé son bac en candidat libre et a été repêché au rattrapage, malgré un 1/20 en maths, poussé par sa petite amie, devenue sa femme.

En 1995, adjoint au directeur général des services à la mairie d'Avignon, il distribue, en pleine campagne des municipales, une bande dessinée pornographique, *La Dinde enchaînée*, représentant la candidate RPR Marie-Josée Roig et le sénateur Alain Dufaut en train de copuler, lui, grimé en vautour et elle en dinde, ce qui lui vaut d'être condamné à 50 000 francs d'amende pour « diffamations et injures publiques envers particulier, fonctionnaire ou citoyen chargé d'un service public » et à 51 000 francs de dommages-intérêts.

Avec une nette pointe d'accent et sa chaîne en or très voyante, à gros maillons, offerte par sa mère, « Casta » collectionne ce que les bobos parisiens appellent des signes extérieurs de « marseillitude ». Personnalité méditerranéenne, extravertie et narcissique, il avoue : « Je suis une grande gueule, un frimeur. Je fais attention à ce que mes costumes soient originaux, je cultive ma barbe de trois jours… » Il considère que « tous les politiques ont de l'ego, ou alors ils mentent » et reconnaît avoir téléchargé *La Provence*, à 5 heures du matin, pour voir si sa photo figurait dans l'édition du jour.

Fan à la fois d'opéra et de hard rock, il aime l'acteur Nicolas Cage et s'enflamme pour *The Young Pope*… et les fesses de Jude Law. En mai 2019, des photos et des vidéos de lui en boîte de nuit, publiées dans la presse people, font scandale et lui valent d'être surnommé par ses biographes (Pauline Théveniaud et Jérémy Marot) « le kéké de la politique », d'après un mot du Sud désignant le vantard, le crâneur. En décembre 2017, il a déclaré à la Haute Autorité pour la transparence de la vie publique un patrimoine de 1,3 million d'euros, dont près de 860 000 euros en biens immobiliers.

JEAN CASTEX
UN ONCLE PROPRIÉTAIRE D'ESCLAVES

F. David

Nom
CASTEX

Prénom
Jean
prénom signifiant en hébreu « Dieu fait grâce »

Date de naissance	Lieu de naissance	Signe astrologique
25 06 1965	**Vic-Fezensac** (Gers)	**Cancer asc. Balance**

né le même jour que Pierre Brossolette et George Orwell

PROFESSION : Haut fonctionnaire
DOMICILE : Se partage entre Paris et sa maison de Prades, au pied du Canigou, qu'il rejoint chaque week-end par avion
FILIATION : Fils de Claude, instituteur, et de Nicole Fontanier, institutrice
RACINES : **Gers.**

Nom de famille

Porté par plus de 900 foyers français, ce patronyme, essentiellement concentré dans les deux départements de la Haute-Garonne et du Gers, dérive du gascon *castèth*, signifiant « château », nom de hameau fréquent mais aussi de communes, dans l'Ariège et le Gers, et donc porté par des familles qui en sont originaires.

Origines et histoire familiale

S'il habite au pied du Canigou, dans les Pyrénées catalanes, région de son épouse, le Premier ministre à toutes ses racines à plus de 350 kilomètres à l'ouest, dans son Gers natal, département considéré comme « sinistré » par les généalogistes, du fait du retard de la mise en ligne de ses archives. Une généalogie que j'ai dû défricher au coupe-coupe, lorsque Jean Castex est entré à Matignon, et qui – fait assez rare pour sa génération – s'est révélée étonnamment concentrée dans ce département, avec des ancêtres peu attirés par les voyages. Un des seuls à avoir bougé a été son grand-père Marc Castex, maire de Vic-Fezensac, la ville natale de Jean, qui, une fois élu sénateur, prit régulièrement le train pour Paris, dans les années 1980, afin d'aller siéger au Palais du Luxembourg. Un grand-père dont Jean aime à ceindre l'écharpe tricolore.

Fils d'un couple d'instituteurs, l'actuel Premier ministre est issu de lignées appartenant au monde rural. Son grand-père sénateur, de son métier concessionnaire de machines agricoles, était né dans la commune voisine de Marembat, autre village de l'ancien comté de Fezensac, fief des d'Artagnan. Il était fils, petit-fils et arrière-petit-fils de forgerons, établis dans cette commune par le mariage du trisaïeul de Jean, forgeron lui-même, avec la fille du forgeron du lieu, auquel il avait succédé. Auparavant, les Castex avaient exercé ce même ce métier dans la petite ville voisine de Condom, qui devait à son port sur la Baïse sa prospérité tirée du commerce de l'armagnac, eau-de-vie autrefois prisée des pèlerins de Saint-Jacques-de-Compostelle, qui l'utilisaient pour nettoyer leurs plaies et sublimer leur foi à petites gorgées d'*aygo ardente* (eau ardente). Une ville où Mme Chirac et le républicain Barbès avaient des ancêtres.

À Condom, avant d'être forgerons, les Castex avaient été cultivateurs et carriers, plus exactement « traceurs de pierres », dans le hameau excentré de Pijoulet, avec une filiation actuellement remontée jusqu'à Bernard Castex, né vers 1770 et marié à Thérèse Ferret.

Tout ce que l'on peut ajouter – en attendant mieux – est que le patronyme Castex, parfois rencontré sous la variante Castets, était présent de toute ancienneté dans cette ville, où ils étaient nombreux au XVIIIe siècle, époque où avaient vécu deux prêtres de ce nom, dont l'un, Jean-Baptiste Castex, né en 1751, avait été condamné à la déportation sous la Révolution, comme prêtre réfractaire. Avec aussi d'autres Castex au XVIIe siècle et des (de) Castets aux XVIe et XIVe siècles.

Du point de vue socioéconomique, la galerie familiale est assez homogène, avec des ancêtres dans leur immense majorité gens simples et modestes, tant du côté paternel que maternel, avec ici le poids de l'autre grand-père, André Fontanier, instituteur et époux d'une institutrice, syndicaliste, militant communiste et résistant. Ancêtres travailleurs de la terre, petits paysans ici appelés « bordiers », aux côtés de quelques artisans, avec parallèlement à la dynastie de forgerons citée, des maçons, des charpentiers, des domestiques (dont un, Fabien Saint-Arroman, saura se hisser au rang d'homme d'affaires, à Auch, sous la Restauration). Tout cela dans le Gers, l'Armagnac et la Lomagne, à Bonas, Riguepeu, Bazian, Gimont, Saint-Sauvy, Roquebrune, Juilles, Dému… avec des patronymes typiques de la région (Doutre, Lassus, Cabiran, Barouste, Courbin, Mendousse…) et fleurant bon la Gascogne.

Seule petite exception : un ancêtre bourgeois établi dans le village de Brugnens, Guilhaume Lafargue, qui – fait rarissime à l'époque – s'était séparé de son épouse, Suzanne Douat, d'une famille de Miramont, qui avait vécu sous Louis XV à Saint-Domingue, et dont l'oncle, Antoine Douat, écuyer, chirurgien puis secrétaire du roi auprès de la Cour des aides de Guyenne, mort en 1784, avait débarqué à Bordeaux accompagné de ses deux esclaves, Junon, « négresse du Congo », et François Lafriquain, « nègre créole ».

Famille proche

Marié en 1998 à Sandra Ribelaygue, conseillère municipale de Valcebollère, dans les Pyrénées-Orientales, et père de quatre filles : Lise, Pauline, Eugénie et Léa.

Parcours

École et collège de Vic-Fezensac. Lycée catholique Notre-Dame-Garaison, à Monléon-Magnoac (Hautes-Pyrénées ; interne à sa demande). Bachelier (1982). Licence d'histoire, à l'Université de Toulouse II. Sciences Po. (1986). Maîtrise de droit public (1987). Ena (1989, promotion Victor-Hugo, avec Marc Guillaume et Frédéric Salat-Baroux). Auditeur (1991), puis conseiller à la Cour des comptes. Directeur des Affaires sanitaires et sociales, dans le Var (1996). Secrétaire général de la préfecture du Vaucluse (1999-2001). Président de la chambre régionale des comptes d'Alsace (2001-2005). Directeur de l'hospitalisation et de l'organisation des soins, au ministère des Solidarités et de la Cohésion sociale (2005-2006). Directeur de cabinet de Xavier Bertrand, aux ministères de la Santé, puis du Travail (2006-2008). Conseiller aux Affaires sociales dans le cabinet de Nicolas Sarkozy, puis secrétaire général adjoint de l'Élysée (2010-2012). Maire (UMP, puis LR) de Prades (2008-2020) et président de la communauté de communes, puis conseiller régional du Languedoc-Roussillon (2010-2015) et conseiller départemental (2015-2020). Chargé de superviser pour l'État l'organisation des JO de Paris 2024 (2017). Président de l'Agence nationale du sport (2019). Chargé de coordonner le travail de réflexion du gouvernement sur les stratégies de sortie progressive du confinement, puis Premier ministre (2020).

Indiscrétions et anecdotes

Ses cures ont conduit dès l'âge de cinq ans cet asthmatique à Font-Romeu, dans les Pyrénées-Orientales, où il a rencontré sa femme et s'est installé, après avoir appris le catalan. Passionné d'histoire, peu sportif, il a pourtant joué, enfant, au rugby, et a organisé, à Vic-Fezensac, des tournois de tennis, qu'il a beaucoup pratiqué. Il a déclaré auprès de la Haute Autorité pour la transparence de la vie publique, en janvier 2020, avoir perçu des revenus de plus de 200 000 euros par an au titre des diverses fonctions politiques et administratives qu'il occupait, ce qui faisait de lui un des fonctionnaires les mieux payés de France.

BERNARD CAZENEUVE
UN ANCÊTRE EXPULSÉ DE NICE

d.r.

Nom
CAZENEUVE

Prénom
Bernard Guy Georges
prénom d'origine germanique, évoquant un « ours fort » ; surtout à la mode dans les années 1940

Date de naissance
02 06 1963
né le même jour que Johnny Weissmuller, Maïté et Barbara

Lieu de naissance
Senlis (Oise)

Signe astrologique
Gémeaux asc. Lion

PROFESSION : Cadre de banque

DOMICILE : Une ancienne demeure, dans un très chic hameau de la forêt de Chantilly

FILIATION : Fils de Gérard, instituteur, et de Danièle Varailhon

RACINES : Allier, Alpes-Maritimes, Cher, Corse, Dordogne, Eure-et-Loir, **Haute-Garonne**, Loiret, Nièvre, Orne, Puy-de-Dôme, Hautes-Pyrénées ; Algérie, Espagne, Italie.

Nom de famille

Porté par plus de 500 foyers français, très majoritairement originaires du Gers et de la Haute-Garonne, ce patronyme se réfère au nom du lieu d'origine (*casa nova*, désignant une maison neuve). Compte tenu de la fréquence de ses nom et prénom, le ministre compte plusieurs dizaines d'homonymes.

Homonymie

Un homonyme du ministre, Bernard Cazeneuve, fils d'un tailleur de Toulouse, où il est né en 1839, est resté dans les mémoires sous le surnom de « Commandeur Cazeneuve ». Autodidacte, il a mené une vie d'aventurier. D'abord magicien et prestidigitateur, passé par toutes les cours d'Europe, il deviendra inventeur, mettant au point une table astronomique, pour trouver les éclipses passées et futures (nommée « calculateur Cazeneuve »), et le «lunomètre Cazeneuve», permettant de calculer l'âge de la lune. Il fondera un Institut du progrès contre les superstitions et le charlatanisme, auquel adhèrera Victor Hugo, avec lequel il entretiendra une correspondance régulière, et sera envoyé en 1886 par le gouvernement à Madagascar, dans le but de séduire la reine Ranavalona et obtenir l'annulation d'un traité commercial avec l'Angleterre, mission dont il s'acquittera en recourant à des tours rocambolesques.

Origines et histoire familiale

Né en Picardie et élu à Cherbourg, Bernard Cazeneuve est pourtant un homme du Sud, dont les ancêtres n'ont quasiment jamais franchi la Loire, pour préférer traverser la Méditerranée.

Les Cazeneuve viennent d'un « village presque parfait », celui qui a donné son titre au film sorti en 2015, avec Lorànt Deutsch. Un village se nommant en réalité Aulon. Situé au cœur de l'ancien comté de Comminges, il a pour commune limitrophe celle de Cazeneuve-Montaut, à laquelle tous les Cazeneuve de la région doivent sans doute leur nom, ceux de Cassagnabère comme ceux d'Aulon. Deux familles qui ne font sans doute qu'une et dont on peut suivre le cheminement à partir d'un Valentin Cazeneuve, né vers 1730. Un homme sachant signer, qui semble compter au nombre des paysans relativement aisés et dont le fils, Gaspard, se lancera dans le négoce. Il s'établira à une trentaine de kilomètres à l'ouest, dans le village de Galan, ancienne bastide royale aux confins de la Bigorre, que le ministre visitera en septembre 2014 à l'occasion d'un déplacement dans la région.

Il y découvrira le « quartier de Cazeneuve » et son « pont de Cazeneuve », un pont plus que centenaire qui a pu être nommé ainsi en souvenir d'un de ses aïeux – ou plus banalement en référence à des maisons neuves. Un pont sur lequel une plaque témoignant de son passage a été apposée, avec force discours. « C'est un vrai moment d'émotion, a alors confié le ministre. Je sais que Galan existe depuis mes douze ans, quand j'ai démarré mon arbre généalogique. »

Mais, si leur descendant n'y a ce jour-là passé que quelques heures, les Cazeneuve y avaient vécu plusieurs générations, jusqu'à ce qu'Isidore, jeune employé de commerce, s'engage dans l'armée et se retrouve… à Nice, où il travaillera au service du gaz. Son fils y sera tailleur, comme le sera après lui le sien – le grand-père de Bernard –, qui s'embarquera pour l'Afrique du Nord, vivra en Tunisie puis en Oranie, avant d'être finalement rapatrié avec sa famille au moment de l'Indépendance.

Les grands-parents s'étaient ainsi retrouvés dans le Gard, alors que le père, instituteur, était nommé à Senlis, où il s'était rapidement impliqué au sein de la section de l'Oise du Parti socialiste. Une étape cependant assez brève. Passionné par son métier d'enseignant, Gérard Cazeneuve avait obtenu sa mutation dans le Gard, où il avait terminé sa carrière à Clarensac, comme directeur d'école. Un « directeur sévère mais attentionné », dont le nom sera donné en mars 2016 à l'école en question, en présence bien sûr de son ministre de fils, qui y ira de son discours : « Mon père a été mon maître d'école, je revois sa blouse bleue, ses plumes précieuses et sa superbe écriture en pleins et déliés, c'était un républicain passionné. Il était dans les syndicats, la politique, la solidarité [...]. Il aimait les valeurs de la République et, tous les matins, donnait des leçons de morale à ses élèves. »

Ainsi, au fil de ses déplacements officiels, Bernard Cazeneuve rencontre ses ancêtres et visite les pays de ses racines. Trois mois avant son crochet à Galan, il était passé par l'île de Beauté, avait déclaré « La Corse, c'est une partie de mon histoire affective » et s'était rendu à Cognocoli-Monticchi, un village de 200 âmes niché à mi-chemin entre Ajaccio et Propriano. Un de ces villages authentiques aux vieilles maisons de pierre, dont il a arpenté les ruelles, à la recherche de celle de son arrière-grand-mère, Marie-Clémentine Cianfarani. L'occasion pour lui d'évoquer ses séjours de gamin chez « Mémé » dans les années 1970 et les saveurs d'antan, avant de trinquer avec sa nombreuse parenté, plus de 150 cousins et cousines, tant Cianfarani, Luciani, Luccioni que Santoni... et d'évoquer des souvenirs d'enfance : « Mon arrière-grand-mère et ma grand-mère me chantaient des chansons, comme *"O signore cosa c'hèou, U pescadore di l'onda"*... » Et de terminer en ajoutant : « Il m'arrive parfois de me sentir seul, comme beaucoup de ministres dans l'exercice de leurs fonctions, mais quand je vois tous les cousins ici rassemblés je me sentirai désormais moins seul. »

Continuant sur sa lancée, après la Corse et les Pyrénées, il terminera l'année par une visite à Oran, où la presse relatera son passage au cimetière pour se recueillir sur la tombe de son arrière-grand-mère, suivi de la visite du lycée Pasteur, où son père avait été élève.

Décidément, Bernard Cazeneuve aurait-il des ancêtres partout ?

Plus ou moins, en effet, et des ancêtres parfois intéressants. Aux côtés des Bigourdans et des Corses, voilà des Italiens, avec Homère Corsi, un Toscan venu s'établir à Nice, où il exercera la profession de journaliste, ce qui lui vaudra, au terme de bien des ennuis, d'être expulsé de France en 1902, sur ordre du ministre de l'Intérieur de l'époque (« le petit père Combes »), lointain prédécesseur de Bernard. Mais cet aïeul s'était marié à Paris avec une fille de chapelier ayant des racines à la fois dans l'Eure-et-Loir et l'Allier, valant à son descendant de cousiner ici (par les Chiffard, d'Illiers) avec Nicolas Hulot, et là (par la famille Chauchard, de Cérilly) avec à la fois Marisol Touraine et Vincent Peillon.

Sans oublier la famille maternelle, établie à Oran, mais aux origines extrêmement diverses. Avec le grand-père, Georges Varailhon, militaire et médaillé, né à Paris, d'une famille originaire de Dordogne et arrivé en Afrique du Nord dans un régiment de spahis. Avec la grand-mère, d'ascendance espagnole, et des ancêtres aux Baléares (meuniers à Minorque), en Murcie et en Castille (Albacete, Alicante, Valence...). Des ancêtres qui tous lui tiennent à cœur et lui font dire que « la mémoire des morts habite toujours l'action des vivants »...

Famille proche

Mariages : en 1995, avec Véronique Beau, directrice d'une maison d'édition pour enfants (ré-épousée après divorce, en 2015, dans le village varois d'Aiguines ; mariage en présence de François Hollande).

Enfants : Nathan (1996) et Mona (1999).

Parcours

Enfance à Senlis. Scolarité à Creil (collège Gabriel-Havez ; lycée Jules-Uhry). Découvre à l'âge de dix ans l'engagement politique. Institut politique de Bordeaux et maîtrise de droit (préside la fédération du mouvement des Jeunes radicaux de gauche de Bordeaux). Adhère au PS et commence une carrière dans la banque (Banque populaire), avant d'intégrer les cabinets ministériels (conseiller technique puis chef de cabinet, d'Alain Vivien et Charles Josselin, 1991-1993). Parachuté dans la Manche, il est élu conseiller général (1994-1998). Maire d'Octeville (1995-2000), il fait campagne pour le Grand Cherbourg dont il deviendra maire (2001-2012) et président de la Communauté urbaine de Cherbourg (2008-2012). Juge à la cour de justice de la République et à la Haute Cour de justice (1997-2002), puis avocat au barreau de Cherbourg (2003) puis dans un cabinet parisien. Député de la Manche (1997-2002 et 2007-2012 ; rapporteur de la mission parlementaire sur l'attentat de Karachi en 2010, publie *Karachi, l'enquête impossible*). Vice-président du conseil régional (2004-2007). Un des porte-parole de François Hollande, lors de l'élection de 2012, il s'affirmera comme défenseur du nucléaire. Ministre délégué aux Affaires européennes (2012-2013), au Budget (2013-2014), puis de l'Intérieur (depuis 2014 ; réforme sur le droit des étrangers, janvier 2016 ; attentat de Nice, en juillet). Reprend en 2017 sa carrière d'avocat d'affaires et enseigne à Sciences Po.

Indiscrétions et anecdotes

Enfant, il suivait son père dans les meetings du PS et a assisté, à l'âge de dix ans, à l'un de ceux de François Mitterrand. Amoureux passionné de la vie, il aime la musique et a longtemps pratiqué le chant, notamment à l'ensemble choral du Haubergier, à Senlis. Grand amateur de botanique, il adore soigner les roses anciennes de son jardin. Il cultive aussi son arbre généalogique, ponctuant volontiers ses voyages officiels de pèlerinages au cimetière ou de rencontre de cousins. Après divorce, il s'est remarié… avec son ex-femme. Premier flic de France, on ne lui connaît qu'une faiblesse : les Petit Pimousse, « petits mais costauds », de La Pie qui chante… Passionné de généalogie, il s'est lancé dans la rédaction d'un roman, inspiré de la vie de son ancêtre, Homère Corsi.

ÉRIC CIOTTI
DÉJÀ LA SÉCURITÉ ET L'IMMIGRATION

Frantogian

Nom
CIOTTI

Prénom
Éric
prénom d'origine germanique, évoquant « honneur » et « puissance » ; très à la mode dans les années 1960, suite à l'enlèvement du petit Éric Peugeot ; 16e prénom masculin français le plus porté (280 000)

Date de naissance	Lieu de naissance	Signe astrologique
28 09 1965	**Nice** (Alpes-Maritimes)	**Balance asc. Scorpion**

né le même jour que Georges Clemenceau, Marcello Mastroiani, Brigitte Bardot, Marielle Goitschel et Tatiana de Rosnay

DOMICILE : Un mas à La Cole-sur-Loup, entre Cannes et Vence
FILIATION : Fils de Bernard, quincaillier, et d'Annie Airaudi, institutrice
RACINES : Hautes-Alpes, Alpes-de-Haute-Provence, **Alpes-Maritimes**, Bouches-du-Rhône, Var ; **Italie**.

Nom de famille

Porté par une quarantaine de foyers français, ce patronyme, essentiellement concentré dans les Alpes-Maritimes, est un nom de famille courant en Italie, où il était un diminutif, par Felicio, du prénom Felice, équivalent de notre Félix.

Origines et histoire familiale

« Deux figures familiales m'ont construit, aime à répéter Éric Ciotti : un grand-père prisonnier de guerre, qui vouait une adoration au général de Gaulle, et un oncle résistant dans un maquis de Corrèze. » Grattons un peu… Ce grand-père résistant se nommait Thérési Louis Airaudi. Grand-père maternel du député de Nice, il était menuisier à Saint-Martin-Vésubie, où ses activités de résistant avaient, sous l'Occupation, conduit les pas d'un télégraphiste corrézien nommé Alfred Kermès, devenu le beau-frère de Thérési en épousant la petite sœur de sa femme.

Saint-Martin-Vésubie : village de carte postale, accroché à la montagne, aux portes du parc du Mercantour, reconnu en 2016 au nombre des « Villes et villages justes de France », ses habitants ayant caché sous l'Occupation plusieurs enfants juifs, dont les familles fuyaient la France. C'est ici qu'a grandi, à l'ombre des chapelles des Pénitents blancs et des Pénitents noirs, la mère d'Éric, devenue institutrice, et où lui-même a passé une grande partie de son enfance, avant d'entrer au conseil municipal de ce bourg de 1 500 habitants, à l'âge de vingt-quatre ans, et d'être élu conseiller général. Un village dans lequel il a une grande partie de ses racines, dont les ancêtres Baile, bouchers et cultivateurs, tout en cousinant de loin, probablement par la famille Chiais, du village voisin de Saint-Dalmas-Valdebore, avec le ministre Olivier Véran.

Au reste, diverses branches de son arbre généalogique conduisent dans des localités voisines ou plus éloignées, notamment dans les Alpes-de-Haute-Provence, et entre autres à Colmars, village où vivaient également des ancêtres de Valérie Pécresse, avec qui il semble cousiner de loin par les familles Gravier et Ventre. D'autres branches, enfin, partent dans d'autres directions : les unes vers les Hautes-Alpes, les autres vers Marseille, avec de très modestes ancêtres portefaix et pêcheurs dans la cité phocéenne, alors que par les Baile, Éric Ciotti descend aussi d'un comte de Pierlas, colonel et commandant en chef, sous Louis XV, de la milice du comté de Nice : un homme déjà chargé d'assurer cette « sécurité » qui lui est si chère.

Reste à évoquer, bien sûr, la lignée paternelle, étroitement liée quant à elle à la ville de Nice, mais issue de cette immigration que le député entend aujourd'hui réguler. Une famille de commerçants, avec un père, un grand-père et un arrière-grand-père tous quincailliers, établis depuis 1897 sur le boulevard Jean-Jaurès, à deux pas de la promenade des Anglais, issus d'une famille arrivée dans cette ville après son rattachement à la France. Le trisaïeul d'Éric, Dominique Ciotti, né à Trévise en 1843, avait en effet émigré pour s'établir à Nice comme entrepreneur – on lui doit notamment l'érection du monument à Garibaldi. Il y avait épousé la fille d'un maçon, lui aussi italien, marié lui-même à une Niçoise, Françoise Fianson, d'une famille déjà établie à Nice au début du XVIIe siècle et alliée à d'autres vieilles lignées de la ville, telles que les Faraut et les Sauvaigo, paroissiens de la cathédrale Sainte-Réparate, en plein cœur du vieux Nice.

Famille proche

Marié à Caroline Magne, enseignante, son assistante parlementaire jusqu'en 2018, après avoir dirigé, jusqu'en 2013, la communication de la mairie de Nice, où elle travaille toujours. Il est père de trois filles : Bénédicte, Jeanne-Marie et Anne-Julie.

Parcours

Diplôme de Sciences économiques. Sciences Po Paris. Élu conseiller municipal de Saint-Martin-Vésubie (1989). Assistant parlementaire de Christian Estrosi, avant d'intégrer le cabinet de Jean-Claude

Gaudin (1995-1998). Conseiller au sein du groupe RPR de la région Paca (1998-2001), puis directeur du cabinet de Christian Estrosi au conseil général des Alpes-Maritimes (2003), puis à son ministère (2005). Député des Alpes-Maritimes (depuis 2007). Premier adjoint au maire de Nice (2008) et vice-président de la communauté d'agglomérations Nice-Côte-d'Azur. Conseiller général du canton de Saint-Martin-Vésubie (depuis 2008) et président du conseil général des Alpes-Maritimes (2008-2017). Candidat à la primaire de droite en décembre 2021, il arrive en tête au premier tour, mais est éliminé au second (avec 39 % des voix) par Valérie Pécresse.

Indiscrétions et anecdotes

Pédalant en tandem avec Christian Estrosi, depuis leur rencontre en 1988, le député à la voix métallique, teintée d'accent du Sud, se lie d'amitié en 1995 avec Brice Hortefeux et Jean-Claude Gaudin ; il fait alors partie du QG de campagne d'Édouard Balladur. Partisan du service militaire obligatoire, il en a été lui-même dispensé, en 1991, alors assistant parlementaire, en raison de la grossesse de son épouse, qui travaillera elle aussi avec Estrosi. En 2017, il a été désigné par le magazine *Capital* 11ᵉ député le plus actif de l'Assemblée nationale (sur 577) et « député le plus influent de l'opposition » par l'agence Rumeur publique.

GILBERT COLLARD
COPIE CONFORME D'UN NABAB

Nom
COLLARD

Prénom
Gilbert **Georges Jean Camille René**
prénom typique du Bourbonnais, mais d'origine germanique et d'étymologie floue, contenant notamment la racine berth *(brillant)*

Date de naissance
03 02 1948
né le même jour que Stéphane Le Foll

Lieu de naissance
Marseille (Bouches-du-Rhône)

Signe astrologique
Verseau asc. Taureau

PROFESSION : Avocat

DOMICILE : Un mas, à Vauvert, au milieu des vignobles de la Petite Camargue (où il est le voisin du journaliste Claude Sérillon)

FILIATION : Fils de Georges, notaire, et d'Odette Tarrazi

RACINES : **Aube**, Gard, Isère, Marne, Haute-Marne, Meuse, Nord, Oise, Pas-de-Calais, Paris, Puy-de-Dôme, Pyrénées-Orientales, Bas-Rhin, Seine-et-Marne, Val-d'Oise ; Allemagne, Hollande, Irak, Liban, Royaume-Uni, Suisse, Turquie (Smyrne)

Nom de famille

Ce patronyme très fréquent, porté par plus de 2 000 foyers français et ayant son pic dans la Marne, est une variante de Colard, un des très nombreux diminutifs du prénom Nicolas.

Origines et histoire familiale

Avec des racines dans une quinzaine de départements, dans sept pays et sur deux continents, Gilbert Collard détient dans l'arène politique le record du cosmopolitisme.

Un record que l'on rencontre généralement dans des familles socialement évoluées. Des familles bourgeoises, comme celle dans laquelle il a grandi. Enfance au château : celui de la Madone, domaine familial du quartier Saint-Barthélemy, à Marseille, devenu depuis une caserne de CRS. Père notaire, proche de Maurras, ami de Léon Daudet et membre des Camelots du roi, avant de devenir résistant communiste : un homme sachant changer de camp… Mère « riche héritière, qui a consacré son temps à dépenser la fortune dont elle avait hérité ». Des parents ayant sans nul doute imprimé la marque de leur personnalité à leur rejeton, tout comme d'autres ancêtres, nullement anonymes, ont dû aussi beaucoup peser…

Mais détaillons.

Les Collard ont leur berceau dans l'ancien Pays d'Othe, à cheval sur la Champagne et la Bourgogne, célèbre pour sa vaste forêt, haut lieu cistercien et templier. Une forêt peuplée de voirloups, êtres maléfiques, humains aux âmes noires se livrant à Satan et se métamorphosant en loups, en renards, en boucs ou en chats sur le coup de minuit…

C'est là, dans le vieux bourg d'Aix, qui lui tient lieu de capitale, que l'on peut remonter la chaîne des Collard, jusqu'à Étienne Collard, né vers 1630, père de François, dit « la Rivière » – surnom sans doute rapporté d'un passage dans l'armée –, et grand-père d'Avit, ainsi prénommé en hommage au saint patron d'une chapelle voisine. Des laboureurs relativement aisés et évolués, et cherchant les mariages avantageux, ainsi avec Avit, gendre d'un chirurgien.

Mais voilà que le vent tournera au milieu du siècle suivant. De laboureurs – paysans possédant non le sol mais un train de culture – les Collard deviendront manouvriers, se louant comme valets à la journée, puis sabotiers, pour ne remonter la pente que sous la Restauration. Ils parviendront alors à acheter quelques ares de terres et, une fois propriétaires, pousseront leurs descendants à réussir. C'est ainsi que deux frères, Agricole et Désiré, se tourneront vers le notariat. Le second – l'ancêtre de Gilbert – épousera la fille d'un ancien marchand d'étoffes de Vitry-le-François, dont les affaires avaient prospéré. Une épouse dont la dot, sans nul doute confortable, s'ajoutant à son sens des affaires, lui permettra de se glisser dans la peau d'un industriel.

Le vent qui avait poussé nos Collard vers le notariat et les affaires les poussera ensuite à traverser la France. C'est ainsi que, né dans la Marne, le père de l'avocat se retrouvera à Marseille, où il fera un beau mariage, au lendemain de la Libération. Un mariage comme jamais ses ancêtres champenois n'avaient rêvé d'en faire.

En 1947, Georges Collard épousera en effet Odette Tarrazi, une jeune fille d'un tout autre milieu et dotée quant à elle de deux ancêtres hors normes.

Le premier, Tatallah Antoine Tarrazi était issu d'une famille assyrienne originaire de Mossoul, en Irak, et dont les descendants avaient émigré à Alep, en Syrie, avant de se disperser entre les pays du Levant et l'Égypte. Né à Beyrouth, lui-même avait d'abord jeté son dévolu sur l'Angleterre. Il avait pratiqué le négoce du coton à Manchester, avant de gagner Marseille, où il s'était marié – à la fille d'un entrepreneur – et où il avait développé de nouvelles affaires. Son aisance lui ayant bientôt permis de largement arroser la ville et l'Église de ses bienfaits, le pape Léon XIII lui avait même, à titre de remerciement, décerné le titre de comte romain.

Devenus très influents dans la Cité phocéenne, les Tarrazi y avaient alors continué leur irrésistible ascension. L'aîné des fils de Tatallah, Philippe, dit « le comte de Tarrazi », connu comme un grand érudit, se consacrera à l'écriture et à la poésie. Un autre, Edmond, naturalisé français en 1918, créera une huilerie, qui commercera avec l'Algérie et l'Afrique et à laquelle il adjoindra une savonnerie.

Face à « Tatallah l'Oriental », « Fernand le Provençal », l'autre grand-père de Mme Collard mère était un homme aux multiples savoir-faire, tantôt commissaire-priseur, négociant et journaliste. Mais il était surtout le fils d'un personnage à tout le moins haut en couleur : François Bravay, nabab et député… (voir ci-dessous).

Le curieux ancêtre auquel Gilbert Collard ressemble tant

Né en 1817 à Pont-Saint-Esprit, fils d'un marchand de casseroles, quincailler-ferblantier qui avait fait de mauvaises affaires, François Bravay était parti tenter l'aventure en Égypte, où il était devenu le protégé du Pacha et n'avait pas tardé à amasser une immense fortune. Rentré en France, il s'était fait construire un château dans sa ville natale, avait ébloui la bourgeoisie locale par ses largesses et s'était lancé dans la politique, se faisant élire conseiller général puis député au corps législatif, en 1863. Une élection difficile, Bravay, candidat indépendant, s'opposant au candidat officiel tout en étant protégé par son ami préfet – qui s'était arrangé pour faire modifier le découpage électoral en sa faveur. Une élection pleine de péripéties, avec deux premiers scrutins invalidés à la suite de diverses fraudes, allant de la destruction d'une urne au lancement des travaux de percement d'un canal, par une société plus ou moins fantôme appartenant à Bravay. Finalement élu, le député du Gard mènera une vie fastueuse, dépensant sans compter, achetant un château, où il recevra le Pacha, un hôtel à Paris, où il résidera, sans oublier un quotidien (*La Nation*), avant de démissionner en 1869, pour repartir en Égypte et finalement mourir aveugle et quasiment ruiné, en 1874.

Ajoutons que François Bravay avait eu pour secrétaire Ernest Daudet, le frère d'Alphonse, et avait ce dernier voyant en lui la caricature du nouveau riche en avait fait le personnage principal de son roman, *Le Nabab*. Un livre préfigurant notre *Baron noir*, qui fera en son temps scandale en révélant les agissements du milieu politique. Un ancêtre pour le moins étonnant, auquel son arrière-arrière-petit-fils, aujourd'hui à son tour député du Gard, ressemble étrangement.

Ajoutons à cela que notre « nabab » s'était marié en Égypte avec la fille d'un baron Schutz, consul général de Hollande et descendante de plusieurs familles européennes du Levant (petite-fille et arrière-petite-fille d'un consul britannique à Smyrne, d'un consul de Suède, du Danemark et des USA et d'un consul suisse à Constantinople – et même, par ce dernier, d'un horloger genevois, inventeur de la « montre à mouvement de lune »). On ne saurait trouver plus international.

☺ Mais une telle généalogie ne peut évidemment que réserver des surprises : voici donc Gilbert Collard cousin de Florian Philippot (par les Béhaigue, du Nord), de l'ancien ministre Gérard Longuet (par les Briclot, d'Ornes, dans la Meuse) et de Jean-Frédéric Poisson, président du Parti chrétien-démocrate (par les Pelletin, d'Aix-en-Othe).

Famille proche

Mariage : en 1987, avec Anne-Marie Autard (médecin et son assistante parlementaire, élue conseillère régionale FN du Gard en 2015).

Enfants : père de deux filles : Anna et Flavie, élue conseillère régionale d'Occitanie en 2021.

Fratrie : une sœur, Jehanne, avocat elle aussi, spécialisée dans la défense des victimes d'accidents.

Parcours

Enfance au château familial, aux environs de Marseille, avec vacances à Châtel-Guyon. Scolarité chez les maristes, à La Seyne-sur-Mer. Faculté de droit, à Aix-en-Provence puis à Paris-II Assas. Avocat au barreau de Marseille (depuis 1971). Adhère au PS à seize ans, soutient François Mitterrand en 1981, puis le candidat du Mouvement pour un parti des travailleurs en 1988. Quitte le parti en 1992, lorsque Bernard Tapie entre au gouvernement, et préside en 1993 le comité de soutien à Hervé Fabre-Aubrespy, son adversaire aux législatives. Battu aux municipales de Vichy (1997 et 2008). Président de la Commission européenne des droits de l'homme (depuis 2000). Proche de Marine Le Pen, ayant été l'avocat de sa mère lors de son divorce, il intègre la cellule juridique du Parti et se voit chargé des procès les plus médiatiques. Préside dès 2011 le comité de soutien à Marine Le Pen. Député du Gard (2012-2020 ; membre de la commission des lois). Secrétaire général du Rassemblement Bleu Marine (depuis septembre 2012). Conseiller municipal de Saint-Gilles (2014-2020). Député européen (depuis 2019), il a démissionné du bureau national du Rassemblement national en juillet 2020.

Indiscrétions et anecdotes

Dans l'Aube, ses ancêtres possédaient une ferme nommée La Bouillante, et la clinique marseillaise où il est venu au monde a brûlé le jour même de sa naissance. Sorti avec de mauvais souvenirs de son passage chez les Maristes, où les différends entre copains se réglaient sur un ring de boxe, il a été initié très jeune à la franc-maçonnerie, à Marseille, dans l'atelier de son père, qui lui a fait lire Maurras, Marx et Jaurès. Défenseur de nombreuses célébrités : Richard Virenque et Brigitte Bardot, comme Charles Pasqua et Marine Le Pen, sans oublier la mère de celle-ci, Pierrette, lors de son divorce avec Jean-Marie (c'est lui qui l'aurait alors incitée à poser nue dans *Playboy*).

Autrefois proche de Jean-Edern Hallier, il a régulièrement participé aux « Grandes Gueules », sur RMC et présente depuis janvier 2016 l'émission « Livre libre », sur TV Libertés. Il a fêté sa victoire électorale dans son mas de Camargue, en affirmant que c'était le plus beau jour de sa vie.

Adepte de l'escrime et de la marche, surnommé « Gillou », « la Colle » et aussi « Super Collard », il aime et collectionne les bérets basques. Auteur prolifique, il a signé une trentaine d'ouvrages.

JEAN-FRANÇOIS COPÉ
TROIS NOMS EN QUARANTE ANS !

d.r.

Nom
COPÉ

Prénom
Jean-François
Jean, issu de l'hébreu, signifiant « Dieu fait grâce » ; François, signifiant étymologiquement « français » ; prénom très classique des années 1950

Date de naissance
05 05 1964
né le même jour que Karl Marx et Bernard Pivot

Lieu de naissance
Boulogne-Billancourt

Signe astrologique
Taureau asc. Vierge

PROFESSION : Avocat
DOMICILE : Habite dans le XVe arrondissement de Paris, à deux pas du Village Suisse
FILIATION : Fils de Roland, chirurgien gastro-entérologue, et de Monique Ghanassia
RACINES : Algérie ; **Roumanie**.

Nom de famille

Patronyme très rare, porté par une vingtaine de foyers français, issu par francisation de Copelovici et, originellement, de Copel (ou Kop[p]el), nom comptant, comme Kaplan, parmi les nombreux diminutifs de Jacob, signifiant en hébreu « Dieu récompense ».

Origines et histoire familiale

Pas facile pour Jean-François Copé, élevé dans le très bourgeois et très catholique VIIe arrondissement des années 1970 – très loin alors d'avoir pour maire une Rachida Dati –, d'assumer ses origines familiales juives, même s'il est non pratiquant. Aujourd'hui, les mentalités ayant évolué, son arbre généalogique sera apprécié à sa juste originalité, en ce qu'il est le fruit d'un mariage mixte, ashkénaze par son père et séfarade par sa mère. Deux familles et deux mondes différents, réunis à Paris, où Roland Copelovici, médecin gastro-entérologue mais aussi comédien à ses heures, a épousé, en 1961, Monique Ghanassia.

Côté paternel : l'Europe de l'Est et une histoire pleine de turbulences. L'arrière-grand-père, nommé Copel, qui avait vu le jour en Bessarabie – ancienne principauté aujourd'hui partagée entre la Moldavie et l'Ukraine –, s'était établi comme entrepreneur de travaux publics dans la ville de Jassy, à l'est de la Roumanie. Naturalisé roumain en 1918, il avait changé son nom en Copelovici pour mieux s'intégrer à son nouveau pays. Les affaires marchaient bien ; les enfants allaient au collège, où ils apprenaient le français.

Mais le bonheur ne devait pas durer. La montée de l'antisémitisme rendant la vie difficile, le fils aîné, Marcu, va décider de partir pour Paris, où il travaillera d'arrache-pied à repasser ses diplômes de médecine. Il s'installera comme généraliste tout en dirigeant une petite clinique à Charenton, où il fréquentera plusieurs familles juives roumaines, parmi lesquelles il rencontrera sa femme. Décidé à s'intégrer dans son pays d'adoption, il se fera naturaliser français, prendra le prénom de Marcel et sera mobilisé en 1939.

Mais avec la guerre, ce sera l'exode, puis les lois antijuives et la fuite, pendant l'été 1941, qui les conduira à Aubusson et dans la campagne creusoise. La famille, sauvée par des Justes, y trouvera refuge dans une ferme, où Marcel a soigné un enfant de la typhoïde et où son fils, le jeune Roland – le père de Jean-François –, acheminera ravitaillement et messages aux maquisards locaux.

La paix revenue, alors que le grand-père, septuagénaire, part pour Israël, la famille décide de rester à Paris. En 1951, et comme beaucoup de juifs, elle va cependant demander à changer de nom, reprenant tout d'abord son ancien patronyme, Copel, pour le rechanger six ans plus tard, et définitivement, en Copé.

Côté maternel : l'Afrique du Nord et Alger-la-Blanche, quittée dès 1954 pour la métropole. Une famille française et bourgeoise : père avocat, grands-pères commerçants et même, pour l'un d'eux, conseiller au Commerce extérieur. Des notables fortunés qui ont investi dans l'immobilier et mènent grand train, avec nurses et villas, mais qui ont réussi à force d'efforts, après des débuts difficiles. Les origines sont, en effet, modestes, avec des ancêtres merciers, brocanteurs, tailleurs, passementiers ou, pour certains, rabbins... Des ancêtres établis parfois sur place, notamment à Milana, dans la « vallée des Cerises », depuis de nombreuses générations.

Des deux côtés : une famille unie et soudée, aux ramifications nombreuses, avec parfois des parentés particulières : le musicien Emil Stern, cousin germain de la grand-mère Copé, ou, au même degré, Gilles Finchelstein, l'un des proches de DSK.

Famille proche

Marié en 1991 avec Valérie Ducuing, cadre de banque ; divorcé ; remarié (à la mairie de Meaux, décembre 2011) avec Nadia Hamama, psychologue pour enfants, qui a été son attachée parlementaire (d'origine kabyle et italienne, veuve du comte Éric de l'Orne d'Alincourt, d'une famille noble de l'Artois).

Quatre enfants : François-Xavier (1994, président [2010] de Génération France avenir, branche lycéenne du club de réflexion créé par son père), Pierre-Alexis (1996) et Raphaëlla, de son premier mariage ; Faustine (2010), du second.

Parcours

École bilingue. Lycée Duruy, à Paris. Hypokhâgne. Sciences Po Paris. Ena (promotion Liberté, Égalité, Fraternité, 1989, aux côtés de Nicolas Dupont-Aignan et de Renaud Dutreil). Haut fonctionnaire. Adhère au RPR. Entre à la Caisse des dépôts et consignations. Cabinet ministériel en 1993. Maire RPR puis UMP de Meaux depuis 1995. Député de Seine-et-Marne en 1995, battu en 1997, réélu en 2002 et sans interruption de 2007 à 2017. Intègre le grand cabinet d'avocats parisien Gide Loyrette Nouel. Conseiller régional d'Ile-de-France (1998-2007). Secrétaire d'État aux Relations avec le Parlement (2002-2004). Ministre délégué à l'Intérieur (2004), au Budget (2004-2007). Lance son club politique, Génération France. Président du groupe UMP à l'Assemblée nationale (2007-2010).

Secrétaire général de l'UMP (2010-2012), dont il sera élu président en novembre 2012 (l'emportant contre François Fillon, qui contestera l'élection, jusqu'à ce qu'un congrès extraordinaire, en juin 2013, aboutisse à son maintien, jusqu'en novembre 2015). Engage l'UMP contre le projet de loi ouvrant le mariage aux personnes de même sexe et participe aux manifestations. Motion de censure (2013). Suite au rejet des comptes de campagne de Nicolas Sarkozy lors de la présidentielle 2012, grevant les ressources de l'UMP, il lance une grande souscription nationale (dite « Sarkothon »), recueillant 11 millions d'euros en deux mois. Mis en cause par *Le Point*, en mars 2014, pour ses liens avec les dirigeants de Bygmalion, société de communication attitrée de l'UMP pour les présidentielles de 2012, il dénonce un « coup monté », mais démissionne avec l'ensemble de la direction du parti, en mai 2014, après que Jérôme Lavrilleux, son directeur de cabinet, a reconnu avoir organisé à son insu un système de surfacturation. Il se justifie dans une lettre aux adhérents, n'est pas mis en examen et dépose deux propositions sur la transparence de la vie politique. Membre de droit du bureau politique de la formation Les Républicains (mai 2015), publie *Le Sursaut français* (Stock, janvier 2016, moins de 6 000 exemplaires) et annonce sa candidature à la primaire. Intègre en 2017 un cabinet d'avocats.

Indiscrétions et anecdotes

Aux yeux du graphologie, tout dans sa signature dénonce une habileté rusée, un homme impulsif, impatient, rapide, intrépide, mais fin stratège.

Très myope, il devait être réformé du service militaire mais s'est battu pour le faire quand même, comme François Hollande. Passionné d'échecs, il pratique aussi le tennis et le footing. Mélomane, il aime le jazz – aurait même rêvé être musicien –, la bossa-nova, et joue du clavier, se produisant parfois, avec deux amis musiciens, dans sa ville de Meaux ou dans des bars parisiens.

Surnommé « JFC » par ses proches, il aime passer ses week-ends dans la maison familiale de Gambais (la ville de Landru, dans les Yvelines) et ses vacances d'été en Corse. Admirateur de Napoléon et du général de Gaulle, il a pour film culte *Le Père Noël est une ordure* et pour livre de chevet *Le Comte de Monte-Cristo*. Se déclarant juif non pratiquant, il est l'ami du banquier Grégoire Chertok, du chef d'entreprise Charles Beigbeder – frère de Frédéric – et des chanteurs Véronique Sanson, Yves Duteil et Liane Foly.

GÉRALD DARMANIN
COUSIN DE MARINE LE PEN !

G. Gree

Nom
DARMANIN

Prénom
Gérald Moussa
variante des prénoms Géraud/Gérard, d'étymologie germanique, forgé sur les racines ger, *« lance », et* waldan, *« gouverner »*

Date de naissance
11 10 1982
né le même jour que François Mauriac et Jean-Jacques Goldman

Lieu de naissance
Valenciennes Nord)

Signe astrologique
Balance asc. Sagittaire

DOMICILE : Se partage entre Paris et Tourcoing

FILIATION : Fils de Gérard et d'Annie Ouakid, tenanciers de bar

RACINES : Aisne, Aube, Haute-Marne, Meuse, Nord, Pas-de-Calais, Seine-et-Marne, Yonne ; Belgique, **Malte**, **Tunisie**.

Nom de famille

Porté par quelque 70 à 80 foyers français, ce patronyme, essentiellement concentré dans le Nord, est celui de familles d'origine maltaise. Il vient manifestement d'un ancien hameau de l'île nommé Manin.

Origines et histoire familiale

Gérald Darmanin a eu une enfance pleine de Bonus : tel était le nom des fidèles bergers allemands successifs de son père, mais aussi le nom du bar que ses parents tenaient à Valenciennes – un établissement toujours plein, avec une belle salle de danse –, avant de le céder lorsqu'il avait deux ans, ne souhaitant pas que leur fils grandisse dans un café.

À ces bonus s'en sont ajoutés d'autres, avec ses deux grands-pères.

Le premier, qui a le plus pesé sur sa construction et son engagement, est le grand-père maternel, Moussa Ouakid, dont le ministre porte également le prénom. Né en 1907, Moussa était le fils d'un couple de bergers berbères, Mohamed et Saada, vivant dans les montagnes de l'Ouarsenis, au douar Oulad Ghalia, un lieu où le ministre, en visite officielle en Algérie en 2020, n'a pas manqué d'aller faire un pèlerinage. « Français d'Algérie », entré dans l'armée coloniale à quatorze ans, un des survivants de la très meurtrière bataille de Monte

Cassino, début 1944, Moussa Ouakid était venu combattre « l'ennemi allemand » dans le Nord et avait participé, avec son bataillon de tirailleurs algériens, à la libération de Saint-Amand-les-Eaux. C'est ainsi qu'il y avait rencontré une Flamande, Andréa Plumecocq, et l'avait épousée. Adjudant-chef, décoré de la médaille militaire (vingt-huit ans de service, cinq campagnes et résistant dans les FFI), il était resté en métropole, avait eu sept enfants – tous baptisées dans la religion catholique – dont la mère de Gérald. Le ministre est intarissable sur la vie de ce grand-père musulman, adhérent au RPF, l'éphémère rassemblement gaulliste, dont le portrait en uniforme de sous-officier ne quitte pas sa table de travail. Il est également fier de conserver, telle une relique, un mot que lui avait adressé le fondateur de la Ve République. Une mémoire et un héritage qui ont fait de Gérald Darmanin un gaulliste invétéré.

Le second grand-père, Rocco Darmanin, né en 1902 à Béjà, en Tunisie, était le fils d'un marchand ambulant. Venu travailler en France, il s'était retrouvé mineur dans le bassin de Valenciennes et s'était marié lui aussi, à Denain, avec une Française, Adèle Demarque, une militante communiste qui lui avait donné douze enfants.

Fils d'un père successivement coiffeur, patron de café, bouquiniste et enfin éleveur d'oies, et d'une mère qui, « montée » à Paris après s'être séparée de son mari, travailla comme concierge et femme de ménage à la Banque de France, Gérald Darmanin, fort de tous ces bonus familiaux, s'affirmera comme un « méritocrate » sorti du lot, aimant valoriser ses racines familiales, faisant sur tous les plans le grand écart : entre l'Afrique du Nord, par ses deux grands-pères, et la Flandre par ses deux grands-mères, mais aussi entre le gaullisme du harki et le communisme d'Adèle. Et de conclure, citant Renan, que « la nation française n'est pas une question de race ou de religion, mais une volonté de vivre ensemble, la fierté du passé et de l'avenir de notre pays ».

Qu'ajouter à ces bonus ? Peu de choses, sinon les compléter et préciser, avec les matériaux et la rigueur du généalogiste, qui n'aura guère de difficulté à explorer les branches des deux grands-mères françaises, offrant des racines surtout concentrées dans le Nord (Denain, Hasnon, Nivelle, Saint-Amand, Rosult...), le nord de l'Aisne et le Pas-de-Calais, mais conduisant aussi et immanquablement en Belgique. Des branches aux ancêtres simples et modestes : garde-barrières, mineurs, ouvriers dans le textile (moulineurs, mulquiniers...), journaliers, manouvriers, bûcherons, haleurs de péniches, employés d'octroi (chargés de percevoir autrefois les droits de douane intérieurs, payables à l'arrivée en ville), sans oublier des ouvriers verriers, dont un souffleur de bouteilles originaire de l'Yonne. Une galerie qui offre son lot de parentés surprises, valant à Gérald Darmanin quelques bonus supplémentaires à ajouter à sa collection :

☺ – descendant de la famille Faidherbe, de Saint-Amand, et cousin du général et homme politique du même nom, grande figure du Nord ;

☺ – cousin de Brigitte Macron (par le laboureur Louis Charlet, marié vers 1700 à Masnières, dans le Nord, avec Marie Jeanne Crépin) ; cousin de Yannick Jadot (par le couple Jean Lescot et Marie Brunelet, mariés en 1669 à Oisy, dans l'Aisne) ;

☺ – cousin de Brice Hortefeux, son prédécesseur à l'Intérieur au temps de Sarkozy (par Nicolas Hortefeux et Marguerite Flory, mariés à Sennevoy, dans l'Yonne, en 1668) ;

☺ – cousin du journaliste Jean-Jacques Bourdin (par le manouvrier Nicolas Guinot, de Chasnes, dans l'Aube, marié vers 1660 avec Jeanne Prunier) ;

☺ – descendant (par Nicolas Carré, simple berger de Rumilly-en-Cambrésis, sous le règne du Roi-Soleil) de l'infant de Castille Alphonse de la Cerda, petit-fils de Saint Louis par sa mère, ascendance permettant au généalogiste de voir en lui un descendant de Mahomet…

Au risque, en revanche, de récupérer d'autres parentés, tenant davantage du malus :

☺ – cousin du dirigeant communiste Maurice Thorez, vice-président du Conseil des ministres sous la IVe République (par Pierre Morival et Anne Lesur, mariés en 1684 à Hasnon, dans le Nord) ;

☺ – cousin de Robespierre, pour descendre de Pierre de Robespierre et Marguerite Clodion, mariés vers 1420 et ancêtres directs du « serial guillotineur » de la Terreur.

Enfin, la lignée des Darmanin, gardée ici pour la fin, contrairement à nos habitudes, permettra de placer la cerise sur ce gâteau généalogique.

Établis vers 1860-70 en Tunisie – à La Goulette, près de Tunis –, les Darmanin comptaient au nombre des nombreux Maltais venus tenter leur chance dans ce pays. Les recherches menées dans les archives de l'île, aujourd'hui majoritairement dépouillées et disponibles, permettent, en ricochant d'acte de mariage en acte de mariage, de remonter la chaîne des générations sur plus de trois siècles. Partant de Spiridon, le marchand ambulant déjà cité, et passant par Gio Batista, Michele, Publio, un autre Gio Batista, Carmello et Domenico, on remonte au plus ancien ancêtre identifiable, Mario Darmanin, né vers 1600 et marié en août 1634 avec Costanza Mercieca. Ajoutons qu'il est peu vraisemblable, contrairement à ses dires, que la famille ait des origines plus anciennes en Arménie. En revanche, une surprise de taille nous attend dans les familles alliées et plus précisément dans celle de Maria Bonnici, mariée en 1794 avec Gio Batista Darmanin et aïeule de Gérald à la huitième génération, dont la mère se nommait Clara Micalef

– une famille nombreuse à Malte – et descendait de la branche des Micalef de Birkirkara, dont descend également, par sa mère… ☹ Marine Le Pen. Un autre malus ?

Famille proche

Divorcé, sans enfants, Gérald Darmanin s'est remarié, en 2020, avec Rose-Marie Devillers, directrice conseil chez Havas, qu'il a connu par un ami commun avec Xavier Bertrand.

Parcours

Grandi successivement dans le Nord, en Espagne, puis à Paris, où sa mère, divorcée, est devenue concierge dans la très chic avenue d'Eylau, puis dans un bâtiment de la Banque de France, où elle sera femme de ménage. Lycée privé des Francs-Bourgeois, où il fréquente les rejetons de la plus vieille noblesse de France. Deug d'histoire à l'Institut catholique de Paris (2002). Sciences Po Lille (2007). Adhérent au RPR à seize ans, il sera assistant parlementaire de Jacques Toubon au Parlement européen. Délégué UMP dans la 10e circonscription du Nord (2005), il collabore au mensuel *Politique magazine*, organe de presse de la royaliste Action française. Conseiller municipal de Tourcoing et conseiller aux affaires juridiques à l'UMP, auprès de Xavier Bertrand. Chef, puis directeur de cabinet de David Douillet, secrétaire d'État chargé des Français de l'étranger, puis ministre des Sports, après avoir été élu conseiller régional du Nord-Pas-de-Calais (2010-2014). Député du Nord (2012-2016), il condamne l'« absurdité absolue » qu'est à ses yeux la « théorie du genre ». Élu maire de Tourcoing (2014-2017). Porte-parole de la campagne de Nicolas Sarkozy pour la présidence de l'UMP (2014). Directeur de campagne de Xavier Bertrand aux élections régionales du Nord-Pas-de-Calais (2015), il abandonne son mandat de député pour devenir vice-président du conseil régional des Hauts-de-France (2016-2020). Secrétaire général adjoint des Républicains (2016). Ministre de l'Action et des Comptes publics (2017-2020 ; porte la réforme de l'impôt à la source). Exclu des Républicains, adhère à LREM. Passé premier adjoint au maire de Tourcoing, il redevient maire pour trois mois, en 2020, refusant de marier des couples homosexuels et faisant l'objet de diverses accusations d'abus de faiblesse et de viols, toutes classées sans suite ou aboutissant à des non-lieux. Nommé ministre de l'Intérieur (2020), il entre rapidement en conflit avec Éric Dupond-Moretti.

Indiscrétions et anecdotes

Lycéen, entre deux petits boulots – pion et réceptionniste, mais aussi arbitre de foot et veilleur de nuit –, Gérald Darmanin chantait dans les bistrots de Paris, entonnant pour 40 euros la soirée les succès de Brassens – son idole –, Brel ou Renaud, accompagné à la guitare. Lors de l'enterrement d'un élu de Tourcoing, il bouleversera l'assistance en chantant *a cappella* « L'Ami » de Bécaud.

À vingt ans, il lisait jusque dans les toilettes les trois tomes du *C'était de Gaulle*, d'Alain Peyrefitte. Partout où il pose ses valises, il accroche des posters géants du général, dont il conserve – relique suprême – un mot de sa main adressé à son grand-père, tirailleur algérien et résistant FFI.

Dépourvu de l'instinct de propriété, il logeait, à Tourcoing, dans un 76 m^2, au-dessus d'un restaurant italien où il invitait ses relations – Juppé, Sarkozy, Fillon –, avant de les faire monter chez lui. À Paris, il sait se contenter de ses appartements de fonction. Féru de pêche, il possède en revanche un petit étang, du côté de Saint-Amand, où il apprécie de se rendre seul. Également chasseur, il aime la lecture et regrette de ne pas avoir été la plume d'un président.

Autre confidence : « Je n'ai jamais réussi à emballer une fille en boîte. Je ne suis pas du genre à danser. C'est pas trop mon truc, faut vraiment que la fille soit très jolie. Je suis meilleur quand je dîne au resto. » Sur les conseils de Nicolas Sarkozy, il s'efforce de ne plus boire une goutte d'alcool, préférant le Coca à la bière locale Duc d'Havré, mange maigre et fait du sport. « Quand il prend des frites, il demande toujours un œuf avec, comme un vrai gars du Nord, sans oublier la mayo », note le patron du P'tit Quinquin, à Tourcoing. Proche des gens, il aime aller dans les cafés, juste pour dire bonjour, et continue à parler ch'ti.

RACHIDA DATI
LA FORCE DES PRÉNOMS

ph. S. Kirby

Nom
DATI

Prénom
Rachida
prénom arabe signifiant « sensée », « bien guidée », « sur le bon chemin »

Date de naissance
27 11 1965
née le même jour qu'Aimé Jacquet et Daniel Ducruet

Lieu de naissance
Saint-Rémy (Saône-et-Loire)

Signe astrologique
Sagittaire asc. Taureau

PROFESSION : Magistrate
DOMICILE : Avenue de la Motte-Picquet (Paris, VIIe)
FILIATION : Fille de M'Bark, maçon, et de Fathim-Zohra Delhoum
RACINES : Algérie, **Maroc**.

Nom de famille

Patronyme rare, porté par quelque 300 foyers français, majoritairement d'ascendance italienne, et donc sans rapport avec la famille de l'eurodéputée.

Origines et histoire familiale

La famille de Rachida Dati a pour berceau la petite ville marocaine de Sidi-Bennour, réputée pour son souk et son huile de figuier de barbarie, aux vertus antiâge. C'est là que son père, M'Bark – contraction du prénom musulman Moubarak, signifiant « Allah le bénisse » –, est né dans un douar, à une date inconnue car non mémorisée, ni par la famille ni par l'administration, qui lui donnera finalement et arbitrairement celle du 1er janvier. Né dans une famille d'agriculteurs très pauvres, Mohamed et Fatna, il avait perdu son père très jeune et appris le métier de maçon. Il s'était installé en 1961 dans la région de Tlemcen, à Nemours (Ghazaouet), où il avait connu Zohra. Elle était la fille d'Ahmed, un pêcheur de sardines, lui aussi mort très jeune, et de Rabba Kaid, dont le nom signifiait « chef, juge », qu'il avait laissée veuve avec six enfants.

Mariés durant l'été 1962, M'Bark et Zohra avaient rapidement eu une première fille, Malika, mais les tensions entre l'Algérie et le

Maroc avaient bientôt obligé le père à rejoindre son pays avec sa famille. Reprendre sa place dans la sienne, très traditionaliste et désormais établie à Casablanca, n'était pas évident. Et puis M'Bark avait de l'ambition. Il regarda vers la France, réussit à décrocher un contrat de maçon, fit son paquet et s'en alla. À la douane, son nom de naissance étant trop compliqué, il en aurait pris un autre, plus simple : Dati – une situation en fait assez classique…

Très vite, sa famille viendra le rejoindre en France. En Saône-et-Loire, où il travaille. C'est ainsi qu'une seconde fille naîtra, en 1965, à la maternité des Bleuets, à Saint-Rémy, dans la banlieue de Chalon-sur-Saône. On la prénommera Rachida, autrement dit la « bien sensée », « qui est sur le bon chemin » : tout un programme…

Chacun connaît plus ou moins la suite. Les débuts difficiles : vie à trois familles, dans une grange, sans eau courante et avec WC extérieurs, puis déménagements d'une cité HLM à une autre, au fil de l'agrandissement de la famille, puisque le couple aura, au total, seize enfants, dont douze vivront, auxquels viendra même s'ajouter une nièce… Une famille qui ne sera jamais dans la misère noire mais qui vivra comme un clan, très soudée, autour d'un père autoritaire et autocrate. Rachida, jouant un peu le fils aîné, se chargeait des démarches administratives.

Le père travaillait inlassablement dans le bâtiment. Après un accident et un coma, il enchaîna les petits boulots, notamment dans les fermes, où il se faisait payer en agneaux, en poulets et en bidons de lait, avant d'être balayeur à l'usine Saint-Gobain puis conducteur de machines. Chaque été, la famille s'entassait dans la voiture pour s'en aller à Casa, où M'Bark se construisait une belle maison.

Enfin, une année, à la rentrée, un chantier à l'école religieuse du Devoir lui donna l'occasion d'y inscrire ses trois aînées, dont Rachida, qui y sera une élève très appliquée. Elle obtiendra l'autorisation de lire, chaque matin du carême, une phrase du Coran – pourvu, avaient exigé les religieuses, que cette phrase soit empreinte de charité.

L'itinéraire est dès lors tracé, avec pour armes le travail et la volonté qui, après mille travaux et des études universitaires générales, conduiront la fille de M'Bark au gouvernement et à la mairie du plus aristocratique arrondissement de Paris…

Famille proche

Mariée en 1992 contre son choix – son « oui » avait été inaudible – avec Zine-Eddine B., ingénieur ou vendeur de voitures (mariage dont elle obtiendra l'annulation trois ans plus tard, pour défaut de consentement, après un coup de pouce d'Albin Chalandon).

Le 2 janvier 2009, alors qu'elle était encore garde des Sceaux, elle a accouché d'une fille, à la clinique de La Muette, dans le

XVIe arrondissement de Paris, dont elle refuse de révéler l'identité du père – démentant seulement des rumeurs évoquant le rugbyman devenu secrétaire d'État aux Sports, Bernard Laporte – et à laquelle elle donne le prénom de sa propre mère, décédée en 2001 : Zohra, signifiant « blancheur ». Cinq jours après son accouchement, elle reprend ses fonctions au ministère et poursuivra en justice Dominique Desseigne, P-DG du groupe Lucien Barrière et ancien gendre de Lucien Barrière (veuf de sa fille adoptive, Diane, elle-même divorcée de Thierry Gaubert, ex-Goldenberg, dont on a beaucoup parlé en 2011, lors de l'affaire « Karachi »), que le TGI de Versailles reconnaîtra comme père biologique de l'enfant et condamnera à une pension alimentaire, en octobre 2014.

Rachida Dati a cinq frères, dont Jamal, condamné pour drogue en 2010, auteur en 2009 d'un livre peu complaisant sur sa sœur (*Dans l'ombre de Rachida*) et dix sœurs, dont Malika, l'aînée, enseignante (bourse des Vocations en 1989), élue en 2008 au conseil municipal de Nancy, sur la liste d'André Rossinot.

Parcours

Enfance dans une cité de Chalon-sur-Saône. École catholique du Devoir, puis lycée public Mathias, à Chalon-sur-Saône. Bac D en 1983. Études de médecine ratées. Vendeuse en porte-à-porte, standardiste, veilleuse de nuit, aide-soignante dans une clinique privée, pour payer ses études. Deug de Sciences économiques à Dijon, puis maîtrise à Paris-II (1991). Maîtrise en droit public. Institut supérieur des affaires. Travaille successivement chez Elf, Matra puis à la BERD, à Londres, auprès de Jacques Attali (1993). Admise sur dossier à l'École nationale de la magistrature (1997-1998). Magistrate en 1999 (elle aurait prêté serment dans la robe de Simone Veil). Juge au TGI de Péronne (Somme). Substitut du procureur de la République, au tribunal d'Évry. Conseillère de Nicolas Sarkozy et porte-parole de sa campagne en 2007. Ministre de la Justice (2007-2009 : loi sur la récidive, réforme de la carte judiciaire). Maire UMP du VIIe arrondissement de Paris depuis 2008. Députée européenne (2009-2019). Crée en 2009 sa société, La Bourdonnais consultants. Après avoir menacé de se présenter aux législatives contre François Fillon, elle fonde le collectif « À droite… toutes ! » avec des élues UMP pour renforcer la place des femmes dans la société et sera vice-présidente de l'UMP (2013-2014). S'étant présentée aux primaires UMP comme tête de liste des municipales dans la capitale, elle se retire face à Nathalie Kosciusko-Morizet, avant d'être suspendue du groupe Les Républicains au Conseil de Paris (septembre 2015), pour 6 500 euros d'arriérés de cotisation. Candidate à la mairie de Paris en 2020, elle est battue au second tour.

Indiscrétions et anecdotes

Rachida Dati, qui n'a besoin que de très peu de sommeil, aime faire son jogging au Champ-de-Mars et pratique régulièrement l'aquagym. Elle adore les robes des grands couturiers et écoute la chanteuse Rihanna. Côté littérature, elle aime *Eugénie Grandet*, de Balzac, et *Au bonheur des dames*, de Zola. Dans son panthéon d'hommes célèbres figurent Freud et Blum. Elle a suivi des séances de media-training avec le journaliste Jean-Claude Narcy et fait de la boxe avec son amie Constance Benqué, présidente de Lagardère Publicité.

Elle a marié beaucoup de célébrités dans sa mairie du VIIe : l'écrivain Marc Levy, l'humoriste Jean-Marie Bigard, le prince Jean d'Orléans, la fille de l'ancien président du Sénégal, Abdou Diouf…

En 2015, lorsque Élise Lucet lui demande (suite à un article des *Échos* évoquant un conflit d'intérêts) si elle a « un lien direct ou indirect » avec Engie, elle refuse de répondre et la traite de « pauvre fille ». La même année, *Le Point* avance qu'elle aurait dépensé 9 000 € d'argent public pour acheter des foulards Hermès, somme déboursée par son cabinet pour l'organisation de réceptions et l'achat de cadeaux de représentation, selon la Cour des comptes. Elle déclare pourtant : « Si je devais quitter la politique, je pourrais redevenir caissière dans un Franprix, ça ne me dérangerait pas. » De confession musulmane, elle va à la messe chaque dimanche.

JULIEN DENORMANDIE
MOINS D'AGRICULTEURS QUE DE GRANDS BOURGEOIS

J. Paquier

Nom
DENORMANDIE

Prénom
Julien
dérivé de Jules, qui viendrait du latin iuli, désignant le chaton du noisetier ; surtout à la mode dans les années 1980 ; 19e prénom masculin français le plus porté (277 000)

Date de naissance
14 08 1980

Lieu de naissance
Cahors (Lot)

Signe astrologique
Lion asc. Sagittaire

né le même jour que Jean-Christophe Cambadélis, Emmanuelle Béart et David Hallyday

PROFESSION : Haut fonctionnaire

DOMICILE : Habite Paris, dans le XVe arrondissement

FILIATION : Fils de Philippe, chirurgien, et de Laurence Toulet, médecin

RACINES : Aisne, Allier, Ardèche, Ardennes, Aube, Calvados, Creuse, Doubs, Eure-et-Loir, Indre, Indre-et-Loire, Jura, Maine-et-Loire, Loire, Loire-Atlantique, Loiret, Marne, Morbihan, Nièvre, **Oise**, Orne, Pas-de-Calais, Bas-Rhin, Haut-Rhin, Rhône, Nord, Haute-Saône, Saône-et-Loire, Sarthe, Paris, Seine-Maritime, Seine-et-Marne, Somme, Yvelines, Yonne, Seine-Saint-Denis, Val-d'Oise ; Allemagne, Belgique, Monaco, Pays-Bas, Pologne, Russie, Saint-Domingue, Suisse.

Nom de famille

Porté par une vingtaine de foyers français, ce patronyme très rare était manifestement le surnom d'un lointain ancêtre, originaire de Normandie.

Origines et histoire familiale

De toutes les personnalités du monde politique étudiées ici, l'actuel ministre de l'Agriculture et de l'Alimentation pulvérise tous les records de dispersion géographique des racines, avec des ancêtres dans pas moins de trente-sept départements et sept pays, dont Saint-Domingue et Monaco, principauté où il est par ailleurs le seul à avoir des antécédents. Un record trahissant d'évidence, aux yeux de l'historien des familles, l'appartenance à des couches sociales élevées, à tendance très exogame, la recherche de mariages égaux ayant poussé les ancêtres à rechercher leurs conjoints ailleurs que dans leur hameau ou leur paroisse. Un record amplifié du fait qu'établie à Paris sur plus de dix générations, la famille

Denormandie a forcément été confrontée à l'inévitable brassage généalogique propre à la capitale.

Autre particularité de l'arbre généalogique de Julien Denormandie : une étonnante antériorité parisienne, véritablement exceptionnelle, puisque sept des huit arrière-grands-parents du père du ministre étaient nés sur les rives de la Seine. On imaginerait volontiers le ministre de l'Agriculture, né à Cahors, petit-fils d'un grand-père né dans l'Orne, fils d'un agriculteur-éleveur, directement issu de familles paysannes de la France profonde. On a tout faux ! Si ses ancêtres proches – grand-père et arrière-grand-père – appartenaient bien au monde agricole, il faut remonter loin, dans l'arbre généalogique, pour trouver au ministre, ancien élève de l'Agro, des ancêtres appartenant à la modeste paysannerie française, pour se trouver en présence de la haute bourgeoisie parisienne, avec notamment un des fondateurs du très chic et sélect Jockey Club.

Le parcours des Denormandie a été un parcours remarquable, avec la ville de Noyon pour berceau. C'est en effet là qu'était arrivé, en 1473, un certain Guillaume de Normandie – sans doute nommé ainsi en référence à ses origines géographiques, mais qui pouvait aussi appartenir à une branche cadette ou bâtarde de la famille des ducs de Normandie. Un homme venu à la demande du comte-évêque de la ville exercer les fonctions de gouverneur de la cité. Après avoir acquis un fief dans un village voisin et avoir été reçu bourgeois de Noyon, il avait semble-t-il épousé une demoiselle de Mailly-Conty, issue de la grande et noble maison de Mailly et descendante entre autres, par les femmes, de Louis VIII et Blanche ☺ de Castille, permettant donc de relier le ministre à Mahomet…

Tenant d'emblée le haut du pavé, les descendants de ce Guillaume sauront se maintenir à ce rang plusieurs siècles durant, sans cesser d'exercer des rôles de premier plan. Ainsi Laurent Denormandie, lieutenant civil du bailliage de Vermandois et maire de Noyon, mais aussi secrétaire du Dauphin de France (le futur roi Henri II). Un homme auquel Calvin donna de nombreuses marques d'attachement et dont il fit son exécuteur testamentaire, l'appelant dans la dédicace d'un de ses ouvrages « son entier et perpétuel ami ». Un attachement qui lui sera fatal et lui vaudra, une fois parti pour Genève avec femme et enfants, de se voir condamné par contumace en 1552 – Henri II étant mort cinq ans plus tôt – à « être traîné sur la claie et brûlé sur la place du Marché »…

C'est par un frère de ce calviniste déchu que passe la filiation, avec deux aïeux, un père et son fils, médecins à Noyon au temps de Louis XIV, le fils du second partant ensuite pour Paris, où il deviendra procureur au Châtelet. Et l'ascension sociale de se poursuivre : petit-fils avocat au Parlement, arrière-petit-fils secrétaire général des Eaux et Forêts, etc., avec pour figures de proue : Anne Édouard Denormandie, né en 1796, agent de change et grand amateur de chevaux, l'un des fondateurs et présidents du Jockey Club (créé en 1834 par la Société d'encouragement pour l'amélioration des races de chevaux en France, dont notre homme faisait partie) ; et son neveu, Ernest Denormandie (1821-1902), avoué attitré de la famille d'Orléans, banquier, gouverneur de la Banque de France, président de la Banque d'Indochine, administrateur de sociétés (dont le PLM). Un homme puissant, riche et influent, qui doublera sa carrière financière d'une carrière politique, en devenant adjoint au maire du VIIIe arrondissement, député de la Seine et sénateur inamovible. Son fils, avocat, sera directeur des tramways de Versailles. Son petit-fils, gentleman-farmer et éleveur dans l'Orne, où il est arrivé par son mariage avec la fille d'un conseiller général, s'engagera dans la Résistance et les FFI et trouvera la mort, en 1944, au cours d'un combat contre l'armée allemande, non loin de là où naîtra son arrière-petit-fils – le grand-père du ministre, propriétaire forestier dans un petit château des environs d'Argentan. Un père, enfin, médecin, chirurgien à Garches, directeur général adjoint du groupe Korian (maisons de retraite médicalisées et soins à domicile), qui a notamment fait partie du « groupe santé » pendant la campagne présidentielle d'Emmanuel Macron.

Une famille jamais anoblie, mais de longue date inscrite au Bottin mondain pour avoir collectionné les belles alliances, comme avec les mère et épouse d'Ernest, le grand homme – avant Julien – de la lignée, respectivement petite-fille du député Bonnet, grand ami de Talma et de Scribe, et sœur de l'agent de change Édouard Darlu, l'un des fondateurs de La Baule. Autre belle alliance : un arrière-grand-oncle architecte marié à une Bardoux, propre sœur de la mère de Valéry Giscard d'Estaing. Une famille comme déjà dit très parisienne, avec de tous côtés ce qu'il y a de plus bourgeois. Julien Denormandie est né, c'est le cas de le dire, avec une cuiller en argent dans la bouche.

À cette très grande dispersion des racines, amplifiée dans la branche maternelle par un couple d'arrière-grands-parents belges, était venue s'ajouter une grande variété sociale, offrant, outre les personnalités déjà notées, un échevin d'Arras, dont le frère avait été guillotiné en 1794, un sergent monégasque, un noble polonais peintre et musicien, un baron suisse, fondateur d'une banque à Amsterdam, un pionnier de la construction automobile des années 1900 (Gillet-Forest), un compositeur de musique, un fabricant de chocolat, un paumier lyonnais (tenancier d'un jeu de paume), un intendant des Eaux minérales et médecin des prisons, dont le fils, prêtre, se mariera en 1794 et sera un érudit reconnu. Voilà encore, en Champagne, la famille bien connue des Moët et, en Alsace, celle des peintres verriers Steinheil, faisant d'un de ses aïeux le cousin germain du mari de la sulfureuse Mme Steinheil, qui tenait salon dans le Paris de la Belle Époque et défraya la chronique en collectionnant les scandales et les amants, dont le plus célèbre fut le président Félix Faure, mort dans ses bras à l'Élysée, en 1895... Tout cela aux côtés de modestes artisans et boutiquiers de l'ancien Paris des XVIIIe et XVIe siècles (merciers, orfèvres...) et d'ancêtres beaucoup plus simples encore, comme un chasseur de taupe et un bouilleur de cru normands, des vignerons et des bergers... Les ancêtres agriculteurs les plus proches n'étaient nés que vers 1840, mais n'en étant pas moins issus de solides et belles lignées agricoles.

Côté parentés, hormis celles qui ont été signalées, on en relève peu avec d'autres acteurs du monde politique. Un constat logique, d'abord du fait que les familles bourgeoises, comme les familles parisiennes, toutes deux majoritaires dans l'arbre généalogique, étaient autrefois nettement moins prolifiques que les familles paysannes. Seules quatre des personnalités étudiées dans ce livre ont en effet des ancêtres à Paris et rares sont par ailleurs celles et ceux à être issus de milieux aussi élevés...

Famille proche

Marié en 2006 à Cécile Ophèle (née en 1980, ingénieur agronome et sa condisciple à Grignon, fille de Robert Ophèle, sous-directeur de la Banque de France et président des marchés financiers), Julien Denormandie est père de quatre enfants : Maxime, Héloïse, Agathe et Gaspard.

Il a trois sœurs et un frère.

Parcours

Institut agronomique de Paris-Grogon (« Agro »), puis École des eaux-et-forêts. Intègre le ministère de l'Économie et des Finances (direction des Relations économiques extérieures : 2004-2008). Conseiller économique à l'ambassade de France au Caire (2008-2010). Direction générale du Trésor (2011). Conseiller ministériel de Nicole Bricq, puis de Pierre Moscovici (2011-2014). Directeur adjoint de cabinet d'Emmanuel Macron au ministère des Finances (2014). Démissionne, en mars 2016, pour créer En marche !, dont il devient le secrétaire général adjoint. Secrétaire d'État (2017), puis ministre délégué auprès des ministres de la Cohésion des territoires (2018-2020 ; chargé du logement). Ministre de l'Agriculture et de l'Alimentation (depuis 2020).

Indiscrétions et anecdotes

Avec son look de premier de classe et de gendre idéal, « sa raideur de gentleman et son humour anglais » (Philippe Besson), Julien Denormandie est un « Macron boy » pur jus. Une relation nouée au début du quinquennat de François Hollande, lorsqu'il était au cabinet de Pierre Moscovici et qu'Emmanuel Macron était secrétaire général adjoint de l'Élysée, époque à laquelle il monte avec Ismaël Emelien un projet de start-up dans le domaine de l'éducation, au cours de l'été 2014.

Ce passionné d'ostréiculture et de sylviculture a construit un « séchoir à bois » pour la scierie de son oncle. Il est aussi fan de rugby et grand amateur des livres de Sylvain Tesson.

En 2017, il a déclaré à la Haute Autorité pour la transparence de la vie publique un patrimoine de 491 000 euros, dont des parts d'un appartement parisien de 99 m^2 et une voiture d'une valeur de 6 500 euros.

ÉRIC DUPOND-MORETTI
QUATRE CHUTES POUR UN ADN

Linola54

Nom
DUPOND-MORETTI

Prénom
Éric
prénom d'origine germanique, évoquant « honneur » et « puissance » ; très à la mode dans les années 1960, suite à l'enlèvement du petit Éric Peugeot

Date de naissance
20 04 1961

Lieu de naissance
Maubeuge (Nord)

Signe astrologique
Taureau asc. Lion

né le même jour que Napoléon III, Paul Poiret, Juan Miró, Henry de Montherlant et Charles Beigbeder

PROFESSION : Avocat
DOMICILE : Se partage entre Paris, Lille et la petite ville de Templeuve-en-Pévèle
FILIATION : Fils de Jean-Pierre, ouvrier métallurgiste, et d'Elena Moretti, femme de ménage
RACINES : Orne, Nord, Pas-de-Calais ; Allemagne, **Belgique**, Italie.

Noms de famille

Dupond, porté par plus de 350 foyers français, est une variante orthographique, fréquente dans le Nord-Pas-de-Calais, de Dupont, surnom de celui qui habite près d'un pont.

Moretti, porté par plus de 1 000 foyers français, est un patronyme rencontré en Corse et en Italie, le plus souvent diminutif de Mori, surnom équivalent de Moreau, désignant un homme à la peau tannée comme celle d'un Maure.

Origines et histoire familiale

Comme celle de plusieurs grands pénalistes orphelins de père – ainsi Robert Badinter ou Georges Kiejman –, l'enfance du célèbre avocat devenu garde des Sceaux a été marquée par un sentiment d'injustice, suite à la chute de deux hommes. Celle de son père, Jean-Pierre Dupond, ouvrier métallurgiste, vaincu par un cancer quand il n'avait que quatre ans ; et celle de son grand-père maternel, Paolo Moretti, retrouvé mort à cinquante ans, en 1953, en contrebas d'une voie ferrée, le crâne fracassé, peut-être assassiné. Querelle d'ouvriers ? Drame sentimental ? La lumière n'a jamais été faite. « On pense que l'ouvrier, en se rendant à son travail, a suivi la voie ferrée et a été surpris par l'arrivée d'un train », commentèrent les journaux. Mort d'un petit Rital sans intérêt : « Mon oncle, qui était l'aîné de notre famille, va déposer une plainte. Tout le monde s'en fout et rien ne sera fait. […] Mon grand-père ne comptait pas assez pour que la justice enquête sérieusement sur son cas. » Élevé par sa mère, femme de ménage, fille de cet aïeul fantôme, le futur ministre a grandi avec cette mémoire familiale qui l'a viscéralement marqué : « Voilà l'origine de ma vocation à devenir avocat pénaliste », affirme-t-il en 2019 sur scène, dans son one-man-show, ajoutant par ailleurs que cela fait « partie de l'ADN de [s]a famille ». Un héritage qui non seulement a orienté son destin, mais l'a également poussé à travailler et à se faire connaître sous les deux patronymes réunis de chacun de ses parents : Dupond, simple variante de Dupont, nom on ne peut plus français, et Moretti, typiquement italien, importé dans le Nord par le grand-père Paolo, un homme ayant six enfants à nourrir, qui avait pris le chemin de l'exil avec son fils aîné, au lendemain de la guerre, à la recherche d'une vie meilleure. Il quitta ainsi Fabriano, une petite ville des Marches, à une cinquantaine de kilomètres d'Ancône, pour gagner le très lointain et si différent « plat pays » du nord de la France et s'établir dans le bocage de l'Avesnois où, engagé aux Forges de Jeumont, il fit, selon le schéma classique, venir le reste de sa famille.

Ce « plat pays » était celui des Dupond, dont on peut sans difficulté retracer le parcours, depuis Jean Dupond, né vers 1600, époux de Catherine Notel et père de Robert Dupond, né en 1628 dans la localité belge frontalière de Warneton. Cet ancêtre traverse l'actuelle frontière pour se fixer en Frandre intérieure française, où ses descendants se retrouveront à Berthen, au cœur des monts des Flandres, où ils seront laboureurs. Une position classique et stable, permettant aux plus entreprenants – comme on le voit souvent dans nos histoires de famille – de prendre l'ascenseur social pour monter d'un cran. Sauf que les Dupond se sont, au XIXe siècle, trompés de sens. Et ce fut une nouvelle chute, sociale cette fois-ci, avec un ancêtre perdant son autonomie pour devenir manouvrier (manœuvre) et connaître la précarité de l'emploi. Sa femme sera fileuse, tout comme leur fille, Barbe, enceinte à dix-neuf ans. Nouvelle chute et nouvelle injustice : la lignée ancestrale passe en effet par une fille séduite et abandonnée, dont la mémoire familiale a peut-être effacé le souvenir. Une aïeule qui avait dû se placer comme servante et qui finit par se mettre en ménage avec un pauvre fabricant de balais. Le gamin, lui, sera journalier et tisserand, puis cafetier, aura un fils ouvrier agricole et un petit-fils ouvrier d'usine : après le « Plat Pays » de Brel, le schéma chanté par Ferrat dans « La Montagne »… Et c'est cet ouvrier qui, sans quitter le département, migrera à quelque 140 kilomètres à l'est de l'univers ancestral pour s'établir à Cousolre, un village de l'Avesnois, où notre boucle généalogique sera bouclée.

Une trajectoire assez classique et un arbre généalogique grouillant d'ancêtres tout aussi classiques et typiques de ces régions : des gens modestes – tisserands, bergers, manouvriers, laboureurs, voituriers… –, parfois un peu sanguins, tel Fernand, cet arrière-grand-père forgeron qui, Poilu et prisonnier des Allemands en 1914, s'évada *illico presto*, mais qui, à près de cinquante ans, sera condamné pour « violences, voies de fait et outrages par paroles à agent de la force publique ». L'affaire ne devait pas être très grave : il s'en sortira avec 50 francs d'amende… sans avoir pu s'offrir un avocat.

Les racines de l'avocat ministre puisent donc aussi bien dans le Nord qu'en Belgique, tant l'actuelle ligne servant aujourd'hui de frontière se passait et repassait aisément. Avec quelques inévitables incursions dans le Pas-de-Calais voisin, mais aussi dans des directions plus inattendues, par un ancêtre préposé aux douanes royales, au début du XIXe siècle, qui épousera la fille d'un couple d'immigrés allemands (saxons). Un homme natif de l'Orne, où le généalogiste va découvrir au ténor du barreau des ancêtres notables et nobles, et, par un aïeul nommé Aymon Toustain de Bléville, sieur du Buisson, parvenir à le découvrir descendant de Louis VII et d'Aliénor d'Aquitaine. Et même mieux en le montrant issu plusieurs fois de cette dernière par ses deux maris ennemis, le roi de France et le roi d'Angleterre. Messieurs les jurés, à vous d'apprécier…

Famille proche

Marié en 1991 à Hélène, une ancienne jurée, rencontrée lors d'un procès d'assises, il est père de deux enfants (Raphaël et Clément). Divorcé, il a pour compagne, depuis 2016, la chanteuse québécoise Isabelle Boulay (à laquelle les généalogistes donnent une ribambelle de cousins, parmi lesquels Céline Dion, Diane Dufresne, Madonna, Justin Bieber, André Gagnon, Ryan Gosling, Angelina Jolie, Hillary Clinton, Xavier Dolan et Camilla, duchesse de Cornouailles ; descendant de la famille Chaline, elle cousine également avec Alain Poher, Michel Sardou et Michel Delpech, Sophie Marceau et Georges Braque, mais aussi Valérie Trierweiler et Yannick Jadot).

Parcours

Orphelin de père à quatre ans, élevé par sa mère, femme de ménage, il fait sa scolarité à Fourmies, puis dans le privé (Institution Saint-Pierre de Fourmies, puis lycée catholique Notre-Dame, à Valenciennes). Après avoir décroché son bac avec mention AB, il enchaîne les petits boulots, pour financer ses études de droit. École d'avocat. Prête serment en 1984, à Douai, et commence sa carrière par des procès aux prud'hommes et des commissions d'office. Obtient son premier acquittement en 1987. Détient en 2008 le record des acquittements obtenus sur le territoire français, qui vaudra à « l'ogre du Nord » le surnom d'« Acquittator ». Inscrit en 2016 au barreau de Paris, il obtient en 2020 son 145e acquittement. Renonce à la matinale d'Europe 1, en juillet 2020, pour entrer au gouvernement comme garde des Sceaux. Première visite, le jour même de sa nomination, à la prison de Fresnes. Tête de liste aux élections régionales LREM dans le Pas-de-Calais, en juin 2021, il essuie un échec, avant d'être mis en examen, le mois suivant, par la Cour de justice de la République, pour « prise illégale d'intérêts ».

Indiscrétions et anecdotes

Si sa vocation d'avocat remonte à la mort de son grand-père maternel, le véritable déclic a eu lieu à quinze ans, en 1976, avec l'annonce à la radio de l'exécution de Christian Ranucci.

Élève souvent indiscipliné, il aidera sa mère à financer ses études en enchaînant les petits boulots : pion dans un collège, fossoyeur, maçon, ouvrier à la chaîne, déchargeur de sacs de sable et serveur dans des restaurants et des boîtes de nuit.

Né Éric Dupond, il adjoint à son patronyme celui de sa mère, à titre d'usage, après avoir fait face, dans sa première affaire, à un confrère homonyme, avant de prendre officiellement ce double nom en 2009. Victime d'un « coup fourré » en 1993, avec perquisition et garde à vue, il a failli voir sa carrière interrompue.

Son acquittement le plus célèbre sera, en 2004, celui de la « boulangère » Roselyne Godard, lors du premier procès d'Outreau, qui lui a valu sa renommée nationale. Il a notamment défendu Yvan Colonna, Jérôme Kerviel, Abdelkader Merah, Bernard Tapie, Karim Benzema, le jeune Théo, victime de violences policières à Aulnay-sous-Bois en 2017, ainsi que les anciens ministres Georges Tron, accusé de viols en réunion, Jérôme Cahuzac, accusé de fraude fiscale, et le maire de Levallois-Perret Patrick Balkany (2019).

Cet amateur de théâtre et de cigares, grand passionné de chasse, possède une ferme en Flandre, avec chiens d'arrêt et faucons. Passionné de tauromachie, il s'est opposé, en 2019, avec quarante personnalités du monde du spectacle et de la culture, à un appel contre l'interdiction de la corrida aux mineurs, qu'une députée voulait introduire dans une proposition de loi sur le bien-être animal.

Passant son temps sur la route, d'une cour d'assises à l'autre, il conduit en fumant cigarette sur cigarette et en écoutant Brassens, Ferré et Reggiani. Dans le coffre de sa voiture, sa robe d'avocat fétiche, héritée de son mentor, l'avocat toulousain Alain Furbury, qui lui a notamment appris le placement des silences et le sens du rythme.

Fan de boxe, il est également accro aux émissions de téléréalité (« Les Marseillais »), aime le bon vin et la « gamelle », passant volontiers aux fourneaux. Hypersensible, il est aussi célèbre pour ses bougonnements et ses colères que pour ses éclats de rire.

Auteur de plusieurs livres (dont *Bête noire*, en 2012), il a tourné dans des films où il a parfois joué son propre rôle (*Chacun sa vie*, de Claude Lelouch, 2017). Il a vu son rôle interprété par Olivier Gourmet dans *Une intime conviction*, d'Antoine Raimbault, en 2019, année où il s'est produit dans un one-man-show au théâtre de la Madeleine.

Possédant la nationalité italienne, il a refusé la Légion d'honneur, en 2013, ou encore d'entrer dans la franc-maçonnerie, se déclarant un homme libre.

Amateur de belles montres, propriétaire d'un bateau et d'une Harley Davidson, il a déclaré en 2020 auprès de la Haute Autorité pour la transparence de la vie publique un patrimoine immobilier de plusieurs millions d'euros, faisant de lui l'un des plus riches ministres du gouvernement (☞ p. 385).

NICOLAS DUPONT-AIGNAN

IN VINO FAMILIAS !

d.r.

Nom

DUPONT, dit DUPONT-AIGNAN

a pris pour nom d'usage celui de DUPONT-AIGNAN, en ajoutant le nom de jeune fille de sa mère

Prénom

Nicolas Jean-Marie

issu du grec nikèlaos, signifiant « peuple de la victoire », prénom autrefois très populaire, notamment en Lorraine, relancé, dans les années 1960, par la série télévisée Bonne nuit les petits, *pour connaître un succès croissant jusqu'au milieu des années 1990*

Date de naissance	Lieu de naissance	Signe astrologique
07 03 1961	**Paris (XVe)**	**Poissons asc. Balance**

né le même jour que Jacques Chaban-Delmas et Marisol Touraine

PROFESSION : Haut fonctionnaire

DOMICILE : Se partage entre son appartement du Quartier latin, à Paris, et sa maison de Yerres, dans l'Essonne

FILIATION : Fils de Jean-Louis, courtier juré en vins, et de Colette Aignan

RACINES : Aude, Aveyron, Cantal, Loire-Atlantique, Loiret, Marne, **Rhône**, Saône-et-Loire, Seine-et-Oise, Haute-Vienne, Essonne.

Noms de famille

Dupont n'est pas, contrairement à ce que l'on pense souvent, le patronyme le plus fréquent de France – le « tiercé champion » étant Martin, Bernard, Petit –, mais seulement le 29e, pour n'être porté que par environ 20000 foyers, dispersés à travers l'Hexagone. Il désignait l'homme habitant près d'un pont et souvent celui chargé de percevoir les péages des personnes l'empruntant.

Aignan est un nom beaucoup plus rare (40 à 50 foyers, surtout rencontrés en Val de Loire). Il est hérité d'un lointain ancêtre porteur de cet ancien prénom, d'origine gréco-latine et signifiant « chaste ».

Origines et histoire familiale

Dupont-Aignan est le nom d'usage qu'a choisi de porter le député non inscrit, sans doute désireux d'échapper à l'anonymat de son patronyme de naissance – Dupont – en lui adjoignant celui de sa mère.

Et voici un nom double, associant donc sur les bulletins de vote deux familles et deux lignées apparemment sans le moindre lien, tout en ayant un point commun : le vin !

Côté Dupont, en effet, l'eau qui a pu couler sous le pont ancestral a totalement fait place au vin, que l'on trouve dans presque toutes les branches. Les Dupont eux-mêmes, avec pour plus ancien ancêtre connu Claude Dupont, né vers 1630 et vigneron à Jullié, en Beaujolais, dont les descendants passeront par Juliénas et Chénas, avant de prendre, sous le Second Empire, un des premiers trains reliant Lyon à Paris, où ils iront travailler comme sommeliers.

Les affaires marchant bien, l'un d'eux, l'arrière-grand-père de Nicolas, épousera la fille d'un directeur d'usine, mais dont les grands-parents étaient vignerons à Givry, en Bourgogne.

À la génération suivante, le grand-père, qui sera l'un des premiers aviateurs de la Première Guerre mondiale, devient chimiste. Quitterait-il la tradition familiale ? Non : il se marie, à Charenton, avec l'héritière d'une famille qui y avait prospéré dans l'entrepôt et le transport des vins, en exploitant notamment des wagons-foudre – ainsi nommait-on, d'après un mot allemand, les premiers wagons-citernes de très grande capacité, pouvant transporter jusqu'à 100 à 150 hectolitres de vin. Une famille qui faisait venir du vin depuis l'Aude, d'où elle était originaire. Comment s'étonner, dès lors, de retrouver le fils de ce couple – le père de Nicolas – établi comme courtier en vins, à Oran ?

Mais l'histoire ne s'arrête pas là : après la Bourgogne et le Languedoc, il manquait la Champagne. Et la voici ! Elle arrive avec la branche maternelle, où l'on trouve un grand-père aveyronnais, établi à Paris comme marchand de vin, autrement dit tenancier d'un café – comme l'étaient traditionnellement beaucoup de ses compatriotes, sachant que sa famille était originaire d'Estaing, là où les Giscard avaient des ancêtres. Branche maternelle dans laquelle on trouve également un arrière-grand-père vigneron dans l'Orléanais et un autre chef de cave à Châlons-en-Champagne !

Famille proche

Marié en 1990 à Valérie Vecchierini, avocate (son assistante parlementaire jusqu'à 2018). Deux filles : Victoire et Sixtine.

Parcours

Enfance à Paris. Collait, dès treize ans, des affiches pour Jacques Chaban-Delmas, à la présidentielle de 1974. Université de Paris IX-Dauphine. Sciences Po Paris. DESS de gestion de l'entreprise. Ena (promotion Liberté, Égalité, Fraternité 1989, aux côtés de Jean-François Copé et de Renaud Dutreil). Aurait aimé être architecte. Administrateur civil au ministère de l'Intérieur. Sous-préfet. Adhère au RPR, au RPF puis à l'UMP, qu'il quitte en 2007. Président de Debout la République (devenu en 2014 Debout La France), mouvement gaulliste et souverainiste, partisan de la sortie de l'euro. Maire de Yerres depuis 1995. Député de l'Essonne depuis 1997. Candidat à l'élection présidentielle en 2012 (1,79% des voix) et en 2017 (4,70 %), avant de soutenir Marine Le Pen au second tour. En septembre 2021, il annonce sa candidature à la présidentielle de 2022.

Indiscrétions et anecdotes

Aimant aller à son bureau avec Douce, sa chienne westie blanche, Nicolas Dupont-Aignan s'adonne à la peinture et, côté sports, pratique la natation et le tennis. Amoureux des livres, il relit régulièrement *Rhinocéros*, de Ionesco, et Saint-Exupéry. Ami de Brigitte Bardot, membre de sa fondation, il est fan de la chanteuse Barbara et, côté films, de *Cinema Paradiso*. Particularité : quand on se balade dans sa ville de Yerres, on n'y voit aucun drapeau européen : seul le drapeau français y est à l'honneur.

En 2017, il déclare un patrimoine immobilier supérieur à 2 millions d'euros.

CHRISTIAN ESTROSI
PETIT-FILS DE PAPILLON

d.r.

Nom
ESTROSI

Prénom
Christian Paul Gilbert
prénom signifiant à l'origine « chrétien », très à la mode au début des années 1950

Date de naissance
01 07 1955

Lieu de naissance
Nice (Alpes-Maritimes)

Signe astrologique
Cancer asc. Gémeaux

né le même jour que George Sand, Louis Blériot, Bernard Laporte, Lady Di, Pierre Laurent et Richard Ferrand

PROFESSION : Pilote automobile
DOMICILE : Habite une maison à Nice, dans le quartier résidentiel de Cimiez
FILIATION : Fils de Roland, officier de marine marchande, et de Marie-Thérèse Guilmont
RACINES : Alpes-Maritimes, Somme ; **Italie**.

Nom de famille

Porté par une dizaine de foyers français, apparemment tous de la même famille, ce patronyme italien surnommait en principe un lointain ancêtre ayant de l'esprit, voire un peu fantaisiste (☞ ci-après).

Origines et histoire familiale

Originaires de Toscane, les Estrosi sont venus à Nice vers 1900, attirés par la Riviera française, comme tant d'autres Italiens pauvres – ainsi, trente ans plus tard, les parents de Max Gallo.

Ils sont arrivés avec Egidio (Gilles) Estrosi, qui n'était qu'un très modeste journalier, né à Arezzo en 1868, où il avait été abandonné à l'orphelinat. La tradition familiale veut qu'il ait été ainsi nommé pour avoir été trouvé sur les marches du palais Strozzi – ce qui semble peu crédible. En revanche, il est fort possible que le bébé ait été effectivement nommé Strozzi en référence à la famille, et que son nom ait ensuite évolué en Estrozzi, pour donner Estrosi à l'arrivée en France.

☹ Cet ancêtre était venu avec sa femme et deux enfants – les suivants naîtront ici, dont Giuseppe qui, après être retourné combattre dans l'armée italienne, reviendra s'installer définitivement à Nice, où il apprendra le métier de charpentier et exercera divers métiers. Un temps « garde platanes » et occasionnellement pêcheur, il se lancera dans l'installation de baraques foraines, et notamment de loteries et de manèges, dans les foires de la région. Surnommé « Papillon » et très populaire dans la ville, il fabriquera des confettis qu'il vendra au moment du carnaval, aura un temps un manège de bateaux, place Gambetta, et surtout une loterie, la Loterie Papillon, installée près de la gare du Sud, où les Niçois gagnaient des paquets de sucre et de biscuits. Marié à une Italienne, d'une famille originaire d'Umbertide, il se fera naturaliser français en 1924 et traduira son prénom en Joseph.

Son fils deviendra officier de marine marchande et surtout un sportif accompli, passionné de ski et, plus encore, d'haltérophilie. Il épousera une sportive native de la Somme, qui lui demandera cependant de choisir entre elle et la mer. Ayant opté pour l'épouse, il reprit la loterie paternelle et le couple s'installa près de la maison de « Papillon », dont le petit-fils se souvient encore de l'atelier de menuisier, où il aimait aller, et des odeurs de copeaux de bois et de sciure fraîche qui y régnaient. Un enfant unique et choyé, auquel ses parents, avant de se séparer, ont su donner le goût du sport, avec d'abord le ski, l'alpinisme, la plongée et l'escrime. Un fils à qui la roue de la Loterie Papillon sera favorable puisque, après les succès sportifs, il collectionnera les succès politiques…

Famille proche

Fils unique, il a divorcé de Dominique Sassone, née en 1958, attachée au cabinet du maire de Nice, Jacques Médecin, et fille d'un de ses adjoints, devenue depuis conseillère régionale (2004-2011), conseiller général (2011), tout en ayant été plusieurs fois adjointe au maire (son mari), et enfin sénatrice (2014). Remarié en 2016 à Laura Tenoudji, chroniqueuse de l'émission « Télématin » sur France 2.

Trois filles : Laetitia (1985, cadre dans la finance, mariée par son père, en 2014, avec Martin Schramm, interne en chirurgie) et Laura (1988, professionnelle de l'hôtellerie). Une troisième, Bianca, née en 2017, de son second mariage.

Parcours

Arrête tôt ses études. Sportif professionnel. Champion de France de moto (1975-1977 et 1979). Arrête la compétition en 1983. Conseiller municipal de Nice depuis 1983. Maire (2008-2016 et depuis 2017). Député RPR puis UMP des Alpes-Maritimes, à partir de 1988. Conseiller régional de Provence-Alpes-Côte d'Azur (1992-2002). Président du conseil général des Alpes-Maritimes (2003-2008). Ministre délégué à l'Aménagement du territoire (2005-2007). Secrétaire d'État à l'Outre-mer (2007-2008). Ministre de l'Industrie (2009-2010).

Soutient en 2012 François Fillon lors de sa candidature à la présidence de l'UMP, dont il devient vice-président. Après s'être opposé au « Mariage pour tous », il se dira « ravi » de célébrer le premier mariage gay. Après le retrait des socialistes et l'appel de Manuel Valls à voter pour lui, il remporte les élections régionales de 2015 et est élu président du conseil régional de Provence-Alpes-Côte-d'Azur. Officialise son soutien à Nicolas Sarkozy en août 2016, avant de quitter Les Républicains en 2021, après avoir appelé à un rapprochement avec La République en marche.

Indiscrétions et anecdotes

S'il est vrai qu'il aurait aimé être astronaute, le « motodidacte », toujours passionné de moto et dont le plus grand regret est de ne pas avoir été champion du monde pratique aussi l'alpinisme et la marche dans le Mercantour. Il aime les peintures de Matisse, les chansons de Ferrat, de Johnny et de Patricia Kaas, et ses acteurs préférés sont Raimu et Romy Schneider. Christian Estrosi, qui a pour modèles politiques de Gaulle, Mandela et Sarkozy, a milité pour le rapatriement en France de la dépouille de Napoléon III, inhumé en Angleterre, qu'il considère comme le père du rattachement du comté de Nice à la France. Il est docteur *honoris causa* de l'université de Haïfa.

LAURENT FABIUS
LE DESCENDANT D'UN LION

ph. P. Grangeaud/Solfé Com

Nom
FABIUS

Prénom
Laurent **Pierre Emmanuel**
saint Laurent, fugueur étant enfant, avait été ainsi nommé pour avoir été retrouvé par sa mère caché sous un laurier ; prénom très à la mode dans les années 1965-1970

Date de naissance
20 08 1946
né le même jour que Raymond Poincaré et Jacques Cheminade

Lieu de naissance
Paris (XVIe)

Signe astrologique
Lion asc. Balance

PROFESSION : Haut fonctionnaire
DOMICILE : Place du Panthéon, à Paris
FILIATION : Fils d'André, antiquaire, et Louise Mortimer
RACINES : **Moselle** ; **Allemagne**, États-Unis.

Nom de famille

Patronyme peu courant, porté par une soixantaine de foyers, que la famille avait choisi en 1808.

Origines et histoire familiale

Comme la plupart des familles d'ascendance juive, les Fabius ne sont Fabius que depuis le sénatus-consulte de 1808, qui leur imposa de prendre des patronymes fixes. Avant d'être Fabius, ils s'étaient nommés Lion, un nom de famille fréquent chez les juifs, en référence à l'animal emblématique de la tribu de Juda. Ils vivaient alors en Lorraine, où Mathias Lion était établi, au début du règne de Louis XV, dans le village mosellan de Bourgaltroff.

D'où venait-il ? Sans doute d'Allemagne. Du Palatinat, ruiné durant la guerre de Trente Ans par les troupes françaises, comme beaucoup de juifs ? De Worms, dont l'important ghetto avait été réduit en cendres ? Ces familles s'étaient d'abord souvent établies à Metz. Mais le ghetto messin étant devenu surpeuplé, beaucoup l'avaient quitté pour les villages voisins.

C'était vers Hellimer que les Lion s'étaient dirigés, avant de gagner Sarrebourg, où le petit-fils de Mathias, exerçant la double profession de marchand et d'instituteur, choisira, en septembre 1808, le patronyme Fabius, pour lui-même et son fils, tout juste âgé d'un an. Cela, selon la tradition familiale, en référence au grand Fabius de l'Antiquité, le sage dictateur romain.

Le bébé de 1808 deviendra marchand tailleur, se mariera et quittera la Lorraine, tombée sous le joug prussien, en optant en 1872 pour la France. Il gagnera Paris, où il sera « marchand de bronzes et de curiosités », ouvrant une nouvelle voie à la famille, dans laquelle se succéderont quatre générations d'antiquaires heureux en affaires – jusqu'au père et au frère de Laurent.

En 1936, lors d'une vente, André, le père du ministre, achètera ainsi un tableau sans référence, qui sera expertisé l'année suivante par le Louvre comme un authentique La Tour. Un tableau nommé *La Madeleine pénitente*, mais surnommé *La Madeleine Fabius* – qui sera vendu, en 1964, à la National Gallery of Art de Washington.

Fils de radical, André Fabius avait épousé Lise Strasburger-Mortimer, fille d'un négociant en perles new-yorkais et petite-fille d'un consul du Mexique en Allemagne, sœur de la productrice Aimée Mortimer, connue pour l'émission télévisée « L'École des vedettes », dans laquelle Johnny fit sa première apparition en 1960. Le ménage se fit au catholicisme et vivra, en grands « bobos » de l'époque, dans une maison particulière du quartier chic de La Muette, où grandira leur fils.

Comme la plupart des généalogies juives, celle des Fabius est une vaste mosaïque, avec des Lorrains, des Alsaciens, des Allemands de tout poil, des Espagnols et même des New-Yorkais… Un arbre où les parentés sont nombreuses : par les Trenel, de Metz, avec les Debré et la femme du capitaine Dreyfus ; par les Hemmerdinger, de Haguenau, avec les Guggenheim, Corinne Lepage et Vincent Peillon…

Famille proche

Père d'un premier fils, David, né en 1978 (aujourd'hui investisseur), avec sa compagne d'alors, Christine d'Izarny-Gargas (d'une famille de noblesse du Languedoc).

Marié en 1981 avec la Mexicaine Françoise Castro (psychosociologue et productrice, engagée à gauche, principale conseillère de son mari, jusqu'à leur divorce, douloureux, en 2002), il a eu avec elle deux fils :

– Thomas (1981, d'abord professeur de tennis au Club Med, puis chroniqueur radio-télé [BFM, 2002-2003, « Langues de P… », puis TF1, 2007, « Langues de VIP »], organisateur du Tournoi des personnalités à Roland-Garros (2003-2009), puis chef d'entreprise (TF Conseils, société de conseil financier) et investisseur immobilier. Mais, gros joueur de roulette, il a été connu pour ses démêlés judiciaires (2009, 2014, 2015, notamment pour des chèques sans provision [de 3,5 millions de dollars] aux États-Unis).

– Victor (1983, Ena, consultant chez McKinsey, marié en 2015 avec Ellen Giacone).

Il vit aujourd'hui avec Marie-France Marchand, l'ex-femme de Jean-Michel Baylet, président du Parti radical de gauche et actuel ministre de l'Aménagement du territoire.

Il a une sœur, Catherine (connue comme décoratrice et costumière de théâtre), épouse de l'acteur François Leterrier (1929) et mère de l'acteur et réalisateur Louis Leterrier (1973) et un frère aîné, François (antiquaire, gérant de la galerie familiale, spécialiste des bronzes du XIXe, également champion de haut niveau en équitation (JO de Munich, 1972), décédé en 2006.

Parcours

Lycée Janson-de-Sailly à Paris (XVIe). Hypokhâgne à Louis-le-Grand. École normale supérieure. Agrégation de lettres classiques. Sciences Po Paris. Ena (promotion Rabelais, 1973, avec Gérard Longuet et François Léotard). Maître des requêtes au Conseil d'État. Directeur de cabinet de François Mitterrand en 1979. Maire de Grand-Quevilly (Seine-Maritime) de 1995 à 2000. Président de la Communauté d'agglomération de Rouen depuis 2008. Député PS de Seine-Maritime depuis 1978. Président de l'Assemblée nationale (1988-1992 et 1997-2000). Député européen (1989-1992). Ministre délégué au Budget (1981-1983), de l'Industrie (1983-1984). Premier ministre (1984-1986). Ministre de l'Économie (2000-2002).

N° 2 du PS après la défaite de la gauche, il prône l'opposition à la Constitution européenne (« non sauf si ») et en est exclu. Candidat à l'investiture PS, en 2006, en vue des présidentielles, il arrive derrière Ségolène Royal, à laquelle il se rallie. Élu député de Seine-Maritime (2012), il est suppléé pour devenir ministre des Affaires étrangères (2012-2016 : intervention au Mali, diplomatie économique, négociations sur le programme nucléaire iranien, menace d'annuler la vente de Mistral à la Russie, lors de la crise ukrainienne, présidence de la COP21, condamnation du régime de Bachar el-Assad). Nommé en février 2016 à la présidence du Conseil constitutionnel qu'il s'est efforcé d'ouvrir vers l'extérieur, tout en rénovant ses méthodes de contrôle.

Indiscrétions et anecdotes

Celui qui, à 24 ans, a participé au jeu télévisé de Pierre Bellemare « Cavalier seul » est un ancien cavalier de haut niveau. Il aime la moto, le jazz, le théâtre, et fréquente régulièrement le festival d'Avignon. Passionné de peinture, il continue à voir toutes les expositions et raffole de Turner. Son film préféré reste *Le Guépard*, de Visconti, comme Alain Juppé. Enfin, cet agnostique, qui aime les carottes râpées toutes préparées, possède une maison de campagne (ancienne boulangerie) à Carla-Bayle, dans l'Ariège. Bon connaisseur du monde de l'art, il a racheté en 2009, avec un groupe d'amis, la grande maison de vente aux enchères Piasa, rue Saint-Honoré.

Pour avoir déclaré en 2013 un patrimoine de 6,04 millions d'euros, il est assujetti à l'ISF et est le plus riche des membres du gouvernement (la légendaire collection de la galerie familiale a été vendue aux enchères, en 2011, chez Sotheby's France, pour plus de 9 millions d'euros).

Il est capitaine de frégate de réserve.

OLIVIER FAURE
PETIT-FILS D'UN MINISTRE VIETMINH

d.r.

Nom
FAURE

Prénom
Olivier
prénom chrétien rappelant le mont des Oliviers et la Passion du Christ, surtout à la mode entre 1965 et 1975

Date de naissance
18 08 1968

Lieu de naissance
La Tronche (Isère)

Signe astrologique
Lion asc. Scorpion

né le même jour que son homonyme Edgar Faure, né en 1908 à Béziers, sans lien de parenté

DOMICILE : Habite à Champs-sur-Marne

FILIATION : Fils de Michel, agent des impôts, et de Tô Ngoc Diep, infirmière

RACINES : Aisne, **Hautes-Alpes**, Côte-d'Or, Jura, Lot, Seine-et-Marne, Tarn-et-Garonne ; Viêtnam.

Nom de famille

Porté par plus de 25 000 foyers français, ce patronyme, au 25e rang des noms de famille français, avec ses pics en Rhône-Alpes, Auvergne, Périgord et Bordelais, désignait dans ces régions le forgeron.

Origines et histoire familiale

« Pourquoi veux-tu faire de la politique ? Tu ne seras jamais élu, tu n'es pas français… » Voilà ce qu'avait dit sa mère à Olivier Faure, lorsque, encore lycéen, il s'était engagé au Parti socialiste. « J'avais trouvé ça curieux, explique-t-il, parce que je me sentais 100 % français. Ça m'a poursuivi. Pas le fait de me dire que je n'étais pas français, non, mais le fait d'avoir en tête de lui prouver que ce pays était totalement le nôtre, le mien, le sien, et que l'on pouvait être un élu de la République en étant eurasien. » Un Eurasien inévitablement surnommé « bol de riz » à l'école, quoiqu'il porte un patronyme on ne peut plus français, 25e au Top 50 national. Patronyme qui plus est déjà illustre en politique, à telle enseigne qu'Olivier Faure se voit régulièrement demander s'il est parent du président Félix ou des ministres Maurice et Edgar. Réponse négative : s'il a bien un grand-père ministre, ce n'était pas en France. Un profil atypique, donc, et qui mérite largement un double-clic généalogique.

Tout a commencé avec le mariage de ses parents, que rien ne prédestinait à se rencontrer. Lui, Michel, agent des impôts, fils d'un maurassien ; elle, Tû Ngoc Diep – en français, « Fleur de jade » –, infirmière, née à Travine, près de Saigon, et issue d'une famille de riches propriétaires terriens ruinée par la guerre américaine, fille d'un ministre dans un gouvernement vietminh, au lendemain de Diên Biên Phu et de l'indépendance. L'annonce du mariage passe mal : « Mon père invite ma mère chez ses parents, dans les Hautes-Alpes, pour les présentations. [...] Au moment où elle franchit la porte d'entrée, mon grand-père se lève, éteint la télé et ordonne à tout le monde d'aller se coucher. » Il faudra du temps...

Côté français, la généalogie du dirigeant socialiste est plus banale, avec d'abord les Faure, une lignée paysanne assez classique. Trisaïeul négociant en bestiaux, fils de propriétaires exploitants dans le village de Sigoyer, à une dizaine de kilomètres au sud de Gap. Les générations précédentes vivaient dans celui d'Orcières, à plus de 1 400 mètres d'altitude, dans la haute vallée du Champsaur, où les Faure, sous l'Ancien Régime, portaient en réalité le patronyme de Bertrand-Faure, un de ces patronymes doubles dont l'usage s'était quasi généralisé dans les Alpes, avec adjonction de noms de branches, et qui s'imposèrent bien souvent au XVIe siècle, alors que la démographie galopante multipliait les homonymies, dans des villages très fermés où les familles vivaient en vase clos. Ici, au patronyme d'origine Bertrand, s'était greffé le surnom Faure, désignant manifestement un ancêtre ayant épousé une Faure, tandis que d'autres branches étaient devenues Bertrand-Chaffi, Bertrand-Chambillon, Bertrand-Pommier ou Bertrand-Cheila, face à des Faure-Marron et à des Faure-Baud, et à des légions de patronymes de ce type. Un double nom que la famille avait perdu lorsqu'elle est allée s'établir à Sigoyer, où elle n'avait en fait gardé que le second.

N'ayant ainsi jamais quitté le hameau des Ratiers, auquel on accède par une route en lacets, les Bertrand-Faure s'y étaient succédé de génération en génération. On peut y remonter la chaîne des aïeux jusqu'à un Jean Bertrand-Faure, né vers 1680 : un paysan aisé, marié vers 1705 à Marguerite Sarazin, fille d'un notaire et châtelain du lieu, issue d'une famille comptant de belles alliances, lesquelles permettent au généalogiste de découvrir Olivier Faure descendant des anciens comtes de Savoie, comme aussi de Frédéric Barberousse, de Guillaume le Conquérant et d'Hugues Capet. Parallèlement, par une autre épouse Faure, née Escallier, on le découvre descendant, par les seigneurs de Thorame, des anciens comtes de Toulouse et, par ces derniers, des anciens rois de Castille, permettant de le relier lui aussi au prophète Mahomet.

Les autres branches renvoient vers d'autres régions. Une arrière-grand-mère, native de Marseille, avait ses racines en Seine-et-Marne, en Bourgogne et dans le Jura (où l'on retourne avec celles de la grand-mère, native de Saint-Flour), sans oublier des origines dans le Lot et le Tarn-et-Garonne.

Famille proche

Marié à Soria Blatmann (née en 1974, membre du cabinet présidentiel d'Emmanuel Macron, chargée des droits de l'homme, qui depuis 2018 a rejoint Audrey Azoulay à l'Unesco), il est père de quatre enfants, auxquels on doit ajouter la fille de sa femme.

Parcours

Enfance à La Réunion, puis dans le quartier populaire des Blossières, à Orléans. Lycée Pothier. Adhère au PS et milite à l'Unef, dès l'âge de seize ans. Études de droit, à l'université d'Orléans (DEA de droit économique), puis à Paris I (DEA de sciences politiques). Collaborateur du président de la commission des lois de l'Assemblée nationale (1991-1993). Porte-parole du Parti socialiste (1994-1996). Succède à Manuel Valls comme secrétaire général des jeunes rocardiens (1993). Dirigeant de PME (1993-1997). Conseiller de Martine Aubry, ministre de l'Emploi, puis de François Hollande, premier secrétaire du PS (2000-2007), dont il sera chargé de la communication, lors de la primaire socialiste de 2011. Conseiller spécial de Jean-Marc Ayrault à Matignon. Député de Seine-et-Marne (depuis 2012). Président du groupe Nouvelle Gauche à l'Assemblée nationale (2016-2018). Premier secrétaire du PS (depuis 2018). Conteste, en 2019, avoir l'intention de se présenter à l'élection présidentielle.

Indiscrétions et anecdotes

Après avoir fait sa crise d'adolescence à Orléans – cheveux longs et boucle d'oreille –, Olivier Faure a découvert Paris à vingt ans, où il s'est installé en coloc avec des copains socialistes, dont Benoît Hamon. Il rêvait d'être médecin et se souvient d'avoir porté des chaussettes de tennis avec des costumes et beaucoup fréquenté les restaurants McDo.

Nostalgique du riz et du porc au caramel de sa mère vietnamienne, il n'a découvert la cuisine française qu'à vingt ans. Amateur de dessin et de BD, il a lui-même un bon coup de crayon. En 2007, encore conseiller à Solférino, il a publié une BD, *Ségo, François, papa et moi* (Hachette), qui a mis le feu dans l'équipe de Ségolène Royal, dont elle raconte les coulisses de la campagne présidentielle.

Fumeur de cigarettes, réelles ou électroniques, il rêve d'un voyage avec ses enfants au Viêtnam, où il n'est jamais allé. En attendant, il se ressource en famille et se promène le week-end dans la forêt de Sénart, avec sa chienne.

Ses enfants, en fond d'écran sur son téléphone portable, portent tous des prénoms français, doublés de prénoms vietnamiens : Anh Dao (« Fleur de cerisier »), Minh Tri (« Esprit éclairé »), Quang Long (« Dragon de lumière ») et Quon Haï (« Océan de lumière »).

RICHARD FERRAND
UN BRETON DU ROUERGUE

C. Lescot

Nom
FERRAND

Prénom
Richard
ancien prénom franc, forgé sur les racines ric *(puissant) et* hard *(dur)*

Date de naissance	Lieu de naissance	Signe astrologique
01 07 1962	**Rodez** (Aveyron)	**Cancer asc. Balance**

né le même jour que George Sand, Louis Blériot, Lady Di, Bernard Laporte et Christian Estrosi

PROFESSION : Conseiller en communication

DOMICILE : Habite le village finistérien de Motref, au pied des Montagnes noires, où sa maison a fait l'objet d'une tentative d'incendie criminel en février 2019

FILIATION : Fils de Jacky, artisan, et de Colette Higounenc, commerçante

RACINES : **Aveyron**, Hérault.

Nom de famille

Porté par plus de 5 000 foyers français, ce patronyme très fréquent, ayant ses pics dans l'Isère puis dans l'Aveyron, peut avoir été le surnom d'un maréchal-ferrant, mais aussi une déformation du prénom Fernand.

Origines et histoire familiale

Vivant depuis trente ans dans le Finistère et grand amoureux de la Bretagne, le président de l'Assemblée nationale est en fait un Ruthénois. Traduisons : il a vu le jour à Rodez, chef-lieu du département de l'Aveyron, où il a presque toutes ses racines : un profil généalogique assez rare, dans sa génération, que l'on ne rencontre guère, justement, qu'avec des Bretons. Racines concentrées dans le Ségala, au sud-est de la ville, à Baraqueville et Carcenac-Peyralès, Camboulazet, Quins, Colombies…, comme aussi plus au nord, à Clairvaux, Moyrazés et Belscastel, en pays rignacois, pittoresque petit village étagé, perché sur un piton rocheux, couronné d'un superbe château-fort. Un village dont les Ferrand, au XVIIIe siècle, ont cultivé le sol, ou plus exactement celui de l'ancien hameau de Mayran, devenu commune indépendante au début du XXe siècle, tant les antagonismes étaient profonds entre ses habitants et ceux du chef-lieu. Avant Mayran, les archives montrent les plus anciens Ferrand connus laboureurs dans la petite commune de Druelle, réunie récemment à celle de Balsac et intégrée au Grand Rodez, dont elle était limitrophe. C'est en effet ici qu'était né, vers 1575, Antoine Ferran, marié à Antoinette Bonhaure et ancêtre de l'homme politique, à la 11e génération.

Ancêtres aveyronnais, tous gens simples et modestes, souvent artisans et petits commerçants : un grand-père épicier de campagne, une arrière-grand-mère cuisinière, « placée » à Lyon au début des années 1900. Quelques tailleurs, charpentiers, sabotiers, maçons, des meuniers et des vignerons et tous les autres paysans, quelquefois consuls, autrement dit maires de leur village, voire plus élevés dans la société, tel cet Amans Gayral, marié en 1724 à Centrès avec Marie de Bertin, fille d'un seigneur de Magary et descendant de gentilshommes verriers.

Dans une autre branche, par les Lacombe, bourgeois de Boussac sous Louis XIV, Richard Ferrand descend de la noble famille de Faramond. Et le généalogiste, par le classique jeu de toboggan généalogique, le montre descendant lointain de l'ancienne maison féodale de Comminges-Couserans et des comtes de Foix, comptant ainsi parmi les descendants du Cid, des anciens rois de Castille et par eux d'Hugues Capet, d'Attila… et de Mahomet.

Quant aux cousinages, Richard Ferrand en compte plusieurs avec l'ancienne ministre Nicole Belloubet, dont la famille a vécu à Druelle et qui a une grande partie de ses racines dans la même région.

Famille proche

Divorcé en 1994 de l'artiste plasticienne Françoise Coustal et pacsé en 2014 avec l'avocate Sandrine Doucen, il est père de trois enfants (un fils, Émile, de son premier mariage, puis deux filles, Louise et Rose).

Parcours

Collège Joseph-Fabre, à Rodez. Lycée de Bünde, en Allemagne, puis lycée Saint-Sernin, à Toulouse. Bac, suivi de deux Deug, l'un d'allemand à l'université de Toulouse, l'autre de droit, à l'université de Paris V-Descartes. Adhère à dix-huit ans au PS, par admiration pour Mitterrand. D'abord journaliste (1981), il collabore à *Centre Presse*, à *Auto-Moto*, à *La Dépêche du Midi* et au *Monde*, avant de devenir directeur d'une agence de graphisme de presse (1988-1990) et de créer une société de conseil en communication. Conseiller en communication de Kofi Yamgnane, secrétaire d'État aux Affaires sociales et à l'Intégration, il s'installe à Hanvec, dans le Finistère (1991-1993). Entre aux Mutuelles de Bretagne (1993), dont il devient directeur général (1998-2012), tout en étant élu conseiller général du Finistère, puis député (2012). Premier parlementaire à rejoindre Emmanuel Macron lors de la création d'En marche ! dont il devient le secrétaire général dès 2016. Ministre de la Cohésion des territoires (2017), confronté à des dénonciations relatives à sa gestion des Mutuelles de Bretagne, il démissionne, pour devenir président du groupe LREM à l'Assemblée nationale. Président de l'Assemblée nationale (depuis 2018).

Indiscrétions et anecdotes

Se déclarant grand lecteur, grand mélomane et passionné de rugby, Richard Ferrand a étudié deux ans en Allemagne, où il a passé son bac par correspondance. Admirateur de Mitterrand, cet amateur de viande aime partager une bonne table entre amis ou avec ses fidèles. Né à Rodez, il est amoureux de la Bretagne, où il a posé ses valises.

FRANÇOIS FILLON
UN TRÈS RICHE HÉRITIER ?

M.-L. Nguyen

Nom
FILLON

Prénom
François **Charles Amand**
prénom signifiant « français » ; 26e prénom masculin français le plus porté (245 000)

Date de naissance
04 03 1954

Lieu de naissance
Mans (Sarthe)

Signe astrologique
Poissons asc. Balance

né le même jour que Vivaldi et Cendrine Dominguez

DOMICILE : Se partage entre Paris et le manoir de Beaucé, à Solesmes, dans la Sarthe
FILIATION : Fils de Michel, notaire, et Annie Soulet, universitaire
RACINES : Calvados, Indre, Manche, Pyrénées-Atlantiques, Sarthe, Seine-Maritime, Deux-Sèvres, **Vendée**.

Nom de famille

Patronyme fréquent, porté par plus de 1 800 foyers français (pics en Eure-et-Loir, dans le Rhône et les Deux-Sèvres), signifiant à l'origine « filleul ».

Origines et histoire familiale

Fils d'un notaire établi dans le bourg de Cérans-Foulletourte, dans la Sarthe, François Fillon est aussi le fils d'une historienne connue, Anne (Annie) Fillon, professeur à l'université du Maine, qui publia notamment les mémoires d'un villageois du XVIIIe siècle, témoignage saisissant de la vie de cette époque.

Une époque où les ancêtres des Fillon vivaient aux confins de la Vendée et des Deux-Sèvres, modestes paysans habitant le village du Boupère, dont les descendants seront sabotiers puis maçons, avant de se fixer, à la fin du XIXe siècle, dans le bourg des Essarts, où le grand-père de l'ex-Premier ministre montera une entreprise de chauffage central et salles de bains. Une branche dans laquelle on trouvera plusieurs cousinages avec Bruno Retailleau (à la fois par les Échasserieau, d'Ardelay, et par les Fillon eux-mêmes, avec le couple Jean Fillon-Marguerite Plessis, de Mouchamps, marié avant 1660).

Mais ce n'est là qu'une partie de sa généalogie, car, s'il est vendéen par son père, il a par sa mère des racines à la fois dans la Sarthe, en Normandie, mais aussi au Pays basque et en Berry.

Au Pays basque, les recherches conduisent à Esquiule, où Martine Aubry a précisément une partie de ses ancêtres. Une petite commune d'aujourd'hui cinq cents âmes, dans laquelle toutes les familles cousinent, excepté justement les Lephaille, ancêtres de la socialiste, et les Bédécarats (ou Bédégarax), ancêtres du Républicain. Car si les deux familles ont une foule de parents communs, aucune alliance ne ☺ les a jamais unies, comme si les ancêtres de l'une et l'autre avaient été séparés, depuis la nuit des temps, par une brouille héréditaire…

La branche berrichonne sera, en revanche, plus complaisante en surprises, avec des racines dans l'Indre. À Sassierges-Saint-Germain, les Dessoubray ou de Soubrays, autrefois écuyers et sieurs du Cluzeau et de Bienassis (nom de lieu désignant un domaine bien exposé), le font descendre d'Adam Fumée, médecin des rois Charles VII et Louis XI, et de Regnault Bonin, un de leurs maîtres des requêtes, descendant lui-même d'Hugues Capet…

Mais il y a sans doute mieux ! En voyant ce nom de Dessoubray (souvent déformé en Dissoubray), je me suis souvenu l'avoir déjà rencontré dans l'arbre généalogique d'un autre politique, celui de… Dominique ☹ de Villepin, issu en effet de l'un des rameaux de cette famille, établi non loin de là, à Dun-le-Palestel, dans la Creuse. Ainsi les deux hôtes successifs de Matignon sont très probablement des cousins…

Autre surprise : François Fillon descend, à la dix-huitième génération, de Renaud Thierry du Corpoy, lui-même grand-père… d'un certain Jean Thierry, bien connu des historiens. Né à la fin du XVIe siècle, cet aventurier, devenu marchand à Venise, était mort multimilliardaire, célibataire et sans enfants, après avoir rédigé un testament en faveur de ses frères et de ses cousins germains restés en France. Mais l'État vénitien, qui n'avait aucune envie de voir ce trésor lui échapper, avait tout fait pour entraver le règlement de la succession, dont les pauvres héritiers n'ont jamais vu la couleur. Leurs descendants se battent donc vainement depuis des siècles pour récupérer cet héritage qui, par le jeu des intérêts, ne cesse d'augmenter : s'il atteignait la valeur de 35 milliards de nos euros sous l'Empire, il en vaudrait sans doute aujourd'hui plus de 250 000 ! On objectera que le nombre des héritiers a, lui aussi, augmenté : estimés à 7 000 en 1710, ils doivent être aujourd'hui plusieurs millions. Il n'en reste pas moins qu'à ce tarif chacun devrait tout de même empocher une bonne dizaine de milliards d'euros. Heureux donc François Fillon ! Le voilà plus du tout embarrassé pour trouver l'argent nécessaire à la relance… Sauf que l'État français faisant lui-même partie des débiteurs, cela conduirait à vider ses caisses avant de les remplir…

Famille proche

Aîné de quatre garçons, dont le plus jeune est décédé dans un accident de voiture en 1981, quelques mois après que le mentor en politique de François, Joël Le Theule, est mort subitement dans ses bras.

Marié en 1980 avec Penelope (Penny) Clarke, avocate, née en 1955, galloise, fille d'avocat, assistante au lycée du Mans, dont une sœur a épousé un des frères de François.

Cinq enfants : les deux aînés sont avocats : Marie (1982, Mme Boursican) et Charles (1984, marié à Laure Jousseaume de La Bretesche), les suivants (Antoine et Édouard, nés en 1985 et 1989, le dernier ancien élève de l'Essec), travaillent dans la finance et le plus jeune, Arnaud (2001), est étudiant. Il est à ce jour cinq fois grand-père.

Parcours

École communale de Cerans-Foulletourte, en face de l'hôtel du Croissant qui était chaque année le siège de l'écurie Austin-Healey, durant les 24 Heures du Mans. Collège de Saint-Michel-des-Perrais, à Parigné-le-Polin. Pensionnaire au lycée Notre-Dame-de-Sainte-Croix, au Mans, dont il est renvoyé trois jours à dix-sept ans. Maîtrise de droit public au Mans. Sciences Po Paris. Aurait aimé devenir journaliste (il a d'ailleurs été stagiaire à l'AFP) mais est happé par la politique en rencontrant le député gaulliste sarthois Joël Le Theule, dont il devient l'attaché parlementaire (1976). Élu, à sa mort brutale, à Sablé-sur-Sarthe (dont il sera maire de 1983 à 2001). Député de la Sarthe depuis 1981 (benjamin de l'Assemblée nationale, à vingt-sept ans). Conseiller général de la Sarthe (1981-1998). Président du conseil général (1992-1998) puis du conseil régional (1998-2002). Vote « non » à Maastricht, en 1992, comme son autre mentor, Philippe Séguin. Ministre de l'Enseignement supérieur et de la Recherche (1993-1995), de la Poste, des Télécommunications et de l'Espace (1995-1997 : ouverture à la concurrence des Télécoms), des Affaires sociales, du Travail et de la Solidarité (2002-2004 : réforme des retraites), puis de l'Éducation nationale, de l'Enseignement supérieur et de la Recherche (2004-2005). Conseiller municipal de Solesmes depuis 2001. Sénateur (2005-2007). Premier ministre (2007-2012).

Au lendemain de la victoire de François Hollande, il crée une société de conseil (2F Conseil), juste avant d'être élu député de la 2e circonscription de Paris (Ve arrondissement et quartiers adjacents). Candidat à la présidence de l'UMP, il conteste la victoire de Jean-François Copé et crée temporairement Rassemblement-UMP, groupe autonome de 69 députés. Après avoir envisagé de se présenter aux municipales à Paris, il soutien Nathalie Kosciusko-Morizet, s'intéresse de très près à l'affaire Bygmalion et dirige finalement le parti en triumvirat, avec Jean-Pierre Raffarin et Alain Juppé. Arrivé en tête de la primaire de la droite en novembre 2016, il voit sa campagne compromise par l'« affaire Fillon », dite aussi « Penelopegate » ; se maintenant, il est éliminé au 1er tour, arrivé troisième avec 20 % des voix. Retiré de la vie politique en septembre 2017, il intègre une société de gestion d'actifs, crée sa propre entreprise de conseil (Apteras) et réitère (janvier 2020) son intention de rester éloigné de la scène politique, évoquant « des épreuves d'une violence inouïe » à propos de l'affaire des emplois fictifs de son épouse (mis en examen, en mars 2017, il se voit condamné avec celle-ci, en juin 2020, lui à cinq ans de prison, dont deux fermes, et à dix ans d'inéligibilité, elle, à trois ans avec sursis, décision dont ils ont fait appel, avec effet suspensif des peines).

Indiscrétions et anecdotes

Un homme avant tout fidèle et ayant le sens du devoir, aux yeux de l'astrologue. La famille et les enfants, voilà peut-être le plus important pour lui, la graphologue dénonçant un besoin fréquent d'exploser, de se mettre en colère, d'être ferme et tranchant.

Admirateur de Jacky Ickx, il est passionné de course automobile. Dès l'âge de neuf ans, son grand-père maternel, qui travaillait comme garagiste pour les 24 Heures depuis les années 1920, l'emmenait sur les circuits. À la fin des années 1990, président du conseil général de la Sarthe, il rachète le circuit des 24 Heures et créera une société d'économie mixte pour organiser la course. Il prend à cette époque ses premières leçons de pilotage et participera en 2003 à la course du Circuit Bugatti, au volant d'une Peugeot 908, puis aux 24 Heures du Mans Classic, sur Ferrari 275 GTB. Rêvant toujours de piloter une Formule 1, il est un ami du pilote Henri Pescarolo.

Alpiniste chevronné, il rêve de faire les 4 000 mètres des Alpes, tout en étant adepte du jogging et du VTT.

Passant souvent ses vacances en Toscane et en Grèce, il aime la tauromachie, est photographe à ses heures et friand de nouvelles technologies. Côté vestimentaire, le magazine GQ l'a sacré, en 2010, « homme politique le plus élégant de l'Hexagone », devant Peillon, Baroin et Montebourg, avec ses costumes ajustés, ses vestes sanglées à l'anglaise et ses chaussettes rouges Gammarelli, qui ont défrayé la chronique. Admirateur de Charles de Gaulle et de Marie Stuart, il relit régulièrement, les *Mémoires d'outre-tombe* de Chateaubriand, aime Chopin et le peintre Jasper Johns, tout en étant fan de la série télévisée *24 heures chrono*.

Son livre, *Faire*, publié en 2015 chez Albin Michel, s'est vendu à près de 100 000 exemplaires.

BENJAMIN GRIVEAUX
COUSIN D'YVONNE DE GAULLE ET DE VALÉRIE TRIERWEILER !

d.r.

Nom
GRIVEAUX

Prénom
Benjamin Blaise
Prénom biblique, signifiant en hébreu « fils de la droite », ou « fils de la fortune »

Date de naissance
29 12 1977
né le même jour que la marquise de Pompadour

Lieu de naissance
Saint-Rémy (Saône-et-Loire)

Signe astrologique
Capricorne asc. Vierge

PROFESSION : Conseiller en recrutement

DOMICILE : Se partage entre Paris et sa propriété de la Côte chalonnaise, en Saône-et-Loire

FILIATION : Fils de Patrick, notaire, et de Katherine Proby, avocat

RACINES : Ain, Côte-d'Or, Drôme, Indre, Isère, Loire, Morbihan, Haute-Marne, Nièvre, Puy-de-Dôme, Rhône, **Saône-et-Loire**, Yonne.

Nom de famille

Porté par une petite centaine de foyers français, ce patronyme, essentiellement concentré en Saône-et-Loire, est une variante orthographique des plus fréquents Griveau/Grivot, issus d'un diminutif de « grive », qui surnommaient des hommes aux cheveux poivre et sel (par comparaison avec le plumage de l'oiseau).

Origines et histoire familiale

Fils d'un couple d'avocats, petit-fils de notaire et de médecin, Benjamin Griveaux appartient à la bonne bourgeoisie des villes moyennes de province – en l'occurrence Chalon-sur-Saône et Autun, en Bourgogne – dont les membres se retrouvent volontiers dans les Lions Clubs et Rotary Clubs locaux. Des familles d'origine presque toujours modeste, qui avaient le plus souvent pris l'ascendeur social au cours du XIXe siècle, sans imaginer que leur descendant saurait, au XXIe siècle, magistralement transformer leur essai.

Le parcours des Griveaux offre en effet un exemple parfait d'ascension familiale. Les plus anciens ancêtres connus étaient vignerons dans le bourg viticole de Buxy, dans la côte chalonnaise, tout près de l'endroit où leur descendant aime à venir se ressourcer dans sa maison. Jean Griveaux, né vers 1630 et époux de Simone Pillot, y sera suivi par trois générations de vignerons, avant que ses descendants ne se déplacent dans la commune voisine de Jully, où ils changeront d'activité pour donner deux générations de cultivateurs – tout en gardant, bien sûr, quelques arpents de vigne. C'est vers 1820 que la famille a négocié un virage avec François Griveaux, né en 1801, qui a appris le métier de cordonnier et aura un fils instituteur, lequel entre par son mariage dans une famille déjà versée dans ce métier depuis trois générations. Après avoir travaillé avec son beau-père, maître de pension dans un gros bourg des environs, cet aïeul gagnera la ville voisine de Chalon-sur-Saône, où il deviendra professeur, avant de quitter l'enseignement pour se lancer dans le petit négoce, plaçant ainsi définitivement la famille sur les rails de la réussite : fils pharmacien, marié à la fille d'un confrère ; petit-fils notaire, marié à une fille de propriétaires terriens ; arrière-petit-fils avocat, marié à la fille d'un médecin d'Autun ; et arrière-arrière-petit-fils… ministre.

Du côté paternel, les racines sont donc bourguignonnes, puisant dans la côte chalonnaise, le Charollais et l'Autunois, avec des ancêtres déjà souvent CSP+ sous l'Ancien Régime (marchands, gros laboureurs, meuniers…) et des commerçants et artisans dans les petites villes environnantes (horlogers, tanneurs, papetiers, boulangers, aubergistes…). Des familles qui réservent quelques parentés étonnantes : ainsi, par Antoine Douhéret, né en 1643, marchand à Saint-Bérain-sous-Sanvignes et marié deux fois, Benjamin Griveaux a pour cousin Édouard Philippe.

La branche maternelle se divise quant à elle en deux : par le grand-père, dans la région Rhône-Alpes et d'abord en Isère, au bourg du Grand-Lemps, dont l'arrière-grand-père, Antoine Proby, était maire dans les années 1930 (seul ancêtre élu) ; et, par la grand-mère, née Lonjaret, descendante elle aussi d'instituteurs et de vignerons (à Vosne-Romanée, Chambolle-Musigny, avec un aïeul concierge du château de Vougeot, au cœur du mythique clos du même nom), des racines en Côte-d'Or et dans la Bresse louhannaise où, par la famille Vandroux, de La Chapelle-Thècle, le ministre qui fit scandale par son tweet scabreux cousine à la fois avec Yvonne de Gaulle et Valérie Trierweiler !

Famille proche

Pacsé avec Julia Minkowski (née en 1980, avocate, petite-fille du pédiatre Alexandre Minkowski, un des fondateurs de la néonatologie, et nièce du chef d'orchestre Marc Minkowski), il est père de trois enfants, un garçon et deux filles, dont la dernière est née en 2019.

Parcours

Élevé chez les jésuites, à Lyon. Sciences Po Paris. HEC. Échoue à l'Ena et adhère au PS. Fonde un cabinet de conseils en recrutement

(Médiane Conseil) en 2003 et devient collaborateur de Dominique Strauss-Kahn (2003-2007), dont il rejoint (avec Ismaël Emelien, Cédric O, Stanislas Guérini et Sibeth Ndiaye) l'équipe de campagne pour la primaire PS de 2006. Travail dans l'immobilier : directeur de la communication d'Unibail-Rodamco (2014-2016). Élu conseiller municipal de Chalon-sur-Saône, sa ville natale (2008-2015), puis président de l'Agence pour le développement économique de la région de Chalon-sur-Saône et conseiller général (2008-2015) et vice-président du conseil général de Saône-et-Loire. Rejoint l'équipe de campagne de François Hollande pour la primaire de 2016 et entre au bureau national du PS. Entre en 2012 au cabinet de Marisol Touraine, ministre de la Santé, et publie un livre, *Salauds de pauvres*. Collabore à la fondation d'En marche ! dès octobre 2015, dont il devient le porte-parole. Élu député de Paris (2017), il laisse son siège à sa suppléante, pour entrer au gouvernement comme secrétaire d'État auprès du ministre de l'Économie et des Finances (2017), puis comme porte-parole du gouvernement (2017-2019), qu'il quitte, en reprenant son siège à l'Assemblée nationale (2019-2021), pour se présenter à la mairie de Paris, avec l'investiture de LREM. Y renonce, après la publication d'une vidéo à caractère intime dénonçant ses relations avec une étudiante rencontrée en ligne. Annonce, en mai 2021, mettre un terme à sa carrière politique et se reconvertit dans le privé, en créant un cabinet de conseil en stratégie dédié aux dirigeants d'entreprise.

Indiscrétions et anecdotes

Fils d'un notaire, partisan de Raymond Barre et d'une avocate rocardienne militante au PSU, cet élève des jésuites était fan du Club Dorothée et conserve un souvenir magique du jour où ses parents l'emmenèrent assister à son concert au Zénith. Adolescent, fan de John McEnroe, il voulait devenir joueur de tennis professionnel.

Chez Unibail-Rodacom, sa mission consistait, selon le journaliste Vincent Jauvert, et pour un revenu de 17 000 euros mensuels, à « contrôler que personne au ministère des Finances ou au Parlement ne propose d'abolir » une niche fiscale favorable à l'entreprise. Chouchou des médias, il a détenu, en 2017-2019, un record d'invitations à des émissions, à commencer par les matinales, avouant n'avoir été « collé » qu'une fois, par Jean-Jacques Bourdin.

Son épouse, juriste et ancienne élève de Sciences Po, a participé à l'élaboration du programme d'Emmanuel Macron en matière de justice. Présidente du Club des femmes pénalistes, elle figure en 2018 à la 23e place du classement GQ des avocats les plus puissants de France et a été celle de Jean-François Copé et Bernard Tapie, intervenant notamment dans les procès Clearstream et Bygmalion.

Lecteur boulimique, il cite parmi ses livres de chevet *La Promesse de l'aube* de Romain Gary, *Extension du domaine de la lutte* de Michel Houellebecq et surtout *American Psycho*, de Bret Easton Ellis. Fan des séries *The Walking Dead* et *La Casa de Papel*, amateur des groupes de rock américains The Doors et Nirvana, il fait son jogging avec Julien Clerc, Polnarev ou Kavinsky dans ses écouteurs, avant de conduire lui-même ses enfants à l'école.

Côté loisirs, il se partage entre vacances en Bourgogne, dans sa maison de la côte chalonnaise, à laquelle il reste indéfectiblement attaché – il est intarissable sur le vin –, et à la mer, où il aime nager avec palmes et tuba et s'offrir des siestes réparatrices, dormant en temps normal cinq heures par nuit en moyenne. Fan de l'émission « Top Chef », il enfile volontiers un tablier pour préparer un bon plat qu'il savoure avec d'autant plus de plaisir qu'il a arrêté de fumer, après vingt ans de tabac, suite à une promesse faite à son fils de six ans.

BENOÎT HAMON
À L'OMBRE DU CALVAIRE

ph. P. Grangeaud/Solfé com

Nom
HAMON

Prénom
Benoît
issu du latin benedictus, *signifiant « béni »*

Date de naissance
26 06 1967

Lieu de naissance
Saint-Renan (Finistère)

Signe astrologique
Cancer asc. Cancer

né le même jour que Salvador Allende, Aimé Césaire, Dany Boon et Garou

DOMICILE : habite un trois pièces dans le XIVe arrondissement de Paris

FILIATION : Fils de Claude-Marie, chef de travaux à la Direction des navires de Brest, et de Marie-Françoise Kersivien, institutrice

RACINES : **Finistère.**

Nom de famille

Patronyme breton très courant, porté par plus de 7 000 foyers français (dont une quinzaine de Benoît). Ayant eu autrefois valeur de nom de baptême, il est donc hérité d'un très lointain ancêtre porteur de ce prénom, populaire pour avoir été le nom d'un héros du *Roman d'Aquin*, vieille chanson de geste bretonne.

Origines et histoire familiale

De tous temps, les Hamon ont vécu à Plougastel, où ils sont connus depuis Jean Hamon, né sous le règne d'Henri IV.

Situé sur une presqu'île coupée du reste du monde par l'embouchure de l'Elorn, Plougastel constituait ce que les sociologues appellent un « isolat ». De ce fait, le village a vécu quasiment sans lien avec l'extérieur puisque, avant la construction de ponts, seul un bac permettait le passage. Les familles s'y mariaient donc sans cesse entre elles, bourrant tout arbre généalogique – celui de Benoît Hamon en étant un parfait exemple – d'ancêtres nommés Kervella, Le Gall, Mallejac, Le Boat…, dont tout habitant descendait automatiquement plusieurs fois, par le jeu de multiples et inévitables mariages entre parents.

Au fil des temps, les Hamon s'étaient établis à la ferme de Saint-Jean, sur la grève, jouxtant une chapelle du XVIe siècle construite près d'un bois, avec son calvaire en granit, entourée d'un petit muret de pierres, où était, chaque année, célébré un grand pardon, le 24 juin, à l'occasion du solstice d'été. Une grande cérémonie, où tous les pâtres du voisinage se rendaient traditionnellement, avec des cages remplies d'oiseaux.

La Lande-Saint-Jean, un « endroit mystérieux et magnifique », aux dires de Benoît Hamon lui-même, qui y a passé des vacances heureuses chez ses grands-parents paysans, au milieu des vergers. Dag (Claude), le grand-père, auquel il ressemble étonnamment, allait, chaque semaine, vendre ses pommes sur le marché de Brest.

Un homme sympathique et aimé de tous, qui avait fait œuvre de pionnier en étant le premier – toute la région s'en souvient – à construire une chambre froide pour y conserver ses fruits.

Avec, côté maternel, les mêmes humbles Bretons, concentrés dans les communes côtières du nord de Saint-Pabu, Landéda, Ploudalmézeau (où, par la famille Audrezet, il cousine avec Myriam El Kohmri), comme il cousine également avec Jean-Jacques Urvoas (par les Jaouen, de Lampaul-Ploudalmézeau). On peut dire que l'ex-porte-parole du PS, né à Saint-Renan, dans la maternité la plus à l'ouest du pays, et à 100 % finistérien, est vraiment un pur produit breton !

Famille proche

Pacsé en 2011 avec Catherine Guallar, mi-catalane mi-danoise qui, après avoir travaillé à la Commission européenne du cinéma, travaille désormais chez LVMH. Le couple a deux filles, nées en 2008 et 2012.

Parcours

Enfance au Kremlin-Bicêtre, en banlieue parisienne, puis à Dakar (Sénégal), où il est élève chez les maristes. Rêve d'être ambulancier, puis militaire. Licence d'histoire. Rentre en Bretagne après le divorce de ses parents. Assistant parlementaire. Président du Mouvement des jeunes socialistes (1993-1995). Conseiller de Martine Aubry, au ministère de l'Emploi. Conseiller municipal de Brétigny-sur-Orge (Essonne, 2001-2008). Député européen (2004-2009). Porte-parole du PS (2008-2012). Travaille pour Le Fil, société d'études d'opinion, qu'il a cofondée en 2002. Enseigne les organisations internationales à Paris VIII.

Ministre délégué à l'Économie sociale et solidaire et à la Consommation (2012-2014 : loi Hamon relative à la consommation, introduisant l'action de groupe au civil, pour les consommateurs). Ministre de l'Éducation nationale, de l'Enseignement supérieur et de la Recherche (2014). Député des Yvelines (2014-2017). Conseiller régional d'Ile-de-France (depuis 2015, démissionnant alors de son poste de conseiller municipal de Trappes). Victorieux de la primaire socialiste de 2017, il essuie une cuisante défaite au 1er tour de l'élection présidentielle (avec seulement 6,36 % des voix). Battu aux législatives, il quitte le Parti socialiste pour fonder Génération.s (juillet 2017) et connaît un nouvel échec aux européennes de 2019, avant de se rapprocher des écologistes, lors des régionales de 2021. En septembre de la même année, il a annoncé se retirer de la vie politique.

Indiscrétions et anecdotes

Colocataire d'Olivier Faure lorsqu'il était étudiant, il était amoureux de Sharon Stone, dont il découpait les photos dans les magazines people pour en tapisser les murs de sa chambre.

S'il ne croit pas en Dieu, Benoît Hamon adore se ressourcer dans sa Bretagne natale, en particulier à Plougastel-Daoulas, berceau de sa famille. Il fait attention à son look vestimentaire et a popularisé le caban... Amateur de football et lecteur assidu de *L'Équipe*, il pratique la boxe et le rugby avec l'équipe parlementaire. Il aime aussi peindre. Côté livres, il apprécie André Gide et Romain Gary. Grand fan, dans sa jeunesse, d'AC/DC et de The Cure, il aime écouter du rap, notamment NTM. Féru de nouvelles technologies, c'est un grand « twitteur », qui aime aussi le jazz et le pianiste Keith Jarrett. Pour ne l'avoir été que quatre mois, il est le seul ministre de l'Éducation nationale de l'Histoire à n'avoir pas fait de rentrée scolaire.

Il a refusé, en 2016, l'invitation à l'émission de Karine Le Marchand, afin de protéger sa vie privée.

ANNE HIDALGO
FLAMENCO À DEUX TEMPS

A. Schneider

Nom
HIDALGO (HIDALGO ALEU)

Prénom
Ana-Maria, dite Anne
issu de l'hébreu Hannah, signifiant « grâce » ; prénom très fréquent (160 000)

Date de naissance
19 06 1959

Lieu de naissance
San Fernando (Espagne)

Signe astrologique
Gémeaux asc. Vierge

née le même jour que Jérôme Cahuzac et Jean Dujardin

PROFESSION : Inspectrice du travail
DOMICILE : Quartier de la Convention, dans le XVe arrondissement de Paris
FILIATION : Fille d'Antonio, électricien, et de Maria Aleu, couturière
RACINES : **Espagne.**

Nom de famille

Patronyme espagnol, porté par plus de 500 foyers français et surnommant un homme de haute naissance (de *hijo algo*, signifiant littéralement « fils de quelque chose »), et avant tout originellement un homme « de noble descendance chrétienne, sans mélange de sang ».

Origines et histoire familiale

Les liens des Hidalgo avec la France ne datent pas d'hier, avec une histoire à deux temps.

Dans un premier temps, avec le grand-père, un homme très éprouvé par le destin.

Fils d'une mère célibataire, domestique chez un riche señorito, Antonio Hidalgo Pelaez a réussi à assumer et à s'en sortir, en s'appuyant selon sa petite-fille sur le sens de son patronyme, signifiant « homme de bien ». Devenu relativement aisé, il a exercé les fonctions d'intendant dans un vaste domaine d'Antequera, au nord de Málaga, dans la province de Cadix. Mais, avec la guerre civile, la région est rapidement tombée sous le joug franquiste, et les luttes y ont été violentes, avec notamment des prêtres abattus en pleine rue…

Fervent républicain, Antonio Hidalgo ne tarde pas à être embarqué dans un commando de règlements de comptes. Dénoncé pour avoir participé au massacre d'un propriétaire terrien, il sera condamné à mort et n'aura d'autre voie que la fuite. Avec sa famille, dont le père d'Anne (prénommé lui aussi Antonio), il partira à dos de mulet et traversera péniblement les Pyrénées jusqu'à arriver en Andorre. De là, il continuera vers la France et gagnera le Lot-et-Garonne, où le père d'Anne fréquentera pour la première fois l'école. Un exil politique, mais de courte durée. La nostalgie l'emportant, notre fuyard écrira au maire de son village – le propriétaire de l'exploitation dont il avait été l'intendant – et, l'homme lui ayant promis la vie sauve, la famille se remettra en chemin.

Au cours du voyage retour – à pied –, Antonio aura le malheur de perdre sa femme, décédée du typhus, ainsi que la plus jeune de leurs enfants, que l'on dit morte de faim. Arrivé à destination, il devra faire face à une double condamnation à mort, et si, grâce à la protection promise, la sentence ne sera pas exécutée, il n'en fera pas moins trois années de prison. Trois années que le jeune Antonio, âgé de dix ans, passera dans un de ces orphelinats tenus par des religieuses, chargées de « redresser les fils de rouges ».

Devenu adulte, celui-ci, qui a d'abord travaillé comme ouvrier dans les champs, s'engagera à dix-sept ans dans la marine marchande et se fixera à San Fernando. Il y épousera Maria Aleu, d'une famille elle aussi marquée par la guerre, qui avait dû rester cachée plusieurs semaines dans les labyrinthes d'une saline. Il intégrera les chantiers navals comme ouvrier électricien, et le jeune couple habitera l'ancienne maison de la famille de l'épouse, faisant vie commune avec ses frères, menuisiers, ses vieux parents et une tante veuve de guerre. Une famille très éprouvée par plusieurs fausses couches et plusieurs décès d'enfants en bas âge.

Mais un frère d'Antonio, antifranquiste comme lui, avait de son côté repris la route de la France, à la recherche non plus tant de l'asile politique que du confort matériel. Installé à Lyon, il le convaincra de le rejoindre et, en 1961, Antonio regagnera donc la France – voilà le deuxième temps – pour débarquer dans l'ancienne cité des Gaules. Seul d'abord, avant d'y faire venir quelques mois plus tard Maria et leurs deux filles.

D'abord tassés dans un minuscule grenier avec une petite lucarne, ils finiront par trouver un logement dans une vieille cité HLM. Un logement sommaire, où la vie sera difficile : ni salle de bains ni ascenseur, et en guise d'aire de jeux un terrain vague bordé de hauts murs.

C'est ici que grandira Anne. Née à San Fernando, tout au sud de l'Espagne, dans une maison où bien des femmes de sa famille avaient déjà vu le jour, elle ne se prénomme encore qu'Ana, parle français avec sa sœur, son aînée de deux ans, et espagnol avec ses parents. Le père, autoritaire, est devenu anticlérical depuis son passage chez les sœurs. La mère, couturière, plus accommodante, leur donnera au contraire une éducation religieuse. Lui, très volontaire, travaillera dur et deviendra contremaître tout en n'hésitant jamais à s'engager, devenant syndicaliste FO et représentant des parents d'élèves. Jusqu'à ce que la retraite lui permette de regagner avec sa femme leur pays natal, libéré, tandis que l'aînée des filles allait gérer une entreprise à Los Angeles et que la seconde, naturalisée française, partait bientôt conquérir Paris.

Famille proche

Mariages : mariée en premières noces avec Philippe Jantet, un militant socialiste très actif, qui fondera une entreprise de métaux, dont elle aura deux enfants, avant de divorcer.

Remariée en 2004 (mariage célébré par Bertrand Delanoé, avec Martine Aubry pour témoin), avec Jean-Marc Germain (né à Lyon en 1966, polytechnicien, conseiller technique à l'emploi puis directeur adjoint du cabinet de Martine Aubry (1997-2000) et conseiller de Lionel Jospin (2001/2002), l'un des pères des 35 heures, puis directeur général des services de la ville de Lille, avant d'être directeur de cabinet de Martine Aubry, tant à Lille qu'à Paris, et d'être élu député des Hauts-de-Seine (2012)).

Enfants : mère de deux enfants de son premier mariage (Matthieu, avocat, et Elsa, ingénieur, nés en 1986 et 1988), et d'un fils du second (Arthur Germain-Hidalgo, né en 2001, nageur de haut niveau)).

Fratrie : une sœur, Marie (1957), gérante d'une entreprise à Los Angeles.

Parcours

Enfance lyonnaise dans une HLM du quartier populaire de Vaise. École Audrey-Hepburn et lycée Jean-Perrin, à Lyon. Université de Lyon III (maîtrise de sciences sociales du travail). DEA de droit social et syndical, à Paris-X Nanterre. Inspectrice du travail (1984-1993 : premier poste à Chevilly-Larue). Intègre la délégation à la formation professionnelle, au ministère du Travail (1993). Adhère au PS, en 1994. Mission au Bureau international du Travail, à Genève (1995-1996). Chargée de mission auprès du DRH de la Générale des eaux (1997). Conseillère technique aux cabinets de Martine Aubry (1997-1998), puis de Nicole Péry (Droits des femmes et Formation professionnelle) et de Marylise Lebranchu (2000-2002). Conseillère municipale de Paris (XVe, 2001). Membre du Conseil national (2000) puis du bureau national du PS (2003). Première adjointe au maire de Paris (2001-2014, chargée de l'Égalité hommes/femmes, puis de l'Urbanisme (2008-2014). Échoue face à Édouard Balladur aux législatives de 2002. Conseillère régionale d'Ile-de-France (2004-2014). Maire de Paris, depuis 2014 (politique des transports et de la circulation ; JO 2024...). Première vice-présidente de la métropole du Grand Paris (depuis 2016). Au lendemain de l'élection d'Emmanuel Macron, elle crée avec Martine Aubry et Christiane Taubira le mouvement d'innovation « Dès demain ». Le 12 septembre 2021, elle officialise sa candidature à l'élection présidentielle de 2022.

Indiscrétions et anecdotes

Enfant dans la cité lyonnaise de La Duchère, elle jouait dans les friches industrielles et partait chaque été passer les vacances en Andalousie, à bord de l'Ami 8 familiale. Adolescente, très bonne joueuse de volley, elle trouve rapidement Lyon « triste, secret, renfermé » et rêve de « monter à Paris [...] rencontrer Sartre ». Dès qu'elle sera nommée en région parisienne, elle s'installera dans le XVe, auquel elle voue un véritable culte, y faisant chaque dimanche son marché rue de la Convention, tout en aimant flâner dans les parcs, faire du vélo le long des quais et assister à des compétitions de natation.

Amatrice de peinture et d'improvisation théâtrale, elle est également cinéphile, ses metteurs en scène préférés sont Kusturica, Klapisch et bien sûr Almodóvar. Fidèle à ses origines, au flamenco et à l'Andalousie – où elle aime passer ses vacances –, elle est fan de la chanteuse Luz Casal et lectrice assidue d'Alberti et de García Lorca, et compte de nombreux amis espagnols, comme les actrices Rossy de Palma et Carmen Maura.

Passionnée de mode, elle apprécie Jean-Paul Gaultier et Sakina M'sa, tout en étant adepte d'Agnès B., Carven et Apostrophe. Fidèle aux robes imprimées et fascinée par les couleurs, le rouge et le vert en particulier, elle adore les articles bariolés de la marque de prêt-à-porter espagnole Desigual.

Désignée en 2014 comme « personnalité de l'année » par l'édition espagnole de *Vanity Fair*, elle est commandeur de l'ordre d'Isabelle la Catholique depuis 2010, sur décision du roi Juan Carlos, pour son modèle d'intégration réussie et a reçu en 2015 les insignes de grand-croix de l'ordre du mérite civil espagnol des mains du roi Felipe VI lui-même, lors d'une visite officielle à Paris.

Auteur d'*Une femme dans l'arène*, aux Éditions du Rocher (2006) et de *Travail au bord de la crise de nerfs* (2010).

FRANÇOIS HOLLANDE
DESCENDANT DIRECT DE DIEU !

Nom
HOLLANDE

Prénom
François **Gérard Georges**
prénom signifiant « français » ; 26e prénom masculin français le plus porté (245 000)

Date de naissance
12 08 1954

Lieu de naissance
Rouen (Seine-Maritime)

Signe astrologique
Lion asc. Gémeaux

né le même jour que Bernard Accoyer, Julien Lepers et Djibril Cissé

PROFESSION : Conseiller à la Cour des comptes
DOMICILE : Le palais de l'Élysée, où il vit désormais au quotidien
FILIATION : Fils de Georges, médecin ORL, et de Nicole Tribert, assistante sociale
RACINES : Charente-Maritime, Cher, Eure-et-Loir, Loiret, Nièvre, Orne, **Pas-de-Calais**, Rhône, Savoie, Deux-Sèvres, Vienne.

Nom de famille

Patronyme peu fréquent, porté par environ 250 porteurs (dont trois ou quatre François), quasiment tous originaires du Pas-de-Calais, sans être forcément pour autant issus de la même souche. Surnom d'un ancêtre originaire de Hollande (*Holtland*, désignant le pays des bois).

Homonymes

Le patronyme, pour être courant, livre quelques homonymes et peut-être parents : un Hollande, garçon de la chambre de la reine, à Versailles ; un autre, guillotiné en 1794 pour avoir soustrait des meubles au château de La Muette, où il était concierge. On notera enfin le ☺ blason d'une famille Hollande, qui portait pour armes un « lion de gueules » (= rouge) sur fond d'or, avec en cimier une queue de paon.

Origines et histoire familiale

François Hollande est issu d'une famille au parcours simple et classique, un parcours… « normal » ! Du moins en apparence, car dès qu'on l'analyse de façon plus approfondie, son arbre généalogique se révèle aussi complexe que surprenant.

Côté paternel, les racines conduisent rapidement dans le Pas-de-Calais, où par un ancêtre (Robert Sarazin), seigneur de l'Abreuvoir, on découvre que François Hollande descend par les femmes du roi Philippe V le Long.

Par ce dernier, il descend de Saint Louis et donc – par sa mère Blanche de Castille – de Mahomet, tout en étant aussi le descendant direct de Dieu (☞ ci-contre). Car Dieu existe. Il se prénomme Jean-Pierre et a épousé Marie-Catherine Caupain, une fille de Fampoux, où on le trouve établi comme humble journalier, sous le règne de Louis XIV. Avec elle, il avait eu plusieurs enfants : un fils, Valentin, qui figure au nombre des ancêtres directs de François Hollande, et une fille, Marie-Marguerite, qui sera de son côte l'aïeule tout aussi directe… à la fois du poète Verlaine et du ministre sarkozyste Claude Guéant. Ajoutons qu'il descend également par les femmes de familles de Brebières, par lesquelles il doit cousiner avec Florian Philippot (par les Garrez) et Frigide Barjot (par les Delgrange), comme il cousine également avec Brigitte Macron (descendant comme lui des Goubet, notables de Vaulx au XVIe siècle, et de l'ancienne lignée des sires de Douai).

Sur la lignée patronymique, les ancêtres, connus depuis Bon (masculin de l'ancien prénom Bonne) Hollande (né vers 1610), sont attestés dès le XVIe siècle aux environs d'Arras, dans les villages de Vis-en-Artois et de Rémy, où ils ont d'abord été « gardes-moulins » et « chasse-manée » (noms donnés autrefois aux hommes à tout faire employés dans les moulins), avant d'accéder eux-mêmes à la position de meuniers, à la fin de l'Empire. Le candidat Hollande n'a donc pu que trouver banal d'être enfariné lors d'un meeting électoral, en février 2012.

De la meunerie, les Hollande sont passés à l'agriculture et au petit commerce de détail, avec Alfred Hollande, « coquetier », autrement dit marchand ambulant de beurre, œufs et fromages, établi quant à lui dans le village voisin de Plouvain, où il a épousé une Artésienne, prénommée Zoé et porteuse du pittoresque patronyme Grosdecœur.

Ce sera leur fils, Gustave – le grand-père de François –, qui amorcera le décollage familial, en devenant instituteur. Il sera nommé bien loin du berceau ancestral, à Cognac, en Charente, où, comme beaucoup d'instituteurs de sa génération – *cf.* le grand-père Chirac –, il épousera une institutrice. Une grand-mère aux origines diverses, par la généalogie de laquelle on aura la surprise de découvrir François Hollande cousiner – par la famille Tousche, de Boissy-Maugis, dans l'Orne – avec Nicolas Hulot (☞ p. 163) et par la famille Bellamy, de Yèvres, dans l'Eure-et-Loir, avec les Maréchal, de Marion Maréchal-Le Pen.

FRANÇOIS HOLLANDE DESCENDANT DE DIEU

Valentin DIEU
éclusier à Fampoux (Pas-de-Calais)
marié en 1737 avec Cécile COAILLOT

|

Marie Anne Josèphe DIEU
x 1764 *Fampoux* Claude Martin ESTEVE (alias STEVEZ)

|

Louis Fleury STEVEZ
x 1806 *Plouvain* Henriette ROBIQUET

|

Marie Josèphe STEVEZ
x 1847 *Plouvain* Pierre Joseph **HOLLANDE**

|

Alfred HOLLANDE
x 1888 *Plouvain* Zoé GRODECOEUR

|

Gustave HOLLANDE
x 1919 Antoinette PATRICE

|

Georges HOLLANDE
x 1951 Nicole TRIBERT

|

François HOLLANDE
1954

Des grands-parents instituteurs, mutés à Chinon, on arrive au père, Georges Hollande, qui deviendra ORL à Rouen et épousera Nicole Tribert, assistante sociale, avec qui il formera un couple assez hétérogène. Un couple et une famille pleins de contrastes, en effet, où le fils aura souvent du mal à se situer. D'un côté, ce grand-père issu de vieilles lignées paysannes, ayant fait la Grande Guerre comme officier et devenu un instituteur très sévère ; de l'autre, le grand-père maternel, un gamin de Paris, né dans le quartier des Halles, fils d'un ouvrier tailleur et d'une giletière vivant en concubinage, un grand-père qui, avec pour tout galon celui de caporal, sera affecté en 1914 au théâtre des armées et emmènera plus tard le gamin voir des matchs de foot. D'un côté, « l'univers du non-dit » d'un père décrit comme conservateur et autoritaire, un homme très à droite, sympathisant de l'Algérie française ; de l'autre, une mère, catholique de gauche et militante CFDT, très complice et à l'écoute de son fils.

Une mère dont l'arbre généalogique recèle également son lot de ☺ surprises et qui achève de donner à François Hollande le record absolu du cumul des parentés. Très curieusement, en effet, nul plus que lui collectionne à ce point les cousinages. Après Philippot, Verlaine, Hulot et Marion Maréchal-Le Pen dans la branche paternelle, le voilà pourvu d'ancêtres communs, en Poitou, avec son ami Michel Sapin (descendant comme lui des Brissonnet et des Sabourin, de La Chapelle-Moulière), avec son secrétaire d'État au budget, Christian Eckert (par les Desmazeaux, de Leignes-sur-Fontaine), avec Nathalie Kosciusko-Morizet et Jean-Pierre Raffarin (par les Dutertre, de Naintré). Le généalogiste poitevin Thierry Chestier l'a également montré cousin de Jean-Pierre Foucault. Toujours du côté maternel et par des ancêtres nivernais (les Goguelat, d'Ouroux-en-Morvan), il est cousin de François Baroin et de l'ancien syndicaliste Bernard Thibault, comme encore de Geneviève de Fontenay, et par les Dupin, d'Auxerre, de Bernadette Chirac. Sans oublier encore un cousinage avec Frigide ☺ Barjot et un autre avec… Brigitte Trogneux-Macron (☞ p. 224).

Mais le plus fort, enfin, a été découvert dans la branche de la grand-mère maternelle, Adrienne, lyonnaise et fille d'une Savoyarde, par laquelle François Hollande a des ancêtres dans la vallée de l'Ain et en Savoie, notamment à La Balme, village voisin de celui de Traize, où vivaient les ancêtres de la grand-mère française de Nicolas Sar-☹ kozy, avec qui je l'ai révélé cousin, puisqu'il descend comme lui des Labully, de Saint-Genis-sur-Giers. Mais quoi de plus logique ? Hollande, l'homme du consensus, est le champion des cousinages !

Famille proche

Mariage : Vie maritale jusqu'en 2017 avec Ségolène Royal, rencontrée en 1978 lors d'un week-end entre énarques à Argenton-sur-Creuse, organisé par le futur ministre Michel Sapin.

Il aura ensuite pour compagnes :

– la journaliste **Valérie Trierweiler** : née à Angers en 1965, divorcée en 1992 de Franck Thurieau et en 2010 de Denis Trierweiler, philosophe et auteur, qu'elle avait rencontré à Paris-Match, où elle travaillait et avec lequel elle a eu trois enfants. Lignée paternelle angevine (Massonneau, meuniers à Chanzeaux, en Maine-et-Loire, passant par un Vendéen de 1793, dont les descendants étaient devenus banquiers à Angers, au XXe siècle, sans pouvoir, après-guerre, se maintenir à leur rang, son père ayant par ailleurs perdu très jeune une jambe en sautant sur une bombe). Arbre généalogique riche et complexe avec, comme pour son compagnon, un éventail de parentés surprises et éclectiques. Descendante de Louis VII et d'Aliénor d'Aquitaine, on la découvre cousine à la fois de personnalités du show-biz (Sophie Marceau, Michel Sardou, Mme de Fontenay, Mimie Mathy) et du monde politique (Arnaud Montebourg, François Rebsamen, l'ex-présidente chilienne Michele Bachelet, comme aussi de Yannick Jadot, d'Yvonne de Gaulle et de Benjamin Griveaux). Mieux : par une famille Baratin, de la Loire, elle cousine avec Carla Bruni-Sarkozy, comme, en Saône-et-Loire, avec… Julie Gayet, qui lui succédera, en 2014, dans le cœur de son compagnon-président, alors qu'elle s'était, en tant que première dame, engagée dans plusieurs associations humanitaires. Auteur de *Merci pour ce moment* (Les Arènes, 2014, vendu à plus de 600 000 exemplaires), elle a réintégré *Paris Match* et rejoint l'équipe des « Grosses têtes », sur RTL, en prenant pour compagnon le rugbyman martiniquais, Romain Magellan.

– l'actrice **Julie Gayet** : née à Suresnes en 1972, divorcée en 2006, avec deux enfants, du cinéaste argentin Santiago Amigorena. Issue côté Gayet d'une famille de médecins, ayant son berceau à Pleucadeuc, dans le Morbihan, et côté maternel (Faure) d'une lignée creusoise de fondeurs établis dans les Ardennes, où les ancêtres ont fondé une marque très connue de poêles et de cuisinières. Un arbre généalogique riche et éclectique, avec un ancêtre sultan, descendant de Bajazet, un pape (Borgia) et de nombreux cousinages (Benjamin Castaldi, Yannick Noah, Nadine Morano, Aurélie Filippetti et jusqu'à, comme dit ci-dessus… Valérie Trierweiler !).

Enfants :

– Thomas (1984), avocat, qui a eu pour compagne la jeune chanteuse Joyce Jonathan et s'est marié en 2018 à la journaliste et animatrice télé Émilie Broussouloux, originaire de Brive (une fille, Jeanne, née en 2019).

– Clémence (1986, médecin en hépato-gastroentérologie).

– Julien (1987, réalisateur, auteur de documentaires et d'une série humoristique sur la drogue, *En passant pécho*).

– Flora (1992, psychologue).

Fratrie : Un frère aîné, Philippe, antiquaire.

Parcours

Enfance à Bois-Guillaume, dans la banlieue résidentielle de Rouen (pensionnat Jean-Baptiste-de-La-Salle) puis à Neuilly (lycée Pasteur). Licencié en droit. HEC. Sciences Po Paris. Sort 7e de l'Ena (1980, promotion Voltaire, avec Ségolène Royal, Dominique de Villepin, Michel Sapin, Jean-Pierre Jouyet, Renaud Donnedieu de Vabres...). Entre au PS en 1979. Première bataille électorale, perdue, en 1981, aux législatives, face à Jacques Chirac, en Corrèze (où il ne lui a manqué que 350 voix pour mettre en ballottage le patron du RPR).

Conseiller référendaire à la Cour des comptes. Chargé de mission à l'Élysée (1981). Directeur de cabinet des deux porte-parole successifs du gouvernement, Max Gallo et Roland Dumas. Conseiller municipal d'Ussel (1983-1989). Député de Corrèze (1988-1993 et depuis 1997). Élu (1989-2001), puis maire de Tulle (2001-2008). Porte-parole du PS (1995-1997). Premier secrétaire du PS (1997-2008). Vice-président du conseil régional du Limousin (1998-2001). Député européen (quelques mois, en 1999). Président du conseil général de Corrèze (2008-2012). Remporte la primaire PS-PRG pour la présidentielle de 2012, en s'imposant au second tour face à Martine Aubry. Déclare, lors du grand débat l'opposant à son adversaire, le président sortant Nicolas Sarkozy, vouloir être un « président normal » et lance son anaphore devenue célèbre : « Moi, président de la République... ». Élu 24e président de la République, le 6 mai 2012, avec 51,64 % des voix. Ne briguant pas de second mandat, il préside depuis septembre 2017 la fondation La France s'engage, en faveur de l'innovation sociale, avant de créer R.D.P.A., une SARL destinée à facturer ses conférences.

Indiscrétions et anecdotes

Aux yeux de l'astrologue, François Hollande (Lion ascendant Gémeaux) est un esprit à la fois brillant et réfléchi, introverti et peu influencé par les émotions ou l'opinion d'autrui (majorité de planètes sous l'horizon), alors que le morphopsychologue, notant que sa mâchoire a diminué de puissance et de tonicité depuis sa jeunesse, en même temps que ses paupières supérieures tombaient, voit en lui un homme qui fonctionne sur un moi idéal : devenir ce que maman voudrait.

Aux dires de cette dernière, aujourd'hui décédée, il était un enfant jovial, gai, aimait jouer à Fort Alamo, aux cow-boys et aux indiens et disait : « Quand je serai grand, je serai président. » Mais son père, Algérie française et antigaulliste, l'encourageait à se diriger vers la banque.

Grand amateur de football – il a joué en ailier droit –, François Hollande est aussi passionné d'économie et d'histoire et adore se plonger dans les dictionnaires, tout en étant presque aussi à l'aise que Jacques Chirac avec les vaches. Surveillant son poids de près et buvant du Coca zéro, celui que ses détracteurs surnommaient « Flamby » a perdu plus de 15 kilos en vue de l'élection de 2012, sans pour autant cesser d'apprécier la mousse au chocolat et le fromage, ainsi que certains plats typiquement corréziens, comme la « farcidure grillée du pays d'Égletons » (un pain de pommes de terre), tout en détestant les artichauts. Myope, il devait être réformé du service militaire, mais s'est battu pour le faire quand même, comme Jean-François Copé. Très proche de l'ancien ministre Jean-Pierre Jouyet, son ami de trente ans, du metteur en scène Jean-Michel Ribes et de l'homme d'affaires François Pinault, il adore pianoter sur son Smartphone, envoyant des SMS à la terre entière.

Par deux fois cible de projectiles à la porte de Versailles (enfarinage en février 2012, alors qu'il prononçait un discours pour la Fondation Abbé Pierre ; jet de bouse de vache, en février 2016, lors de sa visite au Salon de l'Agriculture), il a battu, en septembre 2014, le record historique d'impopularité, avec seulement 13 % d'opinions favorables dans le baromètre mensuel Ifop/*JDD*, jamais atteint depuis la création de ce classement mensuel en 1958.

Son ex-compagne Valérie Trierweiler l'ayant accusé dans son livre de surnommer les pauvres les « sans dents », il déclare que ce mensonge le blesse, lui qui n'a jamais pensé qu'à aider et représenter ceux qui souffrent.

NICOLAS HULOT
FILS DE CHERCHEUR D'OR !

d.r.

Nom
HULOT

Prénom
Nicolas **Jacques André**
issu du grec nikèlaos, signifiant « peuple de la victoire », autrefois très populaire, notamment en Lorraine, relancé, dans les années 1960 par la série télévisée « Bonne nuit les petits », pour connaître un succès croissant jusqu'au milieu des années 1990, d'où sa place au 6ᵉ rang des prénoms masculins français les plus portés (364 000)

Date de naissance
30 04 1955
né le même jour que Charles Berling et Lars von Trier

Lieu de naissance
Lille (Nord)

Signe astrologique
Taureau asc. Cancer

PROFESSION : Journaliste

DOMICILE : Se partage entre une villa de 1861, à Saint-Lunaire, près de Saint-Malo, et une maison qu'il a fait construire à Corsignatto, dans les montagnes corses

FILIATION : Fils de Philippe, chercheur d'or, et de Monique Moulun, visiteuse médicale

RACINES : Ariège, Dordogne, Eure-et-Loir, Gironde, Isère, Lot-et-Garonne, Haute-Marne, Nord, **Orne**, Rhône, Somme.

Nom de famille

Patronyme fréquent, porté par plus de 700 foyers (avec des pics dans le Pas-de-Calais, les Ardennes et la Sarthe, et une dizaine de Nicolas). Peut-être dérivé d'un surnom évocateur du cri de la chouette (un ancêtre noctambule ou poussant des cris stridents ?) mais est plus probablement la contraction d'Hudelot, diminutif de l'ancien prénom Heude.

Origines et histoire familiale

« Mon père adorait greffer les rosiers et ma mère, fuyant la ville, avait besoin de la nature pour se sentir bien. » Ainsi parle Nicolas Hulot de ses parents, un couple aux goûts certes très bucoliques, mais pour le moins atypique.

De solide race percheronne, les Hulot ont leurs racines aux confins de l'Orne – département où, par les Tousche, de Boissy-Maugis, ils cousinent avec François Hollande – et de l'Eure-et-Loir, dans le village de Longny-au-Perche, où Jean Hulot, époux de Claire Pigeon et vivant sous Louis XIV, a été l'ancêtre d'une lignée d'artisans. D'abord étaminiers – tissant une étoffe de laine légère, nommée étamine, autrefois très appréciée –, ils deviendront taillandiers (marchands et fabricants d'outils) sous la Révolution, fabriquant et vendant des outils, avant d'aller s'établir comme menuisiers à L'Aigle.

Sous le Second Empire, ce sera le départ pour Paris, avec deux frères, dont l'aîné, Félix, deviendra architecte et sera le père de Paul (1876-1959). Architecte comme son père, ce dernier, qui est le propre grand-père de Nicolas, sera immortalisé de façon assez fortuite par le cinéaste Jacques Tati, dans son célèbre film *Les Vacances de M. Hulot*. Habitant un immeuble de la rue de Penthièvre, construit et administré par Paul Hulot, Tati entendait à tout moment la concierge appeler M. Hulot, depuis la cour, au moindre souci de plomberie ou d'électricité...

Mais voilà qu'à ce M. Hulot, architecte de l'église de Passy, homme plutôt rigide et froid, père de huit enfants, les hasards de la vie allaient donner un fils fantaisiste et aventurier : Philippe Hulot, le père de Nicolas, fera, en effet, comme on dit, les quatre cents coups.

D'abord chercheur d'or au Venezuela – Nicolas retrouvera des titres de concessions minières en Amérique du Sud et une photo montrant son père sur une pirogue, un singe sur l'épaule – puis directeur commercial dans une affaire de bonbons, il montera à Nice le premier *garden center* de France, avant d'y mourir prématurément d'un cancer en laissant trois enfants, dont Nicolas, le plus jeune, alors âgé de quinze ans, qu'il avait définitivement marqué de ses récits.

Mais Philippe, le fantaisiste, avait épousé Monique, d'une famille justement sans fantaisie. Sans fantaisie et, qui plus est, meurtrie, dont les ancêtres avaient souvent joué de malchance.

Ainsi Joseph Marie Trichon, à la fois cultivateur, cabaretier et maire de Crémieu, dans l'Isère, qui avait été guillotiné à Lyon, sur la place des Terreaux, en 1794. Ainsi l'arrière-grand-père, Georges Moulun, polytechnicien, qui s'était associé avec le baron Reille, pour se lancer dans l'installation de barrages hydrauliques, qui en avait quasiment équipé tout le sud de la France, mais dont la réussite devait se montrer aussi spectaculaire que la ruine... En effet, intégré aux fameuses « deux cents familles », il subit de plein fouet l'effet des nationalisations du Front populaire. À quoi s'ajouta un vice, le jeu, qui lui fit perdre au casino jusqu'à son fusil de chasse... Une blessure familiale qui ne cicatrisait pas et que le mariage d'une de ses filles avec un globe-trotter – fût-il de grande classe – ne put atténuer... « Les époux, comme l'écrira leur fils, trop différents et de milieux presque antagonistes », ne tiendront pas, le couple éclatera et Nicolas sera quasiment élevé par sa seule et très traditionnelle famille maternelle, avant d'être confronté à de terribles épreuves : le décès de son père, suivi par celui de son frère cadet, qu'il découvrira mort, suicidé, la veille de Noël, à l'âge de dix-huit ans...

Famille proche

A eu une liaison officielle (1986-1992) avec Dominique Cantien (directrice des variétés de TF1, qui avait eu une liaison avec le chanteur Claude François et sera la compagne de l'ancien ministre Philippe Douste-Blazy). Marié de 1993 à 1996 avec Isabelle Patissier, double championne du monde d'escalade. Remarié en 2002 avec Florence Lasserre, sociologue et vice-championne de France de slalom (et mère d'une fille d'un premier mariage, Léah, étudiante), avec qui il est père de deux garçons : Nelson (2002) et Titouan (2004).

Il a un frère (Gonzague, décédé en 1974) et une sœur (Béatrice).

Parcours

Enfance dans le XVIe arrondissement de Paris, avec week-ends scouts, en forêt de Rambouillet et séjours à Saint-Lunaire, où il explore la Drouette – le « Zambèze local ». Lycée Saint-Jean de Passy (Paris, XVIe). Plagiste sur la Côte d'Azur, moniteur de voile, serveur dans un bistrot. Bachelier, il emprunte de quoi se payer un appareil Olympus pour devenir reporter photo et entrer à l'agence Sipa (1973), pour laquelle il parcourt le monde (Guatemala, Afrique du Sud, Rhodésie…), avant de bifurquer vers la radio et la télévision. Animateur sur TF1 et France Inter. Participe au rallye Paris-Dakar en 1980 (se classe 2e en catégorie camions). Anime l'émission sur la nature « Ushuaïa, le magazine de l'extrême » (de 1997 à 2011) et crée en 1990 la Fondation Ushuaïa (devenue Fondation Nicolas Hulot). Refuse en 2002 de devenir le ministre de l'Écologie de Jacques Chirac.

Lance en 2006 le Pacte écologique, pour imposer la défense de l'environnement dans la campagne présidentielle. Acteur du Grenelle de l'environnement. Réalise le film *Le Syndrome du Titanic* en 2009. Candidat malchanceux à la primaire de juillet 2011, face à Eva Joly.

Nommé en 2012 par François Hollande pour une mission bénévole d'« envoyé spécial pour la protection de la planète », qui le conduit chez le pape, il organise le Sommet des consciences (2015) et interpelle les chefs d'État, en vue de préparer la Conférence de Paris sur le climat. Quittant son poste en janvier 2016, il refuse une nouvelle fois d'entrer au gouvernement comme ministre de l'Écologie, pour le devenir en 2017, démissionnant au bout de quinze mois en évoquant sa vive déception. Il est nommé en 2019 président d'honneur de la fondation qu'il avait créée. Annonce en novembre 2021 se retirer de toute vie publique.

Indiscrétions et anecdotes

Fou de sports. Fan de moto dans les années 1970, il s'est initié à de nombreux sports nautiques, aquatiques et aériens, tout en pratiquant tennis, vélo et kitesurf. Grand amoureux de la mer, il aime les navigateurs et les bateaux et a été proche d'Éric Tabarly. En 1978, alors qu'il planque sans interruption depuis 46 jours dans sa Lancia devant le domicile du baron Empain, il rate le scoop de sa libération pour avoir cédé à la tentation de passer un moment avec une jolie fille. Ami de certains grands patrons, comme Martin Bouygues, c'est un couche-tôt qui fuit dîners et soirées mondaines et se définit comme un « malade de la discrétion ». Lisant des BD tous les soirs, il a Nelson Mandela pour seul modèle politique. Selon sa biographe, Bérengère Bonte, il gagnait (en 2010) 33 000 euros par mois, sans compter les royalties issues des produits dérivés d'« Ushuaïa » (gels douche). Sa belle-fille, Léah, a été stagiaire en 2016 à la cellule diplomatique de l'Élysée.

CHRISTIAN JACOB
UN TERRIEN EN POLITIQUE

d.r.

Nom
JACOB

Prénom
Christian **Robert**
prénom signifiant à l'origine « chrétien », très à la mode au début des années 1950 ; 11e prénom masculin français le plus porté (333 000)

Date de naissance
04 12 1959
né le même jour que Jean-Michel Blanquer et Franco

Lieu de naissance
Rozay-en-Brie (Seine-et-Marne)

Signe astrologique
Sagittaire asc. Lion

PROFESSION : Agriculteur
DOMICILE : Habite une longère, à Provins (Seine-et-Marne)
FILIATION : Fils de Marcel, agriculteur, et Jeanine Gallet
RACINES : **Aisne**, Marne, Seine-et-Marne.

Nom de famille

Patronyme très fréquent, porté par plus de 7 000 foyers (dont près de 80 Christian). Rencontré à la fois chez les chrétiens et les juifs, il était, chez les premiers, la forme savante du prénom Jacques (prénom d'origine hébraïque, signifiant « Dieu récompense »), et, chez les autres, une référence au patriarche de la Bible, à l'origine, par ses douze fils, des douze tribus d'Israël.

Origines et histoire familiale

Profondément ancrée à la terre, la lignée des Jacob ne l'a jamais quittée, avant qu'un de ses descendants ne se voie appelé, en 2002, sous les lambris de la République.

À l'origine, les ancêtres étaient établis dans la vallée de la Marne, à Blesmes et à Chézy-sur-Marne, dans l'Aisne, où ils étaient des fermiers manifestement importants. Il n'est qu'à voir les paraphes accompagnant leurs signatures dans les archives pour mesurer leur degré d'évolution, que confirmeraient sans nul doute les dots de leurs épouses, filles de laboureurs et de receveurs seigneuriaux, que l'on inhumait – comme le voulait alors la tradition – non pas au cimetière, comme le commun des mortels, mais dans les églises, sous les dalles du chœur, pour être plus près des saints, des cierges allumés et des prières.

Marin Jacob, laboureur à Chézy à l'époque de Louis XIV, doit être un de ces coqs de village, importants et respectés, comme on en trouvait alors dans l'Ile-de-France voisine. Mais la Révolution ne réussira apparemment pas à la famille, qui va migrer vers l'est pour s'installer à Vauciennes, près d'Épernay, au cœur du vignoble champenois. Son statut social se dégrade et ce sera bientôt le retour dans l'Aisne comme simples manouvriers, d'où un travail acharné, au fil des générations, pour récupérer leur ancienne position et finalement la dépasser.

Cet arbre généalogique, qui lui va comme un gant, puise donc ses racines aux confins de la Brie, de la Picardie et de la Champagne, où les ancêtres étaient bergers, hongreurs, vignerons, gardes champêtres, parfois simples ouvriers ou domestiques, sauf une lignée de « voituriers par eau » effectuant jadis les transports par bateaux, sur la Seine, allant parfois jusqu'à Paris, convoyant leur marchandise jusque devant le Palais-Bourbon, où siège aujourd'hui leur descendant…

Famille proche

Mariée en 1982, avec Marie-Odile Rondeau (d'une famille de la Brie, fille d'agriculteur et de maire).

Père de deux enfants : Clément (1984, marié et travaillant à Londres, comme ingénieur dans le bâtiment) et Pauline (1987, Mme Le Bastard, qui travaille dans l'e-commerce). Grand-père de quatre petits-enfants.

Parcours

Enfance dans sa Brie natale. Pension religieuse. BEP agricole. Arrête l'école à dix-sept ans. Agriculteur-éleveur. Lance à vingt-deux ans son exploitation, gardée jusqu'en 2002. Syndicaliste agricole. Président du Centre national des jeunes agriculteurs (1992-1994). Député européen (1994-1997). Député RPR puis UMP de Seine-et-Marne (1995-2002 et depuis 2007). Maire de Provins (2001-2017). Ministre délégué à la Famille (2002-2004), des PME (2004-2005), de la Fonction publique (2005-2007). Président du groupe UMP puis LR à l'Assemblée nationale (2012-2019). Élu président des Républicains en 2019.

Indiscrétions et anecdotes

Amateur de viande et de bon vin, Christian Jacob pratique la chasse, au sanglier notamment, et est adepte de course à pied. Ami de Jean-François Copé et de François Baroin, de l'humoriste Raphaël Mezrahi et du critique gastronomique Jean-Luc Petitrenaud, du sommelier Philippe Faure-Brac et de la chanteuse Fabienne Thibeault, il est un grand passionné de l'Afrique et possède une belle collection de masques africains. Il est un des derniers fidèles visiteurs de Jacques Chirac.

YANNICK JADOT
DES ANCÊTRES QUI PORTAIENT LE CHAPEAU

Greenbox

Nom
JADOT

Prénom
Yannick Marie Léon
variante du breton Yannig, diminutif de Yann, équivalent du prénom français Jean

Date de naissance
27 07 1967

Lieu de naissance
Clacy-et-Thierrey (Aisne)

Signe astrologique
Lion asc. Bélier

né le même jour que Charlotte Corday, Alexandre Dumas fils, Julien Gracq, Bourvil, Gisèle Halimi, Isabelle Aubret et Laurent Blgnolas

DOMICILE : Habite Paris, dans le Xe arrondissement

FILIATION : Fils de Jean-Louis, instituteur, et de Jacqueline Boquillon, institutrice

RACINES : Aisne, Ardennes, Eure-et-Loir, Loire, Loiret, Marne, Meurthe-et-Moselle, Meuse, Moselle, Nord, Oise, Pas-de-Calais, Puy-de-Dôme, Seine-et-Marne, Somme, Vosges, Yonne, Essonne ; **Belgique**.

Nom de famille

Porté par près de 400 foyers français, ce patronyme est très présent en Côte-d'Or et dans les Ardennes, et plus encore en Belgique, où il peut venir d'un diminutif du prénom Gérard ou du prénom Jean, comme déformation de J(e)andot.

Origines et histoire familiale

Pour Yannick Jadot, les arbres et la nature font donc partie de l'héritage de ses parents. « Mon père, dit-il, avait un amour très fort pour les arbres. La nature était pour moi et mes frères un terrain de jeux. On passait beaucoup de temps en famille dans la forêt. À la fin de sa vie, pour se détendre, il mettait toujours sa chaise aux pieds du même chêne… » Devenue veuve, sa mère s'est remise à l'aquarelle, inspirée par les fleurs et ses balades en campagne. De ce couple qui a élevé quatre garçons, il parle volontiers : « Mes parents étaient enseignants dans une petite commune de l'Aisne. Je suis né dans le logement de fonction d'une école communale. Pour eux, l'éducation et la République allaient de pair. Il y avait le poids des symboles : liberté, égalité, fraternité. À la maison la conscience politique se forgeait dans les discussions quotidiennes. […] L'instituteur, dans ma commune rurale, avait beaucoup d'importance. Cela ne se limitait pas à la charge de transmission du savoir. Mon père était l'interlocuteur naturel des familles [...]. Mes parents ont construit leur maison au milieu des champs avec leurs salaires d'instituteurs. » Mais d'où venait ce couple d'enseignants soudé, qui a permis au candidat des Verts de se construire ? Après le poids de la famille proche, voyons celui de la généalogie...

La remontée de la lignée des Jadot, commencée à Gien, où était né le père de Yannick, nous dirige rapidement vers l'est. Le grand-père était marchand de vin en gros à Raon-l'Étape, dans les Vosges, où son propre père était chapelier, fils d'un autre chapelier des environs de Nancy, lui-même fils d'un troisième chapelier, sujet belge et natif de Glons, et petit-fils d'un quatrième chapelier, établi dans ce bourg wallon de la vallée du Geer, entre Liège et Maastricht, tout près de la frontière hollandaise. Un bourg connu pour être la capitale... du chapeau de paille, depuis qu'un prêtre, en 1784, avait incité ses paroissiens à se lancer dans le tressage de la paille locale, particulièrement souple et blanche. Dès le début du XIXe siècle, cette activité occupait, à leur domicile, la majorité des habitants du lieu, avec une production telle que nombreux étaient ceux qui prenaient la route, au printemps, pour aller vendre leurs productions. D'autres s'expatriaient carrément pour ouvrir des magasins spécialisés, tant dans les villes belges que hollandaises et françaises. Un mouvement qui gagna toute la vallée, avec un pic sous l'Empire, correspondant à l'époque où les Jadot étaient partis pour la Lorraine. Exporté jusqu'en Russie et aux États-Unis, le chapeau de paille belge ne tarda pas à damer le pion à son concurrent italien... Mais les Jadot n'avaient pas attendu le chapeau pour se fixer à Glons, où la lignée est connue depuis un ancêtre soldat, nommé Ludovicus (Louis) Jadot, né vers 1670, et qui y avait épousé Maria Vallée en 1697.

Aux côtés de cette lignée belge, on peut dire que les racines de Yannick Jadot sont presque toutes concentrées au nord de la Loire, essentiellement dans le quart nord-est du pays. Des ancêtres simples et modestes, avec, aux côtés des traditionnels paysans, bergers, peigneurs de laine, charbonniers (produisant du charbon de terre), valets de charrue, haleurs de péniches, et autres meuniers, des ancêtres plus « verts » : les Vigoureux, jardiniers au château de Crèvecœur-le-Grand, dans l'Oise, alors propriété des marquis de Clermont-Tonnerre. Un lointain aïeul, François Vigoureux, avait pu voir le Roi-Soleil en personne y faire halte en 1680 et y coucher dans une tour qui se serait, dit-on, écroulée le lendemain même de son passage...

Côté parentés, le généalogiste découvre au député écologiste un bel éventail de cousins et de cousines célèbres :

– dans l'Aisne, il cousine avec le Gilet jaune Éric Drouet (par plusieurs couples d'ancêtres communs vivant à Boué, dont Jean Jacques

Mesureur, boucher-charcutier, marié en 1760 à Marie Cosseaux) et avec Gérald Darmanin (par Jean Lescot et Marie Brunelet, mariés en ☺ 1669 à Oisy) ;

– dans le Loiret, par la famille Chaline, de Bazoches-les-Gallerandes, il cousine à la fois avec Alain Poher, Michel Sardou et Michel Delpech, Sophie Marceau et Georges Braque, mais aussi avec Madonna et ☺ Valérie Trierweiler ; et, par la famille Fleureau, d'Oison, il est un neveu de l'évêque Cauchon, qui envoya Jeanne d'Arc au bûcher, tout en ☹ descendant également de Louis VII et Aliénor d'Aquitaine ;

– par les Lecoq, de Marolles-sur-Seine, en Seine-et-Marne, il doit enfin cousiner avec le président de la République Félix Faure.

Famille proche

Divorcé, Yannick Jadot est père de deux garçons. Il a pour compagne, depuis 2017, la journaliste Isabelle Saporta (née en 1976 ; *Marianne*, « Les Grandes Gueules » sur RMC…)

Il a trois frères, qui évoluent dans des milieux différents : la pub (Thierry, son aîné, né en 1963, sera président de Dentsu Aegis Network, une des principales agences de communication françaises), le deuxième dans le conseil en économie et le troisième est ingénieur.

Parcours

Enfance dans l'Aisne. Lycée Paul-Claudel, à Laon. Université de Paris-Dauphine. Maîtrise de commerce international (1990). Travail dans une ONG au Burkina Faso et au Bangladesh, puis (à partir de 1995) dans une ONG spécialisée dans le suivi des négociations internationales et l'appui aux pays en développement. Adhère aux Verts (1999). Directeur des campagnes de Greenpeace France (2002-2008). A été l'un des fondateurs et le porte-parole de L'Alliance pour la planète, rassemblement d'organisations écologistes au nom duquel il a participé, en 2007, au Grenelle de l'Environnement, dont il a été l'un des principaux négociateurs. Directeur de la communication de la campagne d'Europe Écologie (2009). Élu député européen (2009, réélu 2014 ; vice-président de la commission du commerce international). Membre du bureau d'Europe Écologie-Les Verts (2010-2011). Porte-parole d'Eva Joly à l'élection présidentielle (2011). Candidat écologiste désigné en 2016, avant de désister en faveur du socialiste Benoît Hamon. Tête de liste EELV aux élections européennes de 2019 (« vague verte » et médiatisation). Désigné candidat à la présidentielle de 2022 lors de la primaire écologiste de septembre 2021.

Indiscrétions et anecdotes

Né dans un logement de fonction d'une école communale de village, Yannick Jadot a grandi dans une maison que ses parents ont retapée eux-mêmes, au beau milieu des champs. Enfant, il distribuait des tracts et collait des affiches avec ses frères et son père, militant PS, et est allé applaudir Mitterrand, de passage à Laon, en 1974. Fan de foot, il avait dans sa chambre des posters de Keegan et de Rocheteau et passait des heures à bricoler sa mobylette, une Peugeot 103 orange, qu'il démontait et remontait les yeux fermés.

Étudiant à Dauphine, il participe en 1986 au mouvement estudiantin contre la loi Devaquet, fait le coup de poing contre le GUD et organise, dans sa chambre de bonne, le défilé à la mémoire de l'étudiant Malik Oussekine, battu à mort par la police.

Très marqué par *La Ruée vers l'or*, de Jack London, et par *Les Racines du ciel*, de Romain Gary, il adore lire Steinbeck et Guthrie (*La Captive aux yeux noirs*), et se dit aussi « bluffé » par l'encyclique *Laudato Si* du pape François, relative à la sauvegarde de la Maison commune (2015). Fan de BD et de Bashung, fidèle du Tour de France, il a ses habitudes dans les cafés du canal Saint-Martin, aime les apéros et les week-ends en famille, retournant volontiers dans l'Aisne, chez sa mère, pour de longues balades en plein air.

Grand copain de Daniel Cohn-Bendit, avec qui il a siégé à Strasbourg, il a passé des soirées entières à refaire le monde avec lui et à rejouer les matchs de foot. Condamné, en 2005, pour « atteinte aux intérêts supérieurs de la nation », suite à son intrusion en Zodiac dans la base de sous-marins nucléaires de l'île Longue, en rade de Brest, pour dénoncer l'illégalité du programme d'armement nucléaire français au regard du Traité de non-prolifération. Son ordinateur a été piraté en 2006 à la demande d'un cadre d'EDF, qui sera condamné à lui verser 10 000 euros de dommages-intérêts.

ALAIN JUPPÉ
SAUVÉ PAR MIRACLE !

F. Cassisi

Nom
JUPPÉ

Prénom
Alain Marie
prénom ayant eu le sens de « jeune cerf » en ancien breton, mais venant ailleurs d'une référence à l'ancien peuple barbare des Alains ; surtout donné entre 1945 et 1955 ; 5e prénom français masculin le plus porté (425 000)

Date de naissance
15 08 1945

Lieu de naissance
Mont-de-Marsan (Landes)

Signe astrologique
Lion asc. Cancer

né le même jour que Napoléon Ier, Jules Grévy, Sylvie Vartan, Frédéric Nihous et Luc Chatel

PROFESSION : Inspecteur des Finances
DOMICILE : Se partage entre son appartement parisien, sa maison à Bordeaux et une villa de famille à Hossegor
FILIATION : Fils de Joseph, ouvrier, et de Georgette Uzenot, couturière
RACINES : Gers, Landes, **Pyrénées-Atlantiques**, Haute-Garonne, Hautes-Pyrénées, Vendée ; Algérie.

Nom de famille

Patronyme très rare, porté par une quinzaine de foyers français, vraisemblablement tous de la même famille. Originaire du Béarn, il désignait les habitants du hameau de ce nom, situé sur la commune d'Arros-de-Nay. Un nom qui doit venir de l'ancien mot « jupée », désignant la distance à laquelle peut porter la voix, nom donné à un lieu où il y avait de l'écho…

Homonymie

☺ Vers 1840, un pharmacien lyonnais, Adhémar Juppet, souffrant de troubles de la vue, avait inventé une potion magique à base de mistelles (moût de raisin) vieillies deux ans en fût, coupée de vin rouge ou blanc et aromatisée de zestes de citron, d'oranges amères, de racines de colombo et d'écorces de quinquina. Se souvenant d'un passage de la Bible évoquant la guérison d'un aveugle par l'archange Raphaël, il lui avait donné son nom : ainsi est né l'apéritif Saint-Raphaël, qui a son origine dans une famille originaire de l'Isère, sans lien avec celle de l'homme politique.

Origines et histoire familiale

Pur produit du gaullisme et du Sud-Ouest, Alain Juppé a presque toutes ses racines concentrées dans trois départements : les Landes, les Hautes-Pyrénées et les Pyrénées-Atlantiques.

Ses ancêtres sont variés et parfois pittoresques : un douanier et un aiguilleur des chemins de fer, un scieur de long et des « brassières », un cocher et un gendarme, sans oublier un « tourneur de chaises », autrement dit un ébéniste tournant leurs pieds et leurs barreaux...

L'histoire de la famille, simple et modeste, commence avec Laurent Juppé, dont l'abbé Begbeider, curé d'Asson, dans la vallée béarnaise de l'Ouzom, a béni le mariage en 1721 et baptisé le fils, qui deviendra scieur de long.

L'histoire passe ensuite par deux « brassières », autrement dit deux femmes travaillant de leurs bras, la mère et la fille, toutes deux mères célibataires. Fuyant le scandale que provoquait alors cette situation, la première quittera son village pour aller accoucher au loin – à 40 kilomètres –, à Maubourguet, aux confins des Landes, du Gers et du Béarn, où ses descendants se maintiendront plus d'un siècle. C'est de là que partira Clément Juppé, douanier de son état, envoyé vers 1880 à Alger, mais qui reviendra s'y marier et s'y retirer, sans imaginer que son arrière-petit-fils serait, un jour, ministre des Finances...

La branche maternelle est quant à elle landaise, avec les Darroze, originaires de Gamarde-les-Bains, en Chalosse, où les aïeux étaient vignerons : des notables, souvent maires des communes où ils essaimeront, au fil de mariages avantageux, dans des familles de propriétaires terriens aisés. Une lignée scindée en deux branches principales, l'une donnant des hôteliers et des cuisiniers à Morcenx, d'où est issue la célèbre chef parisienne Hélène Darroze, cousine de l'homme politique, et l'autre, qui s'établira dans une localité nommée Campagne avec un maître de poste – au temps de la « poste aux chevaux » – dont le petit-fils deviendra avocat. Le train de vie est aisé. La famille a du bien : champs de maïs, canards mulâtres, élevés pour leur foie, et 160 hectares de forêt de pins presque séculaires, que saura parfaitement gérer le gendre, Robert Juppé, ancien maquisard et pilier de rugby.

C'est à Campagne qu'Alain passera régulièrement ses vacances, sa grand-mère l'emmenant même, un matin, alors qu'il était en retard au plan du langage, à la fontaine miraculeuse de saint Pantaléon, réputée pour faire parler les enfants retardataires.

Et le miracle, sans lequel toute carrière politique eût été impossible, s'était produit...

En revanche, peu de parentés « politiques ». Si Alain Juppé a des ancêtres dans le village landais de Saint-Loubouer, dans lequel

Marine Le Pen en a elle-même, on ne trouve aucun lien entre les deux familles. Par une branche vendéenne, on lui découvre quelques aïeux intéressants : un gentilhomme anglais (Étienne Mourain), fait prisonnier par Du Guesclin à la bataille de Chizé, en 1373, pendant la guerre de Cent Ans, et qui n'était jamais rentré au pays après avoir trouvé l'âme sœur en France ; un valet du roi Henri II et un copain de Rabelais (André Tiraqueau, seigneur de La Jacotière, connu au XVIe siècle comme un éminent juriste). Mais il a pourtant un cousin célèbre en la personne de l'acteur Jean Dujardin, descendant lui-même, par sa mère, de la famille Juppé.

Famille proche

Mariages : en 1965, avec Christine Leblond, khâgneuse comme lui, qui deviendra inspectrice générale de l'Éducation nationale ; remarié en 1993 avec Isabelle Bodin, divorcée de M. Legrand, mère de deux enfants, née en 1961 ; d'abord journaliste au *Matin de Paris*, puis à *La Croix* et romancière, auteur de *De mémoire de grand-mères* (Grasset, 1995) et *La Femme digitale* (Lattès, 2007), avant de travailler, à partir de 2000, sur le numérique, les nouveaux médias et la jeunesse, auprès d'Arnaud Lagardère.

Enfants :

– Laurent (1967, un producteur de télévision au look décontracté, boucle d'oreille, jeans et T-shirt, qui a fondé en 1988 une société de production, réalisant l'habillage 3D de nombreux jeux télévisés (« Bigdil », « Attention à la marche ») et produisant « Mission Millenium » (jeu d'aventures remplaçant, en 2010, « La Carte au Trésor », sur France 3). Marié à Olivia Sibourd-Baudry, fille de Gérard, propriétaire de la cave Legrand, distributeur de vins français à l'étranger.

– Marion (1973, médecin en Bretagne, mariée à Cyril Masson et mère de deux enfants).

– Clara (étudiante à HEC, née en 1995, lorsque son père était à Matignon : la première fois depuis Félix Gaillard, en 1958, qu'un chef du gouvernement avait un enfant pendant son exercice).

Parcours

Lycée de Mont-de-Marsan. École normale supérieure. Agrégé de Lettres classiques. Sciences Po Paris. Ena (1972, promotion de Gaulle). Inspecteur des Finances. Se présente sans succès à Mont-de-Marsan, en 1978, comme candidat RPR aux élections législatives. Travaille ensuite au côté de Jacques Chirac, à la mairie de Paris, dont il devient l'un des conseillers et est élu au conseil national du RPR (1979). Directeur adjoint de la campagne de Jacques Chirac (1981). Adjoint au maire de Paris (1983-95). Maire de Bordeaux (1995-2004 et 2006-2019), président de la communauté urbaine de Bordeaux, et enfin de Bordeaux Métropole (2014-2019). Député RPR de Paris, puis UMP de Gironde, battu en 2007. Député européen. Ministre du Budget (baisse de la pression fiscale et de la TVA) et porte-parole du gouvernement (1986-88). Ministre des Affaires étrangères (1993-95). Premier ministre (1995-97 : gouvernement comptant 12 femmes, surnommées les « Jupettes » ; touché un mois après son entrée en fonction par « l'affaire » de son appartement et de celui de son fils, dénoncée par *Le Canard enchaîné*, avec plainte d'une association de contribuables créée par Arnaud Montebourg ; rendu impopulaire par la réforme de la Sécurité sociale, qui déclenche un vaste mouvement social en novembre et décembre 1995, le forçant à reculer). Président du RPR (1995-1997), de l'UMP (2002-2004). Condamné en 2004 à 18 mois de prison avec sursis et un an d'inéligibilité dans l'affaire des emplois fictifs de la mairie de Paris.

Quittant toutes ses fonctions, il enseigne alors un an à l'École d'administration publique de Montréal. De retour en France en 2006, la démission de la municipalité de Bordeaux lui permet de retrouver son siège de maire, mais il est battu aux législatives de 2007. Soutenant Nicolas Sarkozy, il devient ministre de l'Écologie (2007-2010), puis de la Défense (2010-2011) et des Affaires étrangères (2011-2012). Après avoir échoué, en 2012, à régler le différend opposant à l'UMP François Fillon et Jean-François Copé, il accepte en 2014 de diriger le parti en triumvirat, avec Jean-Pierre Raffarin et François Fillon. Battu par François Fillon à la primaire de 2016, il quittera Les Républicains en 2018, pour entrer au Conseil constitutionnel (2019), après avoir démissionné de ses mandats locaux.

Indiscrétions et anecdotes

Celui que Chirac avait nommé « le meilleur d'entre nous » confie avoir manifesté – une fois – dans les rues de Paris, en 1968, et avoir voté Krivine (candidat de la Ligue communiste) en 1969, trouvant que Pompidou manquait de punch. Il aime Périclès et aurait aimé être astrophysicien ou archéologue. Son exil à Montréal l'a brisé et lui a « coupé les jarrets », selon sa biographe Anna Cabana. Pour Bernadette Chirac, qui lui préfère Nicolas Sarkozy, il est un « stéréotype d'un autre temps » et un homme « très, très froid », qui « n'attire pas les gens ». Qualifié en janvier 2016 d'arrière-grand-père par Jean-Christophe Cambadélis – qui l'a depuis regretté –, Alain Juppé est seulement grand-père (des deux enfants de sa fille).

PHILIPPE JUVIN
HÉRÉDITÉ MASQUÉE !

Lphds92

Nom
JUVIN

Prénom
Philippe **Edmond Louis**
issu du grec, désignant « celui qui aime les chevaux » ; très à la mode entre 1955 et 1970 ; 3e prénom masculin français le plus porté

Date de naissance
01 02 1964

Lieu de naissance
Orléans (Loiret)

Signe astrologique
Verseau

né le même jour que Boris Eltsine, Jean Roucas et Stéphanie de Monaco

PROFESSION : Médecin (anesthésiste, puis urgentiste)

DOMICILE : Une élégante maison, dans le centre de La Garenne-Colombes

FILIATION : Fils d'Edmond, médecin rhumatologue, et de Marie Rose Chabot, médecin salarié

RACINES : Allier, Ardennes, Corse, Creuse, **Drôme**, Haute-Marne, Oise, Puy-de-Dôme, Seine-Maritime, Vaucluse, Vosges, Val-d'Oise ; Italie, Suisse.

Nom de famille

Porté par plus de 350 foyers français, ce patronyme, ayant ses pics de fréquence en Loire-Atlantique, dans l'Isère et le Vaucluse, vient de l'ancien nom de baptême Jovin (venu du latin *Jovinus*, issu lui-même de *Jovis*, Jupiter).

Origines et histoire familiale

S'il est le fils de deux médecins – gamin, il accompagnait son père, Edmond, dans ses visites à domicile –, le poids de l'hérédité s'arrête pourtant là. L'un de ses grands-pères, Edmond Juvin, était directeur de société, engagé volontaire en 1914 ; l'autre, Louis Chabot, était professeur, issu d'une belle lignée de trois générations d'instituteurs. Pas de médecins, donc, mais une surprise : en remontant la lignée des Juvin, passé deux générations d'employés de commerce parisiens – terme qui autrefois désignait surtout les vendeurs –, on apprend que la famille était arrivée dans la capitale en 1833, avec un premier Edmond Juvin dont on se transmet depuis le prénom, ce compositeur de musique à la forte personnalité étant considéré comme le grand homme de la famille. Fils d'un notaire provençal que celui-ci destinait à lui succéder, il avait décidé, après avoir « fait son droit », d'abandonner le Code civil et les minutes pour embrasser sa vraie passion. Sa famille eut beau faire et beau dire, rien n'y fit : à vingt-deux ans, le jeune homme partait étudier l'harmonie à Naples, avant de gagner Paris pour s'y perfectionner et entamer la carrière de ses rêves. Mort en 1895, il laisse une œuvre assez éclectique : de très nombreuses mélodies, des symphonies, des ouvertures, de la musique de chambre, un opéra complet, *La Belle Ferronnière*, inspiré du tableau de Vinci, un *Requiem*, un *Te Deum*, un *Magnificat*, des *Vêpres* et des messes solennelles, œuvres jouées en son temps à Notre-Dame, sans oublier un recueil de *170 cantiques en usage dans tous les diocèses*. Un artiste productif et somme toute très classique, qui ne compromit pas l'image de sa bourgeoise famille provençale, fixée dans la petite cité de Valréas, berceau d'origine de la famille Pagnol et, depuis 1800, enclave du Vaucluse dans le département de la Drôme, surnommée l'« enclave des papes ».

Les Juvin sont en fait originaires du village médiéval voisin de Richerenches, dans la même enclave, aujourd'hui réputé pour ses truffes, où l'on peut remonter leur arbre généalogique jusqu'à un modeste ménager (agriculteur) nommé Raymond Juvin, né vers 1585 et époux de Catherine Rapine, dont les descendants s'étaient élevés socialement dès le temps de Louis XIV, devenant d'abord bourgeois du lieu, puis greffiers et enfin notaires, tout en faisant de beaux mariages. Le grand-père de notre musicien, notaire et consul – autrement dit maire –, avait ainsi épousé une demoiselle Tardieu de la Pérouse, descendant elle aussi de notaires, mais fille et petite-fille… de médecins distingués. Comme quoi l'hérédité était donc bel et bien là, latente, prête à ressurgir après avoir sauté quelques générations… et démasquée par le généalogiste !

Avec l'installation à Paris, le classique brassage généalogique avait commencé. Notre compositeur avait épousé une Vosgienne, son fils une Ardennaise (comptant parmi ses ancêtres un couple aux noms pittoresques de Petitequeue et Dardare), son petit-fils la fille d'un ferblantier italien, et son arrière-petit-fils – le grand-père de Philippe – une Parisienne originaire du Val-d'Oise, descendante d'un garde suisse.

Et le brassage de s'amplifier, avec la famille maternelle et le grand-père Chabot, déjà évoqué, avec sa lignée d'enseignants aux racines essentiellement concentrées dans la Marche, le Bourbonnais et l'Auvergne. Ayant enseigné trente ans au lycée Fesch d'Ajaccio, il y avait épousé une jeune fille de la ville, Françoise Onorati, dont les origines étaient à la fois italiennes (entre l'île de Ponza, autrefois rattachée au Royaume-des-Deux-Siciles, et un village de Sardaigne) et corses (à Ucciani et Bocognano, en plein cœur de la montagne et des forêts de châtaigniers – Ucciani, où Philippe Juvin aime à aller se ressourcer dans la maison familiale).

Famille proche

Marié à une universitaire, Philippe Juvin est père de deux enfants.

Parcours

Institution Notre-Dame de Sainte-Croix, à Neuilly. Bachelier (1981). Médecine à l'université de Paris (Diderot et Pierre-et-Marie Curie). Internat (1989), puis chef de clinique assistant à l'hôpital Bichat (1993-1995), avant d'y travailler comme anesthésiste (1996-2003). Doctorat de biologie et physiologie de la circulation et de la respiration, diplôme de médecine légale. Conseiller municipal, depuis 1983, de La Garenne-Colombes, il en est élu maire RPR, en 2001, puis conseiller général et vice-président du conseil général des Hauts-de-Seine (2004-2009). Député européen (2009-2019). Chef de service des urgences de l'Hôpital Beaujon, à Clichy (2005-2012) et (depuis 2012) à l'Hôpital européen Georges-Pompidou, ainsi que professeur des universités. Incite au port du masque, en mai 2020. Annonce sa candidature à la primaire de droite, en juillet 2021, après publication de son livre *Je ne tromperai jamais leur confiance*, titre inspiré du serment d'Hippocrate. Arrivé cinquième au premier tour de la primaire (avec seulement 3 % des voix), il est éliminé et invite à voter pour Valérie Pécresse.

Indiscrétions et anecdotes

Celui qui, gamin, accompagnait son père rhumatologue dans ses visites à domicile a effectué son service militaire à la brigade des sapeurs-pompiers de Paris et s'efforce d'assurer une garde par an avec eux. En 2008, il a effectué, comme anesthésiste, une mission de deux mois pour l'Otan dans un camp militaire français en Afghanistan, à la suite de laquelle il a reçu la médaille commémorative française avec agrafe Afghanistan et la médaille de l'International Security Assistance Force.

Fidèle du Festival d'Avignon, ce collectionneur d'autographes est avant tout un grand passionné d'histoire et de vieilles pierres. Aimant passer ses (rares) vacances en Grèce, il a publié, en 2014, *Notre histoire, les cent dates qui ont fait la nation européenne*. Très attaché à ses racines corses, par sa grand-mère maternelle, c'est dans la maison de famille, à Ucciani, qu'il a écrit son dernier livre. Proche de Nicolas Sarkozy, il a participé à la rédaction de son programme santé, lors de la présidentielle de 2007.

CHRISTINE LAGARDE
LE CHANT DE L'ALOUETTE

d.r.

Nom
LAGARDE, née LALLOUETTE

Prénom
Christine **Madeleine Odette**
signifiant « chrétienne, disciple du Christ » ; très à la mode vers 1960 ; 13ᵉ prénom féminin français le plus porté (261 000)

Date de naissance	Lieu de naissance	Signe astrologique
01 01 1956	**Paris (IXᵉ)**	**Capricorne asc. Taureau**

née le même jour que Catherine Nay, Alain Afflelou, Louis Chedid et Philippe Douste-Blazy

PROFESSION : Avocate
DOMICILE : Habite le très chic XVIᵉ arrondissement de Paris
FILIATION : Fille de Robert, universitaire, et de Nicole Carré, agrégée de lettres
RACINES : Eure, Gironde, **Moselle**, Nord, Pas-de-Calais, Bas-Rhin ; Belgique.

Noms de famille

Lagarde : patronyme très courant, porté par plus de 5 000 foyers français (dont une bonne centaine de Christine). Désignait une famille habitant l'un des très nombreux lieux ou domaines nommés La Garde, poste élevé où l'on avait souvent eu une tour ou une forteresse, gardant militairement le secteur.

Lallouette : indissociable de Lalouette (200 foyers avec deux « l », contre 500 avec un seul), était donné comme surnom en référence à l'oiseau autrefois très populaire, réputé pour son étourderie et plus encore pour son chant mélodieux.

Origines et histoire familiale

Fille d'universitaires chrétiens de centre gauche – père professeur d'anglais et mère passionnée de grammaire –, Christine Lagarde raconte, très amusée, qu'elle faisait le service à table lorsque ses parents recevaient à dîner Pierre Mendès France ou Jacques Delors.

Elle a grandi au Havre, où son père est décédé jeune, alors qu'elle n'avait que seize ans, ce qui l'obligea à exercer pas mal de petits boulots, pour financer ses études. Car les Lallouette étaient d'origine modeste.

À Paris, ils avaient été garçons de magasins, employés, chemisiers, pour y être arrivés sous le Second Empire, avec François-Louis, l'arrière-arrière-grand-père, venu de Lorraine. Celui-ci avait vu le jour à Raville, un village des environs de Metz, dont plusieurs de ses aïeux avaient été maires et échevins. La famille était originaire de Berlize, où l'on peut remonter sa filiation jusqu'à un ancêtre né vers 1635, soit à la fin du règne de Louis XIII. Un laboureur, nommé François Lallouette, qui n'avait pas hésité, en 1663, à faire baptiser une de ses filles sous le prénom de Mangeon, un ancien diminutif régional du prénom Dominique qui, associé à son nom, avait sans doute pas mal fait sourire.

Mais voilà que cet aïeul avait eu une autre fille, prénommée Barbe et qui, mariée à un Dosda, compte aujourd'hui parmi ses descendants un certain Pierre Laurent, secrétaire général du Parti communiste. Par ailleurs, par les About, de Riche, Christine Lagarde cousine avec... Dominique Strauss-Kahn, son prédécesseur au FMI.

Une famille aux ancêtres modestes, aussi bien en Lorraine que dans d'autres régions, comme l'Alsace et le Bordelais. Le Nord aussi, avec une solide lignée de bouchers. Les seuls un peu originaux se trouveront dans l'Eure, à La Couture-Boussey, célèbre pour ses fabricants de clarinettes et d'instruments à vent, dont plusieurs figurent dans l'arbre généalogique de l'ex-ministre et d'un de ses frères, Olivier, connu aujourd'hui comme baryton. Un artiste qui a peut-être hérité du talent de l'ancêtre, auquel la famille devait son nom ?

Famille proche

Mariage : mariée en 1982 avec Wilfried Lagarde, analyste financier, d'une famille originaire du Loiret, via le Morvan ; unie à Eachran Gilmour, britannique, gérant d'entreprise en Pologne ; refait sa vie avec Xavier Giocanti, homme d'affaires marseillais d'origine corse (Ucciani), ancien camarade d'études et père de deux enfants).

Enfants : deux fils de son premier mariage : Pierre-Henri (1986, consultant chez Apple, puis directeur d'AppKdo, site d'accès aux applications iPhone et jeux iOS et entrepreneur dans la restauration) et Thomas (1988, architecte à Chicago).

Parcours

Enfance au Havre. Équipe de France de natation synchronisée, médaille de bronze à quinze ans aux championnats de France. Petits boulots d'étudiante (ouvreuse de théâtre, écailleuse de poissons, maître nageur). Stage au Capitole américain, comme assistante parlementaire. Sciences Po Aix. Échec à l'Ena. Maîtrise d'anglais et de droit des affaires. DESS de droit social. Avocate au barreau de Paris. Gravit tous les échelons du gros cabinet d'avocats américains Baker & McKenzie (première femme à présider le comité exécutif mondial du cabinet), à Chicago (1999-2004). Ministre déléguée au

Commerce extérieur (2005-2007), brièvement ministre de l'Agriculture (2007), de l'Économie (2007-2011 : loi TEPA, avec le bouclier fiscal, et loi de modernisation de l'économie). Nommée directrice du FMI en juin 2011, en remplacement de Dominique Strauss-Kahn (dénonce les risques des politiques d'austérité et du réchauffement climatique ou du creusement des inégalités ; fait reconnaître le yuan chinois comme monnaie de référence et met en œuvre une réforme du FMI visant à donner plus de poids aux pays émergents). Entendue en mai 2013 par la Cour de justice de la République, saisie par des députés socialistes, l'accusant de « détournement de biens publics » dans l'arbitrage, rendu lorsqu'elle était ministre de l'Économie, prévoyant le versement de 403 millions d'euros à Bernard Tapie (affaire du Crédit lyonnais, relativement à la vente d'Adidas), elle est mise en examen pour « négligence » (août 2014). Le magazine américain *Forbes* l'ayant classée 5e femme la plus puissante du monde en 2014, elle déclare ne pas envisager d'être candidate à l'élection présidentielle française de 2017, préférant être reconduite pour un nouveau mandat de 5 ans, à l'issue duquel elle est nommée présidente de la Banque centrale européenne (2019).

Indiscrétions et anecdotes

Cette adepte du yoga ne mange pas de viande et a arrêté de boire du vin depuis 20 ans, au profit de l'eau gazeuse. Lorsqu'elle peut passer quelques jours de vacances dans sa maison normande de Hautot-le-Vatois, elle aime jardiner, voir pousser ses roses, récolter le miel de son rucher. Elle fait aussi des confitures (de framboises et de groseilles), qu'elle aimerait pouvoir offrir aux personnalités qu'elle rencontre, comme elle leur offrait des cravates Hermès, lorsqu'elle était ministre des Finances.

Pratiquant la natation quotidiennement, elle ne descend que dans des hôtels avec piscine, adore l'opéra et admire Golda Meir et Simone Veil. Son « style de management : faire se rencontrer les gens ».

JEAN-CHRISTOPHE LAGARDE
DES FORÊTS VOSGIENNES AU 9-3

Nom
LAGARDE

Prénom
Jean-Christophe
Jean signifiant en hébreu « Dieu fait grâce », et Christophe signifiant en grec « qui porte le Christ »

Date de naissance
24 10 1967
né le même jour que Florian Philippot

Lieu de naissance
Châtellerault (Vienne)

Signe astrologique
Scorpion asc. Scorpion

FILIATION : Fils de Lucien, informaticien, et de Monique Arena Dumas, secrétaire
RACINES : Corse, **Meurthe-et-Moselle**, Pyrénées-Orientales, Bas-Rhin, Savoie, Vosges ; Algérie, Espagne, Italie.

Nom de famille

Patronyme très courant, porté par plus de 5 000 foyers français (dont une bonne vingtaine de Jean-Christophe). Désignait une famille habitant un des très nombreux hameaux ou domaines nommés La Garde, lieux élevés où l'on avait souvent une forteresse ou une tour d'observation, surveillant militairement le secteur.

Origines et histoire familiale

Une longue histoire, que celle des Lagarde, originaires des Vosges et arrivés dans le 9-3, en passant par le Poitou…

Muni d'un CAP de comptable, le père, Lucien, était un pur produit vosgien. Né à Remiremont, il a ses racines au sud d'Épinal : Uzemain, Granges-sur-Vologne, Gérardmer… au Boulay aussi, où, par la famille Mathieu, Jean-Christophe Lagarde cousine avec Bruno Le Maire. Des ancêtres essentiellement tisserands et laboureurs, très modestes et anonymes, ceux que Rostand nommait « les petits, les sans-grades ». À l'exception d'une lignée, celle des Lagarde eux-mêmes, arrivés dans les Vosges avec un militaire, Jacques Antoine de Lagarde, né vers 1666, dans le village d'Arraye-et-Han, entre Nancy et Metz, un homme nullement noble, fils d'un fabricant d'huile. Cavalier au régiment de Conflans, il passera par Épinal, où il se mariera avant de décider de prendre sa retraite dans le bourg voisin de Docelles, une petite cité papetière en plein essor. L'homme, qui ne sait pas écrire et qui signe en traçant malhabilement une croix de Lorraine, y deviendra « marchand hôtelier », comme le sera après lui son fils. Les affaires marchent bien : les Lagarde font figure de notables et tiennent le haut du pavé. Mais pour un temps limité... Leurs descendants verront leur statut se dégrader au lendemain de la Révolution et iront travailler dans les ateliers textiles des environs. On arrive ainsi au grand-père, ouvrier à Remiremont et militant communiste, et au père, pour lequel le CAP de comptable avait été une vraie promotion, qui quittera l'univers familial séculaire pour aller tenter sa chance en région parisienne.

Et ce Vosgien épousera... une pied-noir, rapatriée en France avec sa famille, dont une partie s'était fixée à Châtellerault. Une femme dont les origines sont aussi variées que celles de son mari sont homogènes. Les Arena, d'abord, d'origine italienne, venus des environs de Turin, s'étaient établis à Souk Ahras, plaque tournante commerciale entre le nord et le sud de l'Algérie et la Tunisie, où ils avaient été tailleurs avant de tenir un café et où l'arrière-grand-père avait épousé une Catalane, aux origines à la fois françaises et espagnoles. Les Nuer ensuite, famille de la grand-mère, originaires de Modane et de la Maurienne, offrent une lignée d'horlogers. Sans oublier une arrière-grand-mère originaire de Corte, en Corse, où un aïeul sous-officier avait pris sa retraite comme garde forestier. Un homme avec lequel ça ne plaisantait pas.

Famille proche

Mariage : avec Aude Lavail (née en 1976, ancienne Miss Castelnaudary, conseillère municipale de Villeneuve-la-Comptal, berceau de sa famille maternelle, plus jeune candidate sur la liste présentée par François Bayrou aux élections européennes de 1999, adjointe au maire de Drancy, en charge des Affaires sociales depuis 2001, conseillère régionale UDF d'Ile-de-France, mars 2004).

Enfants : père de quatre enfants, dont Maeva (2003) et Tony (2005).

Parcours

Enfance en banlieue parisienne, à Montreuil puis à Drancy, où sa famille s'installe, en 1970. Milite en 1989 pour Raymond Barre. Assistant parlementaire (de Marc-Philippe Daubresse, député UDF du Nord, 1992-1995). Secrétaire général puis président des Jeunes démocrates sociaux (en 1994, abandonnant alors ses études d'histoire) et des Jeunes UDF (1998-2001). Échoue aux législatives, en Seine-Saint-Denis, en 1993 et 1997. Directeur de cabinet du maire du Bourget (1995-1999). Conseiller municipal de Drancy (1989-2001), puis maire (de 2001 à 2017), arrachant la ville à soixante-six ans de gestion communiste). Conseiller régional d'Ile-de-France

(1998-2001). Conseiller général de Seine-Saint-Denis (2001-2003). Porte-parole de François Bayrou aux élections présidentielles de 2002. Député de Seine-Saint-Denis (depuis 2002 ; vice-président de l'Assemblée nationale [2006-2012] ; membre de la commission des Finances depuis 2012). Adhère au Nouveau Centre, en 2007, dont il devient président exécutif (2008-2012). Secrétaire général de l'UDI (Union des démocrates et indépendants, fondée par Jean-Louis Borloo) en 2012 (après avoir soutenu la candidature de Nicolas Sarkozy), il en est le président depuis 2014, tout en présidant le groupe UDI à l'Assemblée nationale, depuis 2017.

Indiscrétions et anecdotes

Giflé à sept ans par sa monitrice de centre aéré, après avoir arraché une affiche du candidat François Mitterrand aux présidentielles, il se voyait, adolescent, professeur d'histoire ou chercheur à l'université, avec l'idée d'une thèse sur l'histoire napoléonienne, avant de prendre Raymond Barre comme modèle politique.

Fumeur et bourreau du travail, cet ancien rugbyman est également un adepte de la plongée sous-marine et un amoureux du ballon rond, tweetant beaucoup sur la prochaine Coupe du monde. En 1998, en tant que conseiller régional, il avait reçu une invitation à la finale, au Stade de France, qu'il avait mise en jeu dans une tombola, au profit des habitants de Drancy. Il a été, en 2021, placé en garde à vue pour détention d'armes.

GÉRARD LARCHER
TOUT LE PORTRAIT DE SON ANCÊTRE !

Sénat

Nom
LARCHER

Prénom
Gérard **Philippe René André**
prénom d'origine germanique, forgé sur les racines gari *(« armée ») et* hard *(« fort »), surtout à la mode à la fin des années 1940*

Date de naissance
14 09 1949

Lieu de naissance
Flers (Orne)

Signe astrologique
Vierge asc. Poissons

né le même jour que Gaston Defferre, François Asselineau, Olivier Bouygues et Martin Fourcade

PROFESSION : Vétérinaire
DOMICILE : Un pavillon, au centre de Rambouillet
FILIATION : Fils de Philippe, industriel, et de Francine Briet
RACINES : Calvados, Eure, Eure-et-Loir, Lozère, Nord, Oise, Pas-de-Calais, **Seine-Maritime**, Seine-et-Marne ; Belgique.

Nom de famille

Porté par plus de 2 400 foyers français, ce patronyme très courant, ayant son pic de fréquence, dans l'Hexagone, en Seine-Maritime, est également très présent en Martinique. Il est logiquement hérité d'un très lointain ancêtre archer.

Origines et histoire familiale

Fils de notables normands, Gérard Larcher a très tôt été confronté à la vie politique locale, puisque son père, industriel, propriétaire d'une usine de textile, a été plus de vingt ans maire de son petit village de Saint-Michel-des-Andaines, au cœur de la forêt du même nom, dans le Bocage normand. Homme de droite, gaulliste, Albert Larcher, passionné de chevaux – éleveur de chevaux de selle et de vénerie –, incarnait la troisième génération de Larcher industriels établis en Normandie, depuis que son grand-père, Eugène, s'était établi à Flers dans les années 1890. Natif de Canteleu, en banlieue rouennaise, ce dernier était le fils d'un teinturier-apprêteur, travaillant donc déjà le textile, comme l'avait fait son propre père, ouvrier apprêteur de soie. La famille a ses racines en Seine-Maritime, plus précisément dans le pays de Bray, où l'on peut remonter cette modeste lignée rurale dans le village de Bois-Héroult, jusqu'à un ancêtre nommé Pierre Larcher, né vers 1620 et époux de Jeanne Cauchois.

Mais toutes les racines du président du Sénat ne sont pas concentrées en Normandie. S'il a également des racines dans l'Eure et le Calvados, une arrière-grand-mère, fille d'un coiffeur parisien, lui en donne dans l'Oise et le Pas-de-Calais, tandis qu'une autre branche conduira en Lozère.

Côté maternel, avec les Briet, apparaît une lignée de briquetiers, originaires du Hainaut belge, avec également des racines dans le Nord et le Pas-de-Calais, par lesquelles le généalogiste le découvrira cousin d'Adrien Quatennens, de La France insoumise (par Pierre Chieux, bourgeois d'Ypres, marié vers 1600). Il lui trouvera aussi pour lointain aïeul le roi Louis VI, dit « le Gros », dont l'embonpoint frôlait l'obésité, due selon les historiens à l'alimentation excessive des guerriers chasseurs de son époque. Un autre gros chasseur, avec un lointain descendant qui lui ressemble…

Famille proche

Marié en premières noces à une cavalière, Gérard Larcher a épousé en secondes noces, en 1979, Christine Weiss, chirurgien-dentiste, qui lui a donné trois enfants : Aymeric, Dorothée et Charlotte, et cinq petits-enfants.

Parcours

Institution Sainte-Marie, à Caen. S'engage dès le lycée chez les jeunes gaullistes et à l'Union démocratique du travail (gaullistes de gauche). Bac puis prépa à Amiens. École nationale vétérinaire de Lyon. Diplômé 1973 (major de sa promo). Service militaire à la Garde républicaine, à Paris. Vétérinaire au Haras normand du Pin, au sein de l'équipe de France de sports équestres. Conseiller municipal de Rambouillet, il entre au RPR à sa création. Proche de Charles Pasqua, il entre au bureau, puis au comité du parti. Élu maire de Rambouillet (1983-2004, puis 2007-2014), puis conseiller régional d'Île-de-France (1985-1992). Élu sénateur (1986-2004 et depuis 2007), il met fin à sa carrière. Ministre délégué aux Relations du travail (2004-2005), puis à l'Emploi, au Travail et à l'Insertion professionnelle des jeunes (2005-2007). Refuse le portefeuille de l'Agriculture (2007). Président du Sénat (2008-2011 et depuis 2014).

Indiscrétions et anecdotes

Vétérinaire équin (spécialiste des chevaux, en fils d'un homme qui en avait élevé), Gérard Larcher a lui-même atteint un niveau de compétition en saut d'obstacles et a accompagné les cavaliers tricolores aux JO de Montréal, en 1976. Mais sa grande passion est avant tout la chasse, qu'il a pratiquée dès son enfance avec son père – chasse au petit gibier, en forêt de Rambouillet, avec sa vieille 4L, et au gros gibier, à Chambord. Sa thèse portait sur les chiens de grande vénerie et plus particulièrement le poitevin. Après des braques allemands – tous nommés Léo –, il a eu un épagneul breton, qui mangeait tous ses bas de pantalon. Également pêcheur, il a cosigné un livre sur les animaux de ferme, avec le photographe Yann Arthus-Bertrand. Redoutable coup de fourchette, celui qui fut couronné « bébé Blédine » à dix-huit mois sait régler les problèmes autour d'une bonne table. Son régime, aux dires d'un de ses proches : « Trois petits déjeuners, deux déjeuners et trois dîners par jour. » D'aucuns complètent le portrait en le comparant à « un sympathique hippopotame pourvu de petits yeux mobiles, avec une bonne allure de provincial replet » (Jean-François Probst). Un « bon gros » qui a le projet d'un livre sur les grands banquets de l'histoire. Élevé dans la religion catholique, il s'est converti au protestantisme pour se remarier à une amie d'enfance.

JEAN LASSALLE
LE JOYEUX TRANSHUMANT DE LA POLITIQUE

A. Lamielle

Nom
LASSALE

Prénom
Jean
prénom signifiant en hébreu « Dieu fait grâce » ; 1er prénom masculin français le plus porté

Date de naissance
03 05 1955
né le même jour que Machiavel et Martin Bouygues

Lieu de naissance
Lourdios-Ichère (Pyrénées-Atlantiques)

Signe astrologique
Taureau asc. Vierge

PROFESSION : Technicien agricole
DOMICILE : Sa commune natale de Lourdios-Ichère, dans le Haut-Béarn
FILIATION : Fils de François et de Marie Lapédagne, agriculteurs
RACINES : **Pyrénées-Atlantiques**.

Nom de famille

Porté par environ 3 000 foyers français, ce patronyme a ses pics de fréquence dans les départements des Pyrénées-Atlantiques et des Landes. Il fait référence à des noms de lieux d'origine, nommés « La Salle », qui désignaient au départ une maison fortifiée (puis une grande maison ayant une salle).

Origines et histoire familiale

Jean Lassalle est né dans la minuscule commune de 130 habitants où il vit et dont il a été maire durant quarante ans, Lourdios-Ichère, issue en 1820 de la réunion officielle de deux hameaux du Haut-Béarn. Un village de la vallée d'Aspe, accroché à flanc de montagne – avec des points culminants à plus de 1 500 mètres – et peuplé d'agriculteurs et d'éleveurs, proposant des fromages fermiers au lait de brebis, vendus sous l'appellation contrôlée ossau-iraty.

C'est là qu'il a grandi, sous le rude climat pyrénéen, sur l'exploitation familiale, tenue aujourd'hui par son frère. Ses parents, bergers, pratiquaient la transhumance, comme le veut la tradition locale. Le village étant notamment connu pour sa fête des bergers, chaque année en juin, avec chants, danses et repas, à l'occasion du départ des troupeaux de moutons vers les estives, pour de longues semaines en altitude. Une vraie « symphonie pastorale pour brebis et béliers », avec l'incontournable cérémonie des cloches, ayant toutes un son différent et que les bergers choisissent aussi soigneusement que les brebis qui les porteront, les plus grosses allant aux « meneuses », sélectionnées pour conduire le troupeau. Le curé y va de ses coups de goupillon et le maire – Jean Lassalle – de sa chansonnette, chantée bien sûr en béarnais, comme celle qu'il lui est arrivé d'entonner à l'Assemblée nationale.

Le chant, chez les Lassalle, tient en effet de famille. « J'ai été élevé dans cette ambiance-là. Ils chantaient tous divinement bien, ils s'engueulaient chaque fois qu'ils se voyaient », explique le truculent député, prenant soin d'ajouter : « Ils avaient le même sentiment de liberté dans la peau » car ces Béarnais au caractère bien trempé avaient aussi leurs idées. « Ma famille était gaulliste, c'était la Résistance. Du côté de ma mère, ils étaient républicains communistes. » Et lui de continuer à sa façon la traditionnelle transhumance familiale, avec pour estives les hauts bancs du Palais-Bourbon.

Les ancêtres et les racines ? La question ne se pose pas, tant la réponse s'impose : Lourdios-Ichère et les communes de la vallée d'Aspe, Borcé, Bedous, Osse, Sarrance, Cette-Eygun, Lescun..., où tous les ancêtres, aux noms typiques du secteur, étaient pasteurs (bergers) et laboureurs. Comme les Lassalle eux-mêmes, hormis l'arrière-grand-père boulanger, connus à Lourdios dès le début du XVIIIe siècle et volontiers nommés dans les archives d'alors du double nom de Lassalle-Chinette ou Lassalle dit Chinette, selon le principe des doubles noms béarnais, exposés à propos de la famille Bayrou (☞ p. 64). Et là aussi, remontant la lignée paternelle du candidat béarnais, le généalogiste découvre que son patronyme est venu d'une femme. Son ancêtre direct, Pierre Bordes, marié en 1780 avec Marie Lassalle, héritière de sa maison, avait en effet pris et transmis le nom de son épouse, leur fils – le trisaïeul de Jean – se voyant tantôt nommé Bordes-Lassalle, Bordes dit Lassalle ou Lassalle tout court. De même que son ancien ami François Bayrou descend en fait des Cazaillet, Jean Lassalle descend donc des Bordes, qui avaient quant à eux leurs racines dans le village voisin d'Escot.

Du fait de cette très forte concentration des origines à la seule vallée d'Aspe, les cousinages seront assez peu nombreux, sauf :

– avec Tony Estanguet (par François Langlatte et Catherine Casabon, mariés en 1761 à Lescun) ;

– avec Éric Piolle (par Jean Salet et Jeanne Terras, mariés vers 1695 à Lourdios) ;

– enfin avec Louis Barthou, la grande gloire locale, ministre de la IIIe République, mort assassiné en 1934, qui était le cousin proche

☺ d'un des arrière-grands-pères de Jean Lassalle (par Jean Pierre Bergez et Engrace Garaste, mariés en 1779 à Sarrance).

Famille proche

Marié à Pascale, Jean Lassalle a quatre enfants : Thibault (né en 1987, rugbyman professionnel, aujourd'hui à Castres), Alizée, Geoffray et Amaury.

Parcours

Études classiques. Technicien agricole, il se spécialise dans l'hydraulique et l'aménagement du territoire et fonde une société de conseil. Élu maire de son village natal, à vingt et un ans (1977), il le restera quarante ans (jusqu'en 2017, démission pour respecter la loi sur le cumul des mandats). Conseiller général des Pyrénées-Atlantiques (1982-2015 ; vice-président du conseil général et président du comité départemental du Tourisme, président du Parc national des Pyrénées et, depuis 1994, de l'Institution patrimoniale du Haut-Béarn, tout en présidant aussi, depuis 2002, l'Association des populations des montagnes du monde). Suppléant du député RPR (1988-2002), puis député (depuis 2002) RPR, puis UDF-MoDem, après avoir soutenu la candidature à la présidentielle de François Bayrou, dont il est proche. Devient vice-président de son parti (2010, qu'il quitte en 2016, mettant fin à une longue amitié fraternelle avec Bayrou). Siège à l'Assemblée nationale comme député non-inscrit. Fonde le mouvement Résistons pour se porter candidat à l'élection présidentielle de 2017, où il obtient 1,2 % des voix. En mars 2021, il annonce vouloir se présenter à la présidentielle de 2022.

Indiscrétions et anecdotes

Avec son béret et son accent, Jean Lassalle soigne son image de Béarnais. Le fait que sa mère ait mis huit jours à le mettre au monde, à dix-sept ans, dans la bergerie familiale, expliquerait selon lui qu'il soit souvent en retard, y compris lors des débats télévisés. Enfant très timide, il avait du mal à s'exprimer en bon français à l'école et était la cible de moqueries. L'institutrice devait se rendre chez une voisine pour comprendre ce qu'il disait.

Remarqué pour ses interventions à l'Assemblée nationale, il a notamment entonné un chant béarnais, en 2003, pendant les questions au gouvernement, interrompant Nicolas Sarkozy, alors ministre de l'Intérieur, pour réclamer le maintien d'une gendarmerie près du tunnel du Somport (qu'il obtiendra à ce prix…). En novembre 2018, il s'y est présenté porteur d'un gilet jaune, par solidarité avec le mouvement contestataire du même nom, ce qui lui a valu une retenue de 1 500 euros sur ses indemnités parlementaires. Mais il doit sa notoriété nationale à la grève de la faim entamée en 2006 pour éviter le départ d'une usine de sa vallée béarnaise – grève qui lui a valu, après plus d'un mois et la perte de 30 kilos, d'être hospitalisé dans un état critique et, sur intervention de Chirac, Villepin et Sarkozy, d'obtenir finalement gain de cause.

D'avril à décembre 2013, il a effectué un tour de France à pied de plus de 5 000 kilomètres, à l'écoute des citoyens, pour rédiger des « Cahiers de l'espoir ».

Il raconte s'être produit au Bolchoï, dans les chœurs de l'Armée rouge, devant Leonid Brejnev, après un soir de beuverie, au cours d'un voyage à Moscou. Sa langue maternelle étant le béarnais, il aime signer « Jan Lassala ». En décembre 2018, un Breton de Landivisiau s'est fait tatouer son portrait sur le bras.

Admirateur de Gandhi, de Gaulle et Mandela, un rien machiste – d'où quelques problèmes, mais pas de plaintes –, doté d'un humour volontiers grivois, cet ancien rugbyman a été un vrai « papa poule » pour ses enfants.

JEAN-YVES LE DRIAN
NÉ DANS UNE BARAQUE

Nom
LE DRIAN

Prénom
Jean-Yves
Jean, signifiant en hébreu « Dieu fait grâce », et Yves, nom de baptême typiquement breton, issu du mot « if » ; prénom composé courant dans les années 1950

Date de naissance
30 06 1947
né le même jour que Charles VIII et Barras

Lieu de naissance
Lorient (Morbihan)

Signe astrologique
Cancer asc. Lion

PROFESSION : Universitaire (histoire)

DOMICILE : Résidence principale à Rennes ; résidence secondaire à Guidel, dans la banlieue de Lorient (et vacances pour partie en Castille, dans sa belle-famille)

FILIATION : Fils de Jean, magasinier, et de Louisette Derrien, couturière

RACINES : **Morbihan**, Finistère.

Nom de famille

Ce patronyme breton rare, porté par une trentaine de foyers français, est une variante de Le Dréan, lui-même formé sur la vieille racine bretonne *drech* (beau, remarquable).

Origines et histoire familiale

« Notre mère a accouché dans une baraque en bois, où elle vivait avec son mari, en attendant de pouvoir emménager dans la commune voisine de Lanester », écrit Thérèse Thiery, aujourd'hui maire de cette commune et sœur de Jean-Yves Le Drian. Mais n'exagérons rien. Si la famille Le Drian était une famille modeste, on n'était ni chez Zola ni chez les Thénardier, mais seulement à Lorient, une ville qui venait d'être rasée par l'aviation alliée, voulant détruire sa base de sous-marins.

Une famille ni plus ni moins modeste que les autres familles de la ville.

Le père, magasinier, deviendra vendeur de pièces détachées auto. La mère, couturière dans un magasin, cessera de travailler pour élever ses enfants.

Couple pratiquant et très engagé, Jean Le Drian et Yvette Derrien se sont connus à Lanester, alors qu'ils militaient à la JOC (Jeunesse ouvrière chrétienne), où ils seront tous les deux investis de responsabilités régionales puis nationales, lui devenant également président de la Confédération syndicale des familles. Tous deux adhéreront au PS en 1976, et le mari, également doté d'un solide passé de militant CFTC, deviendra adjoint au maire communiste de Lanester. À table, les discussions familiales tournaient volontiers autour de l'action syndicale, de l'Église et de la lutte des classes…

Une famille avant tout bretonne.

Le grand-père paternel, Joseph, garçon livreur à sa mobilisation, avait fait quatre ans de guerre et participé à l'expédition des Dardanelles. En juin 1918, pour avoir ramené le corps d'un officier de derrière les lignes françaises, il avait obtenu une permission exceptionnelle pour acte de bravoure, et neuf mois plus tard lui était né son fils. Revenu vivant et décoré de la croix de guerre, mais gazé, Joseph était devenu docker et avait traîné une vie de souffrances tant morales que physiques, qui l'avaient fait sombrer dans l'alcool et mourir jeune, alors que son fils n'avait que neuf ans. Une histoire dont on n'a jamais parlé et que son petit-fils, tout ministre de la Défense qu'il soit, n'a découverte que récemment, à l'occasion de la publication du livre de Laurent Valdiguié et Caroline Fontaine. « Mais, commente le ministre, sa femme, ma grand-mère, tenait un bistrot sur les docks, à Lorient, un endroit très populaire, avec beaucoup d'ambiance, où l'on mangeait des plats sommaires. Marie était une maîtresse femme, assez grande, une matrone qui n'a sûrement pas compris la souffrance de son mari quand il est rentré. »

Face à ce couple, celui des grands-parents maternels est taillé du même bois. Lui, engagé à dix-huit ans dans la marine nationale, fera pareillement ses quatre années de guerre avec la campagne d'Allemagne et sera quartier maître infirmier. Elle, fille de journalier de Quimperlé, porte fièrement la coiffe bretonne.

Même milieu, mêmes métiers : majoritairement paysans, petits propriétaires ou journaliers, aux côtés de nombreux meuniers… Mêmes patronymes typiques : Guiguen, Ropert, Tanguy, Rivoal, Le Moing, Jaffrezou… Seule différence : les racines paternelles sont morbihannaises, essentiellement concentrées dans le pays de Lorient (Hennebont, Caudan, Inzinzac, Arzano, Cléguer, Inguiniel…), et les maternelles dans le Finistère limitrophe, aux environs de Quimperlé (Saint-Thurien, Mellac, Riec-sur-Bélon, Bannalec…).

Les Le Drian eux-mêmes, originaires de Nostang, où ils sont connus depuis Yves Le Drian, né vers 1685, avaient suivi une évolution classique. D'abord laboureurs, ils avaient régressé après la Révolution, avec un ancêtre domestique à Inzinzac, sa fille, journalière et mère célibataire, et son petit-fils, manœuvre, pour finalement gagner Lorient, avec notre futur docker.

Les Derrien, en revanche, laboureurs à Carhaix-Plouguer, au centre de l'ancien duché, se révèlent de filiation plus remarquable, les premiers ancêtres connus ayant été écuyers et seigneurs de Goazfilou, dans l'actuelle commune de Pleubian, en Trégor, sur les côtes de la Manche. L'un d'eux, Yves Derrien, né vers 1520, avait épousé la petite-fille d'un amiral de Bretagne, lui-même gendre du duc Arthur III, arrière-petit-fils par sa mère, du roi Jean II le Bon. On ajoutera que, par Le Bobinnec, de Languidic, les Le Drian cousinent ☹ aussi de loin avec les Le Pen.

Famille proche

Mariages: divorcé, il s'est remarié en 2013 avec Maria Vadillo, d'origine castillane, un temps conseillère municipale de Rennes et vice-présidente du conseil régional de Bretagne, chargée du tourisme et du patrimoine.

Enfants: un fils de son premier mariage, Thomas (1984), nommé en janvier 2014 à la SNI (filiale immobilière de la Caisse des dépôts, premier bailleur de France gérant près de 272 000 logements, dont une majorité de logements sociaux), où il est directeur de cabinet du président du Directoire et membre du comité exécutif du directoire.

Fratrie: deux sœurs: Thérèse (Mme Thiéry, maire de Lanester) et Marie (ingénieur au CNRS et écrivain, auteur d'un livre retraçant l'histoire de Lorient après la guerre, et de plusieurs romans).

Parcours

Enfance à Lanester où, un instituteur l'engageant à poursuivre ses études, il sera élève à l'institution Saint-Louis, à Lorient. Commence à militer au sein de la Jeunesse étudiante chrétienne (dont il devient secrétaire départemental, lorsqu'il est en terminale). Un an d'hypokhâgne, au lycée de Quimper. Université de Haute-Bretagne à Rennes (rejoint l'Unef, dont il est un militant actif, en 1968). Tout en enseignant au lycée d'Hennebont, passe l'agrégation d'histoire contemporaine. Service militaire à Saint-Lô. Maître assistant à l'université de Rennes (avant de devenir inspecteur général de l'Éducation nationale en 1993). Adhère entre-temps au PS (1974, à la suite d'un meeting de François Mitterrand; dirige la section de Lorient). Adjoint au maire de Lorient (1977), puis maire (1981-1998, et depuis conseiller municipal). Député du Morbihan (1978-1991 et 1997-2007). Secrétaire d'État à la Mer (1991-1992). Conseiller régional de Bretagne (1976-1986 et 1998-2021, dont il sera président de 2004 à 2012, puis de 2015 à 2017). Se lie avec François Hollande en 1979, il l'accueillera à Lorient avec Jacques Delors en 1985 et fondera avec eux le cercle de réflexion Démocratie 2000. Ministre de la Défense (depuis 2012 : retrait des troupes françaises d'Afghanistan, intervention au Mali). Président du conseil régional de Bretagne (2015- 2017, après avoir plaidé pour l'absorption des Pays de Loire). Ministre de l'Europe et des Affaires étrangères, depuis 2017.

Indiscrétions et anecdotes

Jeune, il a passé plusieurs étés en Algérie pour donner des cours de rattrapage à des élèves de Petite Kabylie et de la banlieue d'Alger, et c'est son ami, l'avocat Jean-Pierre Mignard, qui lui a présenté en 1979 un copain de l'Ena, nommé François Hollande.

Lui, dont la mère avait assisté en tant qu'observatrice au concile de Vatican II, a été initié en 1982 à la Loge lorientaise, Nature et Philanthropie, et est membre du Grand Orient de France. Il affirme avoir été sollicité, en juin 2007, par Nicolas Sarkozy pour être ministre de la Défense.

Ce taiseux, capable de colères faisant trembler les murs, est un très gros bosseur, qui dort au rez-de-chaussée du ministère et commence sa journée à 6 h 30, en lisant *Le Télégramme de Brest* au petit-déjeuner. Hyper attaché à sa Bretagne natale, porteur d'une alliance gravée de triskels, vieux symbole breton, il raffole de l'andouille de Guémené, que sa grand-mère maternelle lui préparait avec une purée onctueuse. Adepte du VTT, il aime s'entraîner avec l'équipe cycliste de l'armée de terre et est ami du coureur Bernard Hinault, cinq fois vainqueur du Tour de France.

STÉPHANE LE FOLL
LE PHILOSOPHE ET LE SIFFLEUR

d.r.

Nom
LE FOLL

Prénom
Stéphane
signifie « couronné », en grec ; porté par 270 000 Français, a surtout été à la mode dans les années 1970

Date de naissance
03 02 1960
né le même jour que Gilbert Collard

Lieu de naissance
Le Mans (Sarthe)

Signe astrologique
Verseau asc. Poissons

PROFESSION : Professeur d'économie

DOMICILE : Se partage entre Paris, Le Mans, avec vacances dans l'ancienne ferme de ses grands-parents bretons, dans les monts d'Arrée

FILIATION : Fils d'Armand, instituteur, et de Simone Bourdais, fonctionnaire des PTT

RACINES : Côtes-d'Armor, **Finistère**.

Nom de famille

Nom de famille breton fréquent, porté par plus de 1 000 foyers français, surtout propre au Finistère et aux Côtes-d'Armor, et de même sens en breton que le vieux mot français, pour surnommer un ancêtre fou... ou simplement original. On recense au ministre une dizaine d'homonymes.

Origines et histoire familiale

Si Stéphane Le Foll est né et a grandi dans la Sarthe, il n'en est pas moins à 100 % breton.

Aucune branche de son arbre généalogique ne quittait en effet le vieux duché, pour offrir un concentré de Le Foll, Plassart, Gloarennec, Le Berre, Lozach, Couillec, Madec... Dans toutes les branches, ce ne sont que patronymes typés. Tant dans la lignée paternelle, originaire des confins du Finistère et des Côtes-d'Armor, du Trégor, du Léon et de la Cornouaille, avec pour centre de gravité Berrien, dans les monts d'Arrée, que dans la branche maternelle, enracinée plus à l'est, dans des villages costarmoricains du Penthièvre et des environs de Lamballe...

Toutes ces lignées, tant à l'ouest qu'à l'est, livrent les mêmes ancêtres classiques, avec une immense majorité de paysans. Presque tous étaient en effet agriculteurs, tout en exerçant parfois un second métier : maçon pour les uns, comme chez les Bourdais ; charron ou ébéniste pour d'autres, comme cet arrière-grand-père, François Le Berre, qui fabriqua lui-même en 1892 de solides meubles en bois d'if pour constituer la dot de sa fille.

Des familles paysannes et au surplus très nombreuses, dépassant fréquemment les 10 enfants, d'où ces mariages extraordinaires – qu'a connus le père du ministre – regroupant souvent 200 à 250 convives et durant parfois une semaine. On cite même des records, comme le banquet de mariage des deux sœurs Keriel, qui avaient en 1906 épousé deux frères Le Maître et dont la noce avait réuni à Berrien 1 800 convives, que l'on avait assis sur des talus aménagés à même le sol. Un repas qui avait également exigé 12 marmites, pour cuire le ragoût, et durant lequel on avait consommé 6 barriques de vin et 14 de cidre, alors qu'un autre mariage, qui avait réuni quant à lui 2 100 personnes, avait fait réquisitionner 200 charrettes et chars à bancs pour conduire la noce à l'église, dans la commune voisine de Scrignac.

Aussi loin que l'on remonte, les Le Foll n'ont guère bougé. Connus depuis un Guy Le Foll, né vers 1570, on les suit longtemps, d'abord à Botsorhel, commune où un ancêtre exerça la profession de notaire au temps du Roi-Soleil, pour les voir ensuite se déplacer par sauts de puce. Allant d'une ferme à l'autre et d'une commune à l'autre, ils mettront plus de deux siècles pour faire moins de 10 km et se retrouver à Berrien. C'est là que le grand-père du ministre ira se marier et que la famille possède encore aujourd'hui la maison de Niquelvez. Une maison meublée des fameux meubles de bois d'if de l'ancêtre ébéniste et héritée des Plassart, par lesquels on découvre que Stéphane Le Foll cousine avec l'ancien ministre de la Justice, Jean-Jacques Urvoas.

Partout où ils sont passés, les Le Foll ont souvent compté au nombre des *pennou ar barez*, littéralement « les têtes de la paroisse », après avoir souvent été maires ou chefs de la fabrique paroissiale, avec des personnalités marquant la vie locale. Ainsi, à Scrignac, François Le Foll, l'arrière-grand-père, surnommé « le philosophe » : un homme adorant bouquiner, ayant toujours le Petit Larousse sur ses genoux et parlant couramment français, tout en étant un tantinet fier et plastronneur. Ainsi, Pierre Marie Le Foll, un de ses frères – ils étaient onze enfants –, surnommé « *c'huiteller* » (le siffleur) en référence à ses sifflements de chasseur. Ou encore le fils de celui-ci, Émile Le Foll, une force de la nature, champion interceltique de lutte, pour avoir remporté des concours organisés entre Écossais, Gallois et Irlandais…

Ce ne sera qu'avec le grand-père, Albert, que la famille s'aventurera hors des limites de l'ancien duché. Mais l'homme, en fait, n'aura pas le choix. Entré dans l'armée, il deviendra officier d'artillerie et devra suivre son régiment.

Même chose à la génération suivante, avec le père de Stéphane commençant une carrière aux PTT, côté Poste, et se retrouvant à Paris, où il fera la connaissance de sa future femme, bretonne également et travaillant elle aussi aux PTT, mais côté Téléphones. Ce père, bifurquant, deviendra instituteur et sera nommé dans la Sarthe, où il s'intégrera au point d'être longtemps maire de son village – Longnes, à 10 km du Mans, dont Stéphane sera plus tard lui-même conseiller municipal. Voilà comment le ministre a vu le jour et a grandi dans la Sarthe, tout en se sentant avant tout breton.

Famille proche

Mariage: avec Marie-Hélène Bourdais, institutrice et artiste plasticienne (ses œuvres allient peinture, gravure, photographie et textile), une homonyme de sa mère qui n'est nullement sa cousine.

Enfant: un fils unique, Youen (1988, musicien, intermittent du spectacle).

Fratrie: une sœur, Gwenola, psychologue.

Parcours

Enfance sarthoise : école communale de Longnes, collège de Loué, lycée Colbert-de-Torcy, à Sablé. BTS Tradicopa (transformation, distribution et commercialisation des produits agricoles), obtenu au lycée agricole Le-Paraclet, d'Amiens. DEA d'économie. Cnam. Professeur d'économie au lycée agricole de Rouillon, dans la Sarthe, puis au lycée de La-Ferté-Bernard. Chargé de cours à l'université de Nantes (1988-1999) : un de ses professeurs, conseiller de François Mitterrand, le fait entrer au PS, où il devient conseiller en agriculture (1991). Brièvement conseiller technique auprès du ministre de l'Agriculture, Louis Le Pensec (1997), il rencontre François Hollande, dont il devient le directeur de cabinet (1997-2008). Conseiller municipal de Longnes (1983-1995), puis du Mans, où il devient vice-président de la Communauté urbaine (2001). Député européen (2004-2012). Crée en 2006, avec Edgar Pisani, le groupe Saint-Germain, consacré à repenser le projet agricole. Directeur de campagne de François Hollande, en 2011. Député de la Sarthe (élu en 2012, après échecs en 2002 et en 2007, année où il a été battu par François Fillon). Ministre de l'Agriculture et de l'Agroalimentaire (depuis 2012 ; mouvement des Bonnets rouges, en 2013 ; crise agricole). Également porte-parole du gouvernement (2014-2017). Député de la Sarthe (2017-2018). Maire du Mans et président du Mans-Métropole (depuis 2018).

Indiscrétions et anecdotes

Doté de la charpente de ses cousins lutteurs, Stéphane Le Foll est un mordu de foot, qui a joué en milieu de terrain, en division d'honneur. Pratiquant régulièrement le vélo, il fuit les mondanités pour préférer sa bande de vieux copains de la Sarthe, avec lesquels, écologiste avant d'être socialiste, il a autrefois planté plus de 3000 arbres. S'intéressant plus particulièrement aux civilisations celtique et bretonne, il s'est mis au breton, qu'il comprend parfaitement et participe au Festival du chant de marin. Homme concret et pragmatique, il aime les activités manuelles et est très attaché à la terre et à l'ancienne maison de sa famille, à Berrien, sachant faucher et battre la faux, car il l'a appris avec son grand-père. Peintre à ses heures, il est depuis son enfance un grand passionné d'histoire. Friand de pâtisserie et de cuisine bretonne, aussi bien des crêpes que des *patates mod-kozh* (pommes de terre à l'ancienne), cuites avec du lard, du beurre et des oignons, comme les préparait sa grand-mère, Marie Le Gloarennec.

BRUNO LE MAIRE

NEVEU DE LOUIS XIII ET COUSIN DE JOE BIDEN !

R. Mee

Nom
LE MAIRE

Prénom
Bruno Maurice Marie
prénom d'origine germanique, signifiant « brun » ; 43e prénom masculin français le plus porté (186 000).

Date de naissance
15 04 1969
né le même jour que Gad Elmaleh

Lieu de naissance
Neuilly-sur-Seine (Hauts-de-Seine)

Signe astrologique
Bélier asc. Lion

PROFESSION : Haut fonctionnaire

DOMICILE : Locataire d'un appartement à Paris, à Saint-Germain-des-Prés

FILIATION : Fils de Maurice Le Maire, cadre de l'industrie, et de Viviane Fradin de Belabre, directrice d'école privée

RACINES : Aisne, Calvados, Charente-Maritime, Jura, Loire, Marne, Haute-Marne, Nord, Oise, Orne, Paris, Rhône, **Seine-et-Marne**, Yvelines, Var, Vienne, Vosges ; Algérie, Belgique, Brésil, Royaume-Uni.

Nom de famille

Patronyme peu courant, porté par environ 150 foyers, majoritairement originaires de Bretagne, il est une variante du plus fréquent Lemaire (15 000 foyers). Vient bien sûr du mot *maire*, issu lui-même du latin *major*, désignant « le plus grand », donc l'homme le plus important d'un village, celui à la tête d'un groupe.

Origines et histoire familiale

Bruno Le Maire est né dans une famille aisée de la bourgeoisie parisienne, où deux personnalités ont indéniablement beaucoup influencé et façonné la sienne : celles de son père et de sa grand-mère.

Le premier, homme de principes, voulait pour ses enfants des réussites exemplaires. Cadre chez Total, où il a fini sa carrière comme directeur des ventes, grand admirateur de Napoléon, Maurice Le Maire était aussi exigeant que peu enclin aux compliments. Un comportement dont l'homme politique a beaucoup souffert, pour en avoir vainement attendu un signe de reconnaissance.

Quant à sa grand-mère maternelle, Isabelle Eschassériaux, il l'adorait : une vraie « tornade, le genre de femme qui ne s'arrête jamais.

Qui n'attend pas sagement le retour de son mari à la maison ». Issue de la haute bourgeoisie, mariée à 21 ans avec un comte d'Empire qui l'avait délaissée, elle avait eu le cran, après quelques semaines de mariage, de le quitter pour « non-consommation » – au grand scandale de sa famille. Après annulation du mariage religieux, elle s'était remariée avec le baron Enguerrand Fradin de Belabre – un grand blessé de guerre, de santé fragile et au surplus divorcé, après avoir eu le malheur de perdre deux fillettes à l'âge de deux et quatre ans. Avec lui, Isabelle obtiendra son brevet d'aviation et, admiratrice de Mermoz et de Roland Garros, effectuant plusieurs vols entre Paris et le Maroc, parfois au péril de sa vie : à la suite d'une panne, elle s'écrasera un beau jour près d'Alicante et se retrouvera dans les branches d'un figuier ! Curieuse de tout, adorant la mécanique et les voitures, elle conduira à tombeau ouvert jusqu'à 84 ans. Arrière-petite-fille du diplomate brésilien Domingos de Magalhães, connu dans son pays comme grand auteur romantique, elle adorait la lecture et n'a pas cessé de répéter à son petit-fils que « lire, c'est être libre ! ».

Mais parlons des Le Maire. Originaires de la Brie, ils sont attestés à Coulommiers dès l'époque de Louis XVI, où leur plus ancien ancêtre connu – Jean Le Maire (*alias* Lemaire) – était notaire. La famille connaît ensuite une régression sociale, avec un ancêtre tailleur d'habits, puis plusieurs ancêtres exerçant la profession de fripier (métier désignant le revendeur d'objets d'occasion, tant de meubles que de vêtements, assez proche donc de notre brocanteur). Leurs affaires allant mieux, les Le Maire quitteront Provins pour aller s'établir à Paris, sous la Restauration, où ils vivront bien vite bourgeoisement, d'abord dans le centre, puis sur les grands boulevards, où la vie est plus gaie, à l'image des opéras-bouffes mis à la mode par Offenbach.

C'est alors qu'ils font un bond sur l'échelle sociale, grâce à un très beau mariage, celui de Paul Edmond Le Maire, négociant, avec une Lebaudy, issue d'une famille normande (« l'esbaudy ») ayant fait fortune dans le sucre, depuis que le père avait épousé la fille du célèbre chimiste Charles Derosne (1780-1846), connu pour être à l'origine de la fabrication du sucre de betteraves. La fille de ce couple Le Maire-Lebaudy, épousera en 1887 son cousin germain, Maurice Le Maire, et leur fils, capitaine d'artillerie, sera le grand-père de Bruno.

L'arbre généalogique paternel le voit cousiner, par la grand-mère, née Delepoulle et originaire du Nord et plusieurs des grandes familles du textile, avec Frédéric Nihous et Laurent Wauquiez ! Comme on le découvrira aussi cousiner, côté maternel, avec Jean-Christophe Lagarde (par la famille Mathieu, du Boulay, dans les Vosges).

Car la très bourgeoise branche paternelle n'est rien, au plan généalogique, lorsqu'on la compare à la branche maternelle.

Née Viviane Fradin de Belabre, la mère de Bruno, qui deviendra professeur des écoles lorsque son mari prendra sa retraite et est aujourd'hui directrice d'une école privée parisienne, a une généalogie des plus prestigieuse. Non tant côté Belabre, famille saintongeaise de très ancienne bourgeoisie, non noble, que par d'autres branches, pleines d'ancêtres importants (avocats, notaires, chirurgiens, maîtres de postes…). Ancêtres assumant pour certains des mandats politiques, comme le comte Boby de la Chapelle, préfet et député de Seine-et-Marne, ou comme les Échassériaux, qui ont donné des barons d'Empire et plusieurs députés. Des ancêtres étrangers parfois, avec un couple de bourgeois londoniens et une Brésilienne : Januaria Héloïse de Gonçalves de Magalhães d'Araguaya, fille d'un ministre plénipotentiaire, à la fois médecin et, comme on l'a vu, poète.

Pourtant, il y a mieux encore : une arrière-grand-mère, née Doublet de Persan – famille d'authentique noblesse –, avait elle-même pour arrière-grand-mère une Talleyrand, de la famille du célèbre évêque, et pour aïeule une petite-fille d'Auguste III de Saxe, roi de Pologne. Un véritable « toboggan généalogique », qui fait de Bruno Le Maire un descendant de l'empereur Joseph Ier d'Autriche. Par le jeu des mariages royaux, il descend aussi du roi Philippe III d'Espagne et est donc le petit-neveu de sa fille, Anne d'Autriche, épouse de notre roi Louis XIII et mère de Louis XIV. Cousin donc de Louis XVI, il l'est aussi – par alliance – de Napoléon Ier, comme finalement de tous les souverains européens, dont la reine Elizabeth II (au 22e degré : mieux que François Mitterrand, qui ne l'était qu'au 31e !). Il compte enfin, de ce fait, parmi les cousins de Barack Obama, de Joe Biden et de Boris Johnson !

Famille proche

Mariage : marié en 1998 avec Pauline Doussau de Bazignan (artiste peintre, qu'il a connue à son autoécole et qu'il a demandée en mariage à Rome ; aînée de neuf enfants ; attaches familiales dans le Gers et en Lot-et-Garonne ; famille bourgeoise et terrienne, non noble, descendant de André Doussau, marié en 1905 avec Marguerite de Bazigan ; sera une de ses assistantes parlementaires).

Enfants : quatre fils : Louis (1999), Adrien (2002), Matthias (2008) et Barthélemy (2011).

Fratrie : deuxième d'une famille de six enfants (un frère aîné, Éric, 1968), puis trois cadets (Tanguy, 1973 ; Olivier, 1976 ; Hugues, 1979) et une sœur (Sybille, 1974, Mme Tagliaferro, vice-présidente chez Publicis).

Parcours

Enfance à Paris, dans les beaux quartiers : école privée des Moineaux, dans le XVIe, où l'ont précédé Jean d'Ormesson et Jacques Chirac. Institution catholique Saint-Louis-de-Gonzague (« Franklin », tenue par les jésuites). Lycée Louis-le-Grand. Bac ES (mention bien). École normale supérieure. Agrégation de Lettres modernes (major, 1992). Sciences Po Paris. Ena (1998, promotion Valmy, 20e). Diplomate au Quai d'Orsay, au côté de Villepin, dont il sera le directeur de cabinet à Matignon (2006-2007). Parachuté en 2007 dans l'Eure, département où, enfant, il avait souvent passé ses vacances, il en est élu député (2007-2009, puis 2012-2017). Conseiller municipal d'Évreux et conseiller régional de Haute-Normandie. Secrétaire d'État aux Affaires européennes (2008-2009). Ministre de l'Agriculture (2009-2012). Refusant de prendre parti dans le duel Copé/Fillon, il est candidat à la présidence de l'UMP en 2014 (29 % des voix). Candidat à la primaire de droite en 2016, il est nommé ministre de l'Économie, des Finances et de la Relance en 2017.

Indiscrétions et anecdotes

Bon élève, sa directrice d'école se souvient qu'il « ne faisait pas de bêtises, ne créait pas de problème et était toujours très poli, un peu à l'ancienne ». Ce garçon à la chambre impeccablement rangée a fait partie des Petits Chanteurs de Chaillot, faisant avec eux des tournées en France, en Europe et aux États-Unis, se produisant même devant le pape Jean-Paul II au parc des Princes, en juin 1980.

Constamment délégué de classe durant ses études – de la sixième à l'Ena –, ce germanophone (lecteur de Schiller, Goethe, Thomas Mann) est moins attiré par les maths que par l'Histoire – son père, passionné de Napoléon, l'a fait baigner dans celle de l'Empire – et la lecture. Accro de littérature et de poésie (Saint-Simon, Stendhal, dont il peut réciter des pages entières par cœur, et Rimbaud, qui peut l'émouvoir aux larmes). Grand spécialiste de Proust – qui aurait changé sa vie –, il a consacré son mémoire de DEA à la *Recherche du temps perdu*. Musicien (alto et piano), il est un grand fan de musique classique (Bach, Beethoven, Brahms), capable de faire 400 km pour assister à un récital de piano, sachant aussi apprécier la variété française (Cabrel, Souchon, Balavoine, Sardou).

Auteur de deux romans à l'eau de rose, sous le pseudonyme de Duc William, dans la célèbre collection « Harlequin » (quand il était étudiant, mission rémunérée 15 000 francs, selon son biographe, et qui lui rapporta nettement plus que ses autres petits jobs de livreur de pizzas et de pompiste). A ensuite signé huit autres livres sous son nom, dont *Le Ministre* (Grasset, 2004), dans lequel il décrit une scène très intime, dans une baignoire, avec sa femme, lors d'un voyage à Venise, ville qui au demeurant le fascine.

Bon joueur de tennis, il jogge régulièrement, aime aussi les voitures, en particulier les bolides de 500 chevaux ultra-rapides, même s'il s'astreint à faire campagne au volant d'une triste 306 d'occasion. Son ami Jean Todt, ancien patron de la F1 chez Ferrari, lui a permis de réaliser un rêve en lui faisant rencontrer Michael Schumacher. Amateur de bonne chère et de bon vin, son gâteau préféré est la tarte au citron. Pour le lancement de sa campagne pour les primaires, à Vesoul, il s'est vu offrir un poster de lui en Superman.

JEAN-MARIE LE PEN
UNE HISTOIRE TRÈS NOIRE

d.r.

Nom
LE PEN

Prénom
Jean-Marie

Date de naissance
20 06 1928
né le même jour que Jean Moulin et Gérard Collomb

Lieu de naissance
La Trinité-sur-Mer (Morbihan)

Signe astrologique
Gémeaux asc. Taureau

PROFESSION : Éditeur
DOMICILE : Une propriété de plus de 4 500 m², dans le domaine privé de Montretout, sur les hauteurs de Saint-Cloud
FILIATION : Fils de Jean-Marie, patron pêcheur, et d'Anne-Marie Hervé, couturière
RACINES : Finistère, **Morbihan**.

Nom de famille

Patronyme breton fréquent, aux souches multiples, dont les quelque 400 foyers qui le portent ne sauraient être tous cousins. Il ne signifie pas « la pointe, le chef », comme on le lit parfois. Ses formes anciennes (Le Paen, Le Péen) le montrent ayant plus sûrement eu le sens de « païen ».

Origines et histoire familiale

Natif du golfe du Morbihan, Jean-Marie Le Pen est à 100 % breton et surtout morbihannais, issu de familles modestes et généralement très nombreuses. Familles du monde agricole, dont les descendants avaient souvent gagné les côtes, pour prendre la mer sur des bateaux de pêche.

Avec des ancêtres successivement laboureurs à Bubry, Lignol et Persquen, la lignée Le Pen a une histoire très noire, qui commence avec Pierre Marie Le Pen, piétiné à mort par un cheval en 1885, à l'âge de cinquante-quatre ans. Un père de quatorze enfants, qui devront se débrouiller pour subsister.

L'un des plus jeunes, Pierre, qui n'a alors que onze ans, n'ira pas à l'école et n'apprendra donc le français que lorsqu'il fera son service militaire, comme c'est alors le cas pour beaucoup de petits Bretons pauvres. Il sera immédiatement placé comme valet dans une ferme, puis gagnera un jour la côte et deviendra marin pêcheur à La Trinité, où il épousera Marie, une domestique, « un petit bout de femme inflexible et dure à la tâche ».

Tout le jour, pendant que son homme pêche sur *La Jeune Marianne*, elle va pousser sa brouette, chargée des poissons à vendre disposés sur un lit de varechs, son dernier marmot juché par-dessus. À force de trimer, elle amassera un beau magot, qu'elle convertira en emprunts d'État du Maroc, dont elle garde les titres roulés sous son oreiller. Mais voilà qu'un jour le mari remplace les billets par des coupures d'*Ouest-Éclair* et s'en va les boire au café – peut-être pour oublier les rudesses de la vie… et de sa femme. La sanction sera immédiate et sans appel : chassé *manu militari* de chez lui, après vingt ans de mariage, le bonhomme ira vivre dans une maison mitoyenne et le couple ne s'adressera plus jamais la parole, pas même à la mort de leur fils.

Marin pêcheur comme son père, ce fils, prénommé déjà Jean-Marie, embarquera dès l'âge de treize ans et épousera la fille de petits paysans de Locmariaquer : une couturière, très confite en religion, infirme depuis sa jeunesse (une jambe écrasée sous la roue d'un char), mais ambitieuse et au caractère également très trempé. Elle poussera beaucoup son mari, d'abord à devenir patron, puis conseiller municipal, responsable du syndicat des marins pêcheurs et président de l'Union des combattants. Mais celui-ci mourra à quarante et un ans, en 1942, pêchant la sole de nuit sur son bateau *La Persévérance*, pour avoir remonté une mine dans ses filets et après avoir lutté cinq heures dans les flots après l'explosion…

Un épisode tragique de plus dans cette histoire familiale, qui vaudra au fils unique du marin, lui aussi prénommé Jean-Marie et surnommé « Jeanjean », celui que l'on connaît, d'être adopté par la nation. On imagine la suite : la misère, le gamin partant à son tour pêcher très jeune pour payer ses études chez les jésuites, très marqué par la mémoire de son père, dont il conserve la photographie devant le drapeau de l'association des Anciens Combattants.

« Jeanjean » voulait devenir officier de marine marchande. Il montera à Paris, où il se lancera dans l'édition et où il épousera Pierrette Lalanne, qui lui donnera trois filles, dont Marion, dite Marine, la petite dernière.

Famille proche

Mariages : marié en 1960 avec Pierrette Lalanne, ex-épouse de l'entrepreneur de spectacles Claude Giraud, dont il divorce en 1987, pour se remarier à Rueil en 1991 avec Jany Paschos (née 1932, fille d'un marchand de tableaux grec, elle-même divorcée de l'homme d'affaires belge Jean Garnier et présidee de SOS enfants d'Irak, association qu'elle a fondée en 1995).

Enfants : trois filles de son premier mariage (☞ p. 207) :

– Marie-Caroline (1960, journaliste, attachée parlementaire, conseillère régionale et membre du bureau politique du FN, mariée successivement à deux élus FN, Jean-Pierre Gendron et Philippe Olivier (juriste, député européen depuis 2019), avec qui elle prendra le parti de Bruno Mégret, en 1998 ; brouillée avec son père). Elle est mère d'une fille, Nolwen, compagne de Jordan Bardella, et d'un fils (Pierre).

– Yann (1963, directrice des manifestations du FN, mariée en 1987 à Didier Zink, steward, puis en 1993 avec Samuel Maréchal [né en 1967, financier, fils d'un pasteur pentecôtiste et fondateur en 1998 de « Générations Le Pen »], dont elle divorce en 2007. Yann Le Pen est mère de trois enfants, dont Marion Maréchal-Le Pen, née en 1989 (☞ p. 229).

– Marine (1968 ☞ p. 210).

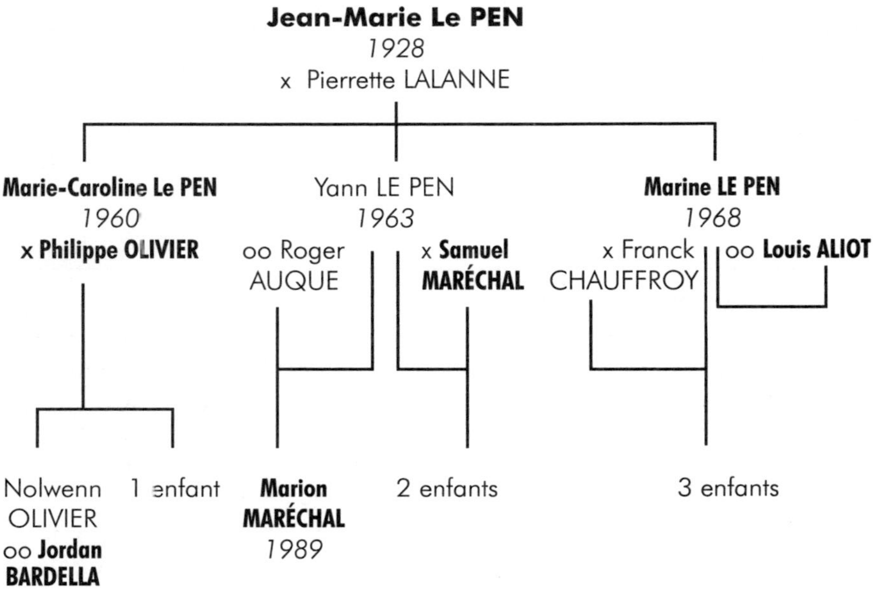

Parcours

Pupille de la Nation. Élève boursier au Collège jésuite Saint-François-Xavier de Vannes. Lycée de Lorient. Faculté de droit à Paris (président des étudiants en droit de Paris et animateur de leur journal). Guerres d'Indochine et d'Algérie (Croix de la valeur militaire ; polémique sur les « tortures par nécessité »). Éditeur. Député poujadiste, puis CNI de Paris (de 1956 – alors le plus jeune député de France – à 1962). Directeur de campagne de Jean-Louis Tixier-Vignancour, candidat à l'élection présidentielle de 1965. Fondateur et président du Front national (1972-2011). Victime en 1976 d'un attentat à la bombe contre son domicile parisien. Conseiller régional d'Ile-de-France (1986-1992), puis de Paca (1992-2000 et 2010-2015). Député de Paris (1986-1988). Député européen (1984-2003 et 2004-2019). Cinq fois candidat à l'élection présidentielle (absent en 1981, pour manque de parrainages) : 1974 (0,7 % des voix) ; 1988 (crée la surprise, avec 14,3 % des voix au 1er tour) ; 1995 (15 %) ; 2002 (16,86 % des voix, se qualifie pour le second tour, où il fera 17,79 % face à Jacques Chirac) et 2007 (10,44 %). Ne se présentant pas en 2012, il a soutenu sa fille, Marine, élue présidente du parti en janvier 2011, lui-même en étant président d'honneur, jusqu'en 2018. Suite à diverses déclarations polémiques, il est exclu du parti en 2015, ce qu'il conteste, pour voir son exclusion confirmée « à la majorité requise », en l'absence de Marine Le Pen et de Florian Philippot (décision provoquant plusieurs oppositions, dont celle de sa petite-fille, Marion Maréchal-Le Pen). En septembre 2015, il parle de créer un « Rassemblement Bleu-blanc-rouge », mais il annonce en mars 2016 la création de comités « Jeanne, au secours ! », avant que son nom soit cité, le mois suivant, dans l'affaire Panama Papers.

Il publie ses mémoires, dont le premier tome (2018) est un succès de librairie.

Indiscrétions et anecdotes

Surnommé « le Menhir », Jean-Marie Le Pen a perdu son œil gauche dans une bagarre électorale, en 1958, et a longtemps porté un bandeau. Il ne l'a remplacé par un œil de verre qu'au début des années 1980. Grand lecteur, c'est un passionné d'histoire de France et de Jeanne d'Arc, qui aime les chansons militaires (« La Madelon »), les vacances en Grèce et les croisières.

Il est assujetti à l'ISF depuis sa création en 1982, avec un patrimoine recueilli pour une large partie par le testament d'Hubert Lambert, dit Saint-Julien, auteur de nombreux articles dans des revues nationalistes et héritier d'une dynastie de cimentiers, décédé en 1976, qui possédait notamment la propriété de Montretout, à Saint-Cloud.

Plusieurs demandes ont été adressées au ministère de la Justice par des porteurs du patronyme Le Pen – dont un Jean-Marie Le Pen – désireux d'en changer – exactement comme l'ont fait, au fil des temps, des Landru, des Hitler, des Pétain ou plus récemment des Dutroux... Ces demandes ont toutes été rejetées par le Service du Sceau, estimant que l'homme politique n'ayant jamais fait l'objet d'une condamnation pénale infamante, on ne pouvait considérer son nom comme déshonoré.

MARINE LE PEN
ELLE DESCEND DE MAHOMET !

d.r.

Nom
LE PEN

Prénom
Marion Anne Perrine (dite ***Marine***)
dérivé de Marie ou issu du latin marina, *« mer » ; prénom surtout à la mode vers 1990*

Date de naissance
05 08 1968

Lieu de naissance
Neuilly-sur-Seine (Hauts-de-Seine)

Signe astrologique
Lion asc. Balance

née le même jour que Maupassant, Emmanuel Chain et Jean-Marc Morandini

PROFESSION : Avocate
DOMICILE : Habite à Saint-Cloud (Hauts-de-Seine)
FILIATION : Fille de Jean-Marie, éditeur, homme politique, et de Pierrette Lalanne
RACINES : Aveyron, Finistère, Gard, Gironde, Landes, **Morbihan** ; Malte, Suisse.

Nom de famille

☞ p. 205.

Origines et histoire familiale

Le divorce de ses parents, suivi deux ans plus tard du scandale provoqué par la photo de sa mère, posant nue dans *Play Boy*, a été un terrible choc pour Marine et ses sœurs, qui n'ont plus eu que leur père pour référent. Père dont Marine, fascinée, est toujours prête à pardonner les absences.

Si la famille de ce père, dont l'histoire est très noire (☞ p. 227), ne lui apporte que du sang breton, on peut dire que sa mère, Pierrette Lalanne, a rééquilibré l'arbre généalogique de Marine Le Pen, avec un lot d'ancêtres et de racines aussi divers que variés – ancêtres moins austères, surtout, que ceux de la lignée paternelle. Des gens du Sud, travaillant notamment dans le vin, avec les Lalanne, en Médoc, les Remazeilles, en Armagnac, les Sirgue, en Rouergue, cette dernière famille ayant de son côté pas mal bourlingué, avec un aïeul conducteur de travaux qui avait épousé en 1907, au Caire, une jeune fille native d'Alexandrie. Une ancêtre originale, nantie d'un père suisse (de Poliez-le-Grand, dans le canton de Vaud) et d'une mère née Micaleff, famille à 100 % maltaise et dont les membres ont essaimé au XIXe siècle

☺ vers le Levant, la Tunisie et l'Algérie, où ils ont épousé des Italiens, des Juifs et des Arabes… Une famille par laquelle le généalogiste découvrira Marine Le Pen cousine de Gérald Darmanin, descendant lui aussi de la même branche des Micalef de Birkirkara.

☺ Dès lors, Marine Le Pen compte elle aussi son lot de cousinages. En Bretagne, on les découvre ainsi, son père et elle, cousins à la fois de Jean-Louis Borloo (par les Royant, de Mellionnec) et de Jean-Yves Le Drian (par les Le Bobinnec, de Languidic). En Aveyron, par sa mère, elle descend par les femmes (via les Sirgue, Foulquier, Capluc et Brienne) d'une fille d'Aliénor d'Aquitaine et d'Henri Plantagenet, laquelle avait épousé le roi Alphonse VIII de Castille, descendant des anciens comtes de Toulouse et d'Urgel, et par eux d'un gouverneur arabe d'Andalousie, lui-même arrière-petit-fils… du prophète Mahomet. Ainsi, le Prophète de l'islam était, à la 49e génération, l'aïeul de ☹ Marine Le Pen (☞ p. 365).

Famille proche

Mariée successivement en 1997 avec Franck Chauffroy, chef d'entreprise, et après divorce en 2002 avec Éric Lorio, ancien secrétaire national du FN, conseiller général FN du Pas-de-Calais, dont elle divorce en 2006. Elle a trois enfants de son premier mariage : Jehanne (1998) et deux jumeaux : Louis et Mathilde (1999) et a de 2009 à 2019 pour compagnon Louis Aliot (né en 1969), divorcé et père de deux enfants, professeur de droit à Toulouse, avocat, conseiller régional du Languedoc-Roussillon et vice-président du FN, fils d'Alain, plâtrier et de Thérèse Sultan, conseillère d'éducation, lui de très vieille souche ariégeoise (Ax-les-Thermes), elle d'une famille juive d'Algérie, originaire de Médéa et Blida ; grand-père paternel poujadiste et grand-mère maternelle qui aurait été militante communiste.

Parcours

Enfance à Paris, où l'appartement familial de la Villa Poirier (XVe) est ravagé par un attentat en novembre 1976, puis à Saint-Cloud. École publique, puis lycée. Suit son père en campagne électorale, dès l'âge de 15 ans. Adhère au Front national en 1986. DEA de droit pénal à Paris II-Assas. Avocate au barreau de Paris, jusqu'à son entrée au service juridique du FN (1988). Candidate aux législatives à Paris (en 1993, à 24 ans, dans le XVIIe arrondissement, où elle obtient 11 % des voix). Premier mandat politique de conseillère du Nord-Pas-de-Calais, en 1998 (mandat qu'elle conservera jusqu'en 2004 et retrouvera en 2010). À partir de 2000, siège au sein du bureau politique du FN. Battue en 2002 aux législatives, à Lens (Pas-de-Calais), elle reprend l'association Générations Le Pen, créée par son beau-frère, Samuel Maréchal, pour « dédiaboliser » l'image de son père.

Conseillère régionale d'Ile-de-France (2004-2010), choisie comme tête de liste du Front national aux européennes d'Ile-de-France, elle est conseiller européen de 2004 à 2017. Directrice de campagne de son père en 2007. Conseillère municipale d'Hénin-Beaumont (Pas-de-Calais, 2008-2011). Suite à l'annonce du retrait de Jean-Marie Le Pen, elle se porte candidate à sa succession et est élue présidente du Front national (congrès de Tours, janvier 2011, 67,6 % des voix, face à Bruno Gollnisch).

Candidate à l'élection présidentielle de 2012, elle obtient 17,90 % des suffrages exprimés (meilleur résultat jamais obtenu par un candidat FN au premier tour d'une présidentielle). Ayant lancé le Rassemblement Bleu Marine (coalition de partis souverainistes), elle est candidate aux élections législatives, dans le Pas-de-Calais, en juin 2012, face à Jean-Luc Mélenchon. Battue, elle poursuit son œuvre à la direction du FN et entre en 2015 en conflit avec son père, qui en sera exclu. Battue par la liste d'union de Xavier Bertrand aux élections régionales de Nord-Pas-de-Calais-Picardie en 2015, elle sera conseillère régionale de 2016 à 2021, puis conseillère départementale du Pas-de-Calais, dont elle sera élue députée en 2017. Battue au second tour de la présidentielle de 2017 (avec 33,9 % des voix), elle est candidate à l'élection de 2022.

Indiscrétions et anecdotes

Celle qui aurait aimé être photographe admire le travail de Doisneau, Depardon, Cartier-Bresson. Enfant, elle tapissait d'ailleurs sa chambre de photos découpées dans les magazines. Adepte de ski et de sports nautiques, elle passe ses vacances dans la maison familiale de La Trinité ou sur la Costa Blanca espagnole. Elle adore les films des *Bronzés* et s'est souvent dite incollable sur la « Star Ac ». Longtemps surnommée la « night-clubbeuse » au sein du FN, elle fume beaucoup et a suivi un régime drastique, perdant 10 kilos en quatre ans.

Alors que la morphopsychologue dénonce l'identification au père, sa biographe, Valérie Igounet, explique que la stigmatisation qu'elle a éprouvée dans sa vie scolaire en raison de son ascendance a, selon elle, « fabriqué un véritable ciment familial », et que la notion de « regroupement dans l'adversité » aurait contribué à son engagement politique.

Dans le premier tome de ses *Mémoires* (2019), son père écrit : « Elle a certaines qualités pour faire de la politique : du cran, de l'allant, de la répartie. Mais elle n'a pas confiance en elle. Cela explique ses fautes. Son côté dictatorial [...]. Elle ne supporte pas la contradiction. »

Marine Le Pen a six chats du Bengale et la formation nécessaire pour en faire l'élevage.

DAVID LISNARD
DESCENDANT D'UNE FÉE !

Bc06150

Nom
LISNARD

Prénom
David **Raymond Robert**
prénom issu de l'hébreu daoud, signifiant « bien aimé », très à la mode dans les années 1960 et 1970, suite à la naissance très médiatisée de David Hallyday (1966), avec un énorme succès dans les familles ouvrières

Date de naissance
02 02 1969
né le même jour que Christiane Taubira et Valéry Giscard d'Estaing

Lieu de naissance
Limoges (Haute-Vienne)

Signe astrologique
Verseau asc. Sagittaire

DOMICILE : Se partage entre Cannes et la petite ville voisine du Bar-sur-Loup

FILIATION : Fils de Denis, footballeur, et de Jacqueline (dite Jacotte) Peraldi, commerçante

RACINES : **Alpes-Maritimes**, Calvados, Corse, Côtes-d'Armor, Dordogne Eure, Eure-et-Loir, Gironde, Loir-et-Cher, Lot-et-Garonne, Manche, Orne, Pas-de-Calais, Pyrénées-Atlantiques, Somme, Essonne ; Italie.

Nom de famille

Porté par moins de 30 foyers français, ce patronyme très rare et uniquement concentré dans les Alpes-Maritimes est un dérivé du plus fréquent Isnard, très courant en Provence, issu lui-même de l'ancien prénom franc Isanhard (forgé sur les racines *isan*, « fer » et *hard*, « dur »).

Origines et histoire familiale

Le hasard a fait naître David Lisnard à Limoges. Le hasard, ou plus exactement le parcours de ses parents, puisque son père, Denis, footballeur professionnel, jouait alors en 2e division au football-club de la ville où sa mère, Jacqueline, dite Jacotte, danseuse de ballet, dirigeait les cours de danse d'un centre culturel. Des parents sportifs qui se reconvertiront dans le commerce à Cannes, où Denis retrouvera son ancien copain de foot en la personne du futur maire Bernard Brochand, et où Jacotte, à plus de soixante-seize ans, tiendra encore un magasin de vêtements pour enfants, à l'enseigne des P'tits durs, en plein cœur de la rue d'Antibes, la grande artère commerçante de la cité du Festival.

La famille n'est pas arrivée là par hasard : si Jacotte, en effet, est bordelaise, c'était à l'AS Cannes que Denis avait commencé sa carrière, pour la simple raison qu'il y avait vu le jour.

Né en Limousin, le maire de Cannes peut donc s'enorgueillir d'avoir de vraies racines cannoises. Des racines qui remontent à la nuit des temps, par sa trisaïeule Françoise Tubie, une enfant du Suquet, le plus vieux quartier de la ville, fille d'un capitaine marin qui devait tout juste commencer à travailler au port, lorsque le lord anglais Brougham la découvrit en 1834 et la rendit célèbre. Petite-fille d'un grand-père patron pêcheur, dont la femme était poissonnière, et un autre douanier – on n'était, avant le rattachement du Comté de Nice à la France, qu'à quelques encablures de la frontière avec l'ancien royaume de Sardaigne –, cette aïeule vaut à son descendant de compter dans son arbre généalogique les plus vieilles lignées cannoises, avec des ancêtres typiquement « couleur locale » : ainsi, dans les années 1600, Jean Berlet, matelot, Alexandre Benoit, fournier-boulanger, Blaise Massuque, barillard, autrement dit tonnelier et, plus pittoresques encore, Marc Bense et Honoré Teisseire, « ménagers », c'est-à-dire agriculteurs, labourant les terres de La Bocca ou de La Croix des Gardes, en un temps où Cannes n'était qu'un village côtier de 1 000 ou 1 500 habitants. Sans oublier les Merle, les Arluc et les Mounier, qui se retrouvent aussi dans l'arbre généalogique d'Édouard Philippe, avec qui David Lisnard cousine puisqu'il descend comme lui de Jacques Mounier et Peyronne (ou Prinette) Gazielle, mariés vers 1650.

C'est en 1882 que Françoise Tubie avait épousé Adolphe Édouard Lisnard, petit commerçant, habile escrimeur à ses heures – réputé pour ses coups droits –, qui changera de profession pour travailler à l'hôtel de ville, alors en pleine expansion, où il sera directeur des services de l'hygiène, tout en exerçant la fonction de sous-bibliothécaire – déjà les livres et la culture, si chers à David… Un homme né en Champagne, là encore par hasard – l'histoire se répète –, du fait que son père y avait été amené par son métier d'entrepreneur de travaux. À une petite différence près : ce dernier n'était pas natif de Cannes, mais de la commune voisine de Vallauris, où les ancêtres Lisnard sont attestés de toute antériorité. Des ancêtres eux aussi cultivateurs au XIXe siècle, menuisiers au XVIIIe, et auparavant boulangers, connus depuis André Lisnard, né vers 1630, époux d'Honorade Mus.

Et la famille continuera, d'abord avec Léon, l'arrière-grand-père, entrepreneur comme son père, qui construira en 1934 le marché Forville, entre le Suquet et le Vieux-Port, puis avec Raymond, le grand-père, qui tiendra dans ce quartier, avec son épouse Suzanne, un hôtel 2 étoiles à l'enseigne du Soleil d'Azur. Un grand-père « qui m'a énormément marqué [et qui] est pour beaucoup dans mon amour de Cannes », confie David qui, sitôt désigné premier magistrat par le conseil municipal, est allé se recueillir sur sa tombe, au cimetière du Grand Jas. Car c'est à Cannes qu'il revenait chaque été, enfant, dans le quartier des Vallergues, comme c'est à Cannes qu'il avait été baptisé, quoique né à Limoges.

S'il n'a aucune racine en Limousin, David Lisnard n'en a pas cependant que sur la Côte d'Azur. Les ramifications de son arbre généalogique conduisent dans pas moins de seize départements et même à l'étranger, Camille, la femme de Léon, l'entrepreneur, couturière de son état, étant la fille d'un couple d'Italiens.

Au nombre des autres régions, voilà la Normandie, avec la grand-mère hôtelière, Suzanne, native de Falaise, mais arrivée très jeune sur la Côte, après que – nouveau hasard – son père, instituteur, eut été muté à Antibes, pour mieux y soigner son asthme. Par elle, voici des branches conduisant dans la Manche, où l'on trouvera de nombreux petits seigneurs locaux valant à David Lisnard deux ascendances particulières :

– par les Thézard, seigneurs des Essarts, les généalogistes pourront l'ajouter lui aussi aux descendants du roi Louis VI le Gros, comme le montrer descendant de Jean de Brienne, roi de Jérusalem et empereur latin de Constantinople (mort en 1237), ancêtre également du communiste Fabien Roussel et par lequel, via les anciens rois de Castille et de Léon, on peut le rattacher à Mahomet ;

– par les Clamorgan, seigneurs de Grattechef, on arrive à la famille d'Argouges, par laquelle il descend… d'une fée. La légende veut en effet qu'un ancêtre de cette vieille lignée féodale ait, lors d'une chasse, rencontré près d'une fontaine une très belle jeune femme du nom d'Andaine, dont il s'éprit instantanément. Demandée en mariage, elle lui répondit qu'elle était une fée et qu'elle acceptait de devenir son épouse, à condition qu'il ne prononçât jamais le mot « mort ». Le seigneur promit, mais un soir, lors d'un banquet, excédé d'attendre sa femme qui n'en finissait plus de s'apprêter, il lui lança : « Dame, vous êtes si lente en vos besognes que seriez bonne à aller quérir la mort ! » Celle-ci, poussant un cri déchirant, se précipita par la fenêtre, laissant sur son rebord l'empreinte de son pied et de sa main, toujours visibles aujourd'hui.

Née Peraldi, Jacotte était quant à elle fille d'un couple d'employés à la Compagnie des wagons-lits et petite-fille d'un grand-père corse, poilu de la Grande Guerre, sergent-major engagé volontaire et tombé en 1914 en Belgique, natif du village d'Olmeto, au sud de l'île, village où avait vécu la vraie Colomba, inspiratrice de Mérimée. Des ancêtres dotés eux aussi de quelques gouttes de sang italien et auxquels l'ancienne danseuse étoile devait sa culture et sa foi.

Parallèlement, d'autres branches, dispersées entre le Nord-Pas-de-Calais et le Sud-Ouest, le Bordelais, le Périgord et le Béarn, offrent un autre arrière-grand-père poilu, lui aussi engagé volontaire et tombé comme adjudant de l'infanterie coloniale à la bataille des Dardanelles.

Une belle généalogie, aux ancêtres manifestement durs à la tâche, capables d'inspirer les « p'tits durs » de l'enseigne de Jacotte et allant comme un gant à ce maire, amateur de marathons, de boxe et de combats.

Famille proche

Divorcé, remarié à Jacqueline Pozzi, David Lisnard est père de trois enfants : Mathilde (27 ans), Jeanne (19 ans) et Roméo (11 ans), tous nés à Cannes.

Parcours

École primaire à Limoges, puis lycées Carnot et Bristol, à Cannes. Sciences Po Bordeaux. Maîtrise de droit public, à l'université Paris II. Milite dès l'âge de dix-neuf ans pour Jacques Chirac et, après divers jobs, devient directeur du cabinet de Jacques Pélissard, député-maire de Lons-le-Saulnier et vice-président de l'association des maires de France. Conseiller général des Alpes-Maritimes depuis 2008, année au cours de laquelle il devient conseiller exécutif à l'UMP, tout en devenant président de Service public 2000 (société de conseil aux collectivités locales). Député suppléant de Bernard Brochand, maire de Cannes (2012-2017). Vice-président du conseil général, en 2014, année au cours de laquelle il est élu maire de Cannes, dont il était conseiller municipal, depuis 2001. Après avoir coécrit, *La culture nous sauvera*, en avril 2021, il lance, en juin 2021, le mouvement national « Une Nouvelle Énergie », qui souhaite peser dans la nomination du candidat LR aux élections présidentielles de 2022. Président de l'Association des maires de France (depuis novembre 2021).

Indiscrétions et anecdotes

Effrayé à l'idée d'arriver en retard à l'école, le jeune David Lisnard fréquentait les courts de tennis et jouait du piano, appréciant aussi bien Mozart, Dvořák, Debussy et Rachmaninov que The Clash, les Ramones et Nina Hagen. Resté fan de Bob Marley et des Sex Pistols, son premier réflexe, au soir de son élection, fut d'écouter « Let's Go » des Ramones, chez lui, « avec des amis, et sur disque vinyle ».

Étudiant, il a enchaîné à Cannes mille petits boulots : déménageur, serveur à l'ancienne brasserie Blue Bar, pontonnier au port, pompiste, magasinier et vendeur de boucherie au Géant Casino du pont des Gabres.

Très tôt passionné de politique, l'adolescent dévorait les éditos de Philippe Tesson dans *Le Quotidien de Paris* et s'amusait à réaliser des sondages dans sa classe, en période d'élections. Aimant écouter Chirac, Barre et Giscard, il était capable de réciter des tirades entières du débat Mitterrand-Barre de 1988, en imitant les deux protagonistes.

C'est en répondant à une petite annonce, lue dans la *Gazette des communes*, qu'il a été recruté comme directeur de cabinet du maire de Lons-le-Saunier, Jacques Pélissard. Rentré à Cannes, il aidera Bernard Brochand, qui avait joué au foot avec son père, à conquérir la mairie.

Ses peintres préférés : Salvador Dalí et Fernand Léger, dont une reproduction du tableau illustrant le poème « Liberté » d'Éluard n'a jamais quitté son bureau, près d'une maquette en modèle réduit du combi Volkswagen de 1967, qu'il possède grandeur nature, et de photos des chanteurs Aznavour et Iggy Pop, qu'il a rencontrés en tant que président des Festivals, comme il a aussi initié Steven Spielberg à l'art du tweet, avant que la tenue du G20 de 2011 ne lui permette de parler avec Obama de leur passion commune pour la série *The Wire*.

Fils de parents qui n'avaient pas le bac, il est depuis l'enfance un grand lecteur – comme sa mère, qui lui fit découvrir Frédéric Dard, dont il ne peut se passer, mais aussi Pierre Desproges. Ses autres auteurs préférés sont Romain Gary, David Lodge, Milan Kundera, sans oublier Raymond Aron et Jean-François Revel, qui l'aident à « se sentir mieux », tout en restant fidèle aux romans de Balzac. Passion pour la littérature, doublée d'une passion pour l'écriture, lui qui fut rédacteur pour divers journaux.

Aimant à citer de Gaulle et Jésus, il admire tout autant Philippe-Auguste, grand roi de la souveraineté française, Pompidou, maîtrisant l'imparfait du subjonctif tout en construisant la France industrielle, sans oublier le pape François. Homme de foi, il cite volontiers la phrase de saint Augustin : « Avance sur ta route et n'existe que par ta marche. »

En 2017, ses constants échanges de tweets avec Emmanuel Macron, pour le pousser à se présenter, ont fini par faire croire à sa femme qu'il avait une maîtresse !

Ses deux priorités sacrées restent ses enfants et la course à pied. Il court cinq fois par semaine, entre 45 min et 1 h 15, participant régulièrement aux marathons de Nice-Cannes et de Paris, qu'il termine régulièrement en moins de trois heures, à cinquante ans passés, tout en comptant se remettre à la boxe anglaise.

EMMANUEL MACRON
UN ROI, UN DEALER ET DES BOSSEURS

A. Hanks

Nom
MACRON

Prénom
Emmanuel Jean-Michel, Frédéric
prénom signifiant en hébreu « Dieu avec nous »

Date de naissance
21 12 1977
né le même jour que C. Jérôme et Corinne Touzet

Lieu de naissance
Amiens (Somme)

Signe astrologique
Sagittaire asc. Capricorne

PROFESSION : Inspecteur des finances, banquier

DOMICILE : Se partage essentiellement entre son appartement de l'Élysée et la villa familiale de sa femme, au Touquet, où ils se sont mariés

FILIATION : Fils de Jean-Michel, neurologue, et de Françoise Noguès, médecin conseil à la Sécurité sociale

RACINES : Aisne, Gard, Pas-de-Calais, Pyrénées-Atlantiques, Hautes-Pyrénées, **Somme** ; Angleterre.

Nom de famille

Patronyme porté par près de 300 foyers français, essentiellement originaires de la Somme et du Pas-de-Calais. D'étymologie incertaine, il est sans doute issu du vieux mot picard « maqueron », désignant le menton (proéminent), mais peut très bien aussi avoir été un diminutif de l'ancien prénom Macquart (formé sur les racines *magan* (« force ») et *hard* (« dur »).

Origines et histoire familiale

À la veille de la présidentielle de 2017, la généalogie d'Emmanuel Macron restait à découvrir. Je l'avais alors défrichée au coupe-coupe, afin de l'évoquer dans la précédente édition de ce livre, permettant à de nombreux amateurs de généalogie de la visiter ensuite à leur tour, voire de la compléter, comme l'a fait Jean Debrit, spécialiste aujourd'hui de l'arbre généalogique présidentiel.

Issu du milieu médical de province, sérieux et un rien austère – père médecin et professeur de neurologie au CHU d'Amiens ; mère médecin-conseil à la Sécu ; frère cardiologue et sœur néphrologue –, Emmanuel Macron a grandi dans une Picardie pétrie de principes, qu'il a décidé, comme chacun sait, de quitter pour gagner Paris, au bras d'une mère de trois enfants, son aînée de vingt-quatre ans et son ancien professeur. Un départ hors des normes, que l'étude de l'arbre généalogique va étonnamment éclairer.

Parlons d'abord des Macron. Sur le plan social, la famille offre l'exemple parfait du « sans-faute », avec une ascension réussie en trois générations et que le dernier rejeton s'est employé à parfaire, à un niveau auquel ses ancêtres n'auraient jamais pu songer...

En Picardie, les racines sont on ne peut plus classiques, avec les incontournables paysans des bourgs de la Somme et des légions d'ouvriers et d'artisans d'Abbeville (ébénistes, cordonniers, bourreliers...). Seuls quelques patronymes un rien pittoresques apportent parfois une note de fantaisie, comme Dugland ou Nibart, ou comme les Le Vaillant, de Douai, sieurs « du Buisson et de la Pucelle ». Comme encore cette lignée de Bosseur, rencontrée dans l'Aisne, dont leur descendant bourreau de travail a peut-être récupéré les gènes.

Les Macron ont quant à eux leur souche dans le village d'Authie, entre Amiens et Arras, d'aujourd'hui peuplé de 300 habitants, intégré à la communauté de communes du « Pays du Coquelicot », où l'on peut remonter leur filiation jusqu'à un François Macron, né vers 1580, époux de Catherine Authy. Un banal paysan, dont les descendants deviendront artisans, menuisiers puis charpentiers, jusqu'à ce qu'à la fin du XIXe siècle l'un d'eux se retrouve manœuvre. Mais, chez les Macron, on est capable de rebondir. Le handicap sera donc surmonté en deux générations, peut-être à la faveur de quelques gouttes de sang étranger récupérées entretemps, grâce à une arrière-grand-mère mariée en 1919 à Abbeville à un Anglais, que la guerre avait amené ici comme soldat et qui s'y était établi comme boucher.

L'ascenseur social repris dans le bon sens, on arrive à notre couple de disciples d'Hippocrate, couple qui un jour se séparera et dont le fils aîné, Emmanuel, sera pour partie élevé par sa grand-mère, « Manette », une aïeule qui mérite ici un zoom particulier. Pour comprendre le parcours et la réussite du petit-fils, il faut en effet se tourner vers celle dont la personnalité et le parcours lui ont servi de modèles. Des modèles bien différents de ceux des aïeux picards, d'abord parce qu'ils conduisent dans le Sud, vers les vignobles de l'Hérault et les sommets bigourdans.

Fille d'un couple ayant commencé dans la vie comme valet et femme de chambre – le mari étant devenu ensuite employé aux chemins de fer –, Germaine Arribet, née à Tarbes en 1916, avait su, à force de travail, devenir institutrice, puis professeur de géographie, après avoir épousé un chef de gare. Sans être encartée, elle appartenait, selon son petit-fils, à cette gauche concrète qui prône l'émancipation par l'éducation et le travail. Une grand-mère pour laquelle il éprouve autant d'affection que d'admiration et dont il a repris les engagements, les idées… et la leçon : si cette fille de demi-illettrés avait su terminer sa carrière comme principale de collège, lui-même, fils d'universitaire, ne se devait-il de monter encore plus haut ? Ajoutons que cette grand-mère, lorsqu'elle faisait réciter au gamin ses tables de multiplication, avait plus ou moins l'âge qu'aura sa femme, le jour de leur mariage. Une grand-mère décédée en 2013, alors qu'il était à l'Élysée, dans le staff de François Hollande, et au sujet de laquelle il a écrit, dans son livre Révolution : « À présent qu'elle n'est plus, il n'est pas de jour où je ne pense à elle et où je ne cherche son regard. »

On ne saurait dès lors s'étonner que le président se soit montré très attaché à la région de Bagnères, où il aimait à séjourner et cultiver des liens familiaux et amicaux, que ce soit avec la cousine Sylvie, qui tient un magasin de vêtements et qu'il retrouvait chaque hiver pour aller skier à La Mongie, ou avec son vieil ami Éric, le patron de l'Auberge du Berger, en haut du Tourmalet. Un attachement qui explique ses anciennes velléités de s'implanter politiquement là-bas.

Sur le plan général, son arbre généalogique, désormais donc fort bien connu, le montre :

– majoritairement picard, ayant plus du tiers de ses racines dans le département de la Somme, mais aussi de l'Aisne, avec quelques branches conduisant dans le Pas-de-Calais et le Nord proches, et accessoirement dans l'Oise et la Marne – avec même des racines en Bretagne, par un ancêtre arrivé dans la Somme au XVIIIe siècle –, branches offrant les classiques ancêtres paysans et tisserands, des typographes et des relieurs, des domestiques et des bergers ;

– pour 1/ 8e en Angleterre, dans le Gloucestershire, par George William Roberson, l'arrière-grand-père déjà évoqué. Un homme qui retraversera finalement le Chanel, laissant sa femme et ses enfants en France, elle reprenant après divorce la nationalité française et lui rejoignant sa ville natale de Bristol, où il fondera une nouvelle famille, dotant ainsi notre président d'authentiques ancêtres anglais – au demeurant très modestes –, ainsi que de cousins assez proches, tout surpris d'apprendre, voilà quelques années et en plein Brexit, leur étonnante parenté ;

– pour un tiers en Bigorre et en Béarn, avec des ancêtres très simples, dont des charpentiers, un sabotier… mais aussi quelques notables, tels ce Jean Dufourc, écuyer et sieur de Piémontois ;

– pour un dernier huitième en Occitanie, dans l'Hérault, ainsi que dans les monts de Lacaune, aux confins de l'Aveyron et du Tarn.

Côté ancêtres remarquables, si La Bruyère disait que tout homme descend à la fois d'un roi et d'un pendu, le généalogiste montrera le vingt-cinquième président de la République française comptant (par ses ancêtres d'Abbeville, avec la famille de seigneurs de Caudry) lui aussi parmi ses aïeux Louis VI le Gros. Voilà pour le roi. Pour le pendu, on se contentera d'un ancêtre ayant eu dans sa jeunesse maille à partir avec la justice, pour avoir été un dealer de son temps : ☹ Jean Baptiste Le Grand qui, à l'âge de vingt-deux ans, en 1750, s'était fait pincer pour trafic de faux tabac. Une erreur de jeunesse qui lui avait valu trois ans de travaux forcés à Brest, aux termes desquels ce Picard était revenu au pays, où il s'était racheté une conduite. Devenu garçon fileur, il finit par épouser la fille d'un journalier de Corbie, avec laquelle il vécut apparemment heureux sans avoir eu pour autant beaucoup d'enfants, sinon une fille, qui sera l'aïeule de notre président.

En revanche, sur le plan des parentés, et contrairement à son prédécesseur François Hollande, réputé homme de consensus, détenant comme on l'a signalé le record des cousinages avec des personnalités de tout premier plan, tant dans le monde de la politique que dans celui du showbiz (☞ p. 156), Emmanuel Macron, réputé travailleur ☺ solitaire, ne serait étrangement le cousin de... personne. Du moins d'aucune personnalité de premier plan, si ce n'est de très loin avec quelques rares élus (deux députés et un maire), mais ni de Bayrou, qui a comme lui des ancêtres Cami en Béarn, ni de Juppé, qui en a comme lui à Asson, ni avec Marine Le Pen, dont une partie des racines maternelles, dans le Tarn et l'Aveyron, sont à quelques encablures de celles de ses ancêtres maternels, ni avec Yannick Jadot, en ayant lui aussi de très proches des siens, notamment à Long. Pas plus qu'avec sa femme, Brigitte, qui a elle aussi la majorité de ses racines dans les mêmes secteurs géographiques et qui pourtant, de son côté, multiplie les cousinages.

Famille proche

Mariage en 2007 avec Brigitte Trogneux (☞ p. 224). Le couple n'a pas d'enfants, mais Emmanuel Macron est sept fois grand-père, par les trois enfants du premier mariage de sa femme.

En plus d'une sœur aînée, décédée bébé, Emmanuel Macron a deux frères et une sœur : Laurent (1980), radiologue à Paris (marié à Sabine Amiot et père d'une fille), Estelle (1984), néphrologue (mariée à Carl Franjou, ingénieur, et mère de deux enfants). Il a également un demi-frère, Gabriel (2005), né de la seconde union de son père avec Hélène Joly, psychiatre.

Parcours

Lycée catholique La Providence, fondé par les jésuites, à Amiens, de la 6e à la 1re. Terminale à Paris, au lycée Henri-IV. Bac S (mention TB). DEA de philosophie politique, à Paris X-Nanterre (consacré à Hegel). Sciences Po Paris (2001). Adhère au PS en 2001, vote pour Chevènement en 2002 et sera le dernier assistant du philosophe Paul Ricœur. Ena (5e de la promotion Léopold Sédar Senghor, 2004). Inspecteur des finances (2004-2008 ; rapporteur général adjoint de la commission Attali pour la libération de la croissance, en 2007). Se met en disponibilité de la fonction publique, en septembre 2008, pour devenir banquier d'affaires, chez Rothschild, dont il devient vite associé gérant. Fait partie, en 2006, du groupe des Gracques, composé d'anciens patrons et de hauts fonctionnaires. Partisan d'une alliance Royal-Bayrou, il se voit refuser l'investiture socialiste aux législatives de 2007, à Amiens. Après avoir décliné les avances de Sarkozy, il soutient Hollande en 2011. Refuse de se présenter aux législatives, pour devenir secrétaire général adjoint de la présidence de la République (2012-2014). Ministre de l'Économie, de l'Industrie et du Numérique (2014-2016 ; « loi Macron » pour la croissance, l'activité et l'égalité des chances économiques, promulguée en août 2015). Lance son mouvement En marche ! en avril 2016, à Amiens. Élu 25e président de la République, le 14 mai 2017, avec 66,1 % des voix.

Indiscrétions et anecdotes

Excellent pianiste (3e prix du conservatoire d'Amiens) et surnommé « le Mozart de l'Élysée », il maîtrise aussi le tango et pratique la boxe française, le tennis, le ski et le foot. Excellent élève, il connaît les racines grecques et latines en 6e et dit avoir « vraiment lu » Aristote et Platon. « Pas vraiment soigneux et avec une sacrée tignasse sur la tête », il remporte à seize ans le Concours général de français, tout en ratant Normale sup. Non baptisé à la naissance, il l'a été à sa demande, à l'âge de douze ans, par « choix personnel », au moment de son entrée à l'école La Providence.

« Manu » fait la connaissance de sa future épouse, professeur de français et latin, à l'institution où elle enseigne. Subjuguée par ses talents, elle ne cesse de le citer en exemple et le retrouve dans l'équipe de théâtre, où il lui demande d'écrire une pièce avec lui, avant de lui annoncer, à l'âge de dix-sept ans, qu'il l'épousera quoi qu'il advienne.

Adhérent au PS à vingt-quatre ans, devenu un intime de Michel Rocard, il divise son salaire par dix en devenant secrétaire général adjoint à l'Élysée, pour moins de 10 000 euros par mois. Celui à qui Jacques Attali a très tôt prédit un destin présidentiel, et qui s'est longtemps déplacé en scooter, est addict au travail. Ses journées commencent à 6 h 30 et s'achèvent à 2 heures du matin. Il sait aussi se délasser, affichant des goûts culturels éclectiques, des *Tontons flingueurs* aux *Nourritures terrestres* de Gide, en passant par Ferré, Aznavour et Johnny Hallyday. Sa femme lui organise des dîners d'amis, dans la très moderne salle à manger de l'Élysée, lui faisant rencontrer les artistes qu'il admire – Line Renaud, Michel Bouquet, Fabrice Luchini, Guillaume Gallienne… – et lui ménageant des soirées au théâtre. Le week-end, il aimait marcher avec elle le long des quais et déjeuner au restaurant, tout en s'efforçant d'aller se ressourcer une fois par mois dans leur demeure du Touquet.

Emmanuel Macron porte deux alliances : l'une, que Brigitte lui a passée au doigt le jour de leur mariage, l'autre, qu'elle lui a offerte avant un voyage de plusieurs mois au Nigeria, lorsqu'il était étudiant.

BRIGITTE MACRON
MONTAGNES RUSSES ET CHOCOLATS PICARDS

d.r.

Nom
MACRON, NÉE TROGNEUX

Prénom
Brigitte Marie Claude
prénom d'origine celte, dérivé de brigh*, signifiant « force » ; autrefois rare, devenu second prénom féminin en 1959, propulsé par le vedettariat de Brigitte Bardot*

Date de naissance
13 04 1953

Lieu de naissance
Amiens (Somme)

Signe astrologique
Bélier asc. Vierge

né le même jour que Catherine de Médicis, J. M. G. Le Clézio et Dany Laferrière

PROFESSION : Professeur de français
DOMICILE : Se partage entre Paris et sa villa familiale du Touquet
FILIATION : Fils de Jean Trogneux, chocolatier, et de Simone Pujol
RACINES : Aisne, Ardennes, Ariège, Marne, Meuse, Nord, Oise, Pas-de-Calais, **Somme**.

Nom de famille

Porté par quelque 80 foyers français, le patronyme Trogneux, essentiellement concentré dans le département de la Somme, était le surnom d'un homme soit au nez aplati, soit au visage renfrogné.

Origines et histoire familiale

À Amiens, qui entend « Trogneux » pense « chocolats » – ou macarons –, car depuis cent cinquante ans la famille de ce nom est connue dans la ville par ces spécialités, comme elle l'est aujourd'hui dans la France entière. Cela sans avoir dû acheter à prix d'or des spots publicitaires à la télévision ni les services d'une société de communication. Sa promotion a été assurée à coût zéro par une des filles de la maison : Brigitte Trogneux, épouse Macron, la première dame de France.

Rien ne destinait les Trogneux à ce destin national. Pas plus d'ailleurs qu'au chocolat… La recherche menée dans les archives permet de remonter leur histoire aux confins de deux anciens terroirs de l'ancienne France, le Ternois et le Ponthieu, à cheval sur l'Artois et la Picardie, dans le minuscule village de Vaulx, aujourd'hui dans le Pas-de-Calais, où leurs premiers ancêtres identifiables – connus depuis Jean-Baptiste Trogneux, né vers 1540 et époux de Jeanne

Dumont – faisaient aux XVIe et XVIIe siècles figures de notables, tenant comme on disait le haut du pavé. Souvent qualifiés de « fermiers » et de « propriétaires », ils étaient des laboureurs aisés et indépendants, certains même dits « lieutenant », terme désignant à l'époque des individus investis de quelques pouvoirs de police et d'administration, équivalents plus ou moins à nos maires. Mais tout s'était déréglé au siècle suivant, au cours duquel nos Trogneux s'étaient établis dans la localité voisine de Maizicourt, dans l'actuel département de la Somme, où ils avaient vu leur statut social s'effondrer, en devenant manouvriers, journaliers, vachers... Des hommes menant des vies dures, que la vie ne ménageait pas. En 1834, le maire de la commune enregistra en l'espace de quinze jours les actes de décès d'André Trogneux, de sa femme et de leur fils de dix-neuf ans, laissant une fille orpheline de dix ans, qui s'en ira gagner sa vie comme fileuse dans un village des environs d'Abbeville et finira ses jours comme cuisinière dans une famille de bourgeois de cette ville. Prénommée Horéllie (sans doute pour Aurélie), elle ne se mariera jamais, mais elle « fautera », comme on disait alors, en donnant le jour en 1852 à un fils, qu'elle ne reconnaîtra pas.

Nommé à l'état civil Marc Étienne Xavier, mais appelé Jean dans la vie courante, cet enfant se retrouvera à Amiens, où il travaillera comme garçon-pâtissier et épousera une orpheline – qui se ressemble s'assemble. À force de travail, il réussira à se mettre boulanger-pâtissier à son compte, avec un magasin au cœur de la ville, place Notre-Dame, où il créera une spécialité de macarons et où se succéderont ses descendants, qui lui doivent leur réussite.

Au fil des générations, les Trogneux vont donc jouer aux montagnes russes sociales. Rachetant ladégringolade passée, ils s'affirment comme macaroniers et chocolatiers de talent et sauront développer l'affaire familiale qui, dirigée aujourd'hui par un jeune homme d'à peine trente ans – incarnant la sixième génération –, est une affaire comptant pas moins de neuf magasins et succursales dans plusieurs villes de la région Nord-Picardie, notamment à Arras, à Saint-Quentin, à Lille et plus récemment... au Touquet, où Brigitte Trogneux-Macron a établi son QG privé, la villa Monéjean, ainsi baptisée par allusion aux prénoms de ses parents.

Brigitte est en effet la plus jeune des six enfants de Jean et de Simone Trogneux, un couple bien établi à Amiens, le père faisant nettement figure de notable (Rotary Club et président d'associations sportives). Un couple issu de familles de commerçants de la ville – le grand-père Trogneux, pâtissier et lui-même gendre d'un quincaillier, et le grand-père Pujol, capitaine de réserve et glorieux soldat de 14, très engagé dans la vie publique, négociant en vins et eaux-de-vie. Une famille aux origines très diverses, sociales et plus encore géographiques.

Les racines vont en effet d'abord dans la Somme, le Pas-de-Calais, le Nord et l'Aisne, dispersées entre Ponthieu, Artois et Thiérache, avec les classiques et modestes ancêtres paysans et artisans, et parfois quelques branches aux origines plus élevées.

Parallèlement, on notera une branche ariégeoise, ayant ses racines directes dans le village de Lacourt, avec là aussi des ancêtres tous paysans : celles du grand-père Pujol, qui avait commencé à travailler, jeune, à Paris, où il avait épousé la fille d'un couple de négociants, lui fils de clerc de notaire, ayant toutes ses racines en Haute-Marne, elle, native de la Somme, ayant ses origines en Santerre et en Amiénois.

Un arbre qui réserve quelques surprises, montant Brigitte Macron :

☺ – cousine de François Hollande (descendant comme lui des Goubet, notables de Vaulx au XVIe siècle, et de l'ancienne lignée des sires de Douai ;

☺ – cousine de Gérald Darmanin (par le laboureur Louis Charlet, marié vers 1700 à Masnières, dans le Nord, avec Marie Jeanne Crépin) ;

☺ – cousine de Cédric Villani (par Jean Leduc et Adrienne Vallet, mariés vers 1600 et vivants à Cattenières, dans le Nord) ;

☺ – et par Gabrielle Debuigny épouse du vacher Jean-Baptiste Trogneux, descendante de Jean de Buigny et Marie-Anne de Vau, et par eux du roi Louis VIII et de Blanche de Castille, et donc elle aussi de Mahomet…

Famille proche

Brigitte Trogneux a été mariée en premières noces, en 1974, avec André-Louis Auzière (1951-2019, banquier, déformation de Euzière, famille originaire des Alpes-Maritimes), dont elle a eu trois enfants, qui lui ont donné sept petits-enfants :

– Sébastien (1975), ingénieur statisticien, marié à Christelle Lorenzato, et père de deux enfants (Camille et Paul) ;

– Laurence (1977), cardiologue, séparée de Guillaume Jourdan, radiologue, et mère de trois enfants (Emma, Thomas et Alice) ;

– Thiphaine (1984), avocate, suppléante de Thibault Guilluy, candidat LREM aux législatives de 2017 dans le Pas-de-Calais, mariée à Antoine Choteau, gastro-entérologue, dont elle a deux enfants (Élise et Aurèle).

Divorcée en 2006, elle a épousé Emmanuel Macron au Touquet, en 2007.

Parcours

Lycée privé du Sacré-Cœur, à Amiens. Bac en 1972 (mention TB). Maîtrise de lettres (mémoire consacré à l'amour courtois). Capes de lettres classiques. Un temps attachée de presse, puis carrière de professeur de lettres classiques, dans des établissements privés (Paris, Strasbourg, Amiens : lycée jésuite La Providence, puis à nouveau Paris : lycée jésuite Saint-Louis-de-Gonzague). Mariée en 1974 à un banquier, elle le suit, notamment dans l'Est, avant de revenir à Amiens. C'est dans un atelier théâtre du lycée La Providence, où elle enseigne, qu'elle rencontre en 1993 son futur mari, alors âgé de quinze ans et élève de seconde, dans la classe de sa fille. Leur relation, commencée l'année suivante, scandalise sa famille, redoutant le délit d'atteinte sexuelle sur mineur, et se poursuit plus discrètement à Paris, où il effectue sa terminale au lycée Henri-IV. Mariée en 2007, elle se met en disponibilité de l'Éducation nationale en 2015. S'implique, en 2016-2017, dans la campagne présidentielle de son mari qui, une fois élu, s'attache à donner un cadre officiel à la fonction de « première dame », via une « charte de transparence » lui reconnaissant un « rôle de représentation ». En 2019, elle succède à Bernadette Chirac à la présidence de la Fondation des hôpitaux, tout en lançant et présidant l'Institut des vocations pour l'emploi, financé par LVMH, destiné aux adultes sans emploi, comptant intervenir comme enseignante au sein de sa première école.

Indiscrétions et anecdotes

Celle qui, adolescente, a fait partie de l'équipe de patinage d'Amiens, pratique aujourd'hui le yoga et le vélo d'appartement, tout en respectant des principes alimentaires lui permettant de garder la ligne, s'efforçant notamment de consommer dix fruits et légumes par jour.

La première dame adore la mode, avec une prédilection pour Barbara Bui, Balmain et Louis Vuitton et pour les tenues courtes. Elle aime aussi enfiler un Perfecto sur une robe droite. Lors de ses premières apparitions en public, en tant que femme de ministre, elle avait reçu des conseils vestimentaires de Delphine Arnault, la fille de Bernard, directrice générale adjointe de Louis Vuitton. Le président brésilien Bolsonaro ayant moqué son physique et son âge, elle a reçu un mot très gentil de Carla Bruni, soucieuse de l'encourager.

« Bibi » – son surnom dans l'intimité – adore danser, n'hésitant jamais à se trémousser sur un titre électro de Kavinsky ou une musique de Magic System. En bonne prof de lettres, elle adore la lecture, notamment Maupassant. Son roman fétiche est *Madame*

Bovary, de Flaubert. Elle a en horreur le mot « cougar », désignant la femme mûre séductrice d'hommes jeunes.

Elle a fait ses débuts en politique en 1989, aux élections municipale à Truchtersheim, dans le Bas-Rhin, où elle résidait, candidate non élue sur une liste sans étiquette.

Comme son mari qui porte deux alliances – dont une qu'elle lui a offerte, avant leur mariage, lorsqu'il était parti six mois au Nigeria, un temps de séparation qu'ils n'avaient jamais connu –, elle aussi en porte une seconde : celle de sa sœur aînée, décédée dans un accident de voiture alors qu'elle était enceinte, lorsqu'elle-même n'avait que huit ans.

À l'Élysée, Brigitte Macron a son bureau dans le salon des Fougères, au rez-de-chaussée de l'aile Madame, salon ayant déjà servi de lieu de travail à Cécilia Sarkozy, Carla Bruni et Valérie Trierweiler. Lorsqu'elle aspire à un peu de sérénité, elle aime retrouver la Monéjan, sa maison du Touquet, la station balnéaire picarde où sa famille a depuis longtemps ses habitudes et où elle a convolé en secondes noces.

En 2018, les services du palais de l'Élysée ont porté plainte pour usurpation d'identité après avoir découvert que le nom de Brigitte Macron était utilisé pour obtenir des traitements de faveur dans des établissements de luxe, son image étant également exploitée illégalement pour la promotion de crèmes antirides, dont elle aurait été l'égérie ou la créatrice.

MARION MARÉCHAL
LA FILLE AUX TROIS PÈRES

Nom
MARÉCHAL

Prénom
Marion **Jeanne Caroline**
diminutif de Marie, signifiant en hébreu « obstinée » ; prénom à la mode à l'époque de sa naissance

Date de naissance
10 12 1989
née le même jour que Franck Fernandel

Lieu de naissance
Saint-Germain-en-Laye (Yvelines)

Signe astrologique
Sagittaire asc. Vierge

DOMICILE : Saint-Cloud

FILIATION : Fille de Samuel Maréchal, chef d'entreprise, et de Yann Le Pen, directrice d'agence

RACINES : Aveyron, Calvados, Cher, Eure, Eure-et-Loir, Finistère, Gard, Gironde, Landes, Loir-et-Cher, Loiret, Morbihan, Oise, **Orne**, Nord, Pas-de-Calais, Sarthe, **Tarn** ; Belgique, Malte, Suisse.

Noms de famille

Maréchal : patronyme extrêmement fréquent, porté par plus de 8 000 foyers français, majoritairement concentrés au nord de la Loire (Nord-Pas-de-Calais, Bourgogne, Normandie…), et hérité d'un ancêtre maréchal-ferrant (à l'origine, le *marhskalk* était le domestique chargé de soigner les chevaux).

Le Pen : ☞ p. 205.

Auque : patronyme porté par environ 130 foyers français, originaire du Tarn, nom occitan issu du bas latin *auca*, désignant l'oie.

Origines et histoire familiale

Connue de 2010 à 2018 sous son nom d'usage, Maréchal-Le Pen, le second l'emportant et pesant plus lourd, rendant la jeune femme comme prisonnière de son clan et de sa parenté. Déjà enfant.

Fille de mère célibataire, elle a d'abord porté le patronyme de sa mère, Yann Le Pen, peu connue du grand public, même si elle gère l'événementiel du FN. Le patronyme de sa mère, de son grand-père, Jean-Marie, mais aussi de sa tante, Marine. Mieux : née sous le seul nom de Le Pen, Marion a reçu pour prénom celui-là même que porte sa tante à l'état civil, pour se nommer en réalité Marion Anne Perrine et être appelée Marine dans la vie courante. Plus fort encore : Yann Le Pen n'ayant pas été entourée du père de sa fille au moment de la naissance, c'est sa sœur, Marine, qui l'avait aidée : « Marine, ma petite sœur, a été son papa à l'accouchement », a-t-elle confié à l'essayiste Christine Clerc. Pour résumer, Marion a été à sa naissance une sorte de clone de sa tante, qui lui a tenu lieu de père : une situation pour le moins originale et étouffante, avec des similitudes pouvant flirter avec l'identification. On comprend mieux pourquoi, aux dires des biographes, la petite Marion, enfant, ne parlait pas aux repas de famille…

Voilà pour la psychogénéalogie. Enfin, pour partie… car il faut ajouter à cela l'héritage familial, avec la tragique saga bretonne et l'implosion du couple des grands-parents, dont sa mère et sa tante sont restées à jamais marquées. Un événement qui a pu peser également sur la vie sentimentale de Yann, divorcée d'un premier mariage avec un stewart, et qui peut peut-être également expliquer la naissance hors mariage de l'enfant. Quoi qu'il en soit, c'est donc sous le seul patronyme de Le Pen que la jeune femme a fait ses débuts dans la vie, jusqu'à être légitimée par celui que sa mère épousera, alors que la fillette a à peine quatre ans. Voilà comment celle-ci a alors récupéré un second patronyme.

Un patronyme. Un homme. Et derrière lui une famille et une généalogie.

L'homme, c'est Samuel Maréchal. Né en 1967, fils d'un pasteur de l'Église pentecôtiste – courant chrétien évangélique venu des États-Unis –, ce financier de formation a milité très jeune au Front national de la jeunesse, qu'il a dirigé. Il a ensuite rejoint l'état-major du FN, où il a travaillé comme directeur de communication avec Yann Le Pen, qu'il a épousée en 1993 et dont il a divorcé en 2007, après la reconnaissance de Marion et la naissance de deux autres enfants. Il avait entre-temps fondé Génération Le Pen et été élu conseiller général FN des Pays de la Loire (2004). Travaillant entre Paris et Abidjan, dans des sociétés de financement industriel, il se remariera avec Cécile Houphouët-Boigny, arrière-petite-nièce de l'ancien président ivoirien.

La famille de Samuel Maréchal est une famille classique, aux origines modestes, avec tout d'abord les Maréchal eux-mêmes, originaires du Perche. Plus exactement du village de Moulicent, où les ancêtres, tous journaliers, semblent établis depuis toujours. Une famille normale, aux racines très dispersées et dans laquelle on va découvrir ☺ que, par les Bellamy, de Yèvres, Samuel Maréchal cousine avec… François Hollande !

Marion Maréchal-Le Pen, cousine du président socialiste ? À voir… Car Samuel Maréchal, l'époux de Yann Le Pen, s'il est son père aux yeux de la loi, n'est nullement son père biologique. L'identité de ce dernier, après avoir longtemps circulé dans certains milieux, ne sera dévoilée qu'en 2013 par *L'Express* : il s'agit de Roger Auque, un journaliste connu, avec lequel Yann Le Pen avait eu une courte liaison.

Marion ressent alors « comme une lame glaciale plantée dans son cœur » et sa mère se dit consternée : « En vingt ans, aucun journaliste à qui j'en ai parlé ne s'est permis de relater cet épisode. » Sur le plateau d'iTélé, tante Marine sermonne vertement le directeur de la rédaction, Christophe Barbier, et les messages de soutien affluent, le plus touchant étant justement signé de celui que la généalogie a révélé être son cousin, Jean-Louis Borloo. Le père en question, Roger Auque, de son côté, porte plainte contre le magazine, qui se verra condamné à 10000 euros de dommages et intérêts, pour atteinte à la vie privée. Auque décédera des suites d'un cancer un an plus tard, à cinquante-huit ans, mais confessera dans ses mémoires posthumes (*Au service secret de la République*) être bien le père biologique de Marion Maréchal-Le Pen, qu'il raconte n'avoir rencontrée, à sa demande, qu'en 2002 et avoir depuis régulièrement vue, ajoutant avoir joué dans sa vie un rôle de conseiller, tel « un parrain plutôt qu'un père ».

Et de trois : après « tante Marine » et Samuel Maréchal, voilà donc pour Marion Maréchal-Le Pen un troisième père, avec un homme à la personnalité bien trempée.

Né à Roubaix en 1956, fils d'assureur, Roger Auque a connu une vie exceptionnelle, commencée comme baroudeur, à la fois mercenaire, espion et journaliste, et achevée comme diplomate. Jeune journaliste, il s'était retrouvé au Liban « à combattre du côté chrétien, avec une myriade de jeunes de son âge » et était devenu correspondant de guerre. Enlevé avec deux de ses confrères en 1987 par le Hezbollah, il avait été retenu près d'un an en otage... Libéré, il avait repris ses activités de journaliste, pour tâter également de la politique et être élu conseiller municipal UMP de Paris, avant que Nicolas Sarkozy le nomme ambassadeur de France en Érythrée (petit pays de la corne africaine, indépendant de l'Éthiopie depuis 1993).

Un troisième père, avec une troisième famille, partagée entre le Nord et le Sud.

Le Sud, avec des racines en Languedoc, dans l'Aveyron et le Tarn, par la lignée des Auque, très modestes paysans de la banlieue d'Albi. Le Nord, avec des racines en Belgique et dans le Pas-de-Calais, par lesquels, par les Kirkette, de Merville, Marion Maréchal-Le Pen cousine avec Florian Philippot.

Un troisième père et un troisième arbre généalogique dont les branches, s'entremêlant aux autres, achèveront d'alourdir l'héritage : entre un père journaliste le jour et barbouze la nuit et une tante homonyme qui lui a tenu lieu de père, entre le couple déchiré des grands-parents Le Pen – lui, voué à Jeanne d'Arc, et elle, posant nue dans *Playboy* –, entre le grand-père Maréchal pasteur pentecôtiste et les grands-parents biologiques – lui, assureur gaulliste de gauche et ancien d'Indochine, et elle, communiste –, avouez qu'il n'a pas dû être évident d'arriver à se construire. Si Marion Maréchal-Le Pen a posé, bébé, dans les bras de son grand-père, le leader du FN, elle a suivi, enfant, l'école protestante du dimanche chez le grand-père pasteur, avant de profiter, adolescente, des conseils de son baroudeur de père biologique, qu'elle appelait par son prénom, « Roger ».

Formée à ces écoles, où les concessions sont inconnues, comment garder ses illusions et ne pas se laisser gagner par l'amertume ou la répulsion? Interrogée par L'Express.fr en 2015, elle l'avouera elle-même: « J'ai vu la politique faire voler en éclats les couples, les relations entre sœurs, entre beaux-frères. J'ai vu un camion de déménagement au fond du jardin emporter les affaires des cousins avec qui j'avais grandi, parce que ma tante s'était brouillée avec mon grand-père. » Et de conclure catégoriquement: « Je refuse de ne vivre que pour la politique. » Une ligne de conduite pas facile à tenir, face à la force de l'hérédité…

Famille proche

Mariage: en juillet 2014, à Saint-Cloud, avec Matthieu Decosse, chef d'entreprise dans l'événementiel, qui avait été, en 2012, candidat aux législatives, dans la 18e circonscription de Paris. Sans étiquette et sous le slogan « Le candidat qui vous ressemble », âgé de vingt-huit ans, il n'avait recueilli que… 7 voix! Après séparation en 2016, elle a pour compagnon, depuis 2018, l'homme politique italien Vincenzo Sofo (né en 1986, Milanais d'origine calabraise), membre du parti d'extrême droite La Ligue du Nord et député européen depuis 2020.

Enfant: une fille, Olympe (2014).

Fratrie: deux frères cadets, Romain et Tanguy, nés du mariage de sa mère avec Samuel Maréchal. Un demi-frère et une demi-sœur, Vladimir et Carla Auque, issus des deux unions successives de son père biologique.

Parcours

Scolarisée durant cinq ans à l'institution traditionaliste Saint-Pie-X, à Saint-Cloud. Master en droit public, à Paris-II Panthéon-Assas, en 2012. Adhère au FN à l'âge de dix-huit ans. Candidate en 2008 sur sa liste à l'élection municipale de Saint-Cloud, avant d'être deuxième aux régionales de 2010, dans les Yvelines. Députée du Vaucluse (2012-2017), elle a été la benjamine de l'Assemblée nationale, où elle siège en tant que « non-inscrite ». Opposée au mariage pour tous, elle se prononce contre l'exclusion du FN de son grand-père, Jean-Marie Le Pen. Conseillère régionale de Provence-Alpes-Côte-d'Azur (2015-2017), après que sa liste est arrivée en tête au premier tour (40,6 %). Démissionnant en juillet 2017 pour « raisons personnelles et politiques », elle s'écarte de la scène politique, pour fonder et diriger un Institut de sciences sociales, économiques et politiques, à Lyon (2018) et quitter le parti (2019), lançant un *think tank* destiné à « vivifier un débat public très amorphe ».

Indiscrétions et anecdotes

Photographiée dans les bras de son grand-père, à l'âge de deux ans, pour une affiche électorale (1992), avec deux slogans, dont « Pour un avenir d'azur », son appartenance familiale lui valut, à l'école, d'avoir son cartable tagué et d'être enfermée dans les toilettes.

Militante aux FNJ, puis encartée au FN à l'âge de dix-huit ans – elle sort les poubelles et place les gens –, avant d'être candidate aux élections régionales à dix-neuf ans et de devenir la plus jeune députée de l'histoire de la République, en 2012, à vingt-deux ans.

Catholique pratiquante, participant régulièrement au pèlerinage de Chartres, elle se dit « hyper ringarde » au niveau musical, étant fan de Michel Sardou tout en appréciant le hip-hop et le rap (en particulier Sexion d'Assaut, Maître Gims, Youssoupha).

PHILIPPE MARTINEZ
UNE TANTE HÉROÏQUE

Mister-NK42

Nom
MARTINEZ

Prénom
Philippe
issu du grec, désignant « celui qui aime les chevaux » ; très à la mode entre 1955 et 1970 ; 3e prénom masculin français le plus porté

Date de naissance
01 04 1961
né le même jour que C. Jérôme et Corinne Touzet

Lieu de naissance
Suresnes (Hauts-de-Seine)

Signe astrologique
Bélier asc. Taureau

PROFESSION : Technicien de la métallurgie
DOMICILE : Habite un modeste pavillon de Villiers-sur-Marne, dans la banlieue-est de Paris
FILIATION : Fils de Manuel Albano, contrôleur, et de Jovita Cuevas-Lavid, femme de ménage
RACINES : **Espagne**.

Nom de famille

Porté par des dizaines de milliers de foyers français, ce patronyme, qui occupe le quatrième rang en Espagne, désignait le fils d'un homme prénommé Martin.

Origines et histoire familiale

Le secrétaire général de la CGT a vu le jour à Suresnes, dans la banlieue ouest et plutôt chic de Paris, du fait que ses parents habitaient la commune voisine de Rueil, de même standing, mais où ils occupaient un logement dans une modeste cité ouvrière. Né un 1er avril, Philippe Martinez appartient à la seconde génération d'une famille venue s'établir en France, puisque son père était lui-même né dans l'Hexagone, non pas à La Plaine-Saint-Denis, comme on le dit souvent, mais toujours dans la chic banlieue ouest, à Saint-Germain-en-Laye. Né en juillet 1914, quelques jours avant que l'Europe ne bascule dans la guerre mondiale, Manuel Albaro Martinez était le fils d'un jeune couple de journaliers, Manuel Martinez et Felicitad Diaz, que l'on retrouvera quelques années plus tard à Levallois, où le mari est marchand ambulant et où l'on découvre un réseau manifeste d'immigration espagnole, avec plusieurs porteurs du nom exerçant tous cette profession, et ce dès 1884, année au cours de laquelle un homme de ce nom et de cette profession avait tué un de ses compatriotes d'un coup de revolver, au cours d'une dispute.

À Levallois, le couple se fixe route de la Révolte, avant d'aller habiter un peu plus loin, sur la même voie, mais dans la commune de Saint-Denis. Les Martinez rejoignent alors la colonie dite de la « Petite Espagne », à La Plaine-Saint-Denis, un quartier très pauvre, niché au cœur des usines, à cheval sur Saint-Denis, Saint-Ouen et Aubervilliers, autrefois connu sous le nom de « quartier des Passages », mais rebaptisé ainsi du fait de l'arrivée massive d'Espagnols. Cet afflux avait commencé dès la fin du XIXe siècle, encouragé par un véritable trafic de jeunes adolescents des petits villages du nord de la province de Burgos, dans les campagnes les plus pauvres de Castille, d'abord et surtout recrutés pour la verrerie Legras par des sortes de « négriers » qui retenaient ensuite une partie de leurs salaires, sous prétexte de les nourrir ou de les héberger. Au recensement de 1931, on dénombre plus de huit mille cinq cents Espagnols dans les trois communes en question, soit près de 5 % de leur population, lesquels, à la Petite Espagne, n'auront pas accès à l'électricité, au gaz, à l'eau courante ou au tout-à-l'égout avant les années 1950, sachant que presque toutes les maisons y ont été construites par les habitants eux-mêmes et que l'on y rencontre une véritable sociabilité de village. Les chaises sorties sur le trottoir, on discute ou l'on joue aux dominos, tandis que les enfants s'amusent dans la rue, sous les yeux de riverains « français de souche » qui n'apprécient guère ce voisinage. Lorsque éclatera la guerre civile espagnole, une quarantaine d'hommes partiront se battre dans le camp républicain ; et, après la victoire de Franco, les familles de la Petite Espagne accueilleront des orphelins et des réfugiés.

C'est dans ce quartier et cet environnement culturel que grandissent Manuel Martinez et ses six sœurs cadettes, Manuel étant lui aussi parti en 1936 combattre dans les Brigades internationales. Plusieurs membres de la famille ont donc connu les geôles de Franco, tandis que l'une des sœurs, Angela, sera arrêtée par la Gestapo pour faits de Résistance et déportée aux camps de Ravensbrück, puis de Mauthausen, où elle ne survivra à la tuberculose que grâce à la solidarité de ses camarades espagnols. À son retour, elle présidera la section de la Fédération nationale des déportés et internés résistants et patriotes de Saint-Denis. La ville, après son décès, baptisera de son nom une de ses rues.

Si la famille est restée en France, où la grand-mère Felicitad mourra à près de cent ans, en 1990, et où le père de Philippe se mariera, en 1959, avec une Espagnole, elle aussi de la Petite Espagne, tous sont restés attachés à leur pays et n'oublient pas leurs racines, puisant dans la terre de Cantabrie et les villages des environs de Santander (Estrambasagas, pour les Martinez, San Miguel de Meruelo, pour les

Diaz, et plus au sud Barcena de Pie de Concha, pour les Cuevas). Inutile de préciser que Philippe parle espagnol…

Famille proche

Divorcé et père de deux enfants, Philippe Martinez a aujourd'hui pour compagne Nathalie Gamiochipi, ancienne secrétaire générale de la CGT Santé.

Parcours

Enfance dans une cité ouvrière de Rueil, où, lycéen, il s'est inscrit aux Jeunesses communistes, avant d'adhérer au Parti communiste. Technicien aux usines Renault de Boulogne, il est syndiqué dès 1984 et y devient délégué central CGT. Quitte le PC en 2002. Élu secrétaire général de la Fédération des travailleurs de la métallurgie de la CGT et commence à négocier avec le patronat. Membre de la commission exécutive de la CGT (2013-2015), puis secrétaire général (depuis 2015), il préconise le passage aux 32 heures.

Indiscrétions et anecdotes

Lorsque Philippe Martinez est né, un 1er avril, son père s'est exclamé : « Et zut, à trente jours près, il naissait un 1er mai ! » Mais l'enfant affirme rapidement son esprit contestataire : son premier mot est un « non », et ce n'est qu'à sept ans qu'il aurait dit son premier « oui » et renversé son assiette de purée en guise de participation au dialogue familial.

À l'âge de dix ans, privé de télé pendant trois semaines pour avoir répondu à son institutrice, il fait plier son père en cachant les clés de sa voiture : il a compris que l'on peut obtenir des résultats en empêchant les gens de se rendre au travail. Une autre fois, il n'hésite pas à faire disjoncter le générateur de son immeuble, parce qu'il n'a pas obtenu le train électrique qu'il avait inscrit dans sa liste au Père Noël. Au collège, il a été puni pour avoir agressé le délégué de classe, qui était un vrai fayot.

Quand il jouait aux cow-boys et aux Indiens, il voulait toujours être un de ces derniers, pour se trouver du côté des opprimés. Fan de foot, il tapait tous les week-ends dans le ballon. Plus tard, devenu un pilier du club de Renault, il s'est affirmé comme fervent supporter du FC Barcelone et grand admirateur d'Andrés Iniesta.

Pourvu depuis 2013 de ses fameuses bacchantes – qu'il n'est pas du genre à soigner amoureusement, mais qui lui valent une ribambelle de surnoms (le Mexicain, Pepito, Astérix) –, c'est en veste fripée et le col ouvert qu'il déboule à l'Élysée pour la cérémonie des vœux, pour cause d'allergie à la cravate. À l'aise dans le capharnaüm dans son bureau, il roule dans une vieille Renault Scénic.

JEAN-LUC MÉLENCHON
ENTRE LA MANCHA ET LA SICILE

ph. M.-L. Nguyen

Nom
MÉLENCHON

Prénom
Jean-Luc **Antoine Pierre**
Jean, d'origine hébraïque, signifiant « Dieu fait grâce » ; Luc, d'origine grecque (de lukos, *« loup ») ; prénom composé, très à la mode dans les années 1950*

Date de naissance
19 08 1951
né le même jour que Bill Clinton

Lieu de naissance
Tanger (Maroc)

Signe astrologique
Lion asc. Vierge

PROFESSION : Professeur de français
DOMICILE : Habite à Paris, dans le XXe arrondissement
FILIATION : Fils de Georges, contrôleur des Postes, et de Jeanine Bayona, institutrice
RACINES : Algérie, **Espagne**, Italie.

Nom de famille

Porté par une cinquantaine de foyers français, patronyme espagnol issu d'un nom de lieu (Belinchón).

Origines et histoire familiale

D'origine espagnole, les Mélenchon, autrefois Belinchon ou Velinchon, ont été nommés ainsi pour être originaires de la petite ville de ce nom, construite sur un de ces plateaux castillans dignes des décors de cinéma. Ils ont lentement migré vers le sud-est et la mer, en suivant la route de Madrid à Carthagène, traversant la célèbre Mancha, que sillonnait l'ingénieux Don Quichotte partant en guerre contre les moulins.

Né à Olivares vers 1720, Francisco Belenchon, le plus ancien ancêtre connu, aura un fils qui s'établira comme potier à La Roda, région justement réputée pour ses poteries et ses céramiques, ainsi que pour ses carrières, dont la roche est encore utilisée pour la fabrication du célèbre « blanc d'Espagne ».

Continuant leur route, les descendants de Francisco, modestes journaliers et « brassiers » (travaillant de leurs bras, synonyme de manœuvres), deviendront Mélenchon, sans doute du fait de la ressemblance de leur patronyme avec ce mot, désignant une chanson que l'on entendait en Andalousie, dans les bals populaires.

C'est donc sous ce nom qu'ils arriveront à Mula, près de Murcie, où naîtra, en 1891, Bernabe Mélenchon, dont les parents embarqueront, vers les années 1900, à destination de l'Afrique du Nord. La famille s'établira alors à Oran, où le grand-père de Jean-Luc, artiste de cirque devenu peintre en bâtiments, se mariera au sein de la communauté espagnole avec la fille d'un négociant, originaire de la région d'Alicante. De même, son fils épousera Jeanine Bayona, native de Staoueli, aux environs d'Alger, elle aussi issue de familles de pieds-noirs d'origine espagnole par son père et italienne par sa mère (les Caserta, originaires de Sicile), avec de profondes racines dans l'île d'Ustica, au large de Palerme et dans la minuscule île des Lipari, où Mussolini a fait emprisonner dans les années 1930 les opposants à son régime.

Tout en étant receveur des PTT, Georges Mélenchon, le père du candidat, a travaillé à la station radio-télécom de Tanger, fondée par un de ses oncles. Mais c'est en suivant sa mère, institutrice mutée en 1962, après avoir divorcé, que Jean-Luc se retrouvera en métropole, d'abord à Yvetot puis à Lons-le-Saulnier, où il passera son enfance et où il affichera, en Mai 68, un activisme déjà très prometteur…

Famille proche

Divorcé de Bernadette Abriel, bibliothécaire, dont il a eu une fille, Maryline (1974, élue Front de gauche, brièvement adjointe au maire du IVe arrondissement de Lyon, chargée de l'accès aux droits, de la santé et des personnes âgées).

Débouté en 2019 de sa demande en référé à l'encontre du magazine *Closer*, qui avait révélé sa liaison avec Sophie Chikirou (son ancienne assistante parlementaire, de vingt-huit ans sa cadette).

Parcours

Arrive en métropole (« une faille fondatrice ») en 1962 et s'installe avec sa mère à Yvetot, puis dans le Jura. Lycée Rouget de L'Isle, à Lons-le-Saunier (meneur en Mai 68). Adhère à l'Unef en 1969. Dirige l'organisation communiste internationaliste, à Besançon, et y participe à la célèbre grève de Lip. Licence de philosophie. Capès de lettres modernes. Correcteur dans une imprimerie. Professeur de français à Lons. Collabore à l'hebdomadaire chrétien *La Voix jurassienne* et dirige *La Tribune du Jura*, mensuel de la fédération socialiste. Adhère au PS en 1977. Cofondateur, en 1988, avec Julien Dray, du courant Gauche socialiste. S'installe en 1978 dans l'Essonne. Directeur de cabinet du maire PS de Massy. Conseiller général de l'Essonne (1985-1992, 1998-2000 et 2001-2004). Sénateur de l'Essonne

(1986-2000, 2004-2010). Ministre délégué à l'Enseignement professionnel (2000-2002). Vote « non » au référendum de 2005. Fonde le Parti de gauche en 2009 (en s'inspirant du parti allemand Die Linke, de son ami Oskar Lafontaine) dont il est vice-président, avec Martine Billard (2009-2014). Député européen (2009-2017). Candidat du Front de gauche en 2012 (obtient 11,10 % des voix au 1er tour et appelle ses électeurs à voter pour François Hollande au second). Candidat aux législatives de juin 2012, dans le Pas-de-Calais, pour « faire barrage » à Marine Le Pen, il est éliminé dès le 1er tour. Organise des manifestations de masse, en 2013, dont une en mai, baptisée « Marche citoyenne pour la VIe République ». Réélu député européen en 2014, il démissionne en juillet de la direction de son parti (où il est remplacé par Éric Coquerel), avant de lancer un appel pour un grand mouvement populaire en faveur d'une VIe République et militer pour une alliance de la gauche radicale (notamment avec EELV). Battu au 1er tour de l'élection présidentielle de 2017 (4e, avec 19,58 % des voix). Député des Bouches-du-Rhône (depuis 2017), il annonce, dès septembre 2020, sa candidature à la présidentielle de 2022.

Indiscrétions et anecdotes

Celui qui aime lancer le juron jurassien « milliard de dieux ! » a été enfant de chœur. Surnommé « Méluche », il dit n'avoir « aucun hobby » mais aimer la marche, la lecture, l'écriture et les discussions interminables où l'on refait le monde. Ses modèles sont Saint-Just et Mitterrand. Il conserve une photo du « vieux » dans son bureau. Il refuse de confirmer s'il est franc-maçon du Grand Orient de France. Côté nourriture, Jean-Luc Mélenchon aime le tapioca au lait et a suivi en 2009 un régime protéiné à base d'œufs durs et de jambon blanc, pour perdre quelques kilos.

Pour la morphopsychologue, le fort enfoncement des sinus maxillaires et la lèvre supérieure surplombante révèlent la même problématique que chez Marat : transférer la colère contre la mère, qui l'a sevré trop brutalement, vers des substituts, par exemple les puissants et le besoin de faire sauter ce qui est insupportable, pour ne pas exploser soi-même.

Son livre, *Le Hareng de Bismarck* (Plon, 2015), s'est vendu à 45 000 exemplaires.

AMÉLIE DE MONTCHALIN
LE PUR PRODUIT DE SES ANCÊTRES

J. Sarago

Nom
DE LOMBARD DE MONTCHALIN, NÉE BOMMIER

Prénom
Amélie

prénom d'origine germanique, forgé sur le mot Amal, *signifiant « travailleuse, courageuse »*

Date de naissance
10 06 1985

Lieu de naissance
Lyon (VIIIe)

Signe astrologique
Gémeaux asc. Capricorne

le même jour que Patachou et Chantal Goya et que l'ancienne ministre Nicole Bricq

PROFESSION : Cadre supérieur

DOMICILE : Habite le très chic et très cher XVIe arrondissement de Paris

FILIATION : Fille de Bernard, administrateur de sociétés, et de Dominique Dupré, infirmière

RACINES : Aube, Côte-d'Or, Creuse, Doubs, Eure-et-Loir, Indre, Loiret, Haute-Marne, **Nord**, Oise, Pas-de-Calais, Saône-et-Loire, Seine-Maritime, Seine-et-Marne, Essonne ; Belgique, Suisse, Tchéquie.

Noms de famille

Bommier. Porté par une quarantaine de foyers français, ce patronyme, rencontré dans divers départements (Eure-et-Loir, Maine-et-Loire, Nord...), est une variante du plus fréquent Baumier, issu du mot « baume », désignant la grotte, et qui peut avoir désignér un mineur ou un carrier.

de Lombard de Montchalin (Lombard, indiquant l'origine géographique ; Montchalin : nom de lieu, rencontré dans diverses régions : Isère, Deux-Sèvres...).

Blason

La famille de Lombard de Montchalin a pour armes : d'argent, au chevron de gueules, accompagné de trois fleurs de lis de sable, au chef de gueules (Lombard). Éventuellement écartelé avec les armes des La Balme de Montchalin (de gueules, à trois pals d'or, à la bande de sable brochante). Son blason est surmonté d'une couronne de comte et elle a pour devise : *Deus rex honor.*

Origines et histoire familiale

Il est rare qu'un ministre s'étende sur son arbre généalogique. Tel fut pourtant le cas d'Amélie de Montchalin, alors députée de l'Essonne, qui s'exprimait en 2017 à Namur, invitée à titre personnel à l'occasion de la naissance de la nouvelle province jésuite d'Europe occidentale francophone. Désireuse d'évoquer les frontières sociales et économiques que notre époque doit traverser, elle fit le portrait d'« une femme haute comme trois pommes »: Andréa, son arrière-grand-mère. « Née en 1914, en Belgique flamande. Dernière d'une famille de dix enfants, elle est arrivée en France au sortir de la Première Guerre mondiale, dans une Europe dévastée et en quittant une Belgique surpeuplée… Ses parents et ses frères aînés se sont lancés dans la reprise de fermes en Picardie, car il y avait de quoi faire pour reconstruire ces terres de combat et nourrir les bouches affamées par ces années de privation. Ils ont repris une première exploitation céréalière là où décollent maintenant les avions de Roissy, puis une seconde, puis une troisième en Champagne. […] À vingt-deux ans, elle s'est mariée avec un fils d'agriculteurs français, Lucien. Ils ont repris une ferme et y ont élevé avec excellence des moutons médaillés chaque année au Salon de l'agriculture. Avant la Deuxième Guerre, Andréa a eu trois enfants, qu'elle a élevés seule pendant la guerre, tenant la ferme et continuant d'exploiter les champs comme elle pouvait. Et puis les choses sont rentrées dans l'ordre. La vie a été douce, entre les plaines picardes et les sommets alpins qu'elle a découverts à cinquante ans […], qui lui donnaient de nouvelles perspectives verticales après celle bien horizontales de Belgique et de Picardie. […] En 2012, Andréa est décédée [à près de quatre-vingt-dix-huit ans], atteinte par la maladie d'Alzheimer. Au fil des années, elle a tout oublié, mais ses derniers mots compréhensibles ont été un "Notre Père" en flamand. Andréa est mon arrière-grand-mère, et je trouve qu'être ici, à Namur, est une manière de rendre grâce pour le parcours qu'a été sa vie… »

Et la future secrétaire d'État chargée des Affaires européennes de commenter ensuite ce récit de vie: « Je viens donc d'une famille d'agriculteurs où les femmes ont toujours travaillé sans l'exprimer ainsi. Je viens de deux familles du Nord, belges et frontalières. Le Nord où l'on sait que le climat impose d'être conviviaux et où les familles sont nombreuses. Je viens d'une famille contradictoire, des agriculteurs nomades qui ont déménagé au gré des expropriations et des opportunités. […] Avec mes parents et mes cinq frères et sœurs, puis avec ma propre famille, j'ai habité dans treize maisons depuis que je suis née. Je me suis aussi très jeune intéressée au débat public et politique, au récit collectif qui raconte qui l'on est et où l'on va. Depuis un mois, je suis une députée En marche! à l'Assemblée nationale, élue en Essonne, sur le plateau de Saclay, là où ma grand-mère, la fille d'Andréa, a développé et exploité une ferme, où elle vit toujours, avec des vaches et de grands champs. [...] la boucle est bouclée. »

Quelle belle approche du poids de la famille sur la construction d'une personnalité, ses choix et ses questionnements ! « Je me suis très jeune intéressée à l'économie et je me suis demandée pourquoi l'on vivait aussi différemment dans ces treize endroits où j'ai vécu, en France, au Brésil, aux États-Unis... Que dit-on aux gens qui vivent dans ces treize endroits sur leur réalité, leur avenir ? Je suis une économiste, qui a travaillé dans de grandes entreprises financières pour les aider à se transformer et à se rendre utile au monde, à comprendre comment ce monde change et comment rester pertinent face à tant de bouleversements. » Le poids de la famille et des origines sur les choix, donc sur les engagements : la généalogie ne saurait rêver meilleure avocate !

Et le tableau rapidement brossé par la ministre de se vérifier et de se préciser quand on explore son arbre, avec d'abord, pour celle que les médias présentent volontiers comme une « fille de quatre générations d'agriculteurs », la branche maternelle des Dupré et la ferme de Viltain à Jouy-en-Josas, sur le plateau de Saclay. Une ferme moderne, proposant sur son site Internet, très « chiadé », élevage, laiterie, produits fermiers et artisanaux, cueillettes de fruits et légumes et activités diverses. On y coche bien quatre générations d'agriculteurs, avec le couple pivot de Lucien Senez, le Picard, et d'Andréa Plasmans, la Belge, mariés en 1936 ; les Senez, de l'Oise, les Plasmans, de Roborst, en Flandre occidentale, où le père d'Andréa était maire et agriculteur propriétaire foncier, face aux Dupré, artisans à Milly-la-Forêt, dont la descendante, Dominique, a épousé Bernard Bommier, le cadre supérieur dont la carrière, successivement chez Elf Aquitaine, Danone et Coca-Cola, lui fera enchaîner les mutations.

Côté paternel, les racines sont beaucoup plus bourgeoises, avec l'arrière-grand-père ingénieur général de l'Armement, fils d'un notaire du Nord et descendants d'huissiers de Cambrai, marié à Paris avec une fille de militaire et polytechnicien, descendante de brasseurs et de drapiers eux aussi du Nord, et qui lui donnera dix enfants. Une lignée établie à Cambrai depuis plus de quatre siècles, où elle est connue depuis Georges Joseph Bommier, né vers 1690, qui y était maître perruquier. Un aïeul dont on ignore tout des origines antérieures (peut-être dans les Ardennes ou dans la Marne) et des ancêtres majoritairement dans le Nord-Pas-de-Calais, ainsi qu'en Bourgogne et en Suisse, avec un aïeul polyvalent, à la fois marchand d'eau-de-vie et employé au mont-de-piété à Cambrai.

Côté parentés : une classique ascendance capétienne, par la branche belge, avec les Fremaux, de Wambrechies dans le Nord, montre la ministre descendant de Louis VII et Aliénor d'Aquitaine, mais aussi cousine du candidat communiste Fabien Roussel (par Jacques Westrelin et Chrétienne Pouplier, mariés en 1637 à Calonne-sur-la-Lys).

Famille proche

Amélie Bommier a épousé en 2009 Guillaume de Lombard de Montchalin (né en 1985, HEC, consultant, organisateur, en 2016, de rencontres entre l'équipe d'En marche ! et des personnalités de la société civile ; famille dont la noblesse a été reconnue sous Louis XIV, descendante de Julien Lombard, secrétaire de la chambre du roi, marié à Paris en 1646, et dont un descendant épousa une demoiselle de La Balme de Montchalin, d'une famille du Dauphiné).

Elle est mère de trois enfants, dont des jumeaux : Bertille, Joseph et Gaultier, âgés de onze et neuf ans.

Parcours

Sa famille a beaucoup déménagé lorsqu'elle était enfant, au fil des mutations professionnelles de son père. Lycéenne à Versailles (lycée Hoche, puis prépa à « Ginette »). HEC. Licences en histoire, à la Sorbonne, et en économie appliquée, à Dauphine. Master d'administration publique à la Harvard Kennedy School. Stage, en 2007, à l'Assemblée nationale, auprès de Valérie Pécresse, qu'elle suit au ministère de l'Enseignement supérieur et de la Recherche. Économiste junior chez Exane BNP Paribas (2009-2012). Directrice de la prospective et du suivi des politiques publiques chez Axa (2014-2017), tout en participant à la conception du programme économique d'Alain Juppé pour la primaire de 2016. Rejoint En marche ! en 2016. Élue, en 2017, députée de l'Essonne (coordinatrice de la Commission des finances ; vice-présidente du groupe LREM en 2018). Secrétaire d'État chargée des Affaires européennes (2019-2020), puis ministre de la Transformation et de la Fonction publique (depuis 2020 ; transformation de l'Ena, 2021).

Indiscrétions et anecdotes

Avec son regard pénétrant derrière ses lunettes cerclées de myope, cette catholique pratiquante, à qui sa foi et son « bain » chez les jésuites, au début de sa vie d'étudiante, ont valu le surnom d'« Homélie de Montchalin », a une vie totalement « timée », tant au travail – s'accordant parfois une pause verveine ou camomille – qu'en famille. Après son élection comme députée, elle a mis sur pied, avec son mari, une organisation quasi militaire pour « gérer » leurs trois enfants, avec une formule « 2.2.1 » : deux soirs où maman rentre à 19 h 30, deux autres où c'est papa et un jour où c'est la nounou.

ARNAUD MONTEBOURG
PAS TOTALEMENT « MADE IN FRANCE » !

ph. P. Grangeaud/Solfé Com

Nom
MONTEBOURG

Prénom
Arnaud
prénom issu du germanique arn (« aigle ») et waldan (« gouverner ») ; surtout à la mode dans les années 1970

Date de naissance
30 10 1962

Lieu de naissance
Clamecy (Nièvre)

Signe astrologique
Scorpion asc. Cancer

né le même jour que Jacques Faizant, Astrid Veillon et Claude Lelouch

PROFESSION : Avocat
DOMICILE : Se partage entre le Xe arrondissement de Paris et le village bressan de Montret, en Saône-et-Loire
FILIATION : Fils de Michel, fonctionnaire des impôts, et de Leila Ould-Cadi, professeur d'espagnol
RACINES : Côte-d'Or, **Saône-et-Loire**, Seine-Maritime ; Algérie.

Nom de famille

Patronyme très rare, porté par moins de 10 foyers français, tous proches parents de l'homme politique puisque ayant forcément le même ancêtre.

Origines et histoire familiale

Le 31 janvier 1842, l'adjoint au maire d'Autun, en Saône-et-Loire, rédige l'acte de naissance d'un bébé, « âgé d'environ deux jours », déposé la veille à l'hospice de la ville. Un bébé auquel il lui faut attribuer un nom, et cela en respectant les usages. Ces enfants étant considérés comme des parias, pour être nés « d'amours coupables », il était inconcevable de leur donner un patronyme déjà existant, en ce que la famille le portant aurait ressenti cette homonymie comme déshonorante. On s'efforçait donc de leur en fabriquer un de toutes pièces, à moins de n'aller le puiser dans des sources diverses…

☺ Cette année-là, les enfants trouvés d'Autun recevront ainsi en série des noms de lieux normands, série que va inaugurer notre bébé, nommé Justin Montebourg – un nom de commune de la Manche. Un hasard plutôt heureux, puisque le précédent enfant trouvé s'en était tiré, quelques jours plus tôt, avec le patronyme Letoquard, nom sous lequel il n'aurait sans doute pas été facile de percer en politique…

Car Justin, le bébé né dans le plus total dénuement, est l'ancêtre direct d'Arnaud, l'avocat parisien qui épousera une petite-nièce de Sissi. Placé très jeune dans des fermes de l'Autunois, il connaîtra une vie très dure et épousera – qui se ressemble s'assemble – une fille de sa condition, domestique comme lui et fille d'une mère célibataire, qui l'avait, elle aussi, abandonnée.

Mais le couple va travailler d'arrache-pied. Il a de l'ambition et saura la transmettre à ses enfants, tout en y ayant sans doute été aidé par les châtelains qui l'emploient. Le fils aîné deviendra employé des chemins de fer, le petit-fils boucher – il tiendra la Maison de la Rosette, en face de la gare d'Autun – et l'arrière-petit-fils, fonctionnaire des impôts. Un parcours exceptionnel !

Voilà donc Arnaud Montebourg à 50 % morvandiau par sa famille paternelle – et, par elle, cousin de Claudie Haigneré, la célèbre cosmonaute, naguère ministre de Chirac et de façon plus étonnante, cousin de Valérie Massonneau-Trierweiler, la compagne de François Hollande (par les Dumouland d'Étang-sur-Arroux). En Morvan, il cousine également avec le Gilet jaune Éric Drouet (par Gaspard Courault et Léonarde Bazot, mariés vers 1620 à Glux) et avec Édouard Philippe (par Louis Courault et Sébastienne Bazot, mariés vers 1600 à Château-Chinon).

Mais, face à ces ancêtres tranquilles, confectionnant fromages de tête, œufs en gelée et andouillettes, la lignée maternelle offre un contraste saisissant et chaotique, avec des destins brisés dans la violence et le sang, loin, très loin du Morvan et de la gare d'Autun.

Khermiche Ould Cadi, qui avait vu le jour en 1907 à Cacherou, dans la plaine d'Oran, était né dans une famille berbère de Bachaghas, hauts dignitaires arabes et guerriers valeureux. Une grande et puissante famille, issue des premières tribus installées voilà plusieurs siècles sur ces immenses territoires, qu'ils avaient longtemps défendus, les armes à la main, y compris face aux attaques d'Abd el-Kader. Débarqués en Algérie, les Français, en combattant ce dernier, avaient donc été des alliés providentiels. L'agha Mustapha ben Ismaël (ci-dessus), pour avoir combattu à leurs côtés dans leurs intérêts communs, recevra en 1842 la grand-croix de la Légion d'honneur, comme la recevra plus tard un de ses neveux : Ahmed Ould-Cadi.

Restés sur leurs terres, les descendants de celui-ci vont s'y succéder, jusqu'à Habib Ould Si Ali, qui sera assassiné, sur l'ordre d'une de ses épouses, lorsque son fils – notre Khermiche, dont la mère était morte en lui donnant naissance – n'a que trois ans.

Quand celui-ci, adolescent, apprendra cette histoire, il voudra venger son père et tentera de tuer sa belle-mère d'un coup de pistolet. Mais, son geste manqué, il sera banni de la famille et n'aura guère d'autre ressource que de s'engager dans l'armée française. Il intégrera un régiment qui partira bientôt pour Rouen où, vaguemestre, devant aller deux fois par jour au bureau de poste récupérer et déposer le courrier, il y fera la cour à Jeanne, une blonde demoiselle des Postes – une solide Normande, fille de domestiques – qu'il va épouser.

Retourné un temps en Algérie, mais profondément attaché à la France, Khermiche tiendra à ce que ses enfants soient élevés à la française et à ce que son fils intègre l'armée. La famille rentrera donc en France, Jeanne obtenant d'être nommée dans la Nièvre. Le fils sera admis à l'École militaire d'Autun et la fille, Leila (la future professeur d'espagnol et auteur, en 2006, d'un livre sur l'histoire d'Alger), rencontrera Michel Montebourg, le futur inspecteur des impôts. Khermiche et sa femme termineront leur vie à Glux-en-Glenne, un village de ce Morvan où le petit Arnaud, y passant régulièrement ses vacances, baignera donc alternativement dans ces deux cultures familiales.

Famille proche

Fils unique, Arnaud Montebourg a épousé à Agde, en 1997 – avec, parmi ses invités, ses clients Jean-Marie et Christine Villemin –, Hortense de Labriffe, née en 1968, successivement collaboratrice d'Édouard Balladur et de Philippe Douste-Blazy, avant d'être secrétaire générale d'Uniciné (Union des cinémas). Fille du comte Antoine de Labriffe, banquier, et d'Anne de Lacretelle (fille de l'académicien Jacques de Lacretelle), elle descend de toutes les vieilles familles de l'aristocratie française (Rochechouart, Maillé, Grammont, Colbert...) en même temps que de Racine, du maréchal Berthier et de sa femme, née princesse de Bavière, ce qui en fait une petite-nièce de Sissi et une cousine éloignée de la reine d'Angleterre, d'Albert de Monaco et de tout le Gotha.

Divorcé en 2009, il a eu pour compagne de 2010 à 2012 Audrey Pulvar, présentatrice de télévision à iTélé (née en 1972 à Fort-de-France, fille de Marc Pulvar, professeur de mathématiques et secrétaire national du Mouvement indépendantiste martiniquais).

Après avoir évoqué fin 2013 une romance avec l'actrice Elsa Zylberstein (née en 1968, fille du physicien polonais Albert Zylberstein, ex compagne d'Antoine de Caunes, de Nicolas Bedos et du journaliste écrivain Georges-Marc Benamou), la presse a révélé en septembre 2014 sa liaison avec son ancienne collègue à la Culture,

Aurélie Filippetti, débarquée comme lui du gouvernement le mois précédent (née en 1973, avec des racines aux trois quarts italiennes. Fille d'un mineur, maire d'Audun-le-Tiche, en Moselle, et conseiller général communiste. Petite-fille d'un résistant, mort en déportation. Ex-compagne de Frédéric de Saint-Sernin, secrétaire d'État de Jacques Chirac et cousin germain de Dominique de Villepin, puis de l'économiste Thomas Piketty).

Séparé d'Aurélie Filippetti en 2017, la presse a révélé en 2019 sa liaison avec Amina Walter (née en 1987, d'origine marocaine, diplômée en économie et en langues, chef d'entreprise et mère de deux enfants), qu'il épouse en octobre 2021.

Trois enfants : deux avec sa première femme : Paul (2000, assistant, chef de projet chez Guerlain) et Adèle (2002), et une fille, Jeanne, née en 2015, avec Aurélie Filippetti.

Parcours

Enfance à Fixin, près de Dijon, dans une famille passionnée de politique, autour d'un père qui avait adhéré à la SFIO lorsqu'il était étudiant à Paris. Collège Marcelle-Pardé à Dijon, puis lycée Stéphen-Liégeard, à Brochon. Mention très bien au bac philo-lettres. Licence de droit, à l'université de Dijon, puis à la Sorbonne. Milite à l'Unef et adhère au PS. Sciences Po Paris. Échoue au concours de l'Ena. Avocat à la cour d'appel de Paris, en 1990, il plaide dans plusieurs affaires grand public (Carrefour du développement, défense de Christine Villemin, affaire de l'appartement parisien d'Alain Juppé...).

Député de Saône-et-Loire (1997-2012). Fonde, en 2002, avec Benoît Hamon, Julien Dray et Vincent Peillon, le Nouveau Parti socialiste, courant rénovateur, puis crée Rénover maintenant, qu'il fusionne avec Socialisme et Démocratie. Porte-parole de Ségolène Royal en 2007. Président du conseil général de Saône-et-Loire (2008-2012).

Organise chaque année, fin août, la Fête de la rose à Frangy-en-Bresse. Candidat aux primaires socialistes (3e, avec 17,2 % des voix), déclare voter pour François Hollande, sans donner de consigne de vote.

Ministre du Redressement productif (2012-2014), puis de l'Économie et du Numérique (2014). Champion de la démondialisation, auteur *La Bataille du made in France* (2013). Congédié du gouvernement en août 2014, il s'inscrit dans une grande école de commerce (Insead, à Fontainebleau) pour suivre des cours de management, afin de créer ou reprendre une entreprise.

Nommé en mars 2015 vice-président du conseil d'administration (chargé de l'innovation) de la chaîne d'ameublement française Habitat. Il lance avec Yves Jégo, député UDI, les « Assises du produire en France » et annonce son entrée au capital de New Wind, start-up conceptrice d'éoliennes domestiques (« arbres à vent »), dont il devient président du conseil de surveillance.

Battu à la primaire citoyenne de la gauche en 2017, il se rallie à Benoît Hamon, avant de se lancer en 2018 dans la production de miel (marque Bleu, Blanc, Rouge et création d'une école d'apiculture), puis dans celle d'amandes agroécologiques. En 2020, il passe à la filière laitière avec les glaces La Mémère, entreprises dans lesquelles il investit toutes ses économies, et publie un livre (*L'Engagement*) qui annonce sa candidature en 2022, officialisée en septembre 2021 dans sa ville natale.

Indiscrétions et anecdotes

Enfant, il passait ses vacances dans le Morvan, entre Khermiche, le grand-père berbère, qui le berçait de récits fabuleux, et l'autre grand-père, boucher à Autun, qui l'emmenait dans son tube Citroën chercher les vaches dans les fermes pour les conduire à l'abattoir. Il lui apprenait le patois, prédisant même, vu le bagout du gamin, qu'il serait avocat.

Incollable sur *Le Rouge et le Noir* de Stendhal, lui qui a défendu l'assassin de René Bousquet aurait aimé être l'avocat que le héros du roman, Julien Sorel, n'a pas eu. Il a gagné la coupe Liebersa, concours d'éloquence pour avocats stagiaires, en défendant Cauchon, l'évêque qui fit brûler Jeanne d'Arc.

Il adore la musique, avec des goûts éclectiques, de François Valéry à Zebda en passant par Whitney Houston et Rihanna. Fou de Claude François (chanson préférée : « 17 ans »), il est par ailleurs totalement accro à la série télévisée *Homeland*.

Enfant, à la boucherie familiale, il préparait les œufs en gelée, le saucisson, les chipolatas et les andouillettes. Il aime rappeler le slogan de ses grands-parents, bouchers à Autun : « Rosette Montebourg, le régal de toujours. »

Aujourd'hui, Arnaud Montebourg pratique le jogging et admire Jaurès, dont il a un portrait dans son bureau, Edgar Faure et le président américain Barack Obama. Soucieux de son look, il porte des costumes Façonnable et des chemises Alain Figaret. Il aime aussi les montres Tissot et les chaussures Fratelli Rossetti. Côté cuisine, il apprécie les brochettes de thon au citron mais, plus que tout, la tête de veau, tout en aimant aussi de simples œufs au plat – avec du poivre !

Obsédé par le « made in France », il a rempli sa déclaration de patrimoine en 2013 en indiquant les valeurs en francs et s'est affiché en 2012 à la une des journaux en marinière. Lors de l'édition 2014 de la Fête de la Rose, à Frangy-en-Bresse, la « cuvée du redressement » et la bouteille brandie à la santé de François Hollande lui ont été fatales.

NADINE MORANO
UNE PUCELLE EN POLITIQUE...

T. Bresson

Nom
MORANO, née PUGELLE

Prénom
Nadine **Yvonne**
prénom à la mode au début des années 1960 ; variante de Nadège, issue du slave Nadejda, *signifiant « espérance »*

Date de naissance
06 10 1963

Lieu de naissance
Nancy (Meurthe-et-Moselle)

Signe astrologique
Scorpion asc. Verseau

née le même jour que Françoise Dolto, Michel Bouquet, Marc Dutroux et Florent Pagny

PROFESSION : Chargée de communication
DOMICILE : Se partage entre Paris et sa maison de Toul
FILIATION : Fille de Michel, chauffeur de poids lourds, et de Monique Generelli, standardiste dans une entreprise de taxis
RACINES : Haute-Saône, Haute-Marne, Meurthe-et-Moselle, Meuse, Moselle, **Vosges** ; Italie.

Noms de famille

Morano : porté actuellement par une dizaine de foyers français, ce patronyme italien, voisin du français Moreau (forgé sur *maure*, « arabe »), surnommait un homme à la peau mate.

Pugelle : patronyme de création récente (☞ ci-après).

Pucelle : patronyme peu fréquent, porté par environ 120 foyers français, présent dans diverses régions, dont l'Anjou et les Vosges, désignant à l'origine une jeune fille, sans autre nuance.

Origines et histoire familiale

Lorsque l'on cherche des informations sur la famille de Nadine Morano, on la voit très attachée à son père, récemment disparu : Michel, un chauffeur-routier, qui l'embarquait avec toutes ses poupées dans son 38 tonnes. Mais on découvre également que Morano est en réalité le nom de son ex-mari et qu'elle se nomme en fait Pugelle.

Mais voilà que ce patronyme se révèle totalement inconnu, en France, avant 1941, et qu'il n'a été porté depuis cette date que par deux ou trois personnes, toutes de la Meurthe-et-Moselle. Ce type de situation est généralement lié soit à un nom d'origine étrangère, amené par une famille d'immigrants, soit à un nom récemment créé, à la suite d'un changement de patronyme. Un petit tour sur les arbres généalogiques en ligne sur le site Genealogie.com apporte la réponse : ces Pugelle sont tous les enfants de Michel, mais de Michel… Pucelle.

Originaires de la plaine des Vosges, les Pucelle, connus à Jainvillotte depuis les années 1650, ont longtemps travaillé le bois, notamment comme charpentiers et « recouvreurs de hauts toits » – beaucoup de maisons étant couvertes de tuiles de bois. Au fil des temps, ils iront de commune en commune, devenant charrons à La Neuveville-sous-Châtenois, boulangers à Médonville, jusqu'à arriver à Morizécourt, en bordure de la forêt de Darney, où le grand-père sera voyageur de commerce.

Personne, dans ce secteur, ne prête la moindre attention à leur nom. D'une part parce que, dans ces villages, comme partout ailleurs, les habitants se voyaient alors davantage désignés par leur prénom que par leur nom, et du fait que, pour être présent dans ce secteur depuis la nuit des temps, ce patronyme s'en trouvait totalement banalisé. Pas plus que les Chaucouillon, dans la région de Toul ou que les Pissevin aux environs de Rocroi, les Pucelle ne faisaient sourire leurs voisins. Aucun habitant de Médonville ne commentait le fait d'acheter son pain à Mme Pucelle, pas plus que l'on n'avait autrefois souri lorsqu'un ancêtre direct, Sébastien Pucelle, avait épousé une demoiselle Cramoisy ! Et puis le terme même de « pucelle » ne bénéficiait-il pas, dans le secteur, d'un ressenti particulier, avec le voisinage, à seulement quinze kilomètres, du célèbre village de Domrémy, devenu en 1578 Domrémy-la-Pucelle, pour avoir été le lieu natal de Jeanne d'Arc ?

Il fallut donc – situation très classique – que la famille quitte sa région d'origine pour que son nom lui soit renvoyé tel un boomerang et que ses membres connaissent le douloureux calvaire des « handicapés patronymiques ». C'est confrontés à cette épreuve qu'ils décideront de demander de changer de nom, mais d'en changer *a minima*, en choisissant de n'en modifier qu'une seule lettre mais qui fera, bien sûr, toute la différence… L'affaire sera réglée par un décret signé en 1976 par Jacques Chirac, alors Premier ministre, et au bout d'un an de démarches menées grâce à la volonté de Michel, qui sut décider et assumer, pour sa famille, un choix courageux et toujours difficile. Mais Michel, le routier au 38 tonnes, aurait renversé des montagnes pour sa fille, qui l'accueillera chez elle lorsqu'il sera victime d'un AVC et se retrouvera lourdement handicapé, elle-même confiant alors : « La maladie a transformé notre existence, mais je crois qu'on ne s'est jamais donné autant d'amour. »

Celle que l'on croit volontiers italienne ne l'est donc qu'au quart par son grand-père maternel, originaire de Cursolo-Orasso, dans le Piémont, tout près des lacs et de la frontière suisse, car elle est en fait aux trois quarts lorraine et majoritairement des Vosges, où ses racines s'entrecroisent parfois avec celles d'Harlem Désir et où on la découvre cousine (par la famille Gridel, de Sainte-Barbe) de... Julie Gayet. Ajoutons encore qu'aux côtés des Pucelle et des Cramoisy, d'autres ancêtres de l'ex-ministre étaient également porteurs de patronymes curieux, tels que Cœurdacier et Vaouilmeplaît... des patronymes qui lui auraient suggéré sa ligne de conduite ?

Famille proche

Mariée en 1988 avec Angelo Morano (d'une famille italienne, originaire de Cittanova, en Calabre).

Divorcée, elle est mère de trois enfants de son premier mariage : Raphaël (1989), Grégoire (1991) et Éléonore (1996). Le deuxième, qui travaille dans une société de production de série télé, lui a donné un petit-fils, Arthur, en 2012.

Parcours

Grandit et vit jusqu'à vingt-trois ans, d'abord au « Cèdre bleu » puis au « Hêtre pourpre », dans la barre HLM du Haut-du-Lièvre, à Nancy, la plus longue d'Europe. Son instituteur de CM1, M. Perez, lui donne envie de faire de la politique. Élève des dominicaines, à Nancy. DESS d'information, communication et organisation des entreprises. Aurait aimé être photographe de presse et faire l'Ena. Chargée de mission au conseil régional de Lorraine. Responsable de la communication du Parc naturel régional de Lorraine. Députée UMP de Meurthe-et-Moselle en 2002 (élue « députée de l'année », en 2006, pour son initiative sur la fin de vie). Conseillère régionale de Lorraine depuis 2004. Secrétaire d'État à la Famille (2008-2010). Ministre chargée de l'Apprentissage et de la Formation professionnelle (2011-2012).

Battue aux législatives en 2012, malgré un appel au vote des électeurs frontistes. Tout en restant à l'UMP, elle lance le RPPF (Rassemblement pour le peuple de France). Élue député européen en 2014, elle s'est déclarée, en septembre 2015, candidate à la primaire à droite de 2016, alors qu'elle est officiellement tête de liste des régionales en Meurthe-et-Moselle. Lors d'une intervention dans l'émission de Laurent Ruquier, « On n'est pas couché », elle affirme que « la France est un pays judéo-chrétien, de race blanche », phrase qu'elle dira avoir empruntée au général de Gaulle. Cette intervention crée une énorme polémique, y compris dans son camp (notamment de la part de Nicolas Sarkozy, qu'elle menace de « dézinguer ») et aboutit au retrait de son investiture. Elle appelle alors les électeurs à préférer le « rassemblement Nadine au rassemblement Bleu Marine », tout en évitant, en 2021, un discours négatif sur le candidat du Rassemblement national aux élections régionales dans le Grand Est.

Indiscrétions et anecdotes

Ancienne majorette – elle a conservé son bâton – cette gauchère, catholique pratiquante, a toujours dans son sac à main une médaille miraculeuse de la Vierge. Favorable au mariage gay, aux mères porteuses, à l'euthanasie et à l'adoption des enfants par des homosexuels, Nadine Morano est une adepte de la natation, du ski et de la randonnée. Elle aime danser, aller au cinéma et confie avoir une aptitude au bonheur. Elle ne rate jamais l'heure du goûter.

Traitée de « conne » par Guy Bedos dans un de ses spectacles, en 2013, elle lui a réclamé en justice 15 000 euros de dommages-intérêts, qu'elle souhaitait verser à des associations de lutte contre les violences faites aux femmes. Le tribunal correctionnel de Nancy a relaxé l'humoriste, estimant qu'il était resté dans « la loi du genre » et n'avait « pas dépassé ses outrances habituelles ».

HERVÉ MORIN
ENTRE BORDEL ET BOURVIL !

d.r.

Nom
MORIN

Prénom
Hervé Jacques Louis
prénom très classique des années 1960 ; généralement considéré comme d'origine bretonne, avec l'ancien sens de « fer vif »

Date de naissance	Lieu de naissance	Signe astrologique
17 08 1961	**Pont-Audemer** (Eure)	**Lion asc. Bélier**

né le même jour qu'Alexis Jussieu, Antoine Parmentier, Marcel Boussac, Sempé et Robert De Niro

PROFESSION : Professeur de droit

DOMICILE : Possède une maison à Saint-Sylvestre-de-Cormeilles (Eure) et est locataire d'un appartement dans le VIIIe arrondissement de Paris

FILIATION : Fils de Jacques, entrepreneur de maçonnerie, et de Micheline Cardine

RACINES : Calvados, **Eure**, Seine-Maritime.

Nom de famille

49e patronyme le plus fréquent de France, porté par environ 16 000 foyers. Deux origines possibles : soit comme Moreau, le surnom d'un lointain ancêtre à la peau mate, comme celle des Maures (les Arabes), soit un diminutif du prénom Maur, autrefois très populaire, avec de nombreux villages placés sous la protection de saint Maur (en un temps où il n'y avait aucune orthographe des noms propres, d'où les deux formes Maurin et Morin).

Origines et histoire familiale

L'ancien ministre a un arbre généalogique très classique, dont les racines sont concentrées dans l'Eure, et plus exactement le Lieuvin, entre l'estuaire de la Seine et Pont-Audemer. Un pays de sources et de rivières, coulant lentement au milieu des pommiers à cidre. Pays de sourciers et de sorciers et, bien sûr, de solides paysans, ressemblant à ceux de Flaubert.

Les Morin, qui en font partie, prenaient le temps de faire les choses. Que ce soit pour conclure une affaire, organiser un mariage ou se déplacer, mettant ainsi plusieurs siècles pour aller de Campigny, leur village d'origine, au sud-est de Pont-Audemer, à Épaignes, à une dizaine de kilomètres de là, où ils seront marchands de bœufs et « herbagers », autrement dit éleveurs de bétail. C'est de ce village que le père de l'ancien ministre partira s'établir à Pont-Audemer, où il dirigera une entreprise de maçonnerie. Mais c'est également à ce bourg que celui-ci restera lui-même attaché, au point d'en devenir le maire.

Car Hervé Morin a, sans nul doute, hérité du goût pour l'administration communale et l'engagement politique, avec ici deux grands-pères maires mendésistes et, à une vingtaine de kilomètres plus au Nord, près de Honfleur, le long de l'estuaire de la Seine, les Cardine, ancêtres maternels – les mêmes paysans normands –, avec plusieurs générations de maires, à Fatouville-Grestain.

Des ancêtres tranquilles donc, offrant peu de personnalités saillantes, si ce n'est, du côté de Berville ou de Corneville-sur-Risle – le village des « cloches », immortalisées à la fin du XIXe siècle par un opéra-comique à succès –, quelques noms de famille curieux, comme Reculard, Charlemagne – nom généralement dû à un lointain ancêtre mauvais joueur, quittant le jeu lorsqu'il se sentait perdre, ce que l'on appelait autrefois « faire Charlemagne » – ou encore toute une lignée ayant porté le patronyme Bordel…

Enfin, par une branche originaire du Pays de Caux, voici les paysans décrits par Maupassant, avec une apparente parenté, par une famille Duclos, d'Ectot, aux environs d'Yvetot, avec à la fois David Douillet et un certain André Raimbourg, plus connu sous son pseudonyme de Bourvil…

Famille proche

Marié en 1988 avec Catherine Broussot, avocate au barreau de Paris, spécialisée dans le droit social. Divorcé, avec deux jumeaux : Clémentine et Raphaël, il a deux enfants, Jules (2009) et Alma (2013), avec sa nouvelle compagne, Élodie Garamond (Parisienne qui a lancé voilà quelques années un centre de remise en forme, le Tigre-Yoga Club, dans le très chic XVIe arrondissement de Paris).

Parcours

Redouble sa seconde et sa première à Deauville. Université de Caen. Sciences Po Paris. Maîtrise de droit public à Assas. Administrateur des services de l'Assemblée nationale et chargé de cours à Paris-Descartes. Membre du Parti républicain. Conseiller de François Léotard, au ministère de la Défense. Conseiller général de l'Eure (1992-2004 et 2011-2014). Maire d'Épaignes (1995-2016). Député UDF puis NC de l'Eure (1998-2007 et 2010-2016). Porte-parole de la campagne de François Bayrou en 2002. Président du groupe UDF à l'Assemblée nationale (2002-2007). Quitte Bayrou en 2007, se rallie à

Sarkozy et crée le Nouveau Centre (devenu depuis Les Centristes) en 2007, qu'il préside depuis cette date. Ministre de la Défense (2007-2010). Annonce, le 27 novembre 2011, sa candidature à l'élection présidentielle, mais se rallie à Nicolas Sarkozy. Battu par Jean-Christophe Lagarde en 2014 à la présidence de l'UDI, suite à la démission de Jean-Louis Borloo. Président du conseil régional de Normandie, depuis 2016. Président des Régions de France (2017-2019)

Indiscrétions et anecdotes

Passionné, comme son ancien mentor, François Bayrou, de chevaux de course, il en possède plusieurs. Il a notamment été le copropriétaire du pur-sang de classe mondiale Liberato, plusieurs fois gagnant, qu'il a vendu en 2007 à l'émir de Dubaï. Il a publié en 2014 *Lettre à Alma*, écrit lorsque sa compagne était enceinte de son quatrième enfant. Chasseur, il adore aussi jouer au poker, au golf et au tennis, et se passionne pour l'histoire et l'aquariophilie. Se targuant d'être un épicurien, qui aime la bonne chère et le bon vin, Hervé Morin a présenté ses vœux pour 2011 sur Internet depuis sa cuisine, « le lieu qu'il aime le plus dans son appartement ». Sa grande spécialité ? Les coquilles Saint-Jacques.

PIERRE MOSCOVICI
IMPOSSIBLE DE DEVENIR UN CANCRE

Nom
MOSCOVICI

Prénom
Pierre
du grec petra, « pierre » ; 2e prénom masculin français le plus porté (515 000)

Date de naissance
16 09 1957
né le même jour que David Copperfield

Lieu de naissance
Paris XVe

Signe astrologique
Vierge asc. Balance

PROFESSION : Magistrat à la Cour des comptes
FILIATION : Fils de Serge, universitaire, et de Marie Bromberg, psychanalyste
RACINES : Pologne ; **Roumanie**.

Nom de famille

Porté par une trentaine de foyers français, ce patronyme roumain peut avoir désigné un homme originaire de Moscou mais plutôt le fils de Mosko (forme slave de Moïse).

Origines et histoire familiale

« Je suis un homme politique français, mais je reste l'enfant de cette histoire-là », a confié Pierre Moscovici au *JDD* en 2015.

Cette « histoire-là », c'est à la fois celle de sa famille et celle du couple de ses parents.

Sa famille : les Moscovici sont originaires de Roumanie et plus exactement de Brăila, un gros port de Valachie, sur la mer Noire, qu'Autrichiens et Ottomans se sont longtemps disputé et où ils s'étaient sans doute établis dans le courant du XIXe siècle. Les uns y étaient diamantaires et d'autres, comme le grand-père de Pierre, marchands de grains. Ils y avaient vécu assez bourgeoisement, jusqu'à l'arrivée des années de malheur, avec la montée du nazisme puis l'arrivée des communistes.

Né en 1925, Srul Hers Moscovici, le père de Pierre, avait été exclu en 1938 de son lycée de Bucarest par les lois antisémites, avant de connaître les rafles, la famine et le travail obligatoire. Ayant appris le français, il avait fondé une revue de littérature, qui avait été rapidement interdite par la censure.

En 1947, alors que ses parents décident de partir pour Israël, il se tourne résolument vers l'ouest. Suivant un parcours voisin de celui de Pál Sarkozy, il passe par l'Autriche et l'Italie, pour arriver en France et s'établir à Paris. Obtenant rapidement, grâce à une bourse de réfugié, une licence et un doctorat de psychologie, il deviendra un psychologue social de réputation internationale, enseignant six mois par an aux États-Unis tout en participant à la fondation des Verts, en 1980, avec Dumont et Lalonde.

Un père grand séducteur, couvert de conquêtes mais « indolent, oriental et doux », qui ne s'est jamais débarrassé de son accent roumain. Ayant longtemps eu le statut de réfugié, il aime son pays d'adoption et sa culture, tout en se sentant à la fois français et étranger. Voulant, en 2004, à près de quatre-vingts ans, faire refaire ses papiers d'identité pour remplacer son prénom, Srul, par celui de Serge, sous lequel il est désormais connu, il sera effondré et humilié qu'on le lui refuse, et il faudra l'intervention de Claude Guéant pour que celui qui a reçu la Légion d'honneur puisse jouir de son identité.

Avant de devenir Serge, Srul Moscovici a épousé, à la mairie du XVe, Marie Bromberg, fille d'un couple d'immigrés polonais, arrivés en 1931 de Sterdyn, tout à l'est du pays. Le père, là-bas ouvrier-tricoteur, était devenu vendeur de vêtements. Un couple de juifs non religieux et socialistes, parlant le yiddish. Travailleurs, ils avaient rapidement réussi dans le tissu, mais la guerre éclatant, ils s'étaient retrouvés avec leur famille en Aubrac, où était née une cousine germaine de Marie, qui sera la mère de la comédienne Sandrine Kiberlajn (devenue Kiberlain, ex-compagne de Vincent Lindon et donc la petite cousine de Pierre Moscovici). De retour à Paris à la Libération, alors que la parenté restée en Pologne a été pratiquement entièrement exterminée, les Bromberg, spoliés et ruinés, ne s'en étaient jamais vraiment remis, laissant leur fille avec une revanche à prendre sur la vie.

Intrépide, libre et courageuse, féministe engagée, mue par une rage de vivre, Marie Bromberg se tournera alors vers la sociologie. C'est ainsi qu'elle sera l'élève de Serge Moscovici, qui deviendra son mari. Ensemble, ils partageront les mêmes valeurs et, pour partie, les mêmes idées. Si tous deux se défient des socialistes, lui est anticommuniste, alors qu'elle est plutôt proche du PC. Continuant sa carrière, elle entrera au CNRS, fréquentera Lévi-Strauss et Lacan, traduira Freud, pour devenir psychanalyste, à la fin des années 1960.

C'est dans ce couple que Pierre et son frère ont grandi, « baignant dans un milieu culturel, où il aurait été un exploit d'être un cancre ». Un couple soudé et fort, qui a vécu un grand amour et qui n'a pas cessé de s'admirer mutuellement. Un couple « juif jusqu'au bout des ongles, anticonformiste, cultivé au plus haut point et libre ». Un couple désireux de comprendre le monde et les autres.

Mais voilà que, contre toute attente, ce couple va se séparer au début des années 1970, sans pour autant divorcer. Pierre, qui entame alors à peine son adolescence, sera très marqué par ce drame. Sa vie continuera dans un appartement du XVIIe, où la mère ne passe qu'en coup de vent, tout en voyant régulièrement le père, auquel, même lorsqu'il sera devenu ministre, il téléphonera tous les jours. Un père qui, comme la mère, ne parle jamais de son passé. « Le secret était total chez lui et partiel chez ma mère. Je n'ai entrepris aucune recherche sur mes origines [...]. Je me suis arrêté au silence. » Ajoutant que la psychanalyse est pour lui à la fois « un objet fascinant et répulsif » et que les cordonniers étant les plus mal chaussés, sa « mère n'a jamais eu une compréhension particulière de ses enfants », « Mosco » s'est toujours défendu de chercher un père en politique. Pas plus avec DSK qu'avec Jospin...

Famille proche

Mariages : après une liaison officielle avec une enseignante-chercheuse en philosophie, de trente et un ans sa cadette (Marie-Charline Pacquot), Pierre Moscovici a convolé à près de cinquante-huit ans en épousant en juin 2015 (mariage célébré à Paris par Anne Hidalgo, en présence de François Hollande, Marisol Touraine et Lionel Jospin) Anne-Michelle Bastéri, d'origine corse, énarque et inspectrice des finances, qui avait été sa conseillère au ministère de l'Économie et est aujourd'hui directrice exécutive de NJJ Capital, la holding de Xavier Niel, le patron de Free.

Enfant : un fils, Joseph, né en 2018.

Fratrie : un frère, Denis (1962), centralien, président d'une société de conseil en stratégie immobilière et financière.

Parcours

Lycée Condorcet, à Paris ; université de Paris (I, IV et X : DEA de macroéconomie et philosophie). Sciences Po. Ena (promotion Louise Michel, 1982-1984 ; élève de DSK). Milite au sein de la Ligue communiste révolutionnaire, d'Alain Krivine. Adhère au PS en 1985. Conseiller maître à la Cour des comptes (2003-2004). Conseiller technique puis chargé de mission au cabinet de Lionel Jospin (1988-1990). Commissariat général au Plan (1990-1993). Conseiller européen (1994-1997 et 2004-2007, période où il est vice-président du Parlement européen). Conseiller général du Doubs (1994-2001). Conseiller municipal de Montbéliard (1995-2008), puis de Valentigney (2008-2012). Président de la Communauté d'agglomération du pays de Montbéliard (1997 et 2008-2012). Député du Doubs (1997, 2007-2014). Conseiller régional (1998-2004). Ministre chargé des Affaires européennes (1997-2002). Enseignant à Sciences Po et Paris-IX Dauphine. Avocat d'affaires (2005-2007). Soutien DSK en 2011, avant de se rallier à François Hollande, dont il devient le directeur de campagne. Ministre de l'Économie et des Finances (2012-2014). Commissaire européen aux Affaires économiques et monétaires, à la Fiscalité et à l'Union douanière (2014-2019). Premier président de la Cour des comptes (depuis 2020).

Indiscrétions et anecdotes

« Je ne l'ai jamais vu ne pas draguer une jolie fille dans une soirée. Je ne l'ai jamais vu mal sapé. Je ne l'ai jamais vu bouder les plaisirs de la table. Mais il assume », dit de lui un de ses amis. Élégant, séducteur, dandy et épicurien, Pierre Moscovici est d'abord un Parisien, qui adore hanter la terrasse du Flore, lire, écrire et sortir. Pratiquant le ski et le tennis, le député de la circonscription Peugeot, amateur de montres de collection, n'a pas son permis de conduire. Au nombre de ses références, il évoque la moustache de Clark Gable dans *Autant en emporte le vent* et la voix « coup de grisou » de Charles Denner dans *L'homme qui aimait les femmes*. Mais son modèle demeure le Swann de Proust, pour son sens du ridicule et sa jalousie mortifère, et il est un fan de Woody Allen… et des chats (celui de son ex-compagne, nommé Hamlet, a été une star d'Internet).

Repéré par DSK, son professeur à Sciences Po, il est un grand connaisseur de Marx et a enchaîné les rôles de benjamin : après avoir participé, à onze ans, aux comités d'action lycéen de son lycée, en 1968, il sera à quarante ans l'un de ceux du gouvernement. Il adore imiter Jacques Chirac.

RENAUD MUSELIER
« À L'OMBRE DES GRANDS ARBRES »

Y. Bouvier

Nom
MUSELIER

Prénom
Renaud **Émile Gontran Olivier**
prénom d'origine germanique, forgé sur les racines ragin, « conseil », et waldan, « gouverner »

Date de naissance
06 05 1959

Lieu de naissance
Marseille (Bouches-du-Rhône)

Signe astrologique
Taureau asc. Scorpion

le même jour que Robespierre, Nehru, Christian Clavier et Tony Estanguet

PROFESSION : Médecin
DOMICILE : À Marseille
FILIATION : Fils de Maurice, docteur en pharmacie, et de Sylviane Girault
RACINES : *Bouches-du-Rhône, Cher, Creuse,* **Doubs**, *Isère, Loiret, Moselle, Var, Vaucluse ; États-Unis, Italie.*

Nom de famille

Porté par une trentaine de foyers français, ce patronyme, essentiellement concentré dans les départements de la Côte-d'Or et du Doubs, reste d'étymologie incertaine, pouvant dériver soit de l'ancien français *musel* (museau), soit de *mesel* (lépreux) et *muselerie/meselerie* (lèpre, léproserie), ou encore de *ma(i)selier* (boucher).

Origines et histoire familiale

« Ma famille est une véritable mosaïque, aime à expliquer Renaud Muselier. On connaît bien sûr l'amiral Muselier, qui a donné la croix de Lorraine à la France libre, mais mon cousin était roi d'Albanie. Il était musulman. Mon arrière-grand-mère était juive, mon père a été déporté à Dachau, ma grand-mère était américaine et moi je suis catholique. » Un tel panorama lui fait dire qu'il est « difficile de pousser à l'ombre des grands arbres ». Voilà en tout cas une généalogie prometteuse, qui mérite d'être explorée.

Enfant de Marseille, l'ancien ministre de Jacques Chirac a vu le jour dans une famille bourgeoise de la ville. Son père, Maurice Muselier, docteur en pharmacie et licencié en droit, entré dans la Résistance (réseau Alliance) en octobre 1940 et déporté en 1943 à Dachau, était professeur à la faculté de Marseille, président de la société de pharmacie de la ville et par ailleurs grand amoureux de la mer. Son grand-père, Émile Muselier, né lui aussi à Marseille, vice-amiral, fut en effet une des grandes figures de la France libre, premier officier général à rallier de Gaulle à Londres, en juin 1940, organisateur des Forces navales françaises libres, à l'origine de l'adoption de la croix de Lorraine. Un homme qui, après guerre, avant de se reconvertir dans le privé, tentera vainement sa chance aux élections législatives de 1946, sous l'étiquette du Rassemblement des gauches républicaines. Bref, un homme à la stature de héros et à la vie passionnante, auquel son petit-fils a consacré un ouvrage biographique (paru chez Perrin, en 2000), mais un homme à la vie également mouvementée, qui avait entre les deux guerres une réputation assez sulfureuse, suite à une saisie d'opium en 1927 au domicile de sa maîtresse, une certaine dame Oswald, laquelle, interrogée, avait déclaré en faire personnellement usage « en compagnie de M. Muselier »...

Une famille compliquée – notamment du fait des triples mariages du père et du grand-père –, arrivée à Marseille avec l'arrière-grand-père, Victor, amené sur la Cannebière par sa carrière d'employé aux télégraphes, qui s'y était marié en 1880 et allait y terminer comme inspecteur des Postes. Ce Victor Muselier était quant à lui fils d'un marbrier de Nancy, où il avait vu le jour, détail à l'origine du choix déjà évoqué de la croix de Lorraine par son fils.

En remontant plus avant la lignée, les recherches conduisent dans le Doubs, d'abord à Besançon, puis à Ornans, avec des ancêtres bourreliers et auparavant laboureurs, jusqu'à un André ou Amé Muselier, né vers 1580, époux de Jacquotte Gerrier.

Mais cette famille va se compliquer davantage encore avec l'épouse de l'arrière-grand-père employé des Postes, fille de Juifs marseillais, aux racines dispersées entre Carpentras, la Syrie et l'Italie, et avec une mère, née Suarès, par laquelle elle était la cousine germaine de l'écrivain André Suarès. Sans oublier – dernière source de complications – la (première) femme de l'amiral, marseillaise également, arrière-petite-fille d'un artiste dramatique, avec, comme beaucoup de Marseillais, des ancêtres dans le Vaucluse, dans le Var et en Italie, tout en descendant de très anciennes lignées de la ville.

L'étude de la branche de sa mère – elle aussi résistante – vaut pareillement son lot de surprises avec, du côté du grand-père colonel (fils d'un liquoriste, maire de Mehun-sur-Yèvre, dans le Cher), de classiques ancêtres paysans berrichons et quelques maçons creusois, mais surtout toute une branche américaine : celle de la grand-mère, née Gladys Stewart, new-yorkaise, fille de diplomate, issue du melting-pot américain, aux origines majoritairement anglaises, permettant aux généalogistes de montrer le conseiller régional de Paca descendant des rois Philippe le Hardi et Saint Louis. Des ancêtres par lesquels on cousine automatiquement, mais de très, très loin, avec presque toutes les têtes couronnées de l'ancienne Europe.

Que Renaud Muselier soit cousin d'un roi n'aurait donc rien d'extraordinaire, si ce n'est que la parenté qu'il évoque est une parenté très proche. Avant d'épouser le grand-père de Renaud, la grand-mère new-yorkaise avait en effet épousé le comte hongrois de Nagy-Apponyï, chambellan de l'empereur François-Joseph, dont elle avait eu une fille – la demi-sœur de la mère de Renaud Muselier – devenue reine d'Albanie, par son mariage avec le roi Zog Ier, d'origine musulmane. Le fils de ce couple, Leka Ier, longtemps roi en exil d'Albanie et décédé en 2011, était donc bel et bien le cousin germain de l'actuel président du conseil régional de Provence-Alpes-Côte-d'Azur.

L'amiral et la croix de Lorraine, la grand-mère juive, le cousin roi d'Albanie : tout est donc bien là, avec en prime quelques parentés surprises. C'est ainsi que Renaud Muselier :

– cousine de près avec l'actrice Madeleine Barbulée, décédée en 2001 (petite-nièce de Victor Muselier) et compte parmi ses ancêtres un prêtre réfractaire, marié et père de famille ;
– par la famille Camoin, originaire d'Allauch, cousine à la fois avec l'industriel Paul Rocard, fondateur des fameux pastis du même nom, le footballeur Éric Cantona, le chanteur Michel Sardou, l'écrivain Albert Camus et l'ancien maire de Marseille, Jean-Claude Gaudin ;
– cousine de même avec l'acteur Rellys, par la famille Artufel, avec Vincent Auriol et avec le ministre Jean-Michel Blanquer, par la famille Gueit, de Cuers, dans le Var ;
– enfin, descend de la grande famille des Flotte, des Hautes-Alpes, dont un ancêtre avait épousé une princesse de Castille, fille du roi Ferdinand Ier et de Sancha de Léon, par laquelle les généalogistes le montrent descendant de Mahomet…

Famille proche

Marié en 1995 avec Stéphanie Clément, avocate (divorcée d'Olivier Silvy et mère de deux enfants), Renaud Muselier est père de deux enfants : Fanélie (1995, graphiste) et Baptiste (1997).

Parcours

Bac D, après une année de pensionnat à Saint-Didier-en-Velay. Faculté de médecine (remarqué pour ses participations aux manifestations estudiantines). Diplômé en médecine du sport, il exerce dans une clinique privée de Marseille. Conseiller général des Bouches-du-Rhône (1992-1995). Député RPR des Bouches-du-Rhône (1993-2002, puis 2007-2012), puis UMP, dont il est membre fondateur. Président de l'établissement public d'aménagement d'Euroméditerranée (1995-2008). Vice-président de l'Olympique de Marseille (1995-1997). Secrétaire d'État aux Affaires étrangères (2002-2005). Conseiller de Jacques Chirac pour les Français de l'étranger (2005-2007). Premier adjoint au maire de Marseille (1995-2008). Vice-président de la communauté urbaine (2001-2013). Président de l'Institut du Monde arabe (2011-2013). Conseiller régional de Paca (2004-2007), président du conseil régional (depuis 2017). Député européen (2014-2019). Ayant proposé une alliance avec LREM pour les élections régionales de 2021, il se voit retirer l'étiquette LR et finit par quitter ce parti en novembre.

Indiscrétions et anecdotes

Catholique pratiquant, ce médecin, propriétaire de deux cliniques de renommée internationale spécialisées dans la prise en charge des pathologies neurologiques, est un grand sportif : ceinture noire 2e dan de karaté, double vice-champion de France, ex-trois-quarts aile de rugby (champion de France universitaire) et au surplus un excellent skieur.

Auteur de plusieurs livres, dont un sur Daumier et un autre sur son grand-père amiral, créateur de la croix de Lorraine, il est décoré de plusieurs ordres étrangers, remis par des souverains en personne (Juan Carlos et le roi du Maroc) et a demandé, en 2012, la nationalité mauricienne, « pour raisons administratives et non fiscales ». Également commandeur de l'ordre du Mérite des chevaliers du Saint-Sépulcre, il a reçu, en 2003, le prix de l'humour politique du Club de la Presse, pour une phrase prononcée à la conférence des ambassadeurs, lorsqu'il était aux Affaires étrangères : « Dominique de Villepin fait tout et moi le reste. » Adorant les voyages à l'étranger, ce cinéphile est un fan de la série *House of Cards*.

FLORENCE PARLY
COUSINE DE CHARLES TRENET

d.r.

Nom
PARLY

Prénom
Florence **Marie Jeanne**
prénom d'étymologie latine, issu de florens, signifiant « fleur » au sens propre et « heureux » au sens figuré ; très à la mode dans les années 1960

Date de naissance
08 05 1963

Lieu de naissance
Boulogne-Billancourt (Hauts-de-Seine)

Signe astrologique
Taureau asc. Scorpion

le même jour que le curé d'Ars, Fernandel, Catherine Laborde et François Busnel

PROFESSION : Haut fonctionnaire et dirigeante d'entreprise

FILIATION : Fille d'Edmond, professeur de lettres, et de Jeanne-Marie Herland, fonctionnaire

RACINES : Aude, Côte-d'Or, Eure, Eure-et-Loir, Finistère, Ille-et-Vilaine, Marne, Meuse, Somme, **Yonne**, Essonne, Seine-Saint-Denis.

Nom de famille

Porté par une quarantaine de foyers français, ce patronyme, essentiellement concentré dans les départements de l'Yonne et de Seine-et-Marne, désignait un originaire de la localité de ce nom, commune voisine de Toucy, dans l'Yonne.

Origines et histoire familiale

Fille d'un professeur de lettres devenu hommes d'affaires comme fondateur d'une entreprise de matériaux de construction, et d'une conseillère d'État, ancienne rectrice de l'académie de Caen, directrice de cabinet de Claude Allègre au ministère de l'Éducation nationale en 2000 et elle-même fille d'un professeur de français en khâgne, spécialiste de Corneille et auteur d'un *Corneille par lui-même*, Florence Parly, ministre des Armées, est née dans une famille déjà bien lancée. D'emblée, le décor généalogique est brossé, avec des ancêtres très CSP+. Ainsi des quatre arrière-grands-pères : un receveur des rentes, fils de notaire ; un pharmacien, lui-même fils de pharmacien ; un avoué, fils de propriétaire terrien ; et un négociant en fourrages, l'arrière-grand-père Parly, branche dont la réussite avait été légèrement plus tardive.

Commençons par le grand-père, Georges Parly, né à Paris en 1880, poilu de la Grande Guerre, que son registre matricule dit « blessé au combat de Courbesseaux, le 25 août 1914, en faisant bravement son devoir », décoré en 1921 de la Croix de guerre par le général commandant le département de la Seine – ce brave soldat n'aurait pu espérer la recevoir de meilleures mains, d'autant que les ministres de ce temps-là se produisaient nettement moins en public et sacrifiaient moins à la communication que ne le font les nôtres… Ce « papy » Georges, qui sera agent des mines, était le fils d'Edmond Parly, négociant en fourrage parisien, métier très rentable à une époque où l'on dénombrait plus de quatre-vingt mille chevaux dans les rues de la capitale, tirant les fiacres, les camions et les omnibus, auxquels on doit ajouter ceux des régiments de l'armée et les vaches assurant en plein Paris le ravitaillement en lait. De quoi écouler des tonnes de fourrage…

Cet ancêtre était né en 1846 à Livry-Gargan, village essentiellement rural qui ne comptait alors que mille habitants, au lieu de quelque cinquante mille aujourd'hui. Le trisaïeul de Florence y exerçait le métier de cultivateur. La famille était établie en Seine-Saint-Denis (Vaujours, Montfermeil) depuis qu'un aïeul s'était marié, sous Louis XV, à Clichy-sous-Bois. « Voiturier par terre », c'est-à-dire transporteur routier (pour le différencier du « voiturier par eau »), ce dernier était natif du village de Volgré, dans l'Yonne, où l'on peut remonter l'arbre généalogique, via des ancêtres vignerons, jusqu'à Étienne Parly, tuilier, né vers 1620 au village de Saint-Aubin-Château-Neuf, à quelques kilomètres de Parly, auquel la famille doit son nom. La boucle généalogique est ainsi bouclée, avec au passage la légitimation de ses mandats électoraux dans l'Yonne, qui n'avaient donc rien d'un parachutage…

Les autres branches de l'arbre conduisent dans des directions diverses, avec d'abord des racines très anciennes dans l'actuelle Seine-Saint-Denis (cafetiers à Saint-Denis, maçons à Livry-Gargan), ainsi que dans l'Essonne (vignerons à Montlhéry), mais aussi des Finistériens et des Picards, des Lorrains et des familles du Sud, notamment dans la région des Corbières, avec un ancêtre autrefois engagé (Jean Martin, à la fois médecin-chirurgien, instituteur et commissaire du Directoire à Ferrals).

Des parentés inattendues ? En voici !

– Par le couple Yvon Le Dissez, sieur de Quistillic, et Marie Lesaux, mariés en 1530 à Plouégat-Moysan, dans le Finistère, Florence Parly cousine à la fois avec l'écrivain américain Jack Kerouac, l'actrice Dominique Lavanant et le navigateur Olivier de Kersauson.

– Par les Alengry, carriers à Armissan, on trouve de très modestes brassiers et bergers et même… par le couple Arnaud Alengry/Anne Gélis, marié en 1678, un cousinage avec Charles Trenet, un artiste au militarisme bien timoré, ce qui n'a pas empêché la fanfare de la Légion étrangère de jouer « La Mer » sur les Champs-Élysées, lors du défilé du 14 juillet 2020, devant une Florence Parly manifestement étonnée… et séduite.

Famille proche

En couple depuis 1991 avec Martin Vial (né en 1954, alors directeur général du groupe La Poste), Florence Parly est mère de deux enfants : Cyril (né en 2000, après une grossesse très médiatisée) et Laure.

Parcours

Sciences Po Paris (1984). Ena (1985, promotion Fernand Braudel). Administratrice civile à la direction du Budget (1987, où elle revient, en 1993, après avoir été conseillère ministérielle auprès de Michel Durafour, ministre de la Fonction publique, puis de Paul Quilès, ministre de l'Équipement et du Logement, puis de l'Intérieur). Adhère au PS en 1995 et devient conseillère de Lionel Jospin à Matignon, en 1997. Secrétaire d'État au Budget (2000-2002). Conseillère régionale de Bourgogne (2004-2006 ; vice-présidente du conseil régional). Entre dans le privé, en 2006, comme directrice de la stratégie des investissements à la direction financière d'Air France, avant de passer à Air France Cargo (2009). Administratrice indépendante et présidente du Comité des nominations et des rémunérations chez Altran (2012-2017), tout en étant membre du comité exécutif du groupe Air France, jusqu'en 2014, puis directrice générale à la stratégie et aux finances à la SNCF, avant de devenir, en 2016, directrice générale de SNCF-Voyageurs. Ministre des Armées, depuis 2017.

Indiscrétions et anecdotes

Amatrice d'opéra et bonne skieuse, cette femme discrète, troublée le jour où elle dut aller faire un discours au Sénat, y prit la parole en ces termes : « Bonjour, messieurs des députés. » *Marianne* a révélé, en 2017, qu'elle percevait à la SNCF un salaire mensuel de 52 000 euros, et qu'elle avait reçu un parachute doré de 675 800 lors de son départ d'Air France, en 2014.

En 2017, elle a déclaré à la Haute Autorité pour la transparence de la vie publique un patrimoine de 2 millions d'euros.

VALÉRIE PÉCRESSE
UNE FAMILLE « CANON »

d.r.

Nom
PÉCRESSE, née **ROUX**

Prénom
Valérie Anne Émilie
signifiant étymologiquement « bien portante » ; très à la mode dans les années 1960

Date de naissance
14 07 1967

Lieu de naissance
Neuilly-sur-Seine (Hauts-de-Seine)

Signe astrologique
Cancer asc. Bélier

le même jour que Lino Ventura, Xavier Darcos et la future reine Victoria de Suède

PROFESSION : Auditeur au Conseil d'État

DOMICILE : Habite une maison à Versailles

FILIATION : Fille de Dominique, universitaire et président de Bolloré Telecom, et de Catherine Bertagna

RACINES : Alpes-de-Haute-Provence, **Alpes-Maritimes**, Corse, Creuse, Finistère, Indre, Ille-et-Vilaine, Loire-Atlantique, Meurthe-et-Moselle, Morbihan, Haut-Rhin, Var, Vosges ; Suisse.

Noms de famille

Roux : 10e patronyme le plus fréquent de France (29 000 foyers), présent dans toutes les régions et hérité d'un ancêtre aux cheveux roux.

Pécresse : patronyme rare, porté par 20 à 30 foyers français, tous issus de la même souche, issu du nom du lieu d'origine : lieu-dit de la commune de Davignac, en Corrèze, où se trouvait une pêcherie, autrement dit un vivier.

Origines et histoire familiale

Valérie Pécresse est issue de familles abonnées à la réussite. Un père universitaire et président de Bolloré Telecom. Un grand-père, Louis Bertagna, ancien résistant, neuropsychiatre, promoteur des traitements au lithium, à qui Jacques et Bernadette Chirac avaient confié leur fille aînée, souffrant d'anorexie mentale.

De familles sachant aussi cultiver les succès, elle-même en étant une parfaite illustration, avec son parcours sans faute et son mariage avec Jérôme Pécresse, un « X-Ponts » aujourd'hui directeur général adjoint d'Imerys (leader mondial de la production et de la transformation des minéraux industriels) et petit-fils de Francis Pécresse, vice-président du patronat français en même temps que corrézien et proche, lui aussi, de Jacques Chirac.

Généalogiquement, Valérie Pécresse est aux neuf dixièmes une femme du Sud. Hormis une branche alsacienne, originaire d'Habsheim, près de Mulhouse, ayant migré à Paris en 1872, car refusant le rattachement à la Prusse, hormis quelques ancêtres vosgiens, bretons (un ancêtre breton, médecin de campagne, surnommé... « le docteur Faust ») et du centre, ses racines sont essentiellement concentrées dans l'actuelle région Provence-Alpes-Côte d'Azur.

Côté Roux, les grands-parents, commerçants à Gap, avaient leurs origines à Barcelonnette, dans le Mercantour, dans les superbes villages de la vallée du Verdon (Allos, Colmars-les-Alpes, Thorame-Haute, Méailles), et dans la haute vallée du Var, avec plusieurs familles à l'origine de prospères fabriques de laine, comme les Ollivier ou les Autheman, ou encore comme les Jauffret, dont certains membres iront, au XIXe siècle, faire fortune au Mexique. Les Roux eux-mêmes, longtemps « négociants merciers », avaient leurs racines à Saint-Martin-d'Entraunes (où l'on peut remonter jusqu'à Jacques Roux, né vers 1515). Bref, des familles actives, forgées à l'endurance et ayant le goût de l'entreprise et de l'aventure. Des familles par lesquelles Valérie Pécresse va cousiner (notamment par les Gravier et les Ventre, de Colmars) avec Éric Ciotti.

Côté maternel, les Bertagna conduisent à Grasse, puis à Vence – où ils étaient boulangers – et finalement à Nice, sans oublier une arrière-grand-mère corse, tout en portant le patronyme de Gaudin, nom d'une famille originaire de Nyon, en Suisse, comptant parmi ses membres un général de l'armée sarde et un pasteur et botaniste célèbre, dont un descendant s'était établi et marié à Bastia. Une famille qui s'était parfaitement intégrée, donnant à la ville un maire, Auguste Gaudin, natif de Nyon, en Suisse, qui sera à l'origine d'une des plus remarquables dynasties politiques de l'île de Beauté avec les Zuccarelli, cousins de la présidente de l'Ile-de-France, dont la famille se veut très attachée à ses racines corses.

Ajoutons que, face aux ancêtres alpins de Valérie, ceux de son mari ne déparent pas la galerie. Les Pécresse, passés de Davignac à Combressol – village où la ministre et son mari passent traditionnellement l'été dans la maison familiale, à une vingtaine de kilomètres du château des Chirac –, s'étaient enrichis à la fin du XIXe siècle en vendant des vins de bordeaux en Belgique et avaient ainsi acquis un domaine en Médoc, qui produit aujourd'hui encore un grand Château-Canon-Pécresse, du nom de la côte de Canon-Fronsac, prolongement géologique vers le sud-ouest de la grande côte de Saint-Émilion.

Famille proche

Mariée en 1994 avec Jérôme Pécresse, polytechnicien et ingénieur des Ponts et Chaussées, directeur général adjoint d'Imerys, puis vice-président exécutif d'Alstom, joueur de bridge de très haut niveau.

Trois enfants : Baptiste (1996), Clément (1998), Émilie (2003).

Parcours

Institution Sainte-Marie de Neuilly (sait lire à quatre ans, passe son bac à seize). Classe préparatoire au lycée privé Sainte-Geneviève, de Versailles. HEC. Ena (1992, promotion Condorcet, sortie 2e). Haut fonctionnaire. Aurait aimé être psychologue ou actrice. Conseillère de Jacques Chirac à l'Élysée. Députée des Yvelines (2002-2007 et 2012-2016). Conseillère régionale d'Ile-de-France depuis 2004. Ministre de l'Enseignement supérieur et de la Recherche (2007-2011 : loi sur l'autonomie des universités). Ministre du Budget et porte-parole du gouvernement (2011-2012). Secrétaire générale déléguée à l'UMP (2013). Président du conseil régional d'Ile-de-France (depuis 2015) et de Grand-Paris Aménagement depuis 2018. En désaccord avec Laurent Wauquiez, elle fonde en 2017 le mouvement « Soyons libres » et quitte Les Républicains en 2019. En juillet 2021, elle annonce sa candidature à la primaire de la droite, où elle est qualifiée au second tour (avec 60,9 % des voix, face à Éric Ciotti).

Indiscrétions et anecdotes

Subjuguée par la Russie, suite à la lecture du *Docteur Jivago* de Boris Pasternak, elle apprend le russe et deux étés de suite, à quinze et seize ans, fréquente les camps des Jeunesses communistes en URSS, à Yalta et sur la Baltique, se voyant confier par les religieuses de Sainte-Marie la mission de déposer des bibles chez les personnes souhaitant émigrer. Catholique pratiquante, elle parle également japonais, et passe ses vacances entre La Baule et la Corrèze, tout en pratiquant le ski et le tennis.

Parmi ses spécialités culinaires, les flognardes (clafoutis à la poire) et les monassons (gâteaux de pomme de terre), deux plats corréziens. Enfant, elle chantait avec ses cousines les chansons d'Annie Cordy et de Claude François dans les mariages.

ÉDOUARD PHILIPPE
GRAND-PÈRE COMMUNISTE ET RIBAMBELLE DE COUSINS

G. Biard

Nom
PHILIPPE

Prénom
Édouard
prénom peu porté, issu d'un vieux prénom anglais signifiant « gardien des richesses »

Date de naissance
28 11 1970

Lieu de naissance
Rouen (Seine-Maritime)

Signe astrologique
Sagittaire asc. Sagittaire

le même jour que le curé d'Ars, Fernandel, Catherine Laborde et François Busnel

PROFESSION : Haut fonctionnaire

DOMICILE : Se partage entre Le Havre et son appartement parisien

FILIATION : Fils de Patrick et d'Anne Marie Lahousse, tous deux professeurs de français

RACINES : Allier, Alpes-Maritimes, Ardèche, Bouches-du-Rhône, Côte-d'Or, Drôme, **Eure**, Seine-Maritime, Nièvre, Nord, Pas-de-Calais, Saône-et-Loire, Var, Vaucluse ; Belgique, Italie.

Nom de famille

Avec notamment plus de 13 000 foyers français, ce patronyme, ayant ses pics de fréquence Bretagne, puis en Seine-Maritime, est porté par des familles ayant eu un lointain ancêtre ainsi prénommé.

Origines et histoire familiale

Né au Havre, fils d'un couple d'enseignants – parents tous les deux professeurs de français, comme l'est également aujourd'hui sa sœur –, l'ancien Premier ministre a toujours été très discret sur sa famille, se contentant parfois d'évoquer un grand-père docker et un arrière-grand-père communiste, l'un des premiers au Havre. Ce faisant, il place la balle dans le camp du généalogiste, qui veut en savoir davantage sur ses origines et son environnement familial et retracera d'abord l'histoire de la lignée des Philippe, qui n'était arrivée au Havre que dans les années 1878-80 avec le trisaïeul d'Édouard, porteur du beau prénom de Louis Zéphyr, menuisier de son état, natif du village de Saint-Étienne-l'Allier, dans l'Eure, où l'on remonte, via plusieurs générations de menuisiers, jusqu'à un ancêtre nommé Pierre Philippe, né vers 1625, époux de Jeanne Thierry et déjà établi dans ce village du Lieuvin.

☺ Une fois au Havre, les Philippe épousèrent des Normandes aux racines concentrées en Seine-Maritime, sur la côte d'Albâtre et dans le pays-de-Caux avec, par la grand-mère, née Rioult, une filiation permettant à l'ex-Premier ministre de rejoindre le club des descendants de Louis VI le Gros, mais aussi des ancêtres italiens, arrivés à Saint-Laurent-de-Caux sous la Révolution, dont un modeste vitrier, venu des bords du très lointain lac de Côme.

En vertu du principe classique selon lequel, avant leur totale intégration, les migrants se marient majoritairement entre eux, le premier Philippe arrivé au Havre, notre menuisier déjà cité, y épousa quant à lui une couturière non native du lieu, puisque morvandelle, née à Château-Chinon et fille d'un cordonnier et d'une coquetière, autrement dit marchande de beurre, œufs et fromages. Cette trisaïeule lui vaut des racines en Bourgogne, principalement en Côte-d'Or et en Saône-et-Loire, où le généalogiste aura la main heureuse et lui découvrira tout un réseau de parentés inattendues, avec :

☹ – le leader Gilet jaune Éric Drouet, son grand adversaire de l'automne 2018 (par Étienne Rollot-Grange et Claudine Defosse-Rouvry, mariés à Arleux vers 1640) ;

☺ – l'ex-patron de la CGT Bernard Thibault (par Dominique Rollot et Marie Barbe Truchot, mariés à Arleuf vers 1610) ;

☺ – Arnaud Montebourg (par Louis Courault et Sébastienne Bazot, mariés vers 1600 à Château-Chinon) ;

☺ – son ancien ministre démissionnaire Benjamin Griveaux (par Antoine Douhéret, né en 1643, marchand à Saint-Bérain-sous-Sanvignes et marié deux fois).

Les racines maternelles sont plus dispersées encore, avec une famille plus bourgeoise et croyante, qui s'était retrouvée au Havre du fait que le grand-père, ingénieur, était venu y construire une centrale à charbon pour EDF. Une famille majoritairement originaire du Nord, mais pas seulement, avec une arrière-grand-mère belge et une grand-mère née à Cannes, elle-même fille d'une institutrice. Une branche où l'on notera des ancêtres Lahousse, marchands de charbons dans le Nord, dont le fils était prénommé « Constant Fidèle Amand » et le père « Jules César ». On trouvera là aussi un beau feu d'artifice généalogique montrant Édouard Philippe cousin :

☺ – d'Adrien Quatennens (par Pierre-Robert Bouchery, seigneur des Coqueaux, marié vers 1520 à La Chapelle-d'Armentières, dans le Nord) ;

☺ – de Laurent Wauquiez et du chanteur Jacques Brel (par le censier Josse Lernoult, marié à Wambrechies vers 1520 avec Catherine Descartes) ;

☺ – et de David Lisnard (par le couple cannois Jacques Mounier-Peyronne (ou Prinette) Gazielle, mariés vers 1650).

Et ce n'est sans doute là qu'un échantillon de cette panoplie... Réputé consensuel, applaudi à l'occasion même par Mélenchon, l'ex-Premier ministre tiendrait-il – comme François Hollande – cette qualité de sa généalogie, par laquelle il cousine tant à gauche qu'à droite ?

Famille proche

Édouard Philippe a épousé en 2002 Édith Chabre (née en 1969, diplômée de l'ESLSCA et de l'Université de Lille 2, directrice exécutive de l'école de droit de l'Institut d'études politiques de Paris). Le couple a trois enfants : Anatole (2003), Léonard (2005) et Sarah (2010).

Parcours

Enfance au quartier de La Grand'Mare, sur les hauteurs de Rouen. École Michelet, à Rouen, puis collège Jean-Texier, au Grand-Quevilly, et lycée des Bruyères, à Sotteville. Obtient son bac en 1988, à Bonn, où son père est proviseur du lycée français. Hypokhâgne au lycée Janson-de-Sailly, à Paris. Sciences Po. Ena (promotion Marc Bloch). Il milite alors pour Rocard et entre au PS, dont il rendra sa carte pour se rapprocher de la droite et participer, en 2002, à la création de l'UMP, au côté d'Alain Juppé. Adjoint au maire du Havre (2001). Conseiller régional de Haute-Normandie (2004-2008). Conseiller général de Seine-Maritime (2008). Après avoir été auditeur, puis maître des requêtes au Conseil d'État (1997-2002), un temps avocat (2005-2007) et membre du cabinet de Juppé, il devient directeur des affaires publiques chez Areva (2007-2010). Élu maire du Havre et président de la communauté d'agglomération (2010 ; réélu en 2014 et 2020), puis député de la Seine-Maritime (2012), il sera porte-parole d'Alain Juppé lors de la primaire de 2016. Nommé Premier ministre en 2017 (mouvement des Gilets jaunes, réforme des retraites, pandémie de Covid-19). Démissionne en 2020, redevient maire du Havre et entre au conseil d'administration de la société de services numériques Atos (autrefois dirigée par Thierry Breton). Lance en octobre 2021 le parti « Horizons », dont il prend la présidence, tout en réaffirmant son soutien à Emmanuel Macron.

Indiscrétions et anecdotes

Le jeune Édouard Philippe aimait jouer au baby-foot et chanter des karaokés dans des soirées où tout le monde se tutoyait. Pris à vingt ans d'un coup de folie, il devient rocardien. Après son service militaire comme officier d'artillerie, ce féru de musique, violoniste, mais aussi joueur de percussions, est fan du chanteur Bruce Springsteen et rêve d'être chef d'orchestre. Dans son bureau, une photo du rockeur Little Bob, qu'il invitera à Matignon lors d'une Fête de la musique. Matignon où, durant son séjour, le premier étage vibrait au son de Dire Straits et de Bruce Springsteen, qu'il écoutait sur son enceinte Bluetooth, tout en signant ses parapheurs sur son bureau tout en dorures et marqueterie.

Élégant, il collectionne les boutons de manchettes. Gourmand, il s'empiffre de bonbons, adore les sushis au thon et déguste de la Corona. Capable de citer des vers de *Cyrano de Bergerac*, tout en glissant une référence à Bob Dylan ou à Leonard Cohen. Il relit tous les dix ans les best-sellers d'Alexandre Dumas. Ses livres de chevet sont *Voyage au bout de la nuit*, de Céline, et *All The King's Men*, de l'Américain Robert Penn Warren. Capable de rédiger un discours en alexandrins, il a écrit avec son ami Gilles Boyer deux romans de politique-fiction, en 2007 et 2011, qui mêlent amour, argent et pouvoir. Il a aussi rédigé des chroniques hebdomadaires pour *Libération*, lors de la course à l'Élysée de 2017. Côté cinéma, s'il est sous le charme de Sean Connery, son film culte reste *Le Parrain*, qu'il confesse avoir vu plus de cinquante fois.

Joueur de squash et de badminton, il pratique régulièrement la boxe (trois matins par semaine, à 7 heures) et raconte avoir failli en venir aux mains avec Nicolas Sarkozy, en 2002, expliquant : « Il est sanguin et moi, je n'aime pas qu'on m'engueule. »

Détestant la vieille droite autant que la vieille gauche et plus encore les conventions sociales, il adore faire des blagues et ne résiste jamais à un trait d'humour bien senti, adorant à l'occasion imiter VGE.

Il aurait écopé d'un blâme de la Haute Autorité pour la transparence de la vie publique pour avoir refusé de fournir certaines informations sur sa déclaration de patrimoine de 2014, répondant « aucune idée » à certaines questions, notamment sur la valeur de son appartement parisien.

Si certains, enfin, ont attribué le blanchiment de sa barbe au stress de ses fonctions, il a lui-même expliqué qu'il souffrait en réalité d'un vitiligo, maladie de peau qui n'est « ni grave, ni douloureuse, ni contagieuse ».

Ses dernières confidences en date : « J'ai des peurs absurdes. Je suis effrayé à l'idée d'aller chez le dentiste. J'ai peur des requins. Du coup, je ne suis pas à l'aise quand je nage dans la mer. »

FLORIAN PHILIPPOT
PETIT-NEVEU DE JEANNE D'ARC!

Nom
PHILIPPOT

Prénom
Florian
prénom voisin de Florent, issu de notre mot « fleur » ; prénom surtout donné vers 1990

Date de naissance
24 10 1981
né le même jour que Jean-Christophe Lagarde

Lieu de naissance
Croix (Nord)

Signe astrologique
Scorpion asc. Sagittaire

PROFESSION : Haut fonctionnaire
DOMICILE : Paris VIe
FILIATION : Fils de Daniel, directeur d'école, et de Marion Dondaine, institutrice
RACINES : **Aisne**, Cantal, Nord, Pas-de-Calais ; Allemagne, Belgique, Pologne.

Nom de famille

Nom de famille fréquent, porté par plus de 1 500 foyers français, présent dans de nombreuses régions et issu d'un diminutif du prénom Philippe.

Origines et histoire familiale

Florian Philippot se dit volontiers fils de Hussards noirs de la République, car né d'un couple d'instituteurs, son père étant depuis 2015 conseiller régional FN et directeur du collectif régional d'enseignants Racine, pour Marine Le Pen.

Une famille aux origines modestes, avec tout d'abord la lignée des Philippot, originaires de Crépy, un bourg des environs de Laon. Attestés depuis le règne de Louis XIII, ils y ont d'abord fait figure de notables – sachant signer, faisant de bons mariages et qualifiés de « propriétaires » – jusqu'à connaître un revers de fortune sous la Révolution. Le propriétaire devient marchand de fagots et son fils, domestique de labour. L'arrière-grand-père sera manœuvre. Il épousera la fille d'un couple d'immigrés polonais et ce n'est donc qu'à la génération suivante que les Philippot emprunteront en effet le classique ascenseur social, passant par l'enseignement.

Hormis le côté polonais, toutes les branches de l'arbre généalogique restent essentiellement concentrées dans le Nord-Pas-de-Calais, dont Douai… et Hénin-Beaumont! Avec également quelques branches en Belgique. Des ancêtres majoritairement très modestes : tapissiers, tonneliers, boulangers, cabaretiers, couvreurs d'ardoise et à pailles, zingueurs, repasseuses, fileuses, poissonniers, souvent laboureurs, mais aussi marchands d'allumettes, sans oublier un ancêtre étameur ambulant, arrivé du Cantal.

En explorant minutieusement les ramures de cet arbre, on repère cependant quelques CSP+, avec des bourgeois d'Hénin-Beaumont et de Bailleul, faisant descendre Florian Philippot à la fois du roi Louis VI le Gros et d'une famille Macquart (descendante de Philippe Macquart et de sa femme, Jeanne du Lys, propre nièce de Jeanne ☺ d'Arc, dont il est donc l'arrière-petit-neveu, même s'il est à l'origine de la suppression du traditionnel défilé FN en son honneur…)

Par ses ancêtres du Pas-de-Calais, Florian Philippot cousine avec François Hollande (par les Garrez, de Brebières) et, lorsque l'on insiste, se dessinent également pas mal de cousinages inattendus, notamment :

☹ – avec Gilbert Collard, par les Béhaigne,

☹ – avec Frigide Barjot, par les Broutin et les Levrin, de Brebières,

☹ – avec Marion Maréchal-Le Pen, par les Kirkette, de Merville (par la branche de son père biologique, Roger Auque),

☹ – avec l'Insoumis Adrien Quatennens, par Nicolas Lessaffre, marié à Estaires en 1665 avec Marie Jeanne Laridan).

Famille proche

En décembre 2014, à la suite d'une révélation du magazine *Closer*, lui donnant pour compagnon un journaliste de télévision, Florian Philippot a confirmé son homosexualité.

Fratrie : un frère, Damien (Sciences Po), directeur des études politiques à l'Ifop.

Parcours

Enfance à Bondues, en banlieue lilloise, et études à Marcq-en-Barœul, puis prépa à Paris (Louis-le-Grand) pour faire HEC (stage à la Sofres). Échoue à l'oral de Sciences Po. Ena (promotion Willy Brant, 2007-2009). Fait campagne contre Maastricht (2005). Haut fonctionnaire à l'Inspection générale de l'administration (depuis 2009). Travaille aux côtés de Marine Le Pen (parfois sous pseudonyme, 2009-2011). Adhère au FN en 2011, pour devenir directeur stratégique de sa campagne présidentielle, porte-parole du Rassemblement Bleu Marine et vice-président du FN, chargé de la stratégie et de la communication (2012-2017). S'implante en Moselle, est battu aux législatives de 2012 mais élu conseiller municipal de Forbach (2014-2016). Député européen, non inscrit (2014-2019). Conseiller régional du Grand Est (2016-2021), où il a été tête de liste. Partisan de l'exclusion de Jean-Marie Le Pen, il obtient en 2016 l'arrêt du défilé FN du 1er mai, en l'honneur de Jeanne d'Arc. Quitte le Front national en 2017, pour fonder et présider le parti Les Patriotes. Enchaîne une succession d'échecs électoraux, tout en annonçant, le 14 juillet 2021, se porter candidat à la présidentielle de 2022.

Indiscrétions et anecdotes

Né à cinq minutes de la frontière belge, il passait souvent, enfant, des dimanches en Belgique, pays qu'il aime beaucoup, appréciant particulièrement le talent de Benoît Poelvoorde et de François Damiens.

Lecteur de livres d'histoire, il adore Louis XI et voue un véritable culte à Charles de Gaulle – sa « référence absolue » –, dont il expose dans son bureau une collection de photos encadrées et de lettres manuscrites. Il a voté en 2002 pour le socialiste Jean-Pierre Chevènement et a présidé le comité Grandes Écoles, dont le slogan était « HEC avec le Che ».

Ponctuant volontiers ses SMS de smileys, il adore les médias et les interviews, étant un des meilleurs squatteurs de matinales, avec en 2015 le chiffre record de 65 interventions.

Sage dans son costume gris anthracite, il aime l'appli ComicBook! et Doodle Jump, les films d'épouvante et les tubes des années 1980, style « Voyage, voyage » de Desireless, tout en appréciant la cuisine vietnamienne.

ÉRIC PIOLLE
COUSIN DE TANGUY ESTANGUET ET JEAN LASSALLE

Greenbox

Nom
PIOLLE

Prénom
Éric
prénom d'origine germanique, évoquant « honneur » et « puissance » ; très à la mode dans les années 1960, suite à l'enlèvement du petit Éric Peugeot ; 16ᵉ prénom masculin français le plus porté (280 000)

Date de naissance	Lieu de naissance	Signe astrologique
06 01 1973	**Pau** (Pyrénées-Atlantiques)	**Capricorne asc. Vierge**

le même jour que le curé d'Ars, Fernandel, Catherine Laborde et François Busnel

PROFESSION : Chef d'entreprise

DOMICILE : Habite Grenoble

FILIATION : Fils de Xavier, directeur de recherche au CNRS, et de Marie Geneviève Aycaguer, sociologue au CNRS

RACINES : **Haute-Garonne**, Landes, Pyrénées-Atlantiques, Hautes-Pyrénées ; Espagne.

Nom de famille

Porté par quelque 80 foyers français, surtout concentrés dans les Alpes-de-Haute-Provence, mais sans rapport avec la famille du maire de Grenoble, qui se révèle être une déformation de Pujol (☞ ci-après).

Origines et histoire familiale

Venu à Grenoble pour suivre ses études, Éric Piolle n'a strictement aucune racine dans la région, pour les avoir dans le Sud-Ouest et presque uniquement dans les Pyrénées-Atlantiques.

Si l'on remonte la lignée qui lui a transmis son nom, on trouve d'abord quatre générations de Bordelais, avec un père géographe et un arrière-grand-père comptable convenant bien à l'élu vert, spécialiste professionnel de l'optimisation fiscale. On est ensuite conduit dans les Landes, avec le trisaïeul, Jean Piolle, arrivé dans la cité des Quinconces comme manœuvre et devenu employé, dont les parents étaient cultivateurs dans le village de Saint-Cricq-Chalosse, tout au sud du département. À la génération précédente, la descente vers le sud se poursuit et nous emmène dans les Pyrénées-Atlantiques et en Béarn. C'est en effet dans le village de Saint-Boès (en béarnais Semboès) que, le 4 frimaire de l'an XIV de la République (23 novembre

1805), Jeanne Piyolle (*sic*), âgée d'environ cinquante-quatre ans – les âges, à l'époque, sont toujours approximatifs, faute de papiers d'identité –, native de Mauléon-Barrousse, journalière et cardeuse de laine, est venue déclarer en mairie que « Andrée Pyolle, sa fille, journalière, âgée de vingt-sept ans, veuve de feu Jacques Soustia, a accouché ce matin d'un garçon auquel on a donné le prénom de Pierre ». La pauvre fille, sans doute victime d'un séducteur, était née à Nay, et sa mère, notre déclarante, à quelque 150 kilomètres à l'est, dans la vallée de la Barousse, aux confins de la Haute-Garonne. Une mère dont on finit en effet par retrouver, dans les archives de cette minuscule commune, l'acte de baptême, en décembre 1748. Un acte rédigé au nom de Jeanne Pujole, qui la dit fille de Bertrand Pujol et de Dominique Maubé. Lui, surnommé « Pujol dit Doucet », semble être né en 1722 dans le village voisin de Montréjeau, en Haute-Garonne, et dans une famille « Pujol dit Lambert ». Des surnoms comme on en donnait beaucoup autrefois à des patronymes trop nombreux dans un lieu. Et d'autant plus que le nom en question est ici très fréquent : Pujol, porté par plus de 4 000 foyers français, a ses pics en Ariège et justement dans la Haute-Garonne, donné en référence au nom du lieu habité, lui-même très courant, et de même racine que Dupuy, Dupuech…, issus du latin *podium*, désignant un lieu élevé.

Voilà pour la lignée Piolle, au parcours intéressant à reconstituer, car plus tortueux que ceux des autres branches. Des branches sans surprises, livrant une vaste fresque de paysans et de vignerons béarnais et basques, aux patronymes eux aussi souvent doubles, aux côtés de quelques citadins d'Oloron, d'Anglet et de Biarritz (bonnetiers, horticulteurs, meuniers, marin, cordonnier), dont quelques-uns ayant des origines espagnoles.

Peu de cousinages, sinon plusieurs qui se dessinent de loin, à Aramits, avec Tony Estanguet, parallèlement à la surprise de lui découvrir des ancêtres à Lourdios-Ichère, la commune natale de Jean Lassalle, avec qui le maire de Grenoble cousine, descendant comme lui de Jean Salet et Jeanne Terras, mariés vers 1695.

Éric Piolle est enfin le cousin germain, par leur mère, du député PS Pierre Larrouturou, partisan du partage du temps de travail et ardent défenseur de la lutte contre le réchauffement climatique.

Famille proche

Marié à Véronique, ingénieur dans une société d'édition de logiciels de gestion des risques financiers et vice-présidente d'une aumônerie, Éric Piolle est père de quatre enfants.

Parcours

Jeunesse à Pau (élève au lycée Louis-Barthou). Études à Grenoble (IBP Génie industriel), avant de rejoindre Hewlett-Packard (jusqu'en 2011). Cofondateur en 2001 d'une société spécialisée en optimisation fiscale et gestion des risques financiers, Raise Partner, qui a aujourd'hui des filiales à Londres et Singapour. Engagé au sein du mouvement La Semaine de quatre jours (pour lequel il est candidat aux législatives, en 1997), puis de La Nouvelle Donne (créée par son cousin, l'élu PS Pierre Larrouturou) avec sa femme Véronique, candidate aux législatives. Adhère à Europe Écologie-Les Verts et est élu conseiller régional de Rhône-Alpes (2010-2014). Maire de Grenoble (depuis 2014). Se déclare, en juin 2021, candidat à la primaire écologiste.

Indiscrétions et anecdotes

Fan de vélo, Éric Piolle enfile dès l'aube les kilomètres sur son vélo d'appartement et reçoit volontiers sur le coup de 23 heures, autour d'une tisane, servie en toute simplicité par son épouse dans des mugs décorés de photos de leurs quatre enfants, accompagnée d'une brioche aux pralines.

Se disant « catho-humaniste », il a milité, jeune, au sein d'associations de soutien scolaire et de défense des enfants de familles sans papiers. Il a participé, en 2016, à une lecture à trois voix de l'encyclique sur l'écologie du pape François, avec le cardinal Barbarin. Fan des séries *Friends* et *À la Maison-Blanche*, il dort peu et ne déjeune jamais.

JEAN-FRÉDÉRIC POISSON
DESCENDANT DES ROIS DE JÉRUSALEM

Nom
POISSON

Prénom
Jean-Frédéric Maurice René
Jean, signifiant en hébreu « Dieu fait grâce » ; Frédéric, prénom issu du germanique fried *(la paix) et* rik *(puissant)*

Date de naissance
22 01 1963
né le même jour que Louis Pergaud et André Roussin

Lieu de naissance
Belfort (Territoire-de-Belfort)

Signe astrologique
Verseau asc. Scorpion

PROFESSION : Professeur de philosophie et directeur d'école

DOMICILE : Une villa à Rambouillet

FILIATION : Fils de Robert, technicien, et de Marie-Jacqueline Bohin, secrétaire

RACINES : **Aube**, Charente, Gard, Indre-et-Loire, Isère, Jura, Loiret, Maine-et-Loire, Marne, Nord, Puy-de-Dôme, Seine-et-Marne, Saône-et-Loire, Yonne ; Belgique.

Nom de famille

Patronyme très fréquent, porté par plus de 4 000 foyers français, présent dans de nombreuses régions, pouvant venir d'un ancêtre pêcheur ou marchand de poissons, ou avoir été un surnom métaphorique donné à un muet, à un homme glissant ou aux yeux écarquillés…

Origines et histoire familiale

Aucun des ancêtres de Jean-Frédéric Poisson n'a jamais vu la mer. À commencer par les Poisson eux-mêmes, originaires de Champagne, mais, il est vrai, de la Champagne humide, connue justement pour ses étangs… très poissonneux.

Les Poisson ont en effet leur berceau dans le village de Courtaoult, aux confins des actuels départements de l'Yonne et de l'Aube, un village sans histoires ni histoire, de moins d'une centaine d'âmes, où on les trouvait déjà établis sous le règne du Roi-Soleil. Une classique lignée paysanne, dont un descendant ira sous l'Empire s'établir dans la vallée voisine de la Vanne, dont les eaux vont bientôt alimenter Paris. De là, l'essor industriel les enverra en ville, avec d'abord un ancêtre manœuvre à Sens puis un chaudronnier-plombier, qui trouvera du travail dans les chemins de fer, notamment à la gare de Laroche-Migennes, première étape obligée des anciens rapides filant vers Dijon et Lyon, où les locomotives s'arrêtaient faire le plein en eau. L'eau, toujours l'eau, et désormais le monde du chemin de fer qui, en favorisant la mobilité géographique, assurera les brassages dans la branche paternelle.

Une branche en effet mélangée, regroupant Morvandiaux, Jurassiens et Dauphinois et n'en réservant pas moins quelques surprises. Si par les Pelletin d'Aix-en-Othe, le président du Parti chrétien-démocrate cousine avec l'avocat frontiste Gilbert Collard, un autre de ses ancêtres, enfant abandonné dans l'Yonne en 1808, se révèle descendant d'un militaire ayant atterri par hasard au XVIIIe siècle en forêt d'Othe mais lui-même fils d'un avocat au Parlement de Toulouse, natif des Cévennes et de souche huguenote. Un aïeul descendant également, par les femmes, des anciens dauphins d'Auvergne et par eux des d'Estaing, des Polignac et de plusieurs familles au nom chargé d'histoire. Voilà aussi pour ancêtre le roi Louis VI le Gros, ainsi qu'une certaine Sibylle d'Anjou, comtesse de Flandres, qui s'était séparée de son mari pour prendre le voile dans un monastère de Palestine, sur les terres de sa famille. Cette noble aïeule était en effet la fille du comte Foulques V d'Anjou, « homme d'une grande piété et craignant Dieu », qui était devenu roi de Jérusalem par son remariage avec Mélisende, fille de l'ancien chef du royaume fondé là-bas par les Chrétiens en 1099, à la fin de la première croisade.

Face au grand-père paternel chef d'atelier et ancien de l'armée Rhin et Danube, le grand-père maternel, géomètre au Congo belge puis inspecteur du Trésor en Bourgogne, avait, pour être né à Roubaix, des racines à la fois en Belgique et dans le Nord, où l'on va trouver (par les Desurmont, de Tourcoing) des parentés à la fois avec les Mulliez (d'Auchan et Saint-Macloud) et avec Laurent Wauquiez, Frédéric Mitterrand et Frédéric Nihous. À quoi surenchérit la mère de Jean-Frédéric Poisson, passionnée de généalogie, en ajoutant une parenté avec le grand marin Jean Bart.

Famille proche

Mariage: en 2001, avec Anne Martel, psychothérapeute (originaire de l'Isère).

Enfants: sans enfants.

Fratrie: aîné de deux frères (DRH et ingénieur du son) et d'une sœur (orthophoniste).

Parcours

Lycée Montalembert, de Courbevoie. Doctorat de philosophie à Paris. Master de droit social, à l'université de Versailles. DRH dans un groupe industriel, directeur de cabinet de Christine Boutin (1994-2004), puis P-DG d'un cabinet de conseil en organisation des entreprises et P-DG d'Ergos. Conseiller municipal (1995), puis adjoint au maire et maire de Rambouillet (2004-2007) et enfin adjoint et président de la communauté de communes (2009-2017). Député des Yvelines, de 2007 à 2010 (comme suppléant de Christine Boutin, il siège au sein du groupe UMP) et de 2012 à 2017 (vice-président de la commission des lois). Président du Parti chrétien-démocrate (rebaptisé en 2020 VIA, La Voix du peuple), à la suite de la démission de Christine Boutin, depuis 2013. Auteur de plusieurs ouvrages.

Indiscrétions et anecdotes

Précoce, « élevé à la bagarre de rue », il s'est mis à deux ans au volant de la Simca de ses parents et a desserré le frein à main, pour dévaler la pente et en sortir indemne. Sachant lire le journal à quatre ans, il n'a depuis jamais cessé de dévorer les livres, tout en aimant le sport, longtemps joueur de hand et pilier de rugby, qu'il continue à pratiquer au sein de l'équipe parlementaire. Joueur de guitare, il aime le jazz et la musique classique. Gourmet, amateur de bon vin et friand de tarte au citron, il adore cuisiner. À l'âge de dix-neuf ans, il s'est beaucoup investi vis-à-vis de la jeunesse des banlieues difficiles, en dirigeant une MJC à Villeneuve-la-Garenne.

BARBARA POMPILI
SABLE BLANC ET CHARBON NOIR

Nom
POMPILI

Prénom
Barbara
forme anglaise et latine de Barbe, issu du latin barburus, *signifiant « étranger »*

Date de naissance
13 06 1975
née le même jour que Mac Mahon

Lieu de naissance
Bois-Bernard (Pas-de-Calais)

Signe astrologique
Gémeaux asc. Vierge

PROFESSION : Assistante parlementaire
DOMICILE : Entre le XVIIe arrondissement de Paris et Amiens
FILIATION : Fille de Philippe et d'Annick Milliot, directrice dans l'enseignement général et professionnel adapté
RACINES : Ille-et-Vilaine, Nord, Pas-de-Calais, Somme ; Belgique ; **Italie**.

Nom de famille

Très peu porté en France (une vingtaine de foyers), ce patronyme italien est manifestement issu du prénom Pampilo, forme italienne de notre prénom Pamphile.

Origines et histoire familiale

Née à Bois-Bernard, entre Lens, Hénin-Beaumont et Douai, Barbara Pompili, qui passera son enfance à Liévin, est une fille du pays minier. « C'est là que se trouvent mes racines. Il y a des gens que j'aime qui y sont enterrés. Ma grand-mère y vit encore. Le week-end de Pâques, j'étais chez mon père, à Souchez », confiait-elle à *L'Avenir de l'Artois*, en avril 2015, quelques mois avant d'entrer au gouvernement.

Le Bassin minier, c'est son point d'ancrage. De plus, prénommée Barbara, elle a sa fête à la Sainte-Barbe, la patronne des mineurs, jour qui était à Liévin la « journée du maire » et donc pour elle une double occasion de faire la fête.

Le Bassin minier, ses corons, ses chevalets et ses terrils. Partout, la mine et les mineurs. Y compris dans sa famille. « Mon arrière-grand-père était porion, mon grand-père paternel mineur de fond et mon grand-père maternel contrôlait la qualité du charbon. Quand, adolescente, les mines ont fermé les unes après les autres, je ne comprenais pas vraiment ce qui se passait. Je sentais toutefois une atmosphère de fin du monde. » La fermeture des mines : un souvenir marquant et aussi un déclic, qui contribuera à faire de cette petite fille de mineurs un des hérauts de l'Écologie.

Les Pompili, pourtant, n'avaient pas toujours été dans le charbon. Comme leur patronyme le suggère, ils sont d'origine italienne et ne sont arrivés que récemment dans l'Hexagone, avec Ulderico, le grand-père, qui avait fait le chemin. Il était né à Senigallia, aujourd'hui station balnéaire des environs d'Ancône, sur les bords de l'Adriatique, où les touristes vont se faire dorer au soleil sur son immense plage de sable blanc. Mais une ville qui ne promettait rien, dans les années 1940, au jeune Ulderico, qui avait donc décidé de partir pour la France comme tant de ses compatriotes.

Après la blancheur du sable, la noirceur du charbon. Quittant ses parents, Alessandro et Evelina, il se retrouvera, loin des ruines romaines et des flots bleus, au fond des galeries de mines. Mais, jeune et courageux, il s'adaptera à son nouveau monde et ne tardera pas à trouver une compagne et à avoir un fils. Un fils qui tracera à son tour son chemin et transformera largement l'essai, en faisant des études de droit et en épousant Annick, institutrice auprès d'enfants handicapés, elle aussi d'une famille de la mine.

Hormis Ulderico, l'Italien, les trois autres grands-parents sont tous issus de souches locales.

De familles paysannes, dont les descendants avaient les uns après les autres cessé de cultiver les champs pour descendre dans la mine. Venus de Zoteux, près des plages de la mer du Nord, de Fresnicourt-le-Dolmen, au cœur du bocage de l'Artois, de Mons-en-Chaussée, en Haute-Somme, de Gilly, dans le Hainaut belge, tous s'étaient retrouvés mélangés, brassés, mariés et remariés, les Pruvost, les Sallon et les Brusselles, les Vandernotte et les Houdart, les Milliot aussi, épousant des Milliot… Retrouvés là, à Anzin, Vimy, Givenchy, Thélus, Souchez, Neuville-Saint-Vaast… De journaliers, valets de labour, bergers, ils étaient d'abord devenus charpentiers, chaudronniers, menuisiers, plafonneurs, pour tous se retrouver dans les puits, avec parfois des records, comme chez les Vandernotte, déjà mineurs à Valenciennes au temps de Louis XV…

Une seule exception : une arrière-grand-mère née dans l'Ille-et-Vilaine, en pays de Coglès, venue travailler à Paris, où elle avait épousé un Ch'ti, qui l'avait ramenée à Lens. Une aïeule qui dote la ministre de solides racines bretonnes, toutes différentes des racines italiennes, belges et artésiennes.

Une généalogie qui offre évidemment son lot de surprises, en montrant la ministre descendante de Guillaume-le-Conquérant et d'Hugues Capet, comme aussi, par d'autres branches encore, d'une famille Saligot et d'une famille Labitte, et par les femmes aussi d'une ☹ Gertrude de Pétain, sœur d'un ancêtre direct du Maréchal…

Famille proche

Union : Barbara Pompili a pour compagnon Christophe Porquier, conseiller principal d'éducation, un temps conseiller municipal d'Amiens, puis vice-président du conseil régional de Picardie, qui a quitté EELV en 2015.

Enfant : mère d'une fille, Clémentine, née en 2003 (fille d'un journaliste radio, dont elle est divorcée).

Fratrie : issue d'une famille recomposée (parents séparés et remariés ; dix frères et sœurs).

Parcours

Enfance à Liévin, dans le Pas-de-Calais (maternelle Lamartine, école Littré et collège Descartes-Montaigne), puis lycée Condorcet, de Lens. Institut d'études politiques de Lille. Adhérant aux Verts en 2000, elle est chargée des relations avec la presse, lors de la campagne de Noël Mamère, aux présidentielles de 2002. Assistante parlementaire d'Yves Cochet (2002-2007), qu'elle considère comme son mentor. Échoue aux législatives de 2007, à Paris. Députée de la Somme (2012-2016 ; coprésidente du groupe écologiste, avec François de Rugy puis avec Cécile Duflot, à l'Assemblée nationale). Quitte EELV, en septembre 2015, et devient secrétaire d'État, chargée de la Biodiversité (2016-2017). Députée de la Somme (2017-2020), présidente de la communication, du développement durable et de l'aménagement du territoire à l'Assemblée nationale, elle devient ministre de la Transition écologique, en 2020.

Indiscrétions et anecdotes

Souriante, la première femme (co)présidente d'un groupe parlementaire, que l'on a parfois surnommée à ses débuts « Barbie », « la blonde de service », « Miss France » ou « Pom-Pom Pili », aime les vestes Totem et les steaks tartare. Elle reconnaît avoir tout appris d'Yves Cochet, qu'elle appelle « l'ancêtre écolo ». Après avoir rêvé, enfant, de faire un stage d'astronaute, elle passera, à vingt-deux ans, par l'Assemblée nationale, à l'occasion de la rédaction d'un rapport sur les dangers du mercure dentaire. Y siégeant comme député, elle s'endormira dans l'hémicycle, en 2014, après un débat de plus de dix-sept heures.

PHILIPPE POUTOU
LE SEUL NATIF DU 9-3 !

ph. Photothèque Rouge, JMB

Nom
POUTOU

Prénom
Philippe Alain
issu du grec, désignant « celui qui aime les chevaux » ; très à la mode entre 1955 et 1970 ; 3e prénom masculin français le plus porté

Date de naissance
14 03 1967
né le même jour qu'Albert Einstein et Albert de Monaco

Lieu de naissance
Villemomble (Seine-Saint-Denis)

Signe astrologique
Poissons asc. Gémeaux

PROFESSION : Ouvrier et syndicaliste
DOMICILE : Habite Bordeaux
FILIATION : Fils de Francis, employé des Postes, et d'Anne-Marie Montaudon
RACINES : Gironde, Lot-et-Garonne, **Pyrénées-Atlantiques**.

Nom de famille

Patronyme peu fréquent, porté par environ 40 foyers français, mais à rapprocher de diverses variantes (Poutout, Poutoux...), rencontré surtout en Limousin et en Béarn. Il est issu de noms de lieux assez courants dans les anciennes régions de langue d'oc et, en l'occurrence, de celui situé sur la commune de Monnassut, dans les Pyrénées-Atlantiques. Ces lieux doivent venir de l'occitan *pota*, désignant la bouche, la lèvre (d'où le « poutou », baiser) et ont pu se référer à des terrains en forme de bouche.

Origines et histoire familiale

D'origine béarnaise, la famille Poutou a son berceau dans le Vic-Bilh, et plus exactement dans le village de Monassut – aujourd'hui Monassut-Audiracq –, à une douzaine de kilomètres au nord de Pau, où l'oustal familial voyait son nom se transmettre à ses habitants, au fil des générations et des successions. Comme on l'a vu chez les Bayrou, le patronyme suivait la coutume régionale voulant que les parents désignaient librement leur héritier ou leur héritière, qui alors devait garder et transmettre le nom.

C'est ce qui se produisit vers 1750 lorsque l'héritière désignée, Jeanne Poutou, fut mariée à un cadet, Pierre Larrouy, porteur d'un patronyme très local, désignant un domaine irrigué par des canaux. Ce Pierre Larrouy était issu d'une ancienne famille de la paroisse voisine, Riupeyrous, où vivaient également certains des ancêtres de François Bayrou. Et comme, à Serres-Castet, les Cazaillet étaient devenus des Bayrou, les Larrouy, de ce jour, se nommeront Poutou. D'abord « Larrouy dit Poutou », puis bientôt Poutou, tout court.

Pendant cinq générations, leurs descendants cultivent la terre, jusqu'à ce qu'Albert parte pour Bordeaux, où il apprendra les métiers de maçon et de charpentier. Mais il épousera une « payse » du village voisin de Lussagnet, pour donner le jour au père de Philippe.

Ce dernier épousera une Bordelaise issue de longues lignées libournaises, avec notamment des tailleurs de pierre et une très longue lignée de charpentiers de haute futaie – qui fabriquaient les coques et les mâts de navires –, très anciennement établis sur les bords de la Gironde et dont un membre, Edmé Seriat, sera « médaillé du gouvernement » en 1881 : un beau quadrisaïeul pour notre candidat du NPA, né dans le 9-3, dans une famille de postiers, au hasard d'une mutation professionnelle de son père, qui a terminé sa carrière comme receveur des Postes.

Famille proche

A pour compagne une institutrice, mère de deux enfants.

Parcours

Arrive à sept ans en Gironde. Sans bac ni diplôme, rejoint l'extrême gauche à dix-huit ans, au sein de Lutte ouvrière. Intérimaire pendant dix ans dans différentes entreprises de manutention. Ouvrier à l'usine Ford de boîtes de vitesse, à Blanquefort (Gironde). Syndicaliste CGT : secrétaire CGT de Ford Aquitaine Industrie. Rejoint la Ligue communiste révolutionnaire (LCR) en 2000. Membre du Nouveau Parti anticapitaliste (NPA) depuis sa création, en 2009. Candidat LCR aux législatives en Gironde en 2007. Tête de liste NPA aux régionales en Aquitaine en 2010. Candidat NPA à la présidentielle de 2012 (slogan : « Aux capitalistes de payer leurs crises »), il termine 8e, avec 1,15 % des voix, puis à celle de 2017 (1,09 %). Élu (après avoir conduit une liste) conseiller municipal de Bordeaux, en 2020, il est investi, en juin 2021, pour la présidentielle de 2022.

Indiscrétions et anecdotes

Bon orateur au look décontracté et aux cheveux grisonnants et clairsemés, Philippe Poutou est un adepte de la vie calme, passionné – et ancien joueur – de football. Très grand lecteur, il apprécie Marx, Zola, Hugo, Jaurès... mais aussi Jack London.

ADRIEN QUATENNENS
DESCENDANT D'UN INSOUMIS ?

S. Burlot

Nom
QUATENNENS

Prénom
Adrien
prénom issu du latin Adrianus, Hadrianus, *sans doute formé à partir de la ville d'Hadria, en Vénétie*

Date de naissance
23 05 1990
le même jour que le curé d'Ars, Fernandel, Catherine Laborde et François Busnel

Lieu de naissance
Lille (Nord)

Signe astrologique
Gémeaux asc. Balance

DOMICILE : Habite Lille
FILIATION : Fils de Jean-Claude, cadre à EDF, et de Karine Collet, vendeuse
RACINES : Marne, Nord, Pas-de-Calais ; **Belgique**, Pologne.

Nom de famille

Porté par moins de dix foyers français, ce patronyme, très rare, est surtout concentré en Belgique. Il vient du moyen néerlandais *quaet Hannin*, signifiant « méchant Jean », et est rencontré dès 1398 à Waregem, en Flandre occidentale.

Origines et histoire familiale

Le « monsieur Code du travail » de La France insoumise est issu d'une belle lignée ouvrière avec, au-dessus de trois générations successives de chaudronniers, deux ancêtres forgerons. Des ouvriers travaillant tous le métal, longtemps établis à Nieppe, aux environs d'Armantières, où ils étaient arrivés au lendemain de la guerre de 1870, avec Pierre Quat*a*nnens (*sic*), ouvrier maréchal de son état, qui y avait épousé une fileuse : un couple de Belges, lui natif de la ville flamande de Roulers, à quelques kilomètres de la frontière française, et fils d'un forgeron de Courtrai, petit-fils d'un charpentier et arrière-petit-fils d'un cabaretier. Une lignée originaire des localités voisines de Harelbeke et Zwevegem, où l'on peut remonter l'arbre généalogique jusqu'à Jean Quatannens, né vers 1570 et époux de Jossine Vermandels. Une famille belge comme on en trouve tant dans le Nord, qui n'eut apparemment guère de mal à s'intégrer dans son nouveau pays, où ses descendants ont volontiers choisi des épouses dont une partie des racines plongeaient souvent aussi en Belgique (Warneton...), les autres restant dans le Nord (Nieppe, Steenwerck, Sainghin, Ersquinghem-le-Sec, La Gorgue, Estaires, Avesnes-les-Aubert, Bailleul...) et le Pas-de-Calais (Lestrem, Fleurbaix, Rosult...), une seule branche conduisant à l'extérieur, dans la Marne. Sans oublier Charlotte, arrière-grand-mère maternelle, mariée à un tisseur de Nippe et fille d'un des nombreux Polonais venus chercher du travail en France durant l'entre-deux-guerres et débarqué dans le Nord.

Une fresque ancestrale peuplée de gens modestes, non sans quelques aïeux plus huppés, dont les descendants avaient pris l'ascenseur social dans le mauvais sens. Voilà un ancêtre échevin de Béthune, nommé Pierre de Warlincourt, dont la mère était une Jeanne de Russie, que l'on dit fille d'Ivan III dit le Grand, « libérateur de la Russie », car il avait solennellement déchiré le traité la soumettant au pouvoir mongol, en 1480. Un très lointain ancêtre insoumis... ?

Côté parentés : si par le couple Georges Caulier-Marie Cattez, mariés en 1713 à Robecq, Adrien Quatennens cousine – il n'en sera pas choqué – avec le communiste Fabien Roussel, le maigre Insoumis cousine également :

– par Pierre Chieux, bourgeois d'Ypres, marié vers 1600, avec le corpulent président Gérard Larcher ;

– par Pierre-Robert Bouchery, seigneur des Coqueaux, marié vers 1520 à La Chapelle-d'Armentières, avec l'ancien Premier ministre Édouard Philippe ;

– enfin, et sans doute plus contrariant à ses yeux, il cousine aussi avec Florian Philippot (par Nicolas Lesaffre, marié à Estaires en 1665 avec Marie Jeanne Loridan).

Famille proche

Père d'une fille.

Parcours

Collégien et lycéen à l'Institution catholique de la Croix-Blanche, à Bondues. Tombé en politique dès l'âge de seize ans, lors des manifestations contre le CPE. Engagement dans des associations d'aide aux sans-abri et au sein du mouvement altermondialiste Attac. Bachelier, il entreprend des études d'économie à l'université de Lille, qu'il abandonne pour passer un BTS de management des unités commerciales. Conseiller clientèle entreprises à EDF-Lille. Rejoint Jean-Luc Mélenchon au Parti de gauche, dont il intègre, à vingt-cinq ans, le conseil national, devenant secrétaire départemental. Élu député du Nord en 2017, il s'affirme à l'Assemblée nationale, avec une première intervention d'une demi-heure. Nommé coordinateur de La France insoumise, en 2019.

Indiscrétions et anecdotes

Dans la très chic institution catholique de la banlieue lilloise où il était scolarisé, sous la tutelle des religieuses du Sacré-Cœur de Jésus, Adrien Quatennens soignait déjà son look, en portant un keffieh autour du cou. Aujourd'hui, devenu le « monsieur Code du Travail » de La France insoumise, avec ses cheveux roux coupés en brosse, il court les plateaux télé et radio du matin au soir.

Outre la politique, sa grande passion reste la musique. Amateur de Johnny et fan de Noir Désir, il connaît Hubert-Félix Thiéfaine sur le bout des doigts, surtout la chanson « Les Dingues et les Paumés », son titre préféré, qu'il chante de sa voix envoûtante et un peu traînante. Jouer de la musique est son exutoire : il se met régulièrement à la batterie, dans un groupe baptisé Les Insousols, qui réunit d'autres proches de Mélenchon et qui se produit dans un parking souterrain de Montreuil. Au point qu'il a décidé de monter un groupe à l'Assemblée nationale…

BRUNO RETAILLEAU
COUSIN DE FRANÇOIS FILLON

J.-B. Doat

Nom
RETAILLEAU

Prénom
Bruno **Daniel Marie Paul**
prénom d'origine germanique, signifiant « brun » ; 43e prénom masculin français le plus porté (186 000)

Date de naissance
20 11 1960

Lieu de naissance
Cholet (Maine-et-Loire)

Signe astrologique
Scorpion asc. Scorpion

né le même jour que le curé d'Ars, Fernandel, Catherine Laborde et François Busnel

PROFESSION : Haut fonctionnaire
DOMICILE : Habite depuis plus de 50 ans sa chère commune de Saint-Malo-du-Bois
FILIATION : Fils de Michel, négociant en grains, et de Marie Begein
RACINES : Maine-et-Loire, Deux-Sèvres, **Vendée**.

Nom de famille

Porté par environ 800 foyers français, ce patronyme est concentré dans le département de la Vendée. Avec son suffixe « -eau », caractéristique de ces régions, il est un dérivé du nom de lieu Retail, lui aussi typiquement régional, et correspond à l'angevin « retaillis », désignant le bois taillis.

Origines et histoire familiale

Pour Bruno Retailleau, le nombril du monde se situe au cœur du bocage vendéen, plus précisément à Saint-Malô-du-Bois, village de 1 600 habitants, où étaient nés son grand-père et son père – qui en a été longtemps maire –, lui-même, comme ceux de sa génération, étant né dans une maternité, à Cholet. Un village où les Retailleau étaient arrivés en 1857, avec le trisaïeul de l'homme politique, Onésime, boulanger comme le sera son fils, un second Onésime, le grand-père de Bruno. Dès leur arrivée, ils avaient donc fait partie des principaux acteurs de la vie économique du village pour donner à ses habitants leur pain quotidien. Leur intégration avait été d'autant plus facile et rapide qu'Onésime était né dans le village voisin de Saint-Laurent-sur-Sèvre, où son père, déjà, avait exercé la même profession. Cet aïeul était quant à lui né dans une autre commune limitrophe, Treize-Vents, où les Retailleau s'étaient auparavant succédé comme laboureurs, depuis un Louis Retailleau, né vers 1695, lequel était fils d'un Jean Retailleau, à la fois laboureur et tessier (tisserand), né vers 1655 et décédé en 1740 à… Saint-Malô-du-Bois, comme si ce lieu avait toujours eu le don d'aimanter les porteurs du nom.

Pour le reste, les racines de l'ancien ministre se révèlent extrêmement concentrées. Du fait que les Retailleau n'ont guère voyagé, tous les ancêtres paternels comme maternels qu'on peut lui retrouver – un généalogiste de Cholet, Jean-Claude Michon, les a identifiés par centaines – ont vécu dans un mouchoir de poche, aux confins nord des deux départements de la Vendée et des Deux-Sèvres, à la limite du Maine-et-Loire et à quelques encablures du Puy du Fou : à Tiffauges, Saint-Martin-du-Tilleul, La Gaubretière, Chambretaud, La Verrie… Les grands-parents maternels ont eux-mêmes vécu à Saint-Malô-du-Bois, où le grand-père était charcutier, tandis que l'arrière-grand-père Léon Prisset y exerçait à la fois les métiers de maréchal-expert, autrement dit de vétérinaire – sans diplôme d'école spécialisée –, et de hongreur.

Un arbre généalogique étonnamment uniforme, donc, tous les ancêtres, sans exception, appartenant au petit monde rural, sans un seul aïeul sortant du lot. Un arbre n'offrant ni notable ni migrant, et pas le moindre toboggan généalogique vers une quelconque tête couronnée. Une généalogie rurale et vendéenne, avec, incontournables dans ce secteur, correspondant à ce que l'on a appelé la « Vendée militaire », quelques anonymes et discrets héros des guerres de Vendée, tel ce Pierre Charles Coutand, laboureur aux Épesses, mort en avril 1793 au cours de la bataille des Aubiers, ayant compté au nombre des trois mille hommes de l'armée catholique et royale conduite par le comte de La Rochejacquelein. En ce temps-là, la majorité des paysans de la région étaient en effet restés fidèles au roi et tous étaient pétris de religion ; les Retailleau ne semblent pas y avoir échappé, comme peut en témoigner une curieuse « dynastie » de curés porteurs du nom qui s'étaient succédé, d'oncle en neveu, à la cure de La Verrie, aux XVIIe et XVIIIe siècles.

Une galerie familiale sans grand relief, qui ne regorge pas davantage de parentés surprises, hormis avec François Fillon, dont une partie des origines s'enracine dans le secteur et avec qui Bruno Retailleau cousine à la fois, par les Échasserieau, d'Ardelay, et par les Fillon eux-mêmes, avec le couple Jean Fillon-Marguerite Plessis, de Mouchamps, marié avant 1660. Hormis aussi avec le Gilet jaune Éric Drouet, auquel on découvre des ancêtres à Saint-Malô-du-Bois et avec qui il cousine par un couple de Chambretaud (Jean Merlet et Renée Thibaud, mariés en 1646).

Famille proche

Marié à Isabelle Bodet, docteur en médecine au centre médico-scolaire des Herbiers, Bruno Retailleau est père de trois enfants.

Parcours

Lycée Saint-Gabriel, de Saint-Laurent-sur-Sèvre. Sciences Po Paris. Proche de Philippe de Villiers, il a assuré la mise en scène de la Cinéscénie du Puy du Fou, puis la direction générale adjointe de la radio locale Alouette (1985-1987) et a présidé la SA du Grand Parc (d'attractions) du Puy du Fou. Adhère au MPF, qu'il quittera en 2010 pour l'UMP, après avoir été élu (1998-2015) au conseil général de Vendée, qu'il présidera (2010-2015). Député de la Vendée suite à la démission de Philippe de Villiers (1994-1997), dont il était le suppléant. Conseiller régional des Pays de la Loire et président du conseil régional (2015-2017). Sénateur (depuis 2004) et président du groupe UMP, puis Les Républicains (depuis 2014). Fâché depuis plusieurs années avec Philippe de Villiers, il a été un intime de François Fillon et lui est resté fidèle, prenant en 2017 la présidence de son club de réflexion Force républicaine. Se déclare, en août 2020, candidat à une primaire de droite, avant d'y renoncer en août 2021.

Indiscrétions et anecdotes

Aîné d'une famille de quatre enfants, catholique pratiquant, Bruno Retailleau s'était promis de ne pas succéder à son père à la mairie de leur village, traumatisé par le temps qu'il l'y voyait passer. Il ne se destinait pas à la politique, mais à l'administration préfectorale. Passionné d'équitation, c'est en participant, adolescent, au spectacle du Puy du Fou comme cavalier bénévole qu'il a été repéré par Philippe de Villiers. Vendéen avant tout, il est resté très attaché au village familial de Saint-Malô-du-Bois (1 600 habitants), où il a ses amis et où il fait ses footings, au moins une fois par semaine.

FABIEN ROUSSEL
COUSIN D'AMÉLIE DE MONTCHALIN

Z. Nakara

Nom
ROUSSEL

Prénom
Fabien
vient du latin faba, *« fève »*

Date de naissance
216 04 1969
né le même jour que Charlie Chaplin

Lieu de naissance
Béthune (Pas-de-Calais)

Signe astrologique
Bélier asc. Balance

PROFESSION : Journaliste

DOMICILE : Habite Saint-Amand-les-Eaux, dans le Nord

FILIATION : Fils de Daniel, employé à la Sécurité sociale, puis journaliste, et de Régine Delelis, employée de banque

RACINES : Calvados, Nord, **Pas-de-Calais**, Somme ; Belgique, Espagne.

Nom de famille

Porté par plus de 15 000 foyers français, ce patronyme extrêmement fréquent (57e rang), ayant son pic dans le Nord-Pas-de-Calais, est hérité d'un très lointain ancêtre aux cheveux roux.

Origines et histoire familiale

Fabien Roussel est le premier secrétaire général du Parti communiste à ne pas être né en région parisienne depuis un demi-siècle. Natif de Béthune, dans le Pas-de-Calais, il est en effet un Ch'ti pur et dur. Il attribue sa vocation politique à sa famille, ayant non seulement eu la chance « d'avoir des parents communistes, mais aussi de grandir dans une famille militante, tout entière portée par des valeurs progressistes ». D'abord bien sûr avec son père, Daniel Roussel, journaliste à *L'Huma*, adjoint au maire de Béthune et conseiller général et régional, mais aussi sa mère, engagée elle aussi, et avec ses grands-parents qui les gardaient, son frère et lui, le soir, lorsque les parents allaient à des réunions.

Une famille pour moitié communiste et pour l'autre croyante. Avec d'un côté les grands-parents paternels, le grand-père chef d'une petite entreprise de transports et la grand-mère, fille d'un réfugié espagnol interné pour bagarre au camp du Vernet, en Ariège, dont il était sorti très affaibli et dont il était mort. Avec de l'autre la grand-mère maternelle, institutrice mais catholique pratiquante qui, après le décès de son mari, mort jeune en allant travailler, avait élevé seule ses neuf enfants « tous tombés dans la marmite de la lutte des classes » et qui avait fait assister le gamin à des mariages et des enterrements religieux, tout en l'emmenant à la messe de minuit.

Cette ébauche d'arbre généalogique est facile à valider, avec, chez les Roussel, la trajectoire attendue : arrière-grand-père ajusteur, fils d'un journalier, lui-même directement issu du monde paysan ; ancêtres cultivateurs dans la petite commune de Verquigneul, limitrophe de Béthune et qui lui fut un temps rattachée. C'est là qu'avait vécu le plus ancien ancêtre identifiable : un Roussel prénommé Chrétien (forme ancienne de notre prénom Christian), né vers 1630 et époux de Jeanne Senicourt.

Un arbre dont les racines ne quittent guère le Pas-de-Calais, sinon pour le Nord, la Somme ou la Belgique proche, à l'exception de l'arrière-grand-père espagnol, Salvador Lardies, fils d'un agriculteur de la région de Huesca, au nord de Saragosse, venu travailler comme ouvrier dans le bâtiment dans une petite ville du Nord. Les autres racines conduisent à Gonnehem, Arnes, Calonne-sur-la-Lys, Béthune, Lillers, Robecq…, dans le Pas-de-Calais, à Hazebrouck, Bourbourg, Zeyerscappel… dans le Nord, et réservent leur lot de surprises.

Par une branche (Grardel), le candidat communiste descend d'une famille de Guerville, de Falaise, et le généalogiste le montrera descendant à la fois du roi Louis VI le Gros, de la reine Aliénor d'Aquitaine et d'autres têtes couronnées, dont – comme David Lisnard – Jean de Brienne, roi de Jérusalem et empereur latin de Constantinople (mort en 1237), par lequel, via les anciens rois de Castille et de Léon, on pourra également le rattacher à Mahomet. Plus logique : par Georges Caulier et Marie Cattez, mariés en 1713 à Robecq, il cousine avec Adrien Quatennens. Moins logique, en revanche : par Jacques Westrelin et Chrétienne Pouplier, mariés en 1637 à Calonne-sur-la-Lys, il cousine avec la ministre Amélie de Montchalin, qu'il aurait donc pu appeler « ma cousine » au lieu de « madame la ministre » dans le courrier qu'il lui a officiellement adressé, en tant que député, en mars 2021, à propos des jours de congé risquant d'être supprimés pour les agents territoriaux.

Famille proche

Divorcé et remarié, Fabien Roussel vit avec une famille recomposée, comptant au total cinq enfants.

Parcours

Enfance dans le bassin minier du Nord et à Saint-Amand. Part, adolescent, rejoindre son père, correspondant de *L'Humanité* au Viêtnam, où il passe deux ans à Hanoï. À son retour, lycée à Champigny-sur-Marne, chez sa mère, en région parisienne. S'engage dans le Mouvement des jeunes communistes et lutte pour la libération de Mandela. Dès le bac, bosse à *L'Huma*, comme coursier et iconographe. Centre de formation des journalistes. Journaliste-caméraman à France 3 Ardennes. Conseiller chargé de la communication de Michelle Demessine, secrétaire d'État au Tourisme (1997) et elle aussi du Nord. Délaissant le journalisme, il se lance en politique. Attaché parlementaire, notamment d'Alain Bocquet, député-maire de Saint-Amand-les-Eaux et figure emblématique du PCF, dont il a présidé le groupe à l'Assemblée nationale. Dirige la fédération PCF du Nord (2000-2008), où il vient habiter en 2007. Conseiller municipal de Saint-Amand-les-Eaux (depuis 2014). Député du Nord (depuis 2017). Secrétaire national du Parti communiste français (depuis 2018). Annonce, en mars 2021, sa candidature à l'élection présidentielle de 2022.

Indiscrétions et anecdotes

Né dans une famille communiste militante, Fabien Roussel a distribué, enfant, des tracts avec son père. Tombé dans la « marmite rouge » à quatorze ans, il se retrouve à Champigny-sur-Marne, où il aura pour voisin et ami Olivier Marchais, le fils de Georges. Embarqué, adolescent, par les CRS, pour avoir protesté dans le magasin Fauchon, place de la Madeleine, contre le remboursement des emprunts Giscard, c'est rasé et porteur d'une boucle d'oreille qu'il fera son entrée dans un cabinet ministériel. Admirateur du discours de Maurice Thorez jetant les bases du Front populaire en 1934, il choisira d'affronter en 2004 les électeurs avec ce slogan choc : « Je vote communiste et je t'emmerde ! »

Réputé grande gueule et bon vivant, aimant faire la fête, lecteur de polars et surtout grand « pêcheur du dimanche » – avec son « petit coin » en face de chez lui –, celui que ses proches surnomment « monsieur 3000 volts » a le tutoiement facile et échange volontiers des SMS avec Gérald Darmanin, son voisin nordiste.

Revendiquant son marcel sous la chemise – au grand dam de son équipe de com –, il passe depuis quinze ans ses vacances « sous tente » dans un camping deux étoiles à Propriano, en Corse-du-Sud, avec « la même bande de potes ». Son bureau, au siège du PCF, reste vierge de toute déco personnelle, hormis une plante verte, déposée sur une étagère par son équipe.

GEOFFROY ROUX DE BÉZIEUX
NOBLESSE DE CLOCHE ET BLASON TRICOLORE

Nom
ROUX DE BÉZIEUX

Prénom
Geoffroy **Jacques Marie Jérôme**
du prénom franc Gotfrid, forgé sur les racines got, *« du peuple goth » ou* god, *« dieu » et* frid, *« paix »*

Date de naissance
31 05 1962

Lieu de naissance
Paris (XVe)

Signe astrologique
Gémeaux asc. Cancer

né le même jour qu'Alain Duhamel, Henri Emmanuelli et Hervé Gaymard

PROFESSION : Président de société

DOMICILE : À Neuilly-sur-Seine

FILIATION : Fils de Bruno, dirigeant de sociétés, et de Véronique Le Vert

RACINES : Ain, Aisne, Allier, Hautes-Alpes, **Ardèche**, Calvados, Charente-Maritime, Doubs, Drôme, Eure, Indre-et-Loire, Isère, Jura, Loire, Lozère, Nièvre, Nord, Pas-de-Calais, Pyrénées-Orientales, Rhône, Haute-Saône, Saône-et-Loire, Savoie, Seine-Maritime, Deux-Sèvres, Somme, Paris, Var, Vienne, Territoire de Belfort ; Italie, Royaume-Uni.

Nom de famille

Roux, patronyme extrêmement fréquent (28e rang national, porté par près de 30 000 foyers français), était le surnom d'un lointain ancêtre roux. **Bézieux**, beaucoup plus rare, est tiré d'un nom de lieu. Deux patronymes réunis sur demande, en 1932.

Blason

D'argent, au chevron d'azur, accompagné de trois roses de gueules.

Origines et histoire familiale

Si les Roux de Bézieux ne se nomment ainsi que pour l'avoir officiellement demandé – et obtenu – en 1932, en référence au mariage, célébré à Lyon en 1856, de Claude Aymé Roux, trisaïeul du patron des patrons, avec Blanche de Bézieux, ils n'en sont pas moins d'authentique noblesse. De « noblesse de cloche », puisque c'est ainsi que l'on nommait, sous l'Ancien Régime, pour la distinguer de la noblesse « d'épée », une certaine catégorie de la noblesse. Cette appellation, qui faisait référence aux cloches des hôtels de ville que l'on sonnait pour rassembler les bourgeois et élire les officiers municipaux, désignait en effet la noblesse que valait plus ou moins automatiquement, dans plusieurs villes de France, l'exercice de la fonction de maire ou d'échevin. Il en allait ainsi dans une quinzaine de cités, au nombre desquelles Paris, Toulouse, Poitiers, Bourges, Angers, Angoulême et, depuis la fin du XVe siècle, Lyon, où la charge d'échevin, prestigieuse et de surcroît rémunérée, anoblissait les personnes l'ayant exercée ainsi que leurs descendants, à condition pour ces derniers de continuer à vivre noblement, en se gardant de « déroger ». C'est ainsi que Jean Antoine Roux « tout court », négociant de son état et échevin de l'ancienne capitale de Gaules, s'était trouvé anobli, en 1770, avec pour blason « d'argent au chevron d'azur accompagné de trois roses de gueules », que l'on traduira « chevron bleu avec trois roses rouges, le tout sur fond blanc », autrement dit un blason bleu, blanc, rouge. On rappellera au passage que la particule n'est jamais un signe de noblesse et que bien des familles nobles n'en avaient pas (☞ p. 363).

Cet ancêtre, marié à Lyon en 1746 avec la fille d'un secrétaire du roi, écuyer et bourgeois de la ville (lui-même fils d'un autre échevin, fabricant de draps d'or, d'argent et de soie), était natif du village de Chomérac, près de Privas, dans l'Ardèche, où les Roux étaient établis comme marchands, apparemment de soie, ce qui leur donnait l'occasion de commercer avec Lyon. Ils y avaient pour ancêtre un certain Moïse Roux, né vers 1660, de confession protestante, époux de Louise Brun, dont on ignore les origines précises. Il est qualifié dans les archives de « ménager », autrement dit de paysan très relativement aisé. La tradition familiale veut que cet homme ou ses ancêtres proches soient venus du Dauphiné, plus exactement du Bourg-d'Oisans, alors que certains généalogistes les rattachent aujourd'hui à des de Roux, bourgeois de Montpellier, eux-mêmes été originaires du bourg varois de Tourves, près de la Sainte-Baume.

Bien ancrée à Lyon, la famille y poursuivit son parcours, confortant ses positions et s'illustrant dans les affaires, devenant notamment propriétaires – de 1863 à 1983 – des Fonderies et Forges de Crans, à Cran-Gevrier, en Haute-Savoie, et administrateurs de plusieurs autres sociétés, réunies au fil du XXe siècle dans le groupe Pechiney par Henry Roux de Bézieux et ses fils. Le cadet, André, est le père de Bruno, directeur d'une fabrique d'emballages plastiques, puis secrétaire général de la banque Worms, père de celui que ses copains surnommeront « GRB ».

Pour conforter leurs positions, les Roux ont bien sûr soigneusement cultivé les alliances, surtout dans leur milieu, en se mariant dans les bonnes familles lyonnaises de la bourgeoisie et du monde des affaires, ainsi avec Blanche de Bézieux, fille d'un notable et gros propriétaire du Dauphinois – retour aux sources ? –, maire et conseiller général de Cognin, dans l'Isère. Une famille aux origines également incertaines, car si d'aucuns l'ont attachée à une ancienne souche picarde, il semble établi que ces de Bézieux, de Bésieux ou plus couramment autrefois Debézieux, en un seul mot, étaient originaires de Grasse, avec aux XVIIIe et XVIIe siècles des ancêtres notables « gantiers parfumeurs », deux professions alors régulièrement associées, du fait que la mode voulait que les gants soient parfumés. Une lignée originaire d'Aix-en-Provence, avec pour ancêtre des notables de la ville descendant d'un certain Jacotin (diminutif de Jacques) de Bézieux, né vers 1450, qui y était tailleur.

Pour le reste, si l'on examine le panorama généalogique du patron du Medef, les racines, comme dans les milieux socialement dominants, se révèlent très dispersées, conduisant dans trente départements et plusieurs pays étrangers, réservant évidemment leur lot de surprises et d'anecdotes. Côté de Bézieux, « GRB » descend par les femmes de plusieurs grandes familles, dont la famille de Bardonèche et, par elle, d'un bâtard du roi René d'Anjou, donc du roi de France Jean II le Bon : il rejoint ainsi le club des descendants de Mahomet. Par la branche Jordan (famille de sa grand-mère paternelle), le voici neveu du peintre Puvis de Chavannes, avec un ancêtre membre de l'Académie des sciences. Dans la branche maternelle (Le Vert, vieille famille de militaires, originaire de Franche-Comté), par les Caffieri, directeur des Postes à Calais sous l'Ancien Régime et d'origine italienne, il cousine avec Yvonne de Gaulle. Par sa grand-mère maternelle, née Treuille, et par Adrien Treuille (1842-1917, comte romain par bref papal et propriétaire de la manufacture d'armes de Chatellerault) et sa femme Jeanne-Delphine de la Fouchardière, il cousine de façon assez proche avec l'ancienne ministre Nathalie Kosciusko-Morizet.

Famille proche

Marié en 1990 avec Sabine Montet (née 1965, Essac, présidente de la Fondation de la mer, originaire de La Baule, qui l'attachera à la Bretagne), Geoffroy Roux de Bézieux est père de quatre enfants : Hector (1993), Adrien (1995), Joseph (1999) et Noémie (2003).

Parcours

Enfance dans le très chic Neuilly, où il est scolarisé au collège Sainte-Croix. Essec. Université de Paris-Dauphine (master d'Affaires internationales). Commence sa vie professionnelle chez L'Oréal (directeur marketing à Londres et création d'une filiale en Pologne, 1990-1996). Crée et dirige (1996-2004) The Phone House, premier réseau indépendant de vente de téléphones mobiles, qu'il a revendu en 2000 pour créer Omea Telecom, opérateur de réseau mobile virtuel (Virgin Mobile), revendu en 2014 à Numéricable. Entre en 2007 au conseil de surveillance de PSA Peugeot-Citroën, dont il devient vice-président. Succède à Charles Beigbeder à la présidence de l'association CroissancePlus, lobby d'entrepreneurs (2005-2008), et collectionne les présidences, dont en 2008 celle d'Unédic, jusqu'en 2010, année au cours de laquelle il fonde, avec son cousin Pierre Kosciusko-Morizet, frère de « NKM », le fonds d'investissement des entrepreneurs de l'Internet (actionnaire notamment de Blablacar). Élu vice-président du Medef (2013). Rachète (2016) une PMA provençale d'huile d'olive (Oliviers & Co) et préside la holding familiale Notus Technologies, investissant dans des PME et des start-up. Président du Medef depuis 2018, il est aussi membre du Comité d'organisation des Jeux olympiques de Paris 2024.

Indiscrétions et anecdotes

Macron-compatible, issu d'une dynastie de maîtres de forges, Geoffroy Roux de Bézieux fait le grand écart entre le vieux monde et le nouveau monde, entre son manoir breton battu par les vents, où il se réfugie les week-ends et reçoit son amie Valérie Pécresse, et l'univers du numérique.

Son père fut légionnaire avant d'être banquier, et lui-même a effectué son service militaire dans les commandos marine, à Djibouti et au Liban. Il reste aujourd'hui capitaine de frégate de réserve.

Il a collé, à dix-neuf ans, les affiches de Giscard d'Estaing. Étudiant à l'Essec, joyeux drille, il avait monté un groupe de rock et une équipe de rugby, les Black Pampers, dans laquelle il a joué ouvreur ou trois-quarts centre avec d'autres futurs grands patrons. « Il ne lâchait rien, se souvient un de ses copains, C'était le premier à plaquer et à se bagarrer. »

Grand amateur de sports – son nez cassé témoigne de ses combats de boxe –, il discute foot à l'occasion avec le patron de la CGT, Philippe Martinez. Il pratique également le tennis, le vélo, le ski, la natation et le jogging, jusqu'à se laisser séduire par le triathlon. Il avoue aussi une grande passion pour la chasse et, l'été, pédale tout sourire dans les rues de Copenhague, lunettes de soleil et blazer au vent, pour promouvoir les « mobilités douces ».

Catholique pratiquant – il a fréquenté le groupe Périgot et sa femme a monté des expos sur la Bible –, « GDR » a aidé en 2016 Philippe de Villiers à acheter, à Londres, un anneau qu'aurait porté Jeanne d'Arc, adjugé une vingtaine de milliers d'euros. En revendant The Phone House au groupe anglais Carphone, il a empoché entre 30 et 40 millions d'euros.

Avec sa femme, originaire de La Baule, il a racheté une PME locale de vingt salariés, Le Fondant baulois, qu'ils aimeraient faire connaître à toute la France. Au quotidien, il avale son plateau-repas, pain et dessert compris, en moins de 5 minutes, héritage de son passé militaire.

Son ami Charles Beigbeder raconte qu'invité du magnat britannique Richard Branson sur son île privée des Caraïbes, ce lanceur de défis n'a pas hésité à sauter d'une falaise pour aller chercher à la nage un des catamarans de son hôte, échoué sur les rochers, arguant avec modestie qu'« il fallait bien que quelqu'un le fasse ».

Ayant rangé au placard ses chemises bariolées de la fin des années 1990, il est désormais tiré à quatre épingles, hiver comme été. Costumes sombres, chemises nacrées, souliers vernis comme à l'armée, et pour seule touche de fun les pois colorés qui égaient ses cravates.

Il a signé, en 2007, un livre intitulé *Salauds de patrons ! Pourquoi les Français n'aiment pas leurs chefs d'entreprise.*

SÉGOLÈNE ROYAL
LA LÉGENDE DU MOUSQUETON

Jackolan

Nom
ROYAL

Prénom
Marie-Ségolène
variante de Sigolène, issu du germanique sig *(« victoire ») et* lind *(« doux ») ; peu fréquent, surtout rencontré, comme Solène, dans les milieux BCBG et plutôt dans les années 1980*

Date de naissance
22 09 1953
née le même jour qu'Anne d'Autriche

Lieu de naissance
Dakar (Sénégal)

Signe astrologique
Vierge asc. Verseau

PROFESSION : Magistrate

DOMICILE : Se partage entre son appartement de Boulogne-Billancourt, à deux pas de Roland-Garros, sa maison de type basque de Melle (Deux-Sèvres) et Poitiers

FILIATION : Fille de Jacques, officier, et d'Hélène Dehaye

RACINES : Manche, Marne, **Meurthe-et-Moselle**, Moselle, Sarthe, Vosges ; Belgique, Luxembourg.

Nom de famille

Patronyme porté par quelque 150 foyers français, présent dans plusieurs régions (Est, Deux-Sèvres, Landes, Oise...). Plusieurs étymologies possibles, dont notre adjectif « royal », à prendre comme sobriquet, donné à un fonctionnaire royal (en duché lorrain ?) ou ironiquement à un homme se donnant un air royal...

Origines et histoire familiale

Marie-Ségolène, dite Ségolène, est née dans une famille de militaires, catholique et traditionnelle. Elle est la quatrième des huit enfants – nés en neuf ans – d'un lieutenant-colonel d'artillerie de marine, rigide et autoritaire, imposant le silence aux repas, après le bénédicité, et lui-même fils d'un général de brigade. Un de ses frères, lieutenant-colonel à la DGSE, a été l'un des protagonistes de l'affaire du *Rainbow Warrior* en 1985. Elle a aussi un cousin germain général et une cousine germaine, mère de dix enfants, membre du comité central du Front national.

Rien, pourtant, ne prédestinait les Royal au monde militaire. Leurs ancêtres étaient de bien paisibles paysans de Villacourt, village lorrain aux confins des Vosges et de la Meurthe-et-Moselle, où ils sont connus depuis un lointain aïeul prénommé Nicolas, né vers 1630. Paysans très modestes, ils devaient souvent, pour s'en sortir, avoir une activité complémentaire : vigneron, chanvrier, bûcheron, maçon ou garde-champêtre...

Mais voilà qu'une branche avait connu une destinée particulière, avec Joseph Royal, né en 1778, qui avait fait les guerres napoléoniennes et s'était couvert de gloire en sauvant la vie de son capitaine, encerclé par les uhlans. L'exploit lui avait valu un mousqueton d'honneur – un objet quasiment mythique –, le titre de chevalier de l'Empire et une pension. Retiré à Nancy, il n'avait eu qu'un fils, royaliste convaincu, et qu'un petit-fils, Florian Royal (ci-contre), lequel, bercé par les récits des exploits de l'aïeul, s'engagea très jeune dans l'armée et termina colonel. Un militaire forcené, qui voudra combattre en 1914, bien qu'âgé de soixante-dix ans. L'armée lui refusant un commandement, il se portera volontaire comme simple soldat et se retrouvera dans les tranchées, avec les Poilus. Marié à une fille de colonel, mais sans enfant, il avait proposé à l'un de ses cousins resté au village d'élever un de ses fils, prénommé comme lui Florian, lequel passera par Polytechnique et finira avec des étoiles de général : le grand-père de Ségolène.

Voilà pour les ancêtres paternels, à 100 % originaires de Lorraine, région à laquelle la famille restera attachée, avec des maisons à Chamagne, où plusieurs ancêtres de Ségolène ont été maires, et de fréquents séjours à Nancy, où les Royal rencontreront les Dehaye, ce qui donnera deux mariages, dont celui des parents de Ségolène, qui devait se solder par une séparation.

Les Dehaye étaient une famille aisée, dont le père, ingénieur chimiste, avait monté une usine de fabrication de peinture sur les bords de la Meurthe. Mais une famille aux racines éclectiques, avec quelques aïeux pittoresques, notamment un arrière-grand-père propriétaire d'une fabrique de chaussettes et surnommé le « roi de Tomblaine », pour avoir été l'un des principaux employeurs de cette commune suburbaine de Nancy.

Originaires de Belgique, ils avaient compté au nombre des familles dominantes de la région de Dinant et Namur, descendant par les femmes du roi Philippe-Auguste, et un de leurs ancêtres, Claude de Heyd, seigneur de Jenneret, avait été assassiné en 1614 à la suite d'un sombre conflit avec son curé, auquel il avait violemment reproché de ne pas l'avoir attendu pour célébrer sa messe, un matin où il avait été retardé par une tempête de neige...

On pourrait citer bien d'autres ancêtres encore, dispersés entre la Champagne et la Normandie, notamment à Villechien, une commune de la Manche dont les habitants, non sans humour, ont choisi d'être des Toutouvillais, et où un aïeul s'était marié à soixante-douze ans avec une jeune fille de quarante-quatre ans sa cadette, à laquelle il avait fait un enfant. Un aïeul dont la mémoire reste bien vivante par sa villa de Villers-sur-Mer, où les Royal passaient une partie des vacances et où se réfugiera la mère de Ségolène lorsqu'elle quittera son mari après que celui-ci, sur le conseil du grand-père général, lui a adressé un courrier recommandé à la suite d'un différend conjugal.

Anéantie et humiliée, Hélène Dehaye avait, ce jour-là, pris sa bicyclette et était partie – sous la neige – à Nancy, où sa fille, alors étudiante, la verra faire des ménages et coucher sur les bancs. Un choc et beaucoup de douleur pour elle, qui s'insurgera contre cette injustice et ira jusqu'à assigner son père pour lui réclamer une aide financière…

Par ses ancêtres lorrains, Ségolène Royal cousine avec le maréchal Lyautey. Par la famille Bride, de Flétrange, elle cousine aussi avec Claude Allègre, et par les Marlier, de Villacourt, avec… Dominique Strauss-Kahn.

Famille proche

Vie maritale avec François Hollande, rencontré en 1978 lors d'un week-end entre énarques à Argenton-sur-Creuse, organisé par le futur ministre Michel Sapin (avec une queue de cochon, difficile à couper, arrivée dans son assiette).

Quatre enfants : ☞ p. 160.

Séparation en 2007. A ensuite eu pour compagnon André Hadjez, né au Maroc, travaille dans l'édition et la distribution de livres et de jeux de société).

Deux sœurs (toutes deux placées, comme elle, sous la protection de la Vierge Marie : Marie Odette et Marie Nicole) et cinq frères : Gérard, le militaire déjà évoqué, Antoine, Paul, Henry et Sigisbert).

Parcours

Toute petite enfance à Ouakam, dans la banlieue de Dakar, puis enfance à Châlons-sur-Marne et en Martinique, dans une maison du camp militaire de Balata (1960-1964) et dans le petit village vosgien de Chamagne. Pensionnat Saint-Joseph-de-Cluny, à Fort-de-France. Études primaires et secondaires à Charmes (Vosges). Bac B au lycée privé Saint-Joseph d'Épinal. Jeune fille au pair à Dublin pendant l'été 1971. Licence de sciences économiques, à Nancy. Sciences Po Paris et adhésion au PS (1978). Ena (1980, promotion Voltaire, où elle rencontre François Hollande). Juge au tribunal administratif de Paris.

Chargée de mission à l'Élysée (1982-1988). Conseillère municipale de Trouville, puis de Melle et de Niort. Députée des Deux-Sèvres (1988, régulièrement réélue ; abandonne son siège en 2007 en respect du non-cumul des mandats). Conseillère générale des Deux-Sèvres (1992-1998). Ministre de l'Environnement (1992-1993 : loi sur le traitement et le recyclage des déchets, lutte contre le bruit), de l'Enseignement scolaire (1997-2000 : loi antibizutage, pilule du lendemain), de la Famille et de l'Enfance (2000-2002, réforme de l'autorité parentale, création du congé paternité). Présidente du conseil régional de Poitou-Charentes (2004-2014). Candidate PS à l'élection présidentielle de 2007 (47 % au second tour). Échoue de 102 voix à l'élection de novembre 2008, face à Martine Aubry, pour le poste de première secrétaire du PS. Candidate aux primaires socialistes en octobre 2011 (6,9 %, pleurs). Candidature – contestée – aux élections législatives dans la 1re circonscription de la Charente-Maritime, où elle est battue en 2012 par un socialiste dissident. Vice-présidente et porte-parole de la Banque publique d'investissement (2013-2014). Ministre de l'Écologie, du Développement durable et de l'Énergie (2014), puis de l'Environnement, de l'Énergie et de la mer, chargée des Relations internationales sur le Climat (2016-2017). Nommée en 2017 ambassadrice chargée des négociations internationales relatives aux pôles Arctique et Antarctique, elle est démise de ses fonctions en 2020, suite à ses critiques à l'égard du gouvernement. Fin septembre 2021, elle annonce qu'elle « n'exclut pas » d'être candidate à la présidentielle en 2022.

Indiscrétions et anecdotes

C'est en faisant preuve de culot qu'elle a obtenu *in extremis* de François Mitterrand, dont elle était la conseillère, d'être investie aux législatives de juin 1988, dans la 2e circonscription des Deux-Sèvres, réputée ingagnable pour la gauche, mais qu'elle a remporté au second tour avec 50,5 % des voix, ce qui épate Mitterrand.

En 1994, par le jeu des équivalences de diplôme, elle a été avocate au barreau de Paris. Tout en continuant à exercer ses mandats politiques, elle intégrera le cabinet de Francis Teitgen, avocat qui avait créé en 1986, notamment avec François Hollande et Bernard Kouchner, et suite à la mort de l'étudiant Malik Oussekine, un « groupe de surveillance de la liberté constitutionnelle de manifester », ou « Casques blancs », destiné à garantir le droit à manifester sans violence policière (avocat qui intégrera en 2011 l'équipe de campagne de François Bayrou).

Féministe avant d'être socialiste, Ségolène Royal exècre les plaisanteries graveleuses, tutoie difficilement et embrasse peu. Elle aime faire du bateau et de la gymnastique, adore s'habiller en Paule Ka et a subi en 2005 une chirurgie de la mâchoire du bas. Celle qui a fait distribuer des charentaises aux internes de tous les lycées de sa région Poitou-Charentes promeut, dès qu'elle en a l'occasion, le fromage de chèvre chabichou. Côté chansons, elle adore « L'Été indien », de Joe Dassin, et « This Melody », de Julien Clerc, et a beaucoup aimé le film *Little Miss Sunshine*. Ses livres de chevet ? *Les Contemplations*, de Victor Hugo et *L'Œuvre au noir*, de Marguerite Yourcenar. Celle qui défend bec et ongles François Mitterrand a aussi une passion pour Jeanne d'Arc. Son plat préféré ? Les fruits de mer.

Elle est l'auteur de plusieurs ouvrages, dont *Le Ras-le-bol des bébés zappeurs* (1989), *Ma plus belle histoire, c'est vous* (2007) et *Femme debout* (2009).

Pour la morphopsychologue, Ségolène Royal, qui s'est construite en guerrière intellectuelle, est de face une madone séductrice aux jolis traits et, de côté, une louve rapide et efficace ; une personne secrètement vulnérable, souvent insatisfaite et frustrée par la réalité, aux yeux de l'astrologue.

FRANÇOIS DE RUGY
LION D'OR ET FONTAINE D'ARGENT

Nom
RUGY (GOULLET de)

Prénom
François **Henri**
prénom signifiant « français » ; 26ᵉ prénom masculin français le plus porté (245 000)

Date de naissance
06 12 1973
né le même jour que Philippe Bouvard

Lieu de naissance
Nantes (Loire-Atlantique)

Signe astrologique
Sagittaire asc. Cancer

PROFESSION : Médecin
DOMICILE : Nantes
FILIATION : Fils de Dominique Goullet de Rugy, professeur d'histoire-géo, et de Maryvonne Fritz, professeur d'allemand
RACINES : Finistère, **Moselle**, Nord, Oise, Seine-et-Marne, Bas-Rhin, Somme, Var, Vosges ; Allemagne, Belgique.

Nom de famille

Porté par une trentaine de foyers français, tous issus de la même famille, ce patronyme renvoie à Goullet, surnom classique d'un ancêtre glouton.

Blason

D'azur au lion d'or, rampant contre une fontaine d'argent.

Origines et histoire familiale

Bien que portant une fontaine dans ses armes, la famille Goullet de Rugy n'était pas particulièrement vouée au bio ou à l'écologie.

Son histoire est un peu compliquée. Selon la tradition, elle aurait été anoblie par Charles VI. Mais ses membres s'étant convertis à la religion réformée, ils s'étaient, lors de la révocation de l'édit de Nantes, réfugiés à Metz, ville autrefois d'Empire et rattachée à la France sous statut particulier, où les protestants étaient nombreux. De ce fait, ils avaient dû attendre, pour être reconnus comme nobles en France, que la Lorraine devienne française.

Les plus anciens ancêtres se nommaient Goullet, tout court. Le premier, né vers 1530 et prénommé Drouin – ancien diminutif du prénom André –, siégeait au Tribunal des Treize, nom donné au conseil municipal de la ville, et devait être marchand, comme le seront après lui son fils et son petit-fils.

Le nom évoluera avec David Goulet, né en 1627, lui aussi marchand et conseiller du maître échevin de la ville et qui fera monter sa famille de quelques degrés, en devenant écuyer et seigneur de Crépy et de Peltre, deux villages du voisinage. Manifestement très aisé et comme tout bon bourgeois propriétaire de domaines fonciers, il ajoutera à son nom celui d'une de ses terres, pour se nommer Goullet de Crépy. Mais il épousera Judith Petitjean, fille d'un juge, qui avait lui aussi pris le nom du domaine qu'il possédait, dans un hameau de la campagne messine nommé Rugy. Voilà donc comment, héritant des terres de sa mère, le fils de David Goullet de Crépy et de Judith Petitjean de Rugy deviendra Goullet de Rugy.

Et la famille de continuer son ascension sous ce nouveau nom, notamment avec un grand capitaine de la fauconnerie du roi et plusieurs officiers. On aura ainsi Jean-Melchior Goullet de Rugy (1727-1813), écuyer, chevalier de Saint Louis, maréchal de camp d'artillerie, avec lequel la famille retrouvera officiellement sa noblesse, sous Louis XVI, en 1785. Puis un autre Jean-Melchior, petit-fils du précédent, officier de la garde royale et qui fera un beau mariage, pour avoir ensuite un commandant de Chasseurs, un officier de marine puis un capitaine d'aviation. Ce dernier, Guillaume Goullet de Rugy, mort à trente-cinq ans en service commandé et grand-père de l'homme politique, implantera la famille en Bretagne en se mariant à Landerneau.

Dans toute la branche paternelle, légions d'honneur, particules, blasons et titres ne manquent donc pas. Avec parfois de belles alliances et de grands noms de l'histoire de France – y compris les Robespierre ou le comte Simon de Montfort, grande et terrible figure de la croisade contre les Albigeois, allumeur des bûchers cathares –, mais également beaucoup de familles bourgeoises, tant en Bretagne qu'en Lorraine ou qu'en Artois et dans le Nord. Avec aussi la découverte, via une famille de Douai, d'une ascendance capétienne conduisant par les ducs de Bourgogne au roi Jean II le Bon…

Dans la branche maternelle, en revanche, les ancêtres sont à la fois plus simples et plus concentrés au plan géographique, groupés en Lorraine, avec toutefois quelques racines en Alsace et en Allemagne. Simples laboureurs, les Fritz avaient, avec l'industrialisation, suivi une évolution très classique en devenant tisserands puis mineurs… Aubergistes, cabaretiers, voituriers, journaliers… Ici, ni ancêtre couronné ni parent titré. Seule surprise, un cousinage reliant François de Rugy à la chanteuse Patricia Kaas…

Un arbre généalogique de plus, dont les branches paternelle et maternelle appartiennent à deux mondes quasiment étrangers, que le destin a rapprochés : la mère de François de Rugy, qui a grandi en Moselle naguère allemande, deviendra professeur d'allemand et fera la connaissance d'un professeur d'histoire-géo issu quant à lui de l'ancienne aristocratie. Elle l'épousera à Constantine, en Algérie, et il la ramènera quelques années plus tard en Bretagne.

Famille proche

Unions : avec Emmanuelle Bouchaud, journaliste, élue EELV puis Front démocrate, 4e vice-présidente du conseil régional des Pays de Loire. Remarié en 2017 avec Séverine Servat, journaliste à *Gala* et ancienne compagne du député socialiste Jérôme Guedj.

Enfants : Aloïse (2003) et Isaac (2011).

Parcours

Enfance à Nantes : école Stalingrad, puis lycée Guist'hau. Sciences Po Paris (1995). Adhère en 1991 à Génération Écologie, qu'il quitte en 1995 pour adhérer aux Verts, en 1997, et se présenter aux législatives, à Nantes, contre Jean-Marc Ayrault. Adjoint au maire de Nantes, chargé des Transports. Vice-président de Nantes Métropole (2001-2008). Membre de l'équipe de campagne de Noël Mamère, aux présidentielles de 2002. Conseiller municipal d'Orvault (2008-2014). Député de Loire-Atlantique (2007-2018 et depuis 2019 ; coprésident du groupe écologiste, avec Barbara Pompili, à l'Assemblée nationale, de 2012 à 2015 et en 2016). Fondateur et président du parti Écologistes ! en 2015. Vice-président (2016-2017) puis président (2017-2018) de l'Assemblée nationale. Battu à la primaire citoyenne de la gauche, en 2017, il se rallie à Emmanuel Macron et devient en 2018 ministre d'État, ministre de la Transition écologique et solidaire, jusqu'à démissionner, en juillet 2019, suite au « scandale des homards » (dîners privés et dépenses somptuaires diverses, révélés par *Mediapart*) et retrouver son siège à l'Assemblée nationale. Élu conseiller régional des Pays de la Loire, en 2021.

Indiscrétions et anecdotes

De style très classique, voire *old school*, François de Rugy doit sa fibre écolo à ses parents profs, partisans de Michel Rocard puis de René Dumont, qui emmenaient chaque année leurs enfants à la découverte des régions françaises. Breton et partisan convaincu de la Bretagne à cinq départements, il passe volontiers ses vacances à Ouessant. Après avoir rêvé, enfant, de devenir capitaine du bateau ralliant les îles de la mer d'Iroise à Brest, il se contente de naviguer sur son Zodiac. Amateur de pêche en mer, il est aussi un adepte du cyclisme, resté fidèle au Tour de France et circulant régulièrement sur son vélo, tout en étant aussi passé au scooter. Lecteur de polars et de biographies politiques (surtout celles consacrées à Mitterrand), il aime les chansons de Johnny et de Renaud et annonce en 2013 épargner 145 euros par mois. Son livre, *Écologie ou gauchisme : il faut choisir !*, est paru en 2015 aux Éditions de l'Archipel.

MICHEL SAPIN
UNE GUIRLANDE D'ANCÊTRES

d.r.

Nom
SAPIN

Prénom
Michel Marie
(de l'hébreu Mika'el, signifiant « qui est comme Dieu » ; a connu une très grande et longue mode, de 1935 à 1955 ; prénom masculin français le plus porté (631 000)

Date de naissance
09 04 1952

Lieu de naissance
Boulogne (Hauts-de-Seine)

Signe astrologique
Bélier asc. Balance

né le même jour que Baudelaire, Léon Blum, Michel Simon, Théodore Monod et Jean-Paul Belmondo

PROFESSION : Haut fonctionnaire

DOMICILE : Se partage entre sa maison d'Argenton-sur-Creuse, dans sa famille depuis quatre siècles, Paris et une résidence sur l'île d'Yeu

FILIATION : Fils de Claude, ingénieur des Mines, et de Claude Garteiser

RACINES : Aveyron, Cher, Creuse, Doubs, Indre, Marne, Haute-Saône, Haut-Rhin, Paris, Puy-de-Dôme, Rhône, Seine-Maritime, Deux-Sèvres, **Vienne**, Vosges, Territoire-de-Belfort ; Belgique.

Nom de famille

Patronyme courant, porté par environ 800 foyers français (pics dans le Rhône et en Poitou). Il vient généralement du nom du domaine d'origine, caractérisé par un sapin.

Origines et histoire familiale

Laboureurs dans le village de Buxerolles (commune de la banlieue de Poitiers comptant aujourd'hui 10 000 habitants), les Sapin ont travaillé dur pour s'élever dans la société, avec un domestique, un voiturier (transporteur) et enfin un maître d'hôtel servant chez de grands bourgeois de Poitiers, sous le Second Empire. Des ancêtres par lesquels le ministre doit cousiner de loin avec François Hollande (par les Sabourin et Brissonnet de La Chapelle-Moulière, dans la Vienne).

Son arrière-grand-père, Camille Sapin, sera le premier à faire des études et deviendra ingénieur, comme le seront son fils et son petit-fils, le père de Michel, à sa retraite bénévole à l'archevêché de Paris.

Avec Camille, la famille avait gagné Paris, où ses membres allaient faire des mariages bourgeois et variés, dotant l'homme politique d'ancêtres belges, italiens, allemands, autrichiens, suisses, mais aussi de racines lyonnaises, normandes, alsaciennes, champenoises, franc-comtoises... et d'ancêtres Parisiens de Paris (les Hansy, libraires établis sous Louis XIV sur le pont au Change et les Bodasse, batteurs d'or, rue aux Ours).

Au plan social, l'arbre regorge d'officiers, d'industriels, de bourgeois et de petits nobles, avec un député du Tiers-État et deux gardes du corps du roi, sous la Restauration. Sans oublier un apothicaire à Elfeuf, par lequel le ministre socialiste descend du roi Philippe III le Hardi.

C'est par sa grand-mère maternelle qu'il a des racines à Argenton, notamment avec un aïeul seigneur de La Prune-au-Pot et la famille Rollinat, qui avait donné un député à l'Assemblée constituante de 1848, grand ami de George Sand.

Famille proche

Divorcé de Yolande Millan, médecin généraliste, épousée en second mariage en 1982, il s'est remarié en 2011 à Argenton (avec pour témoin François Hollande), avec Valérie de Senneville, journaliste aux *Échos* (Valérie Scharre, divorcée du vicomte Benoît Denis de Senneville : Scharre, Schorre ou Charre, famille belge, originaire d'Elverdinge ; Denis de Senneville, famille d'échevins de Paris, anoblie en 1720).

Trois fils, de son deuxième mariage : François (docteur en géologie), Laurian (enseignant dans un établissement d'enseignement adapté et entraîneur de l'équipe de rugby d'Argenton), Clément (assistant de production cinéma et coordinateur du festival Debussy d'Argenton-sur-Creuse, après des études de musique et d'ingénierie culturelle). Il est grand-père depuis 2015.

Parcours

Lycée Henri IV, Université de Paris-IV Sorbonne, Ena (1978, promotion Voltaire, avec François Hollande, Ségolène Royal et Dominique de Villepin), Sciences Po (1975). Licence d'histoire, DEA de géographie. Service militaire à Angers, à l'École du Génie, avec François Hollande. Conseiller au tribunal administratif de Châteauroux, puis de Paris. Adhère au PS (à Argenton, 1975). Conseiller municipal de Nanterre (1989-1994). Maire d'Argenton-sur-Creuse (1995-2201 et 2002-2012). Conseiller général (1998-2004). Conseiller régional de la Vienne (1981-1986), d'Ile-de-France (1992-1994). Président de la Région Centre (1998-2000 ; 2004-2007). Député de la Vienne (1981-1985 et depuis 2007) et un temps des Hauts-de-Seine. Vice-président de l'Assemblée nationale (1984-1985, 1988). Ministre délégué auprès du ministre de la Justice (1991-1992 : loi

« Sapin », 1993 : lutte contre la corruption), de l'Économie et des Finances (1992-1993), de la Fonction publique et de la Réforme de l'État (2000-2002). Ministre du Travail, de l'Emploi, de la Formation professionnelle et du Dialogue social (2012-2014, il racontera son expérience dans un livre, *L'Écume et l'Océan, chronique d'un ministre du Travail par gros temps*), puis ministre des Finances et des Comptes publics (2014-2016) et de l'Économie et des Finances (2016-2017). Devenu avocat en 2019.

Indiscrétions et anecdotes

Ancien nageur, calme et optimiste, ce porteur de grosses lunettes aux convictions d'« athée tranquille » et au petit rire en saccades aime prendre l'accent berrichon et rire avec son ami le professeur Philippe Saiag, un des rares à l'avoir connu chevelu.

Fils, comme François Hollande, d'un couple droite-gauche : son père, centriste et catholique, votait Lecanuet, alors que sa mère, tendance « anarchiste qui remettait tout en cause », votait Mitterrand.

Enfant de chœur dans son enfance, agnostique depuis, il est passionné d'archéologie et surtout de numismatique, ayant découvert, enfant, la collection de pièces antiques de son grand-père, alors qu'il était cloué au lit par une polio. Il aime palper ses tétradrachmes à l'effigie d'Alexandre le Grand et acheter sur eBay des pièces ptolémaïques. Il aime aussi le cinéma, le théâtre et la musique, et sa chatte est la mère de celle de Cécile Duflot.

Selon sa déclaration de patrimoine, Michel Sapin possède un patrimoine de plus de 2 millions d'euros, dont 433 hectares de forêts et de terres agricoles autour d'Argenton. Sa maison, sur les bords de la Creuse, a servi de décor, en 2012, au tournage d'un film fantastique, produit par un ami de son fils.

Ami de très longue date de François Hollande, on dit qu'il a été à l'origine de sa liaison avec Ségolène Royal, lors d'un week-end organisé dans sa maison d'Argenton, autour d'une tuerie de cochon dont la queue, camouflée dans un boudin, avait été servie à Ségolène Royal ; celle-ci avait dû demander l'aide de Hollande pour en venir à bout…

NICOLAS SARKOZY
SES ANCÊTRES LES HONGROIS !

ph. European People's Party

Nom
SARKÖZY de NAGY-BOCSA

Prénom
***Nicolas* Paul Stéphane Marie**
issu du grec nikèlaos, signifiant « peuple de la victoire » ; autrefois très populaire, notamment en Lorraine, relancé, dans les années 1960, par la série télévisée Bonne nuit, les petits, *pour connaître un succès croissant jusqu'au milieu des années 1990, d'où sa place, au 6e rang des prénoms masculins français les plus portés (364 000)*

Date de naissance	Lieu de naissance	Signe astrologique
28 01 1955	**Paris (XVIIe)**	**Verseau asc. Vierge**

né le même jour que le peintre Jackson Pollock, grand maître de l'expressionnisme abstrait

PROFESSION : Avocat
DOMICILE : Habite l'hôtel particulier de son épouse, à Paris (XVIe)
FILIATION : Fils de Paul, publicitaire, et d'Andrée Mallah, avocate
RACINES : Ain, Isère, Haute-Savoie ; Grèce, **Hongrie**.

Nom de famille

Patronyme très rare en France, porté par une petite dizaine de foyers, tous de la famille du président, desquels on peut rapprocher une dizaine de foyers de noms phonétiquement homonymes (Sarkozi, Sarkosy, Sarkosi). Il nommait, en Hongrie, l'homme originaire d'une région « entre les cours d'eau ». Le patronyme de la famille du président a été, au fil des siècles, augmenté du nom d'une terre qu'elle possédait, pour devenir Sarközy de Nagy-Bocsa (nom qui, prononcé à la hongroise, donne phonétiquement « Chârkeuzy de Nailly-Botcha »).

Blason

D'azur, au loup érigé d'argent, levant de sa dextre un cimeterre gardé d'or.

Origines et histoire familiale

L'histoire des Sarközy commence au temps où l'empire des Habsbourg est confronté à une avancée menaçante des Turcs. Saccageant tout sur leur passage, les janissaires remontent le cours du Danube, avec artillerie et chameaux. Ils envahissent les plaines, dont les habitants partent se réfugier dans les montagnes proches de la Haute-Hongrie et de la Slovaquie, hérissées de forteresses.

Faute d'armée de métier, ces places fortes, contrôlant la route de Vienne, sont confiées à des familles de militaires, capables de s'armer à leurs frais, sachant se dévouer à la cause de leur souverain, quitte à le payer parfois très cher. La citadelle d'Ajnacskö – aujourd'hui Hajnacka, en Slovaquie – a ainsi pour vice-capitaine un certain Mihály (Michel) Sárközy, qui sera capturé et exécuté par les Turcs en 1562.

Les empereurs d'Autriche récompensent ces familles en leur octroyant des honneurs et des privilèges, qui ont l'avantage de ne pas coûter cher… En qualité de roi de Hongrie, Ferdinand II délivre ainsi aux Sárközy, en 1628, des lettres de « renouvellement de noblesse », avec octroi des armoiries décrites ci-dessus, armoiries en parfaite harmonie avec le contexte guerrier de l'époque et le goût pour les animaux féroces, que l'on agrémente d'une couronne, à titre purement décoratif.

Et la famille de continuer sur sa lancée. S'alliant aux vieilles lignées du pays, elle achètera bientôt le fief de Nagy-Bocsa et verra ses membres premiers magistrats de Nagykorchs, où ils auront un manoir. Ils seront ensuite vice-maires de Szölnök, une ville déjà importante, bâtie sur la Tisza, où György (Georges) Sárközy, éclaboussé par une affaire d'urbanisation, devra se reconvertir comme gérant d'une fabrique de tricot, aux environs de Budapest. C'est là que l'arrivée de l'Armée rouge et l'instauration du communisme les surprendront, coûtant la vie à l'un des leurs, massacré en 1944, transformant leurs terres en kolkhozes et le château d'Alattyan, appartenant à un parent, d'abord en lotissement, avant qu'il ne soit totalement rasé.

Voilà comment Pál Sarközy, né en 1928, prendra, à vingt ans, le chemin de l'Ouest et s'engagera dans la Légion étrangère, avant de se retrouver à Paris, recueilli par un grand-oncle réfugié à Montmartre. Il fera carrière dans la publicité et y rencontrera Andrée Mallah, qu'il épousera en 1950, pour la quitter neuf ans plus tard et se remarier plusieurs fois, laissant ses fils avec leur mère et leur grand-père maternel.

Femme de double culture, Andrée Mallah était la fille d'un médecin juif réputé, vénérologue-urologue, issu d'une famille *megorach*, autrefois chassée d'Espagne par les rois catholiques et réfugiée à Salonique, où ses descendants étaient joailliers et un oncle rabbin.

Aron, devenu Benedict, Mallah – le grand-père du président – était venu en France lors de l'annexion de Salonique par les Grecs, y avait fait ses études et s'était retrouvé à Lyon, où il s'était engagé comme médecin militaire en 1914, patriote avant d'être français, puisqu'il ne sera naturalisé qu'en 1925.

PARENTÉ ENTRE FRANÇOIS HOLLANDE ET NICOLAS SARKOZY

Claude LABULLY-BURTY
à Saint-Maurice-de-Rotherens (Savoie)

Claude LABULLY dit BURTY
vers 1604-1674
x 1638 *Saint-Genix* Antoinette CHARRIÈRE

Charles LABULLY dit BURTY

Louis LABULLY dit BURTY

Rose LABULLY-BURTY
x 1748 *Saint-Genix* Jean SIMONOT

Gasparde SIMONOT
x 1772 *Saint-Genix* Matthieu BONNARD

Claude BONNARD

Françoise BONNARD
x 1822 *Saint-Genix* Anthelme GOJON

Jeannette GOJON
x 1863 *Saint-Genix* Guillaume BENOLLET

Catherine BENOLLET
x 1893 *Lyon* Philibert JACQUIGNON

Jeanne Adrienne JACQUIGNON
x 1918 *Paris* Robert TRIBERT

Nicole TRIBERT
x 1951 Georges HOLLANDE

François HOLLANDE

Pierre LABULLY dit BURTY
x Antoinette MASSE

Pierre LABULLY dit BURTY

Jean-Louis LABULLY dit BURTY

Gabriel LABULLY dit BURTY

Marie BURTY
x 1764 *Grésin* Charles DULLIN

Nicolas DULLIN

Françoise DULLIN
x 1835 *Traize* Martin ROSSET-BILLOUX

Caroline ROSSET
x 1881 *Caluire* (69) Henri BOUVIER

Adèle BOUVIER
x 1917 *Ste-Foy-les-Lyon* (69) Benedict MALLAH

Andrée MALLAH
x 1950 Pal SARKOZY DE NAGY-BOCSA

Nicolas SARKOZY DE NAGY-BOCSA

Il avait épousé la veuve d'un infirmier militaire, mort « pour la France », Adèle Bouvier, infirmière catholique qui sera la seule des quatre grands-parents du président à lui donner des racines dans l'Hexagone.

Fille d'un épicier et marchand de grains lyonnais, elle était dauphinoise par son père, avec des ancêtres « coquetiers », autrement dit marchands ambulants de « beurre, œufs, fromage ». Des ancêtres originaires de la région de Sermérieu, où l'on découvrira, par la famille Candy, de Soleymieu, un cousinage éloigné entre Nicolas ☺ Sarkozy et… Liliane Bettencourt (☞ page suivante), ainsi qu'avec l'Insoumise Clémentine Autain (par le laboureur Claude Claret, marié en 1654 à Vézeronce-Curtin avec Clauda Bourjaillat), mais également des racines en Savoie, avec entre autres la famille Labully, de Saint-Genix-sur-Guiers, par laquelle j'ai pu en 2012 le révéler ☹ cousin de… François Hollande !

Une coïncidence curieuse, comme celle faisant que la famille Mallah, pour échapper aux persécutions nazies, s'était, sous l'Occupation, réfugiée dans la ferme d'un oncle d'Adèle, à Marcillac-la-Croisille, un bourg corrézien situé à seulement quelques encablures du berceau… ☺ de la famille Chirac.

Au plan des parentés, ajoutons que, par la famille de sa grand-mère maternelle, née Toth, le président cousine avec plusieurs familles de l'aristocratie française, notamment avec les La Rochefoucauld et le couturier Jean-Charles de Castelbajac.

Moitié hongrois, quart grec et quart français, Nicolas Sarkozy, après la séparation de ses parents, a donc été élevé par sa mère et son grand-père maternel, vieil urologue que le gamin adorait, même s'il avait parfois un peu honte de la vieille traction avec laquelle il venait le chercher, le samedi, à sa très chic école – tandis que son père, très « bling-bling », roulait en Jaguar décapotable.

Famille proche

Mariages : marié en 1982 (avec pour témoin Charles Pasqua), avec Marie-Dominique Culioli, fille d'un pharmacien corse de Vico (souvent dite à tort nièce d'Achille Peretti, président de l'Assemblée nationale et maire de Neuilly), dont il se séparera en 1989.

Remarié en 1996 (avec pour témoins Martin Bouygues et Bernard Arnault, président de LVMH, l'homme le plus riche de France) avec Cécilia Ciganer-Albeniz, qu'il avait unie, cinq ans plus tôt, en tant que maire de Neuilly, à l'homme de télévision Jacques Martin, et dont il se séparera en 2007. Née en 1957 à Boulogne-Billancourt, elle est la fille d'Aron Chouganov, juif d'origine russe qui avait changé son nom pour celui de Ciganer (signifiant « tzigane ») et s'était établi comme fourreur à Paris, où il avait épousé Thérèse Albeniz-de Swert, née à Madrid en 1930, fille d'un ambassadeur espagnol marié à une Belge et petite-fille du compositeur Isaac Albeniz. Cécilia Ciganer avait eu deux filles de son mariage avec Jacques Martin : Judith (1984) et Jeanne-Marie (1987, mariée en 2008 avec Gurvan Rallon, ingénieur des Mines). Elle s'est remariée en mars 2008, à New York, avec l'homme d'affaires marocain Richard Attias, marié plusieurs fois, qui avait eu une liaison avec l'actrice Mathilda May (ex-compagne de Gérard Darmon). Elle a fondé, en 2008, la Fondation Cécilia Attias pour les femmes, destinée à aider les femmes, principalement du tiers-monde.

Remarié à l'Élysée le 2 février 2008, avec le mannequin Carla Bruni, rencontrée en décembre précédent lors d'un dîner chez le publicitaire Jacques Séguéla, l'homme de la campagne électorale de François Mitterrand, auteur du fameux slogan « La force tranquille ». **Carla Bruni-Tedeschi**, née à Turin en 1967, connue pour ses nombreuses liaisons et mère d'un fils, Aurélien, né en 2001, fils de Raphaël Enthoven, a un arbre généalogique très intéressant, avec une famille venue se réfugier en France en 1973, suite aux menaces des Brigades rouges. Côté paternel, les Tedeschi, juifs originaires de Biella, dans le Piémont, convertis au catholicisme après que le grand-père eut épousé la cantatrice Orsolla Bruni, avant de développer l'affaire paternelle et faire de son usine de pneus le « Michelin » italien. Côté maternel, l'Italie et la France, avec notamment sa grand-mère, native de Saint-Étienne et fille de Gilbert Planche, ingénieur connu pour ses réalisations hydroélectriques dans les Alpes et pour avoir été député radical-socialiste de Briançon. Branche par laquelle on lui découvre ☺ un cousinage, par une famille Baratin, avec Valérie Trierweiler, qui lui succédera comme première dame !

Enfants :

– de son premier mariage : Pierre (1985, producteur de rap sous le pseudonyme de Mosey) et Jean (1986, conseiller général des Hauts-de-Seine de 2008 à 2015, juriste et enseignant à Paris VII, qui a épousé en septembre 2008 une de ses amies d'enfance, Jessica Sebaoun-Darty, arrière-petite-fille, par sa mère, Isabelle Darty, de Nathan Darty (1890-1975), à l'origine commerçant en textile et fondateur en 1968, avec ses fils, du poids lourd de l'électroménager). Le couple a deux enfants : Solal (2010) et Lola (2012).

– de son deuxième mariage : Louis, né en 1997.

– de son troisième mariage : Giulia, née en 2011 (qui a, selon Barack Obama, hérité de la beauté de sa mère, et non de son père).

Frères et sœurs : Nicolas Sarkozy a un frère aîné (Guillaume, 1951, chef d'entreprise textile et un temps vice-président du Medef) et un cadet (François, 1957, pédiatre puis dirigeant de sociétés, président de Publicis Healthcare Consulting, filiale du groupe Publicis, créé par Marcel Bleusten-Blanchet et propriété pour partie de sa fille, Élisabeth Badinter).

Son père s'est remarié deux fois : en 1964 avec Melinda d'Eliassy (fille d'un Hongrois et petite-fille par sa mère du banquier Mallet), puis en 1966 avec Christine de Ganay (d'une famille de la vieille noblesse bourguignonne), dont il aura deux enfants : Caroline (Mme Fournier, décoratrice) et Olivier (codirecteur financier du groupe américain Carlyle, société de capital-investissement).

Parcours

Enfance dans le XVIIe arrondissement de Paris, rue Fortuny, chez son grand-père maternel. S'installe avec sa mère, en 1973, à Neuilly. Lycée Chaptal, puis cours Saint-Louis de Monceau, à Paris. Bac B (1973). Maîtrise de droit privé à Paris X-Nanterre (1978). Sciences Po Paris (non diplômé). Délégué départemental des jeunes UDR des Hauts-de-Seine, il est repéré en juin 1975, au congrès de Nice, par Jacques Chirac et Charles Pasqua, pour avoir lancé : « Être jeune gaulliste, c'est être révolutionnaire. » Il adhère au RPR dès sa création en 1976.

Conseiller municipal de Neuilly (1977-2007), puis maire (1983-2002). Avocat au barreau de Paris, il crée en 1987 le cabinet Leibovici-Claude-Sarkozy. Conseiller général des Hauts-de-Seine. Président du conseil général (2004-2007). Conseiller régional d'Ile-de-France (1983-1988). Député des Hauts-de-Seine (1988), réélu à chaque élection. Ministre du Budget et porte-parole du gouvernement Balladur (1993-1995). Ministre de la Communication (1994-1995), de l'Intérieur (2002-2004 et 2005-2007), de l'Économie et des Finances (2004). Secrétaire général du RPR (1998-1999). Président par intérim du RPR (1999) et de l'UMP (2004-2007). Député européen (quelques mois, en 1999.) Publie en 2001 *Libre*, qui lui sert de tremplin pour l'Élysée. Élu président de la République, le 6 mai 2007 (53 %, face à Ségolène Royal). Battu à la présidentielle suivante, en 2012 (48,4 %, face à François Hollande), il devient membre de droit du Conseil constitutionnel (dont il voudra démissionner après le rejet des comptes de sa campagne par la Commission nationale des comptes de campagne, en décembre 2012). Il se lance alors dans une tournée de conférences sur l'économie et la finance, à l'invitation de grandes banques ou de dirigeants étrangers, mais se trouve impliqué dans plusieurs procédures judiciaires : affaire Woerth-Bettencourt (statut de témoin assisté, puis mis en examen ; non-lieu, octobre 2013) ; affaire Azibert (écoutes judiciaires, mis en examen, juillet 2014) ; affaire Bygmalion (dépenses de campagne ; mis en examen, février 2016). Fait son retour en politique en septembre 2014 en annonçant sa candidature à la présidence de l'UMP (élu le 29 novembre 2014 avec 64,5 % des voix, face à Bruno Le Maire et Hervé Mariton), qu'il fera rebaptiser Les Républicains (mai 2015). Après avoir publié *La France pour la vie* (Plon, janvier 2016), qui dépasse rapidement les 150000 exemplaires, il officialise en août 2016 sa candidature à la primaire présidentielle des Républicains et publie un nouveau livre, *Tout pour la France*. Devancé par Alain Juppé et François Fillon, il annonce qu'il votera pour le second, se met en retrait de la vie politique active et, reprenant son activité d'avocat, se lance dans les affaires (AccorHotels, Barrière...). Président des Républicains (2015-2016), il est rattrapé par des affaires judiciaires, dont certaines encore en cours (« affaire Kadhafi », « affaire des écoutes », « affaire Bygmalion »), dans le cadre desquelles il est mis en examen.

Indiscrétions et anecdotes

Il a redoublé sa sixième et, son bac en poche, a hésité entre le métier de journaliste et d'avocat, menant ses études de droit tout en effectuant des petits boulots: vendeur de glaces, livreur de fleurs et jardinier chez Truffaut. Lecteur de *L'Équipe*, il est adepte du footing et a aussi pratiqué le tennis et le cyclisme, parcourant l'été 50 km à vélo chaque matin, chrono au poignet, dans les forêts du massif des Maures. Collectionneur de timbres-poste et passionné de belles montres, il a acheté deux tableaux de Pierre Soulages. Fan de chanson française, il connaît bien son répertoire, de Brel à Johnny, en passant par Adamo, Trenet, Françoise Hardy ou Reggiani et est accro des séries télévisées *The Wire et House of Cards*. Adorant le chocolat, les macarons, la fondue savoyarde, les beignets de fleurs de courgette et les artichauts, il ne boit jamais d'alcool, préfère le Coca light, et ne fume pas, à part des cigares. Il est l'ami de Martin Bouygues, des époux Balkany, des comédiens Christian Clavier et Jean Reno, des hommes d'affaires Vincent Bolloré, Dominique Desseigne et Henri Proglio, des chanteurs Didier Barbelivien, Johnny Hallyday et Enrico Macias. Il apprécie l'histoire, les films culte des *Bronzés*, les écrivains Céline et Michel Houellebecq, mais pas vraiment *La Princesse de Clèves*, et n'hésite pas, en 2008, à répondre « Casse-toi, pauv'con ! » à un visiteur du Salon de l'Agriculture qui refusait de lui serrer la main. Assujetti pour la première fois à l'impôt sur la fortune (ISF) en 2006, ses conférences internationales ont été rémunérées en moyenne 100000 euros chacune et son retour au barreau après 2012 dope le cabinet d'avocats Claude & Sarkozy (dont il est l'un des trois associés depuis 1987), qui voit son chiffre d'affaires (5,1 millions d'euros) et son bénéfice net (549 500 euros) faire un bond de 23 % en 2013. Ses émoluments d'ancien chef de l'État lui rapportent également 72 000 euros brut par an et l'État dépense 660 000 euros net chaque année, pour rémunérer ses cinq collaborateurs (parmi lesquels la demi-sœur de son épouse, Consuelo Remmert). Sujet aux grosses migraines, agoraphobe et hypocondriaque, il est hanté par les microbes, le vieillissement, la maladie, et entretient sa santé avec soin, se surnommant lui-même « Bionic ». Personnalité complexe, sa quête permanente de valorisation saute aux yeux du graphologue. Le morphopsychologue souligne chez lui un besoin de surcompensation dans l'hyperactivité et la compétition, pour prouver sa valeur et obtenir toute l'attention. À quoi l'analyse astrologique ajoute le complexe d'infériorité d'un homme tourmenté, doutant de lui, éprouvant par compensation un immense besoin de plaire, mais que l'hostilité, en ravivant ses doutes, rend souvent emporté et agressif.

MARLÈNE SCHIAPPA
UNE FAMILLE MARQUANTE

Nantilus

Nom
SCHIAPPA

Prénom
Marlène
contraction de Marie Hélène (ou de Marie Madeleine)

Date de naissance
18 11 1982
né le même jour qu'Alain Duhamel, Henri Emmanuelli et Hervé Gaymard

Lieu de naissance
Paris (XIIIe)

Signe astrologique
Scorpion asc. Sagittaire

PROFESSION : Écrivain
DOMICILE : Se partage entre Paris et Le Mans, où son domicile a été pris pour cible par des Gilets jaunes, en 2019
FILIATION : Fille de Jean-Marc, professeur d'histoire-géographie, et de Catherine Marchi, proviseur
RACINES : Corrèze, **Corse**, Meurthe-et-Moselle, Meuse ; **Italie**.

Nom de famille

Porté par une quarantaine de foyers français, ce patronyme, essentiellement concentré en Corse et dans les Bouches-du-Rhône, faisait référence, comme sa variante Chiappe, à des noms de lieux qui, en France comme en Italie, désignaient des endroits caillouteux.

Origines et histoire familiale

Dans la famille Schiappa, il importe, pour mieux situer et comprendre la fille, de d'abord demander le père. Né en 1956 à Rabat, Jean-Marc Schiappa est une personnalité connue. Historien de formation, titulaire d'un Capes d'histoire-géo, il est surtout remarqué pour ses engagements politiques. Spécialiste de Gracchus Babeuf, pionnier du communisme et de l'anarchisme (conjuration des Égaux, 1796), il préside l'Institut de recherche et d'étude de la libre-pensée, cosigne des articles avec Daniel Gluckstein et publie dans diverses revues communistes, après avoir été délégué syndical FO et fait partie, pour les élections européennes de 2019, du comité de soutien à La France insoumise. D'obédience trotskiste lambertiste, il se décrit comme « militant, depuis qu[’il] pense avoir eu l'âge de comprendre que les problèmes de l'humanité étaient d'abord des problèmes sociaux et politiques ». En 2021, suite à la suppression de l'Observatoire de la laïcité par Jean Castex, officiellement annoncée par sa propre fille, il a créé avec d'autres personnalités un organisme « indépendant et citoyen » baptisé Vigie de la laïcité, avec pour objectif d'« apporter une expertise fondée sur la raison, la connaissance et le débat critique ». Un père qui se trouve donc souvent en désaccord avec sa fille, et qui l'assume… Comme il a dû se trouver en désaccord avec sa femme, dont il est séparé. Une femme également engagée, puisque « proviseure adjointe » d'un lycée dijonnais, elle ne manque pas d'organiser des ateliers pour sensibiliser les élèves à l'égalité des sexes, à l'occasion de la Journée des droits des femmes. Des parents engagés, héritiers eux aussi de romans familiaux qui les avaient marqués et façonnés.

Comment s'étonner, en effet, du tempérament bien trempé du père ? Il était corse et fils d'un père syndicaliste FO, employé des PTT, et de la fille d'un receveur des postes au Maroc. Une famille originaire du village de Sotta, tout au sud de l'île de Beauté, où les ancêtres sont établis depuis la nuit des temps, alors que le grand-père Schiappa, prénommé Calisto, était né plus au nord, en plein cœur de la Haute-Corse. Un petit bonhomme râblé, rengagé dans un régiment d'infanterie coloniale à la veille de la Grande Guerre, qu'il fera au Maroc et en Algérie, d'abord comme clairon, puis comme soldat, et qui lui vaudra la médaille coloniale. Arrêté pour vagabondage, puis libéré, il se retrouve, comme beaucoup de Corses, à Marseille, loin de son village natal de Campile, au cœur de la montagne et des forêts de chênes et de châtaigniers où son père, le trisaïeul de Marlène, Erminio Schiappa, petit migrant italien natif du village de Corniglio, à une cinquantaine de kilomètres au sud de Parme, était venu travailler comme bûcheron, après avoir traversé la mer. Des vies dures, dans un paysage sublime auquel la ministre est restée attachée, rendant chaque été visite à sa famille de Sotta, sans jamais y déroger, et ce depuis plus de trente-cinq ans.

Marquée par ses origines corses, Marlène Schiappa l'est tout autant par ses ancêtres maternels, eux aussi pour partie italiens. Le grand-père Alexandre Marchi, ouvrier, fils de Domenico et de Lucia, était venu travailler comme manœuvre aux usines de Montbard, en Côte-d'Or, ayant quitté en pleine Première Guerre, avec sa jeune épouse, leur petite ville de Riolo-del-Bagni, près de Ravenne, en Émilie-Romagne. Le couple restera en France et aura dix enfants. L'aîné des fils, Alexandre, épousera une native de la Meuse, que le travail de son père, employé aux chemins de fer, avait conduite dans la région. Une branche à laquelle Marlène Schiappa se montre aussi très attachée, comme elle l'a raconté dans un livre paru en 2017, *Les lendemains avaient un goût de miel*, histoire très romancée de son arrière-grand-mère, grandie dans un quartier pauvre de Dijon au XIXe siècle, et de sa rencontre avec un diplomate italien. L'ouvrage évoque l'Italie, la Bourgogne, autour de personnages porteurs de prénoms tirés de l'arbre généalogique avec une grande… liberté. L'auteur, en effet, ne semble avoir aucune ancêtre ayant vécu à Dijon à cette époque, sa grand-mère maternelle étant presque à 100 % meusienne, descendante de vignerons et de paysans. Un lointain aïeul conduit toutefois en Corrèze, à Saint-Hilaire-Foissac, où les méandres généalogiques vaudront à la ministre de la Culture de cousiner, par la famille Chambrette, à la fois avec l'actrice Évelyne Bouix et avec Florent et Laure Manaudou.

Famille proche

Divorcée d'un premier mariage (avec un homme de droite) en 2001, Marlène Schiappa a épousé en 2006 Cédric Bruguière, consultant en ressources humaines et essayiste, avec qui elle a deux filles.

Parcours

Enfance à Paris, chez son père, dans une cité difficile. Après un bac ES, option russe, elle commence des études de géographie avant de s'inscrire aux cours du soir d'une école de communication, payant elle-même ses études en travaillant à l'agence de communication RSCG. Licence en communication et nouveaux médias, mention « écritures électroniques », obtenue en plein congé maternité. Mère en 2007, elle s'établit à son compte et crée en 2008 le blog Maman travaille, premier réseau des mères actives (énorme succès : plus de huit mille visiteurs par jour ; devient une association porteuse des revendications liées à l'autorité parentale ; organise journées et ateliers ; Pacte Transparence Crèches). Publie des romans (dont *Pas plus de 4 heures de sommeil*, en 2014, traduit en douze langues et adapté au cinéma, et *Marianne est déchaînée*, sur la vie d'une élue locale, ainsi que d'autres, sous le pseudonyme de Marie Minelli, ainsi que des essais sur le féminisme), tout en multipliant les activités et chroniques sur Internet… Après avoir figuré sur une liste associative de gauche aux élections municipales à Paris (2001), elle sera élue conseillère municipale du Mans, où elle réside, sur une liste d'union de la gauche (2014). Devient adjointe au maire (chargée de l'égalité, de la lutte contre les discriminations et de la charte LGTB) et lance le Mouvement des élus français pour l'égalité. Trois mois conseillère de Laurence Rossignol, ministre de la Famille, en 2016. Rejoint l'équipe d'En marche ! et fait inscrire l'égalité femmes-hommes comme « grande cause nationale du quinquennat ». Secrétaire d'État, chargée de l'Égalité entre les femmes et les hommes (2017-2020 ; portefeuille élargi à la Lutte contre les discriminations, en 2018 ; loi Schiappa ; Grenelle contre les violences conjugales). Ministre déléguée chargée de la Citoyenneté (depuis 2020).

Indiscrétions et anecdotes

Âgée de dix-sept ans, en rébellion contre son père (historien trotskiste, spécialiste du babouvisme), elle a préparé le concours de la gendarmerie, auquel elle ne s'est finalement pas présentée.

Très marquée par ses origines corses et la culture de son village, où « les mythes et la magie font partie de nos légendes depuis toujours », elle confie avoir des amies qui lui « tirent les cartes avant des moments importants », ajoutant avoir toujours « du corail autour de son poignet et un bracelet avec le chiffre 4 ». De caractère sanguin et explosif, en bonne Corse, elle a volé dans les plumes d'une ex-députée socialiste, révélant le nom de l'école catholique du Mans où cette championne de l'école laïque avait inscrit ses filles. *Le Monde* a par ailleurs révélé qu'entre 2017 et 2019, quatre directeurs et treize conseillers se sont succédé dans son cabinet.

Fan de Dalida depuis son enfance, ayant écouté en famille « Gigi l'Amoroso » et « Ciao Amore », elle aime, comme son idole, s'entourer de nombreux amis. Amatrice de foot, elle regardait les matchs avec son grand-père et son père et reste, par tradition familiale, une grande supportrice de l'OM. Elle a détesté l'émission de téléréalité « Quatre mariages pour une lune de miel ».

Dormant peu, elle a expliqué en 2017 qu'elle ne travaille pas le mercredi afin de « traîner en pyjama » avec ses deux filles (alors âgées de dix et cinq ans), qu'elle n'hésite pas en revanche à emmener aux réunions de la mairie du Mans, lorsque celles-ci ont lieu après les sorties d'école.

Détentrice du record d'invitations dans les matinales radio-TV en 2020, elle est montée, en mars 2018, sur la scène de Bobino pour une lecture des *Monologues du vagin*, avec Myriam El Khomri et Roselyne Bachelot. Elle a publié plus de vingt-cinq livres sous son nom en moins de douze ans, ainsi qu'une douzaine sous pseudonyme, soit une moyenne de plus de trois par an, dont *Osez l'amour des rondes*, le *Dictionnaire déjanté de la maternité*, *Les 200 astuces de Maman travaille*, *Lettres à mon utérus*, *Osez réussir votre divorce*, *Les Filles bien n'avalent pas !*, *150 endroits où avoir fait l'amour au moins une fois*, *Osez l'orgasme féminin*, *Comment transformer votre mec en Brad Pitt*, et deux écrits avec son mari, dont *J'arrête de m'épuiser*.

CHRISTIANE TAUBIRA
UN ANCÊTRE ESTIMÉ DIX-HUIT CENTS FRANCS !

Nom
TAUBIRA

Prénom
Christiane Marie
signifiait originellement « chrétienne »

Date de naissance
02 02 1952

Lieu de naissance
Cayenne (Guyane)

Signe astrologique
Verseau asc. Vierge

née le même jour que Davis Lisnard et Valéry Giscard d'Estaing

PROFESSION : Professeur de sciences économiques

DOMICILE : Un logement social de 100 m² dans le XVIIe arrondissement de Paris et une grande maison jaune et brique, près de la place des Palmistes, en plein centre-ville de Cayenne

FILIATION : Fille de Georges, épicier, et de Bertille Judick, aide-soignante

RACINES : **Guyane.**

Nom de famille

Nom de famille très rare, porté par une quinzaine de foyers français, concentrés en Guyane, Taubira compte au nombre des noms attribués aux nouveaux hommes libres (esclaves affranchis). Comme ceux des enfants trouvés, ils ont été fabriqués de toutes pièces, afin d'éviter qu'une famille honorable se retrouve avec un homonyme enfant trouvé ou ex-esclave de couleur, situation considérée alors comme déshonorante. Beaucoup de ces noms ont de ce fait été empruntés à l'histoire ancienne, à la mythologie grecque et romaine ou à la littérature. D'autres ont été volontairement choisis pour leur sens négatif et d'autres encore forgés à partir des noms des maîtres, de jeux de mots, de rébus ou d'anagrammes, comme ce peut être le cas ici, avec un patronyme restant cependant à ce jour une totale énigme.

Origines et histoire familiale

« Je suis devenue noire à Paris. » C'était en 2005, confie Christiane Taubira dans son livre. Elle avait alors cinquante-trois ans et avait déjà fait un bon bout de chemin…

Petite fille des faubourgs de Cayenne, l'ex-ministre a grandi dans un décor de palmiers et de maisons créoles aux couleurs chaudes, longées de trottoirs usés, sous la chaleur assommante, avec pour bruit de fond celui de l'océan, que l'on entend rouler dans une grande partie de la ville. Dans une maison de bois, dressée sur pilotis, entre un frangipanier et un pimentier, censé éloigner les mauvais esprits, toujours prêts à nuire aux vivants et que craignait tant Man Cès (Maman Cécile), sa grand-mère septuagénaire.

Car la famille est nombreuse et un rien fouillis. Une famille matriarcale, comme on en trouve couramment en Guyane, groupée autour de la mère, Bertille, femme de service à l'hôpital, qui deviendra aide-soignante et qui votait de Gaulle. Une femme volontaire, qui avait réussi à décrocher son certificat d'études et qui élèvera onze enfants, nés de pères différents. Une femme à poigne, qui n'hésitait pas à recourir aux châtiments corporels, mais une battante, qui voulait que ses enfants s'en sortent et à laquelle sa fille voue une admiration sans limites.

Une famille à géométrie variable, réduisant et augmentant au gré des départs et des arrivées. Avec Tata Dédée, une jeune sœur de Bertille, puis Gisèle, sa cousine, puis Gilberte, la sœur de Gisèle et donc cousine elle aussi... Sans oublier Man Cès, la fameuse grand-mère qui craint tant les mauvais génies, dont elle sait se protéger avec des gousses d'ail, de l'anis étoilé et près de son lit l'image de saint Michel archange. Man Cès, la grand-mère paternelle, au visage ridé et prématurément vieilli, qui fume la pipe, assise dans le jardin, en racontant aux gosses ces mêmes histoires que lui racontait sa propre grand-mère.

Bertille, Man Cès, Gisèle et les autres : que des femmes. Pas d'homme. Il y a bien des tontons, que l'on fréquente volontiers : Roland, le policier, Armand, le commis aux écritures, Nounoune, l'ébéniste, mais le père, lui, est absent.

Georges Taubira, qui est le fils de Man Cès, vit en effet ailleurs. Pas très loin – rien n'est très loin, à Cayenne – mais pas ici. Voilà belle lurette qu'il a déserté le foyer pour tenir une épicerie-bazar, où les enfants, une fois par mois, vont passer le week-end. Sans vraiment le voir car, pour eux et pour Christiane, ce père ne compte pas. « Je le tenais à raison pour un scélérat », écrit-elle dans son autobiographie, racontant qu'il facturait le lait qu'achetait leur mère pour les biberons et le traitant de « vieux grincheux égoïste », en espérant qu'il « grille en enfer ».

Voilà pour la famille proche, qui permet de mieux prendre la mesure de la réussite de l'ex-garde des Sceaux.

En ce qui concerne les ancêtres, les parcours sont là aussi représentatifs des lignées guyanaises.

Le premier Taubira, qui a reçu et transmis ce patronyme, était un esclave prénommé Césaire, que l'on trouve cité en 1847 à l'occasion d'une succession s'ouvrant dans la famille de ses maîtres, les Lesage, de Petit-Cayenne (famille à la tête d'une des exploitations les plus importantes du secteur et possédant pas moins de 130 esclaves). Cité, avec sa femme et ses enfants, Césaire est bien sûr évalué, puisque considéré comme un « actif » patrimonial.

Âgé de quarante-quatre ans (donc né vers 1803), il est ainsi estimé à douze cents francs, son fils, Pierre-Noël, âgé de vingt-cinq ans, plus jeune et plus robuste, vaut dix-huit cents francs et la mère, Marie-Rose, quarante-huit ans, seulement huit cents.

Tous affranchis l'année suivante, à Montsinéry, ils travailleront très dur afin d'acheter quelques ares de terre, que Pierre-Noël fera borner en 1860, nommera « Félicité » et cultivera jusqu'à son décès en 1886, pour s'en aller rejoindre ses ancêtres, au cimetière de Risquetout…

Une histoire qui semble simple, mais qui est en réalité nettement plus complexe, la famille Taubira de 1860 étant autant à géométrie variable que celle de 1960. Car comprendra qui saura se concentrer : l'aïeul, Césaire, qui avait eu huit enfants de Marie Rose, s'était, à la mort de celle-ci, remarié avec une autre ancienne esclave, nommée Orphile, dont il avait eu une fille. Mais voilà qu'Orphile avait eu de son côté sept enfants, nés de père inconnu, dont l'aînée épousera Faustin, le fils aîné de Césaire et donc frère de Pierre-Noël. Pierre-Noël avait de son côté épousé, à vingt-sept ans, Amélie Pindare, une veuve de cinquante ans, avec laquelle il n'a pas eu d'enfants, mais qui l'avait autorisé, douze ans plus tard, à reconnaître les deux qu'il avait eus d'une autre femme avant leur mariage… Et la famille de continuer, gardant obstinément le cap au matriarcat. Avec Dina, qui continuera, une fois veuve de Faustin, à avoir des enfants. Puis avec Noëlette, Rosiette, Marie-Rose, Marie-Antoinette, toutes mères célibataires sur trois générations. Des mœurs classiques et parfaitement acceptées, dont aucun Guyanais ne s'est jamais étonné, pas plus en 1844 qu'en 1954 ou qu'en 1914, lorsque Cécile Taubira – Man Cès –, alors âgée de seize ans, avait accouché de son fils, Georges.

Il en va exactement de même dans la branche maternelle, avec Émilie Judick, née avant le mariage de sa mère, Marie-Alexandrine, dont le père, menuisier, descendait d'une esclave ainsi prénommée. Un univers particulier, où les assez rares familles issues du métissage se voyaient particulièrement considérées, comme celle de Robert Delannon, fils d'un greffier et avec pour grand-père Adolphe-Léon Bassières, secrétaire de mairie devenu conseiller général de Guyane et frère d'un éminent ingénieur agronome. Une famille aux ancêtres venus de Guadeloupe (Delannon) mais très majoritairement originaires de l'Hexagone, avec des racines en Vendée et dans l'Orne, aux côtés de quelques Africains et Sénégalais.

Famille proche

Mariage: en 1987, avec Roland Delannon (né en 1943 à Cayenne, biochimiste et généticien, professeur à l'université de Guyane avant d'être agriculteur, fondateur en 1974 puis leader du Moguyde (Mouvement guyanais pour la décolonisation), ce qui lui valut d'être accusé d'un attentat contre des installations pétrolières et de passer un an et demi à la prison de la Santé, à Paris). Aujourd'hui directeur du Carif-Oref de Guyane (Centre d'animation et de ressources de l'information sur la formation – Observatoire régional de l'emploi et de la formation). Après avoir vécu un temps dans la clandestinité, au début de leur mariage, alors que leur fils aîné était âgé de trois mois, les époux se sont finalement séparés en 2002, après que le mari eut conduit sa propre liste aux élections régionales de 1998, face à celle de sa femme. Une grande épreuve pour elle, qui dit continuer à l'aimer (« Je souffre d'un chagrin d'amour, confie-t-elle à *Paris Match* en 2014, je suis toujours amoureuse de mon mari. Sauf que, dans mon mental, il n'est pas concevable que je revive avec lui »).

Enfants: quatre enfants: Lamine (1979, dont sa mère dit dans son livre qu'il a eu plusieurs fois affaire aux gendarmes), Nolywé (1981, doctorante en management, à HEC Montréal), Diawara (1986, également au Québec) et Djamila (1988, enseignante en sciences économiques à l'université de Guyane).

Fratrie: Christiane Taubira est issue d'une fratrie de onze enfants dont un frère aîné, Jean-Marie Taubira (1950, comptable, membre fondateur et secrétaire général du parti politique guyanais Walwari, puis du Parti progressiste guyanais et conseiller municipal de Cayenne).

Parcours

Scolarité à Cayenne. Études à Paris, grâce à une bourse (diplôme de troisième cycle en sciences économiques, licence de sociologie et certificat d'ethnologie afro-américaine. Professeur de sciences économiques. S'engage dès 1978 comme militante indépendantiste, au sein du Mouvement guyanais de décolonisation, fondé en 1974 par Roland Delannon, son futur mari, dont l'arrestation, en 1994, la fera vivre dans la clandestinité. Directrice du Cnam de Guyane. Cofondatrice de la Confédération caraïbe de la coopération agricole (directrice de 1982 à 1985). Directrice générale de l'Office de coopération et de commerce extérieur de la Guyane (1990). Revient en politique en 1993 et fonde avec son mari le parti Walwari, dont elle devient la présidente. Député de Guyane (1993-2012; rallie le groupe socialiste et fera voter en 2001 la « loi Taubira », faisant reconnaître traite négrière et esclavage comme crimes contre l'humanité). Député européen (1994-1999). Se sépare de son mari, en 1998, après qu'il s'est présenté contre Walwari, aux élections régionales. Candidate du Parti radical de gauche, à l'élection présidentielle de 2002 (2,32 % des voix ; 52,7 % en Guyane). Rallie l'équipe de Ségolène Royal en 2007, et soutient Arnaud Montebourg aux primaires de 2011. Conseillère régionale de Guyane (2010-2015). Garde des Sceaux, ministre de la Justice (2012-2016 ; porte la loi ouvrant le mariage aux couples et personnes de même sexe, en 2013 ; démissionne, en janvier 2016, à la suite d'une polémique sur la déchéance de nationalité). Au lendemain de l'élection d'Emmanuel Macron, elle crée avec Martine Aubry et Anne Hidalgo le mouvement d'innovation « Dès demain ».

Indiscrétions et anecdotes

Grande lectrice, elle dévore quatre à cinq livres par semaine, disant volontiers qu'elle « soigne son âme par la littérature », avec pour auteurs préférés les porte-parole de la négritude, Senghor et Aimé Césaire. Également écrivain, elle est l'auteur de sept livres (de *L'esclavage raconté à ma fille*, en 2002, à *Murmures à la jeunesse*, en 2016, qui s'est vendu à 150 000 exemplaires, en passant par une autobiographie, en 2012), tout en ayant signé des poèmes, mis en musique par son vieil ami Christophe Combette, sur des airs à cheval entre jazz, reggae et musique créole.

Élue « femme de l'année », en novembre 2013, par le Magazine *Elle*, Christiane Taubira est membre de la Ligue française des droits de l'homme, de l'Human Rights Watch et d'Ensemble contre la peine de mort. Après l'avoir comparée, en octobre 2013, à une guenon, l'ex-tête de liste FN aux municipales de Rethel a été condamnée, par le tribunal correctionnel de Cayenne, à neuf mois de prison, 50 000 euros d'amende et à cinq ans d'inéligibilité.

Parlant couramment portugais, elle écoute en boucle les chansons de Nina Simone, Tracy Chapman, Miles Davis et Herbie Hancock… Inconditionnelle du vélo, elle en a mentionné trois dans sa déclaration de patrimoine 2013 (un Peugeot, un Décathlon et un Gitane) et a quitté le ministère de la Justice à bicyclette. Laure Adler affirme que François Hollande lui aurait alors proposé de devenir ministre de la Culture.

Si elle devait se réincarner, elle avoue vouloir « mesurer 2 mètres et peser 100 kg, sinon rien ».

MANUEL VALLS
UN ENFANT MODÈLE

ph. P. Grangeaud/Solfé Com

Nom
VALLS GALFETTI

Prénom
Manuel Carlo
diminutif d'Emmanuel, signifiant en hébreu « Dieu est avec nous »

Date de naissance
13 08 1962
naturalisé français en 1982
né le même jour qu'Alfred Hitchcock, Fidel Castro et Amélie Nothomb

Lieu de naissance
Barcelone (Espagne)

Signe astrologique
Lion asc. Verseau

PROFESSION : Conseiller en communication

DOMICILE : Se partage entre Matignon, l'appartement de sa femme dans le quartier parisien de la Bastille et le sien, dans le centre d'Évry, à quelques pas de la mairie

FILIATION : Fils de Xavier, peintre, et de Luisangela Galfetti, enseignante

RACINES : Cantal ; **Espagne**, Italie, Suisse.

Nom de famille

Porté par plus de 300 foyers français, ce patronyme catalan, très fréquent en Espagne, désignait l'homme habitant ou originaire d'une vallée.

Origines et histoire familiale

L'or espagnol et les neiges des montagnes suisses sont rassemblés dans le double patronyme que porte, comme tout Espagnol, notre Premier ministre. Deux patronymes réunis qui sont, comme il se doit, celui de son père et celui de sa mère : Xavier Valls et Luisa Galfetti, un couple que rien ne prédestinait à se rencontrer.

Catalans, apparemment originaires de Mont-Roig, au cœur de la province de Tarragone, les Valls s'étaient établis dans la petite cité de Castellserà, dans la plaine d'Urgell, à quelques kilomètres de Lerida, d'où un aïeul, déjà prénommé Manuel et *sastre* de son état – autrement dit tailleur – s'en ira vers 1830 tenter sa chance ailleurs. D'abord à San Feliu de Guíxols, près de la frontière française, où il commercera avec la France, avant de s'établir comme négociant à Barcelone.

Ce beau décollage met la famille sur les rails et lui donne des ambitions, puisque ses trois fils deviendront tous trois banquiers. Les deux aînés fonderont une banque à San Feliu. Le plus jeune, Magin – prénom catalan, popularisé par un saint martyr de Tarragone –, d'abord négociant à Barcelone avec son père, y fondera à son tour la sienne, sans doute étroitement liée à celle de ses frères.

Créée en 1854, cette Banca Magin Valls deviendra « Les fils de Magin Valls » – avec Agusti et José María – et prospérera pendant trois bons quarts de siècle, avant de disparaître lorsque le krach de l'industrie textile espagnole, survenu en 1920, entraînera les déposants à retirer leur argent des banques.

Mais financiers et hommes d'affaires, les Valls se sont également affirmés comme des acteurs majeurs du monde intellectuel catalan. José María Valls i Vicens, l'arrière-grand-père, qui travaille dans la banque et les affaires et siège au conseil municipal de Barcelone, est un auteur fécond, à qui l'on doit des drames en vers et des romans rustiques (dont *El Segador*, « Le Faucheur »). Son fils, Magi Valls i Marti, philosophe de formation, héritera de ses talents et s'affichera comme un défenseur de la langue catalane, signant poésies et essais, et sera chargé de la rubrique arts du journal *El Matí*, dont il est à la fois le fondateur et le rédacteur en chef. Après la ruine de la banque familiale, il donne des cours à l'université et quitte l'appartement familial de Barcelone pour la propriété de sa belle-famille, à Horta, où il cachera des prêtres persécutés pendant la guerre d'Espagne. Libéral, républicain et fervent catholique, exprimant très tôt ses craintes devant la montée du national-socialisme en Allemagne, il élèvera son fils dans les meilleures traditions de la grande bourgeoisie (baisemain et vouvoiement, ses enfants vouvoyant leur père, comme Manuel vouvoiera le sien).

Signalons aussi, dans le domaine culturel, un parent, Manuel Valls i Gorina, (1920-1984), qui fut un musicien et un compositeur connu, Nolasc Valls, artiste peintre, puis son neveu direct, Xavier Valls (1923-2006), autre peintre de grand talent, parti en 1948 pour Paris, afin d'y compléter sa formation et de fuir le régime franquiste, tenant de l'École de Paris (Bernard Buffet, Françoise Gilot-Picasso), dont le musée de l'Orangerie a présenté en 2009, dans une exposition intitulée « Enfants modèles », le portrait de son fils âgé de treize ans, portrait que ce dernier – notre Premier ministre – a accroché au mur de son bureau, à Matignon.

À Paris, en effet, Xavier Valls s'était fait nombre d'amis, dont certains l'avaient un jour emmené en Italie. C'est ainsi qu'un matin de juin 1956, devant la Scala de Milan, il avait eu le coup de foudre pour Luisangela, dite Luisa, une Suissesse de quinze ans sa cadette, alors à peine âgée de dix-huit ans, qui venait de décrocher son diplôme d'institutrice. Une femme aux ancêtres totalement différents. Les Galfetti : une famille de lointaine origine italienne, établie dans le Tessin suisse, à Morbio Inferiore, à quelques kilomètres du lac de Côme, et qui avait migré vers le nord, à Ludiano et à Biasca. Famille volontaire, entreprenante et depuis longtemps attirée par les voyages et l'étranger. Ugo Galfetti, le grand-père, s'en était allé avec son frère tenter leur chance en Afrique, au Sierra Leone, où ils avaient lancé un business, d'abord dans le riz et le tissu, puis dans les matériaux de construction et les engins pour tracer les pistes. Un peu plus haut dans l'arbre généalogique, un autre aïeul, Federico Monighetti, avait fait à pied le chemin jusqu'au Havre, vers 1850, où il avait pris un bateau pour la Californie.

Voilà pourquoi Manuel Valls, né à Barcelone et naturalisé français en 1982, a passé ses vacances dans les montagnes suisses (balades, dîners dans les *grotti*, petites chapelles le long des chemins de montagne, au milieu des chèvres), région toujours présente dans sa mémoire « comme une musique douce, agréable, familiale » , où il a emmené ses enfants et où il s'efforce d'aller régulièrement, voir le cimetière où reposent ses grands-parents. Mais il a grandi avec en toile de fond la guerre civile espagnole, les souvenirs d'Afrique noire et les exploits de Geronimo et des Apaches.

Une galerie familiale haute en couleur, dans laquelle seul un ancêtre n'est jamais évoqué, un Français tombé dans l'oubli, nommé Guillaume Rodhes, *alias* Rodhas, natif de Saint-Flour, en Auvergne, qui avait migré en Espagne, où il s'était établi comme charron à Llagostera, près de Carthagène, vers 1680... Le seul ancêtre français de notre Premier ministre.

Famille proche

Marié en 1987 avec Nathalie Soulié, professeur des écoles, qu'il avait connue sur les bancs de l'université Paris-Panthéon et avec qui il a eu quatre enfants : Benjamin (1991), Ugo (1993) et deux jumeaux : Joachim et Alice (2009).

Remarié en 2010 avec la violoniste Anne Gravoin (née en 1965, d'une lignée de l'Allier, avec ancêtres maternels moldaves), dont il se sépare en 2018, pour annoncer avoir pour compagne la députée de Paris LREM, Olivia Grégoire (née 1978, secrétaire d'État chargée de l'Économie sociale, solidaire et responsable, depuis 2020) et d'épouser en 2019 la Catalane Susana Gallardo Torrededia (née 1964, divorcée et mère de trois enfants) riche héritière de l'industrie pharmaceutique espagnole.

Manuel Valls a une sœur, Giovanna, née en 1963, qui vit dans la maison familiale de Horta et a raconté sa lutte contre la drogue.

Son oncle, Aurelio Galfetti (né en 1936), frère de sa mère, est un architecte réputé (qui a notamment réalisé la médiathèque et la Cité des arts de Chambéry).

Parcours

Enfance à Paris. Vacances chez ses grands-parents maternels, en Suisse italienne. Lycée Charlemagne (délégué de classe). Adhère au PS à 17 ans. Licence et DEA d'histoire à Paris-I. Membre du bureau national de l'Unef-ID. Attaché parlementaire du député PS de l'Ardèche Robert Chapuis (1983-1986). Conseiller régional d'Ile-de-France (1986-2002). Premier vice-président du conseil régional (1998-2002). Adjoint au maire d'Argenteuil (1989-1998). Attaché parlementaire, puis conseiller de Michel Rocard, à Matignon (1988-1991). Chargé de la communication et de la presse à Matignon, sous Lionel Jospin (1997-2001). Maire d'Évry (2001-2012). Président de la communauté d'agglomération Évry-Centre-Essonne (2008-2012). Député PS de l'Essonne (2002-2012, puis 2017-2018). Candidat aux primaires du PS pour la présidentielle de 2012 (5,6 %), se rallie à François Hollande et devient directeur de la communication de sa campagne présidentielle. Ministre de l'Intérieur (2012-2014). Premier ministre (depuis le 31 mars 2014), il n'hésite pas à recadrer certains de ses ministres (Emmanuel Macron, Najat Vallaud-Belkacem). Ovationné en janvier 2015, à l'Assemblée nationale, par l'ensemble des députés, après son discours suite aux attentats terroristes. Battu par Benoît Hamon à la primaire citoyenne de la gauche, de 2017, il appelle au soutien d'Emmanuel Macron, pour être candidat en 2019 à la mairie de Barcelone et, après son échec, revenir dans le débat public français, avec la publication d'un livre, écrit dans la perspective de 2022.

Indiscrétions et anecdotes

Enfant, il n'y a pas de télévision chez lui et les bandes dessinées sont presque toutes interdites, à l'exception de *Tintin*. Il a effectué son service militaire comme aspirant à Fontainebleau, en même temps qu'Arnaud Montebourg. Grand ami du publicitaire Stéphane Fouks et du criminologue Alain Bauer, il comprend l'italien, parle l'espagnol et le catalan.

Mélomane, admirateur de la soprano Nathalie Dessay, il aime beaucoup Mozart et ne peut pas s'endormir sans avoir lu. Il aime Stefan Zweig, Albert Camus et Jules Verne, a relu trois ou quatre fois *L'Insoutenable Légèreté de l'être* de Milan Kundera. Son film préféré est *Underground*, d'Emir Kusturica.

Il n'aime pas le poisson, ne mange que de la viande rouge et est allergique au gluten. Son plat favori – origines espagnoles obligent – reste la paëlla et il adore par-dessus tout la chaleur écrasante du Sud espagnol.

Passionné de football, c'est un fidèle supporter du FC Barcelone. À Matignon, il continue à s'entraîner à la boxe toutes les semaines, avec son coach personnel. Il aime « être bien habillé et plaire » et, selon un sondage du magazine *Elle* en 2013, 20 % des Françaises aimeraient avoir une « aventure torride », avec ce brun aux yeux bleus et au regard incisif, que certains surnomment « Manuelito ».

Ancien franc-maçon au Grand Orient de France, il est un défenseur farouche de la laïcité et aurait aimé être professeur d'histoire. Ex-blairiste, il préfère Clemenceau à Jaurès et range dans son Panthéon Louis XI, Charles-Quint et Pompidou.

Celui qui a déclaré que « les Roms ont vocation à rester dans leur pays et à s'intégrer là-bas » et qui demandait dans les rues d'Évry « quelques blancs, quelques *white*, quelques blancos », est volontiers surnommé « le Sarko de gauche ». Classé à « l'aile droite » du PS, il veut « combattre en même temps les tigres et les mouches » et s'estime « réformiste plutôt que révolutionnaire », souhaite « concilier la gauche avec la pensée libérale » et écrit en 2008 (dans son livre *Pour en finir avec le vieux socialisme*) qu'il considère le socialisme comme « une merveilleuse idée, une splendide utopie. Mais une utopie inventée contre le capitalisme du XIXe siècle ».

Sa déclaration de patrimoine (2013) le montrait comme l'un des ministres les moins riches, avec seulement 1 481,17 euros sur quatre comptes d'épargne, dont seulement 16,96 euros sur l'un d'eux – et une assurance-vie de 239,66 euros.

Son menton proéminent et sa bouche sèche, selon la morphopsychologue, trahissent un teigneux et un accrocheur, qui ne lâche que si le jeu l'ennuie.

OLIVIER VÉRAN
DESCENDANT DE JULES CÉSAR !

R. Beaumont

Nom
VÉRAN

Prénom
Olivier
prénom chrétien rappelant le mont des Oliviers et la Passion du Christ, surtout à la mode entre 1965 et 1975

Date de naissance
22 04 1980
né le même jour que Mme de Staël et François Berléand

Lieu de naissance
Saint-Martin-d'Hères (Isère)

Signe astrologique
Taureau asc. Scorpion

PROFESSION : Neurologue
DOMICILE : Habite Corenc, en banlieue grenobloise
FILIATION : Fils de Michel, ingénieur informatique, et d'Odile Humbert, professeur d'anglais
RACINES : Allier, **Alpes-Maritimes**, Drôme, Isère, Loire, Marne, Haute-Marne, Moselle, Orne, Haute-Saône, Saône-et-Loire, Paris, Vosges ; Luxembourg, Suisse.

Nom de famille

Porté par plus de 400 foyers français, ce patronyme, essentiellement concentré dans les Alpes-Maritimes et les Bouches-du-Rhône, renvoie au prénom porté un très lointain ancêtre (popularisé en Provence par saint Véran, évêque de Cavaillon ; issu du latin *veranus*, « jeune, printanier »).

Origines et histoire familiale

Le ministre de la Santé se plaît à dire qu'il est « un enfant des JO de Grenoble ». Et d'expliquer : « Mes parents, Odile et Michel, se sont rencontrés le 5 février 1968 (la veille de l'ouverture officielle), alors qu'ils chantaient tous les deux dans la chorale universitaire, présente lors des cérémonies. C'est là que le coup de foudre a eu lieu. Quelques mois après, ils se mariaient. » À quoi l'on peut ajouter qu'ils vécurent heureux, qu'ils eurent quatre enfants, une fille et trois garçons, le neurologue étant le « petit dernier ». Un enfant « poussé tout seul » aux côtés de deux aînés brillants étudiants en sociologie – son frère, devenu anthropologue et grand baroudeur, a longtemps été son modèle – et d'un autre grand frère aujourd'hui ambulancier. Une famille restée unie aux côtés de parents restés dans la région… et dans la musique, créateurs, l'année de la naissance d'Olivier, d'une chorale comptant pas moins de cent dix choristes. Michel, chef de chœur indéfectible, mari d'Odile, soprano, sera décoré de l'ordre national du Mérite devant son futur ministre de fils, lui aussi fan de musique en tous genres…

Michel et Odile : un couple original. Elle, professeur d'anglais engagée, esthète, peintre du dimanche ; lui, ingénieur informaticien, fou de gospel. Et aux origines très différentes : elle, fille d'un professeur et d'une institutrice ; lui, descendant d'une famille ouvrière. Elle, des racines au nord de la Loire ; lui, issu d'une famille de Marseille et provençale, avec d'autres racines en Suisse et… dans l'Isère. Sans le savoir, Michel Véran, en s'installant en région grenobloise, avait fait un retour aux sources. En effet, son père avait épousé une Suissesse, issue d'une famille d'ouvriers horlogers et de petits vignerons ; d'autre part son grand-père, ouvrier caoutchoutier dans la cité phocéenne, y avait épousé, en 1900, une repasseuse, dont la mère, arrivée à Marseille comme domestique, était native de Pierre-Châtel, sur le plateau de la Matheysine. Elle-même fille d'un enfant trouvé, déposé en 1816 à l'hospice de Grenoble, cette aïeule permet ainsi à l'homme politique d'avoir 3 % de ses origines dans le département qui l'a élu…

Des racines alpines qui ne faisaient que s'ajouter à d'autres, les Véran étant eux aussi des Alpins. Ils n'étaient arrivés à Marseille que vers 1860, où le trisaïeul, Joseph Véran, modeste journalier, épousa en 1864 une domestique prénommée Baptistine, presque sa payse, puisque tous deux étaient venus du massif alpin du Mercantour, dans les Alpes-Maritimes, ayant vu le jour à près de 300 kilomètres du vieux port.

Les Véran ont leur berceau dans le village d'Isola – aujourd'hui connu pour sa station de ski, Isola 2000 – où leurs ancêtres étaient des paysans aisés, propriétaires des terres qu'ils exploitaient, sans doute depuis la nuit des temps, les archives permettant de remonter leur généalogie jusqu'à… Jules César ! Jules César Véran – ou Verano, conformément au parler local –, né vers 1630 et décédé en 1703, dont le fils, Honorati, époux de Luisetta Ramina, était membre du conseil public, ancêtre du conseil municipal, aurait été le fils de « nobli Carlo Ludovico Verano » (noble Charles Louis Véran), né vers 1600 et décédé en 1661. En « descendant » à Marseille, Joseph avait donc pris l'ascenseur social dans le sens de la descente…

De même pour Baptistine, fille d'un aubergiste du village voisin de Saint-Martin-Vésubie, si cher à Éric Ciotti, qui y est élu et y a lui-même ses racines, et avec qui Olivier Véran cousine manifestement de loin, par la famille Chiais, de Saint-Dalmas-Valdebore.

Côté maternel, si les grands-parents s'étaient retirés à Flayosc, dans le Var, où le ministre et sa famille ont gardé des attaches, les racines sont plus septentrionales, étirées entre la Normandie et l'Est (Bourgogne, Champagne, Haute-Saône, Moselle...), avec une percée jusqu'au Luxembourg. Des ancêtres modestes qui ont migré en travaillant aux chemins de fer ou pris l'ascenseur social en devenant enseignants. Toujours pas de médecin, mais de nombreux artisans (ébéniste, tailleur d'habits, serruriers, charpentier, tisserands...), ainsi que des scieurs de long, aux côtés de gagne-deniers parisiens. Avec toutefois quelques notables en Moselle (avocats à Sarrebourg, descendants d'un maître de poste aux chevaux). Par des ancêtres chapeliers à Carrouges, dans l'Orne, un toboggan généalogique vers les anciens comtes de Dreux permet de rattacher Olivier Véran à la descendance du roi Louis VI le Gros.

Famille proche

Marié à une gynécologue et père de deux enfants, Olivier Véran a été en couple avec Caroline Dubost (née en 1983, députée de l'Hérault).

Parcours

Enfance et scolarité à Grenoble. Études de médecine. Sciences Po Paris (obtient un *executive master* en gestion et politique de santé, avec un mémoire sur les déserts médicaux, 2012). Neurologue au CHU de Grenoble, très engagé dans la vie syndicale. Suppléant de la députée PS Geneviève Fioraso, qu'il remplace à l'Assemblée nationale lorsqu'elle devient ministre (2012-2015 ; chargé par Jean-Marc Ayrault d'une mission sur la filière sang, rapporteur du volet prévention et promotion de la loi de modernisation de la santé). Élu conseiller général d'Auvergne-Rhône-Alpes (2016-2021). Soutien en 2017 Emmanuel Macron, dont il devient le référent santé, et quitte le PS pour LREM. Élu député de l'Isère (2017-2020 : rapporteur général de la commission des Affaires sociales, chargé du projet de loi de financement de la Sécurité sociale ; se mobilise pour obtenir la suppression du numerus clausus à l'entrée des études de médecine ; taxe soda...). Ministre des Solidarités et de la Santé (depuis février 2020), chargé dès sa nomination de la gestion de la crise liée à la pandémie de Covid-19. Sera le premier membre du gouvernement à se faire vacciner, en février 2021.

Indiscrétions et anecdotes

Enfance à Grenoble, dans une atmosphère bohème : cheveux coupés au bol dans la cuisine, livres partout, dont ceux de Rocard (figure du panthéon paternel), musique en permanence (chacun jouant d'un instrument), balades en van, camping, randonnées et vacances au soleil, dans la propriété familiale de Flayosc, près de Draguignan. Famille croyante et généreuse, qui accueillit plusieurs mois une jeune réfugiée libanaise comme son propre enfant.

Enfant, Olivier Véran avalait déjà les mots, était passionné d'histoire et aussi de la chose publique. Pour payer ses études, il a été aide-soignant dans un Ehpad. Aimant faire la bringue pendant les nuits de garde à l'hosto et n'ayant pas son pareil pour lancer un « tonus » ou une « régate », il était encore capable, il y a peu, de transformer en *dancefloor* la buvette de l'Assemblée nationale, avec l'aide de quelques camarades députés LREM, provoquant la colère d'une poignée d'élus de l'opposition. Ce mélomane et musicien – il joue du piano, du violon et aussi de l'ukulélé – a été président de l'Orchestre symphonique universitaire de Grenoble.

Exigeant, il veut le meilleur barbecue, la meilleure raquette de tennis, la plus belle fringue. À Geneviève Fioraso, qui l'avait recruté comme suppléant, il s'est présenté « habillé comme un jeune marié, gomina, cravate rose et ceinture Kenzo ».

Il sait s'octroyer des moments de détente en écoutant une chanson de Renaud ou en dévorant *Sex Education*, dernière série du catalogue Netflix, adore les soirées en famille ou entre amis, autour de tacos ou d'une bonne raclette savourés au coin du feu, et a particulièrement souffert de fêter ses quarante ans en plein confinement, séparé de sa compagne Caroline Dubost.

Il a taquiné le ballon rond avec Édouard Philippe, dans l'équipe de foot de l'Assemblée nationale, et a vu ses indemnités de conseiller régional réduites d'un quart, en 2020, en raison d'un absentéisme trop important au cours de l'année précédente.

CÉDRIC VILLANI
CONCENTRATION D'INTELLOS

M.-L. Nguyen

Nom
VILLANI

Prénom
Cédric
issu du vieil anglais Caddaric, *forgé sur les racines* cad, *« bataille », et* rik, *« roi », on peut le traduire par « chef de bataille »*

Date de naissance
05 10 1973

Lieu de naissance
Brive (Corrèze)

Signe astrologique
Balance asc. Taureau

né le même jour que Mme de Montespan, Diderot, Mme Pétain, Georges Bidault et Alessandra Sublet

PROFESSION : Mathématicien

DOMICILE : Habite un quartier calme, à Orsay, dans l'Essonne

FILIATION : Fils de Patrice et de Jacqueline Lavarelo, tous deux agrégés de lettres classiques

RACINES : Aude, Calvados, Corse, Meurthe-et-Moselle, Meuse, Moselle, Nord, Pyrénées-Atlantiques, Bas-Rhin, Haute-Saône, Saône-et-Loire, Somme, Vosges, Yonne ; Algérie, Allemagne, Espagne, **Italie**, Luxembourg.

Nom de famille

Porté par plus de 250 foyers français, ce patronyme a son pic de fréquence dans les Bouches-du-Rhône. Très fréquent en Italie, il est l'équivalent du français « Villain ». Il est comme lui issu de « vil(l)ain », qui désignait non l'homme laid, mais l'habitant d'une villa, à prendre au sens de domaine rural, autrement dit un paysan plutôt aisé.

Origines et histoire familiale

La figure de proue de la famille Villani est incontestablement celle du grand-père. Né en 1916 à Chiffalo, village de pêcheurs fondé sur la côte algérienne par des Siciliens, aujourd'hui nommé Khemisti, Marius Édouard Villani a été connu comme peintre, sous le prénom de Mario. Un artiste à la production abondante, variée et de grand intérêt, dont beaucoup de nus et même un portrait au crayon de Cédric enfant. Marié à Simone, une conteuse, il s'était installé à Alger où il habita le même immeuble que Marcel Camus. Pour faire vivre la famille, il travaillait comme professeur d'italien au lycée Bugeaud, comme il continuera à le faire, après le rapatriement, au lycée du Parc impérial de Nice, où il sera également bibliothécaire. Ces grands-parents ont transmis à leurs descendants le goût des arts et d'abord à leurs propres enfants (une fille et quatre garçons). La fille, Béatrice, connue sous son nom marital de Bonhomme, est universitaire (thèse sur Giono), écrivain et poète, auteur prolifique. Un des fils, Arnaud, philosophe, est un écrivain et critique réputé. Un autre, Philippe, est jazzman. Et Patrice, le père de Cédric, agrégé de lettres classiques, a été professeur en classe prépa, après avoir épousé Jacqueline, elle aussi agrégée de lettres classiques. D'emblée, le décor familial est brossé : l'enfant surdoué, abonné aux 20/20 en maths, est né dans une famille d'intellectuels… et d'artistes, tel Vivien, son frère, compositeur de musiques de films, enseignant à l'Essec et lui aussi auteur.

Explorons maintenant l'arrière-plan de cette fresque familiale.

D'emblée, une observation s'impose. Pour être issu d'une famille pied-noir, Cédric Villani a des racines extrêmement dispersées : à travers l'Hexagone, où elles puisent dans quatorze départements, du Calvados à la Corse et des Pyrénées-Atlantiques au Bas-Rhin ; et à travers l'Europe, de l'Allemagne à l'Espagne et du Luxembourg à l'Italie.

L'Italie, c'est la branche de Mario, avec l'arrière-grand-père Amedeo, parti de Campanie avec sa sœur Emelia pour l'Algérie, où il épousa Anna Variale, Italienne elle aussi (sans doute napolitaine).

Avec la grand-mère conteuse, en revanche, la variété des paysages s'impose. Simone Stefanopoli est d'abord corse. Un de ses grands-oncles a été maire d'Ajaccio, au XIXe siècle, où d'autres furent médecins au siècle précédent, contemporains de Demetrio Stefanopoli, militaire entré au service de la France et reconnu en 1782 par Louis XVI comme le descendant et l'héritier de David Comnène, mort en 1461, dernier empereur de Trébizonde, en Turquie, et dont le patronyme serait la déformation du grec Stephanopoulos. Des origines grecques que Cédric Villani aime à rappeler, oubliant que par le jeu des mariages de cette branche, il descend aussi d'un secrétaire du duc de Lorraine et qu'il a des ancêtres saxons et luxembourgeois. Sans doute ignore-t-il aussi que, par cette même branche, il cousine avec Brigitte Macron-Trogneux, partageant avec elle un couple d'ancêtres communs (Jean Leduc et Adrienne Vallet, mariés vers 1600 et vivant à Cattenières, dans le Nord).

Du côté de sa mère, dont les quatre grands-parents étaient nés en Algérie (un grand-père chef de musique militaire, un autre conducteur de diligence et une grand-mère décédée à cent trois ans), les surprises s'enchaînent. Voici un ancêtre Lavarélo, peintre, mais quant à lui « en bâtiment », issu d'une famille d'origine italienne, dont la mère et l'épouse (née Maria de la Asunción Micuelas Cabedo) étaient des Espagnoles, donnant à Cédric des racines à Valence et à Alicante. Voici ensuite un autre aïeul – par le bras gauche –, officier d'administration à Oran, décoré de la Légion d'honneur, parti dans la vie avec le lourd handicap – à l'époque – d'être un enfant naturel, abandonné par sa mère, et ayant néanmoins mené une très belle carrière. Et en voici d'autres encore : un scieur de long, qui lui vaut des racines béarnaises, alors que Jacques Gayet, concierge au collège d'Oran et natif de Bourgogne, lui vaut de cousiner à la fois avec sainte Jeanne de Chantal et, par Antoine Dumont, né vers 1600 et laboureur à Dyo, en Saône-et-Loire, avec... le Gilet jaune Éric Drouet.

Famille proche

Pacsé en 2013 avec Claire Calmet (née 1974, biologiste), Cédric Villani est père de deux enfants (Neven et Aelle). Le couple s'est séparé en 2019.

Parcours

Enfant surdoué, abonné aux 20/20 en maths. Scolarité à Brive, puis au lycée Dumont-d'Urville, de Toulon. Bac C avec 18 de moyenne générale. Prépa à Louis-le-Grand. Normale sup. Agrégation de mathématiques. DEA d'« analyse numérique ». Professeur à l'École normale supérieure de Lyon (2000-2010), puis à l'université Claude-Bernard (depuis 2010). Médaille Fields (2010). Professeur invité de nombreuses universités étrangères. Membre de l'Institut universitaire de France. Directeur de l'Institut Henri-Poincaré (2009-2017) et de l'Académie des sciences (2014). Multiplie les conférences, les livres de vulgarisation et les interventions dans les médias. Préside, sans appartenance politique, le comité de soutien d'Anne Hidalgo (2014), puis soutient Emmanuel Macron en 2017. Élu député LREM de l'Essonne (2017) ; chargé, par Édouard Philippe, d'une mission parlementaire sur l'intelligence artificielle. Candidat dissident à la mairie de Paris, exclu par la direction de LREM, il crée un micro-parti, se maintient et est élu au conseil d'arrondissement du XIVe arrondissement, sans obtenir de siège au Conseil de Paris.

Indiscrétions et anecdotes

Docteur *honoris causa* de plusieurs universités (au Chili, à Bucarest, aux Pays-Bas et à Hong Kong), Cédric Villani a soutenu, en 1998, une thèse intitulée *Contribution à l'étude mathématique des équations de Boltzmann et de Landau en théorie cinétique des gaz et des plasmas*.

Régulièrement interrogé sur la possibilité d'avoir une forme d'autisme, il répond n'en rien savoir et ne pas ressentir le besoin de se faire diagnostiquer.

Étudiant, ce pianiste passait ses nuits à s'amuser à la « Traque », jeu de rôle où des équipes partaient chacune d'une porte de la ville pour une course-poursuite à l'issue de laquelle elles devaient se « tuer symboliquement ». Il avait alors « le look *nerd*, classique du matheux » – débraillé, anorak bleu déchiré, pantalon de velours et baskets Stan Smith –, qu'il a conservé avant de passer au style « Artistocrat Gothic », adoptant le col à jabot, après avoir vu une publicité dans le métro. Un look qu'il complète par des cheveux mi-longs, « à la romantique », une lavallière et des costumes d'occasion achetés dans les brocantes. Cette tenue volontairement excentrique lui vaut le surnom de « Lady Gaga des maths »… qu'il s'est lui-même attribué. Soignant son phrasé précieux, il parachève le tout avec ses fameuses broches-araignées : il en possède plus de soixante et a un fournisseur attitré à Niamey, au Niger. Il se veut l'avocat de ces créatures extraordinaires et pourtant mal aimées. En 2020, son nom a d'ailleurs été donné à une nouvelle espèce d'araignée aranéomorphe de la famille des *Araneidae*, l'*Araniella villani*.

PHILIPPE DE VILLIERS
TROIS AIGLES POUR TROIS NOMS

ph. K. B. Oikawa

Nom
LE JOLIS DE VILLIERS de SAINTIGNON *(vicomte)*

Prénom
Philippe Marie Jean Joseph
issu du grec, désignant « celui qui aime les chevaux »

Date de naissance	Lieu de naissance	Signe astrologique
25 03 1949	**Boulogne** (Vendée)	**Bélier asc. Capricorne**

né le même jour que Joachim Murat, Daniel Buren et Simone Signoret

DOMICILE : Se partage entre sa maison des Aubretières, aux Herbiers (Vendée), et un studio à Paris

FILIATION : Fils de Jacques, directeur de sociétés, et Hedwige d'Arexy

RACINES : Calvados, Côtes-d'Armor, Haute-Garonne, Loire-Atlantique, **Manche**, Meurthe-et-Moselle, Morbihan, Moselle, Pyrénées-Orientales, Somme, Vendée.

Noms de famille

Le Jolis : patronyme très rare, du moins sous cette orthographe, car n'est qu'une simple variante du patronyme Joli et du plus fréquent encore Joly, issus de notre adjectif *joli*, à prendre en son sens originel. *Joi-if*, formé sur le mot « joie », avait à l'origine le sens de « gai, joyeux ». Le fait que l'homme « joyeux » ait le visage souriant et agréable explique l'évolution du mot vers le sens d'« aimable », puis de « beau ».

Villiers : nom de lieu très fréquent, formé sur le mot gallo-romain *villa*, désignant le domaine agricole.

Saintignon : nom d'une terre apparemment lorraine. Contrairement à une légende familiale, le nom est une déformation de Saint-Ignace.

Blason et titre

D'azur au chevron d'or accompagné de trois aigles d'argent, les vols abaissés. Porte le titre de vicomte.

Origines et histoire familiale

D'une famille d'authentique noblesse – et même avec quatre grands-parents nobles –, le président fondateur du MPF se nomme, à l'état civil, Le Jolis de Villiers de Saintignon…

À l'origine, on avait eu des Le Jolis. Connus depuis la fin du XVe siècle à Brucheville, dans la Manche, ils vivaient très bourgeoisement, avant que Guillaume Le Jolis, sieur du Jonquet et officier des archers du roi Henri IV, ne soit anobli en 1595. C'est son arrière-petit-fils, capitaine de dragons, qui deviendra seigneur de la terre voisine de Villiers et épousera, en 1693, une nièce de Mme de Prie, maîtresse du duc de Bourbon et que l'on dit avoir été à l'origine de la négociation du mariage de Louis XV avec Marie Leczinska.

La famille, après avoir ainsi croisé les chemins de la grande Histoire, continuera le sien en portant les armes, comme toute bonne maison voulant vivre noblement. Sous le Consulat, Léonor de Villiers, qui a servi en Corse comme officier au régiment de Vermandois et y aurait fréquenté les Buonaparte, sera maire de Saint-Lô puis, prenant goût à la chose publique, deviendra député conservateur de la Manche. Ses descendants vivront sur leurs terres, tout en exerçant parfois les fonctions de juges et d'avocats et tout en faisant quelques mésalliances, Prosper de Villiers épousant ainsi, en 1871, une fille de facteur et petite-fille de domestiques…

Mais ce mariage, sans doute d'amour, n'entravera pas l'avenir familial et, à la génération suivante, le retour à l'armée vaudra au capitaine Louis de Villiers une mort glorieuse, sur les champs de bataille, dès septembre 1914, après s'être marié et avoir eu cinq enfants, dont le père de Philippe.

Fils d'une demoiselle de Saintignon – d'une famille de maîtres de forges lorrains –, ce dernier se verra adopté, en 1933, par une sœur de sa mère, avec charge pour lui d'ajouter ce nom au sien, pour en éviter l'extinction. Il se mariera, à son tour, en Vendée, avec une demoiselle d'Arexy, issue de plusieurs familles traditionnellement impliquées dans la vie politique locale et régionale, et deviendra lui-même maire de Boulogne et bientôt conseiller général et régional, pour voir cependant sa carrière brisée par son activisme pour l'Algérie française, ce qui marquera profondément son fils.

À beaux ancêtres, belles parentés : par les femmes, Philippe de Villiers descend de beaucoup des plus grandes familles, y compris d'une fille naturelle du Régent et donc, du même coup, de Louis XIII, d'Henri IV et de Charles-Quint… Il est, de ce fait, cousin éloigné à la fois de la reine d'Angleterre et de Valéry Giscard d'Estaing. Il est aussi, par une autre branche, l'arrière-petit-neveu de la comtesse de Ségur et cousin de Jean d'Ormesson. Par les Saintignon, il est un cousin très proche de Pierre de Saintignon, tête de liste PS aux dernières élections régionales dans le Nord-Pas-de-Calais-Picardie.

Famille proche

Marié en 1973 avec Dominique de Buor de Villeneuve (famille d'authentique noblesse poitevine). Sept enfants : Caroline, Guillaume (consultant), Nicolas (président de l'association gérant le Puy-du-Fou), Marie, Laurent (qui vit aux États-Unis, après avoir récemment porté plainte contre son frère aîné, plainte soldée par un non-lieu en 2012 et 2014), Bérengère, Blanche (deux des filles sont religieuses et une autre assistante parlementaire).

Philippe de Villiers a une sœur aînée et trois frères cadets : Bibiane (Mme Griffon du Bellay), Bertrand (qui a été conseiller général de Vendée et président du conseil d'administration de Sud-Radio), Pierre (☞ p. 346) et Emmanuel, PDG d'une entreprise de matériel médical et paramédical.

Parcours

Collège Saint-Joseph de Fontenay-le-Comte. Maîtrise de droit public à Nantes. Sciences Po Paris, Ena (1978, promotion Pierre Mendès France). Intégré au corps préfectoral (sous-préfet de Vendôme). Crée le spectacle du Puy-du-Fou (Vendée), la radio Alouette FM, une école privée de communication (Sciencescom). Adhérent du Parti républicain en 1985. Secrétaire d'État, auprès de François Léotard, en 1986 (démissionne en 1987). Député UDF puis MPF de Vendée (1987-1994 et 1997-2004). Président du conseil général de Vendée de 1988 à 2010. Crée, en 1994, son propre parti de droite souverainiste, le Mouvement pour la France (MPF), qu'il préside jusqu'en 2018. Député européen (1994-1997 et 2004-2014). Candidat aux présidentielles de 1995 (4,7 %) et de 2007 (2,23 %). Il s'est depuis retiré de la vie politique. Participe en 2013 à la « Manif pour tous » et ne se représente pas aux européennes de 2014 pour se consacrer au Puy-du-Fou, s'entretenant en août avec Vladimir Poutine pour la création de deux parcs sur son modèle à Moscou et en Crimée.

Indiscrétions et anecdotes

Ce fan du Tour de France, qui a déjà grimpé le Tourmalet à vélo, aime faire du camping sous la tente, dans les Pyrénées. Catholique pratiquant, il a rencontré à plusieurs reprises le pape Jean-Paul II. Passionné d'histoire de la chouannerie, Philippe de Villiers aime aussi les navigateurs du Vendée Globe, les matchs de foot et Soljenitsyne.

Après de nombreux ouvrages historiques (sur Charette, Saint Louis, Jeanne d'Arc), il a publié ses mémoires (*Le moment est venu de dire ce que j'ai vu*, Albin Michel, 2015), livre vendu à plus de 200 000 exemplaires).

PIERRE DE VILLIERS

C. Truong-Ngoc

Nom

LE JOLIS DE VILLIERS DE SAINTIGNON (*vicomte*)

Prénom

***Pierre* François Marie**

ayant le sens de « pierre » ; très à la mode dans les années 1940 ; 4e prénom masculin français le plus porté

Date de naissance
26 07 1956
le même jour que Mme de Staël et François Berléand

Lieu de naissance
Boulogne (Vendée)

Signe astrologique
Lion asc. Vierge

PROFESSION : Général d'armée

FILIATION : Fils de Jacques, directeur de sociétés, et Hedwige d'Arexy

RACINES : Calvados, Côtes-d'Armor, Haute-Garonne, Loire-Atlantique, **Manche**, Meurthe-et-Moselle, Morbihan, Moselle, Pyrénées-Orientales, Somme, Vendée.

Famille proche

Pierre de Villiers a épousé en 1987 Sabine Touvet (d'une famille d'officiers), originaire de Belfort, sœur de Mgr François Touvet, évêque de Châlons-en-Champagne, et de Laurent Touvet, préfet de la Moselle. Le couple a six enfants nés entre 1988 et 1999 : Sophie (Mme de Labarthe), Édith (Mme Schmitz), Louis, Jeanne (Mme You), Alice et Claire.

Pierre de Villiers est le frère de Philippe de Villiers (☞ p. 343).

Parcours

Saint-Cyr. École de cavalerie de Saumur. Entre dans l'arme blindée de cavalerie.

École de guerre. Chef de corps, envoyé au Kosovo (1999). Officier à l'état-major, puis à l'inspection de l'armée de Terre. Adjoint au chef de cabinet militaire du Premier ministre (2004). Général de brigade (2005). Participe à la guerre d'Afghanistan (2007). Chef du cabinet militaire du Premier ministre (2008-2010). Major général des armées (2010), puis chef d'état-major des armées (2014), il est chargé des ripostes contre l'État islamique, après les attentats du 13 novembre 2015 (Bataclan). Ayant réclamé avec insistance l'augmentation du budget de l'armée, il réagit violemment, en juillet 2017, aux chiffres annoncés par Gérald Darmanin. La fuite dans

Le Monde d'une phrase prononcée à huis clos : « Je ne me laisserai pas baiser comme ça », lui vaut un rappel à l'ordre du chef de l'État. Mais il persiste, démissionne avec fracas et quitte le ministère sous les applaudissements, avec haie d'honneur. Publie un livre, *Servir*, vendu à plus de 130 000 exemplaires. Rejoint jusqu'en 2021 une société de conseil en stratégie d'entreprise et publie un second livre sur l'état de la France. En 2020, *Le Figaro* fait état de rumeurs sur sa possible candidature à la présidentielle de 2022.

Indiscrétions et anecdotes

Grand officier de la Légion d'honneur, Pierre de Villiers est titulaire de nombreuses décorations étrangères : Ordre national du Mérite (Niger), Ordre national du Lion (Sénégal), Ordre de la Valeur (Cameroun)…

Passionné de foot – supporter des « Canaris » du FC Nantes –, il dit lui devoir pour partie sa carrière, sa décision d'installer des télévisions pour permettre à la troupe de suivre les Bleus, lors de la Coupe du monde 1998, lui ayant valu « une popularité immédiate ». « J'ai souvent rêvé d'être un grand footballeur, dit-il. […] J'ai découvert ce que le football pouvait apporter : la vraie fraternité, le vestiaire et sa chaleur humaine, et puis le fait que l'on n'est rien sans les autres. » Il a organisé, au Kosovo, un match devant plusieurs milliers de spectateurs brandissant des drapeaux albanais.

LAURENT WAUQUIEZ
SCÈNES DE LA VIE « AUX CHAMPS »

d.r.

Nom
WAUQUIEZ

Prénom
Laurent Marie
Saint Laurent, fugueur étant enfant, avait été ainsi nommé pour avoir été retrouvé par sa mère caché sous un laurier ; prénom très à la mode dans les années 1965-1970, d'où sa place au 18e rang des prénoms masculins français les plus portés (280 000)

Date de naissance
12 04 1975
né le même jour que Landru

Lieu de naissance
Lyon (Rhône)

Signe astrologique
Bélier asc. Verseau

PROFESSION : Auditeur au Conseil d'État
DOMICILE : Se partage entre Le Puy-en-Velay et Paris
FILIATION : Fils de Philippe, dirigeant d'entreprise, et d'Éliane Motte
RACINES : **Nord**, Pas-de-Calais ; Belgique.

Nom de famille

Patronyme peu courant sous cette orthographe, porté par 50 à 60 foyers, qui n'est qu'une variante du plus fréquent Wauquier (300 foyers). Originaire du Nord, il est issu de Walquier, lui-même tiré de l'ancien nom germanique Walhari (*wala* = étranger ; *hari* = armée), qui avait eu valeur de nom de baptême au Moyen Âge.

Origines et histoire familiale

Issu de deux lignées de la grande bourgeoisie industrielle du Nord, les Wauquiez et les Motte, Laurent Wauquiez cousine avec toutes les autres familles dominant depuis longtemps l'économie de la région lilloise. De grandes familles qui constituent un univers particulier, rempli de grands patrons, mais aussi de ministres, de cardinaux et d'archevêques…

Non tant, il est vrai, les Wauquiez. De bourgeoisie moins ancienne, leurs ancêtres étaient autrefois laboureurs puis « censiers » (gros fermiers) dans le village de Fretin, au sud-est de Lille. Des ancêtres qui viendront sous l'Empire à Roubaix, où ils seront voituriers, autrement dit transporteurs, avant de devenir filateurs de coton à Tourcoing et de créer une tannerie en 1895, qu'ils sauront reconvertir en chantier naval en 1965, face au déclin de l'industrie textile. Son père quitte alors la région pour devenir directeur d'Indosuez et gérant d'une société de conseil en investissement.

En revanche, chez les Motte, famille de la mère du ministre, aujourd'hui maire du Chambon-sur-Lignon, on peut dire que le jackpot généalogique avait marché à plein. Résultat : il en va exactement comme dans les familles royales, qui se mariaient incessamment entre elles. Qui descend d'une de ces familles d'industriels du Nord descend automatiquement des autres. Ainsi, dans l'arbre généalogique du ministre, arrivent, derrière les Motte, les Grimonprez, Delvoye, Mathon, Descamps, Flipo, Toutlemonde et bien d'autres encore... Y compris les Mulliez, qui le font cousiner avec Gérard. Un nom qui vous dit certainement quelque chose : né en 1931 à Roubaix, héritier des ateliers Au fil d'art, que son père avait rebaptisés Phildar, celui-ci avait ouvert, en 1961, un grand magasin à Roubaix, dans le quartier des Hauts-Champs, qui deviendra Auchan. Gérard Mulliez, deuxième fortune de France (19 milliards d'euros), dont le cousin germain, Gonzague, a fondé Saint-Maclou. Ces ancêtres Mulliez, qui à l'origine travaillaient donc aussi aux champs, apparentent également Laurent Wauquiez aux Prouvost (famille d'Évelyne, 325 millions d'euros).

Les parentés fusent vraiment dans tous les sens, faisant notamment cousiner Laurent Wauquiez, par les Delepoulle, avec Bruno Le Maire et, par les Waignon, avec Frédéric Nihous. Par les Desurmont il est un descendant d'Hugues Capet et cousine avec Frédéric Mitterrand comme encore avec Fabrice Delloye, l'ex-mari d'Ingrid Betancourt et Jean-Frédéric Poisson. Il cousine également avec Édouard Philippe et le chanteur Jacques Brel (par le censier Josse Lernoult, marié à Wambrechies vers 1520 avec Catherine Descartes). Enfin, par les Van Hallwin (d'Halluin), de Quesnoy-sur-Deule, il cousine avec Charles de Gaulle – cerise sur le gâteau –, par une bâtarde des comtes de Flandres, il descend, comme François Hollande, du roi Philippe V le Long.

Famille proche

Marié en 2001 avec Charlotte Deregnaucourt, administratrice au Sénat, qui travaille au conseil général de Haute-Loire (directrice du Service d'action sociale).

Deux enfants : Baptiste (2003) et Louise (2006).

Parcours

Lycées Louis-le-Grand et Henri-IV à Paris. École normale supérieure. Agrégé d'histoire. Sciences Po Paris. DEA de droit public. Ena (major de la promotion Mandela, 2001). Conseiller d'État. Député UMP de Haute-Loire (2004-2007 et 2012-2017). Maire du Puy-en-Velay (2008-2016). Crée en 2008 son propre parti, Nouvel Oxygène, et, en 2010, son club de réflexion, La Droite sociale. Porte-parole du gouvernement (2007-2009). Secrétaire d'État à l'Emploi (2008-2010). Ministre chargé des Affaires européennes (2010-2011), de la Recherche et de l'Enseignement supérieur (2011-2012). S'oppose en 2013 au « mariage pour tous ». Vice-président, puis secrétaire général de l'UMP, puis des Républicains, dont il devient n° 2 à la place de Nathalie Kosciusko-Morizet (2014-2015). Président du conseil régional Auvergne-Rhône-Alpes (depuis 2016). Soutient Nicolas Sarkozy à la primaire présidentielle des Républicains et en devient président par intérim, suite à la déclaration officielle de candidature de celui-ci en août 2016, pour le redevenir en 2016, avant de démissionner en 2019. En 2021, après sa réélection à la tête de la région, il renonce à se porter candidat à la présidentielle.

Indiscrétions et anecdotes

Très grand, celui qui voulait être pilote de chasse court le marathon et pratique le triathlon (nage, vélo, course à pied). Il écoute Dalida et les Daft Punk, est passionné de bande dessinée et ne rate jamais le Festival d'Angoulême. Laurent Wauquiez a dans son bureau le portrait de Blueberry et a beaucoup joué à *Star Wars* avec son fils.

Il est l'auteur de plusieurs livres, dont *Un Huron à l'Assemblée nationale : petit manuel à l'attention de ceux qui veulent secouer la politique* (2006). Après qu'il eut annoncé son refus de célébrer des mariages homosexuels, *Le Monde* a rapporté les liens qu'il a tenté de tisser avec la communauté gay en assistant à plusieurs soirées « où se retrouve deux fois par an, autour d'un buffet au champagne, l'élite homosexuelle de la capitale ». Ses récents revirements de stratégie au sein de l'UMP lui ont valu d'être surnommé « Tueur », « Judas », « narcissique obsessionnel » et « Laval au petit pied ».

ÉRIC ZEMMOUR
COUPS DE CEINTURE ET REFLETS D'OR

Thesupermat

Nom
ZEMMOUR

Prénom
Éric **Justin Léon**
prénom d'origine germanique, évoquant « honneur » et « puissance » ; très à la mode dans les années 1960, suite à l'enlèvement du petit Éric Peugeot

Date de naissance
31 08 1958

Lieu de naissance
Montreuil-sous-Bois (Seine-Saint-Denis)

Signe astrologique
Vierge asc. Vierge

né le même jour que les empereurs romains Caligula et Commode et que Laurence Parisot

PROFESSION : Journaliste et chroniqueur
DOMICILE : Habite un bel immeuble du chic quartier Saint-Augustin, dans le VIIIe arrondissement de Paris
FILIATION : Fils de Roger, ambulancier, et de Lucette Lévy
RACINES : **Algérie.**

Nom de famille

Porté par plus de 300 foyers français, essentiellement concentrés à Paris et dans les Bouches-du-Rhône, ce patronyme, originaire d'Afrique du Nord et souvent porté par des juifs, vient du berbère et signifie « olivier » (*azemmur*).

Origines et histoire familiale

Se définissant lui-même comme « un Français d'origine berbère », Éric Zemmour a toutes ses racines proches en Algérie, que ses parents ont quittée lors de la guerre d'indépendance pour gagner la métropole, quelques années avant sa naissance. Ils se sont alors fixés en région parisienne, où lui-même naît à Montreuil-sous-Bois. Son père, ex-préparateur en pharmacie devenu ambulancier, souvent absent, continue à parler arabe dans les bars, aime taper le carton et jouer sa chemise au casino. L'homme est autoritaire, mais c'est « en affrontant un père que l'on devient un homme ». « Quand nous restions dans le verbe, confie son fils à *Libération* en 2006, j'avais le dessus sur lui. Quand il m'attrapait, ça se finissait par la ceinture. » Éric Zemmour a surtout été élevé par des femmes : sa grand-mère et sa mère, douce mais très exigeante quant aux résultats scolaires, qui saura lui donner « une incroyable confiance en lui ». Deux femmes qu'il admire de l'avoir élevé dans cette nécessité de l'instruction et de la réussite : « Quand j'ai eu mon diplôme [de Science Po Paris], raconte-t-il, mon grand-père a pris une bouteille de champagne et il s'est saoulé la gueule. »

Ses ancêtres vivaient principalement à Blida et à Constantine, où l'arbre généalogique des Zemmour peut être remonté jusqu'à Feredj Zemmour, ou plutôt Zamor, né vers 1750, père de Mechin, né vers 1786, chaudronnier et ouvrier sur cuivre à Mostaganem, dont le fils et le petit-fils (Gabriel et Feredj, trisaïeul et bisaïeul du journaliste) seront peintres en bâtiment à Constantine. Son grand-père, poilu de la Grande Guerre, sera quant à lui bourrelier. Les ancêtres maternels (Lévy, Atlan, Ayoun...) étaient quant à eux bijoutiers, colporteurs, voituriers... à Sétif. Un arbre typique des familles juives séfarades d'Algérie, brillant des reflets du cuivre et de l'or des ancêtres chaudronniers et bijoutiers. Un arbre aux racines très homogènes, dans un milieu où tout le monde cousine de près ou de loin, offrant ainsi plusieurs parentés (par les Attali et Aouizerate) avec l'écrivain Jacques Attali, conseiller de François Mitterrand, de même qu'avec le chanteur Enrico Macias, lancé en 1963 par sa chanson emblématique ☹ « Enfants de tous pays et de toutes couleurs ».

Une famille sans rapport avec le chef militaire Ben Zamor, qui commanda une troupe de soldats turcs et maures lors du siège d'Oran, en 1678. En revanche, on se souvient des cinq frères Zémour, fils d'un paisible commerçant de Sétif, grandes figures du « milieu » parisien, qui défrayèrent la chronique dans les années 1970 par leurs exploits criminels en tout genre...

Famille proche

Divorcé de Mylène Chichportich (administratrice judiciaire puis avocate), Éric Zemmour est père de trois enfants : Hugo, Thibault et Clarisse.

Parcours

Élevé dans la tradition juive, à Drancy, puis à Paris, dans le quartier de Château-Rouge, à La Goutte d'Or. Sciences Po Paris. Échoue deux fois à l'Ena. Travaille dans une agence de pub, puis entre en stage au *Quotidien de Paris*, où il écrit son premier article. Embauché au service politique (1986), tout en pigeant à *Marianne* et à *Valeurs actuelles*. Entre au *Figaro* (1996 ; écarté en 2009, y revient en 2013, pour une chronique littéraire). Publie de nombreux ouvrages : portraits de Balladur et de Chirac, romans et essais, dont *Suicide français* (2014), sur l'affaiblissement de l'État-nation après Mai 68. Chroniques radio-TV sur iTélé (2003-2014), France 2 (« On n'est pas couché », 2006-2011), Canal Plus, Histoire, Paris Première, interventions matinales sur RTL (2010-2016), CNews (2019), collaborations généralement arrêtées suite à des « dérapages », parallèlement à plusieurs poursuites judiciaires engagées à son encontre, suite à certains de ses propos, débouchant pour certaines sur des condamnations. À partir de 2020, la candidature à l'élection présidentielle de celui qui se définit comme « gaullo-bonapartiste » est évoquée. En avril 2021 est fondée l'« association de financement du parti Les Amis d'Éric Zemmour », suivie de la publication, en septembre, d'un livre-programme, *La France n'a pas dit son dernier mot*. Par une vidéo, diffusée sur les réseaux sociaux, le 30 novembre 2021, il se déclare candidat à la présidentielle de 2022.

Indiscrétions et anecdotes

Éric Zemmour pratique le football et le tennis. Enfant, son père le surnommait volontiers Zébulon. Il a été très proche d'Isabelle Balkany. En 2019, il a vu sa demande d'adhésion au très chic Cercle Interallié rejetée « pour une affaire de slip de bain », parce qu'il faisait « du prosélytisme dans les vestiaires ».

CURIOSITÉS, OBSERVATIONS, ANALYSES

LEURS NOMS DE FAMILLE

Fréquence :

• 6 portent des patronymes extrêmement fréquents (portés par plus de 10 000 foyers français) : Bertrand (18e), Faure (25e), Martinez (32e), Morin, Roussel, Philippe.

• 16 portent des patronymes fréquents (portés par 1 000 à 8 000 foyers).

• 16 portent des patronymes courants (portés par 350 à 1 000 foyers).

• 25 portent des patronymes rares (portés par 40 à 350 foyers).

• 21 portent des patronymes rarissimes (portés par moins de 40 foyers, souvent des patronymes originaires de l'étranger, nobles ou ayant fait l'objet de modifications).

Particularités :

• Un patronyme a été changé, au terme d'une demande officielle de changement de nom (Pucelle devenu Pugelle, 1976), comme ce fut le cas en Allemagne de la famille d'Angela Merkel (Kazmierczak devenu Kasner).

• Un patronyme juif a été changé dans le cadre de la loi de 1808 : Lion devenu Fabius.

• Un patronyme a été attribué à un enfant trouvé (Montebourg, 1842), un autre à un esclave affranchi (Taubira).

• Deux noms d'usage (Attal-de Couris, Dupont-Aignan).

• Trois patronymes nobles ou d'apparence noble (☞ p. 363) : de Lombard, de Montchalin, Goullet de Rugy, Le Jolis de Villiers de Saintignon (patronyme par ailleurs le plus long de tous).

• Nombre de femmes sont connues sous le nom de leur mari (Pécresse, Montchalin), voire bien souvent de leur ex-mari (Aubry, Bachelot, Lagarde, Morano), alors que d'autres le sont sous leur nom de naissance (Autain, Borne, Hidalgo, Parly, Taubira...).

LEURS PRÉNOMS

La plupart des personnalités politiques portent des prénoms courants, surtout les hommes (dont 6 François et 4 Éric). On note un prénom étranger (Rachida *Dati*), un prénom issu des séries américaines, surtout en usage dans les milieux populaires (Jordan *Bardella*), et quelques cas de changement – ou d'aménagement – de prénoms : Marion donnant Marine (*Le Pen*) et la très BCBG Marie-Ségolène réduite à Ségolène (*Royal*)...

LES FEMMES EN POLITIQUE

Dans les gouvernements. L'arrivée et la montée en puissance des femmes en politique sont évidemment récentes... et logiques, puisqu'elles ont été privées du droit de vote jusqu'en 1944. Après la présence de trois femmes sous-secrétaires d'État (dont Irène Joliot-Curie) dans le premier gouvernement Blum en 1936, il faudra donc attendre 1947 pour voir une femme ministre : l'avocate féministe Germaine Poinso-Chapuis (1901-1981), nommée ministre de la Santé publique et de la Population (gouvernement Schuman), alors que la première femme ministre au monde avait été une Danoise, en 1924 (suivie d'une Anglaise en 1929, et d'une Américaine en 1933).

La première femme ministre de la Ve République a été la musulmane Nafissa Sid Cara, professeur de lettres et députée d'Algérie, nommée en 1959 secrétaire d'État déléguée des Questions sociales en Algérie et suivie, à ce jour, par 76 autres – ministres ou secrétaire d'État – avec une parité allant croissant, après qu'Édith Cresson (☞ p. 422) eut été la première – et la seule à ce jour – nommée à Matignon (en mai 1991, par François Mitterrand).

En mai 1995, le 1er gouvernement Juppé (sous la présidence de Jacques Chirac) compte 11 femmes pour 45 membres (soit presque le quart), alors que le 2e, resserré, six mois plus tard, n'en compte plus que 4 sur 32 (un huitième). La proportion montera à un tiers – le record – dans le gouvernement Jospin, en 1997 (13 sur 36).

François Fillon nommera successivement 19 femmes ministres ou secrétaires d'État, pour en avoir 9 sur 33 (27 %) dans son dernier gouvernement. La parité triomphera en 2012, avec 17 hommes et 17 femmes dans le 1er gouvernement Ayrault. Elle sera depuis constamment respectée.

Notons que seules trois femmes ont été ministres d'État : Nicole Questiaux en 1981 (gouvernement Mauroy), Simone Veil en 1993 et Michèle Alliot-Marie en 2009.

Dans les partis, on notera plusieurs femmes aux commandes :

– Huguette Bouchardeau, secrétaire nationale du PSU, en 1979
– Corinne Lepage, fondatrice de Cap 21, en 1996
– Marie-George Buffet, secrétaire générale du PCF, en 2001
– Fadela Amara, présidente de Ni putes ni soumises, en 2002
– Cécile Duflot, secrétaire nationale des Verts, en 2006
– Martine Aubry, première secrétaire du PS, depuis 2008
– Christine Boutin, fondatrice et présidente du Parti chrétien démocrate, en 2009
– Marine Le Pen, présidente du FN, depuis janvier 2011
– Rama Yade, fondatrice d'Allons Enfants, en 2011

Parmi les candidates, on a noté qu'Arlette Laguiller avait été la première femme à se présenter à une élection présidentielle, en 1974 – et la plus habituée ensuite, avec le record de six candidatures.

On comptera successivement 3 candidates (sur 10) en 1981, une seule en 1988, 2 en 1995, 4 (sur 16) en 2002 et 4 (sur 12 – le record : un tiers), en 2007, avec pour la première fois une femme au second tour, Ségolène Royal. Ce chiffre retombe à 4 (sur 10) en 2012 puis à 2 (sur 11) en 2017.

LEURS ORIGINES SOCIALES

Que faisaient leurs parents ?
La diversité est grande, évidemment, avec toutefois des groupes assez nets.

La profession la plus représentée est de très loin celle d'enseignant : 18 ont au moins un parent enseignant (Baylet, Blanquer, Bayou, Cazeneuve, Ciotti, Le Foll, Montebourg, Parly, Pompili, Véran), si ce n'est les deux (cas de huit d'entre eux : Castex, Jadot, Ch. Lagarde, Philippe, Philippot, Rugy, Schiappa, Villani). Sachant que nombre de personnalités ont eu un ou plusieurs grands-parents ou ancêtres proches dans l'enseignement : Abad, Hollande, Lisnard, Juvin (trois générations, côté maternel), Macron (sa grand-mère), Parly, Roussel, Véran (deux grands-parents). À toutes les générations, au fil du XXe siècle, la profession d'enseignant a incontestablement été un puissant moteur d'ascension sociale, comme l'illustre parfaitement celle des Griveaux.

Plusieurs sont issus de familles déjà impliquées en politique (ministres, élus importants...) : Aubry, Autain (oncle ministre), Bachelot (père député), Baylet (dynastie), Castex (grand-père sénateur), Denormandie, Larcher, Le Foll, Le Pen (Marine, Marion), Muselier, Retailleau, Wauquiez...

Plus du tiers sont issus des classes supérieures : fils de hauts fonctionnaires (Baroin...), de cadres supérieurs (Aubry, Le Maire, Pécresse, Villiers, Wauquiez...), de médecins ou de pharmaciens (Bachelot : deux parents dentistes ; Borne : deux parents pharmaciens), Denormandie, Juvin et Macron (deux parents), Copé, Hollande, Muselier..., d'avocats (Attal, Blanquer, Griveaux et Sarkozy (leur mère)..., de notaires (Collard, Fillon, Griveaux), d'officiers (Royal...), d'industriels (Barnier, Larcher), de dirigeants de sociétés (Baylet, Montchalin, Roux de Bézieux...). Les ancêtres les plus élevés étant ici ceux de Julien Denormandie (grands bourgeois parisiens, dont un fondateur du Jockey Club) et de Geoffroy Roux de Bézieux.

6 ont un ou des **parents commerçants** (Bardella, Ciotti, Darmanin, Ferrand, Lisnard, Retailleau).

9 sont fils d'ouvriers ou de travailleurs manuels : Arthaud, Berger, Dati, Dupond-Moretti, Hidalgo, J.-C. Lagarde, Le Drian, Martinez, Morano (chauffeur de poids lourds)...

3 seulement sont fils d'agriculteurs : Bayrou, Jacob et Lassalle.

Le père de quelques-uns, enfin, exerçait une profession hors du commun : celui d'Autain était chanteur (et sa mère actrice), celui de Lisnard footballeur, celui d'Hulot chercheur d'or et celui de Valls, artiste peintre.

Sans oublier les petits boulots d'étudiant, Castaner et Dupond-Moretti ayant été maçons et le second également fossoyeur, tandis que Lisnard était déménageur et pompiste et que Darmanin chantait Brel et Brassens dans les bistrots parisiens.

LES DYNASTIES EN POLITIQUE

Peut-on parler de dynasties politiques ? À peine pose-t-on la question que des noms viennent à l'esprit. Les « fils » et « filles de » sont en effet nombreux : Alliot-Marie, Aubry (fille de Jacques Delors), Filippetti (fille de maire et conseiller général), Le Foll (fils d'un maire), Wauquiez (fils d'une maire)… ou encore Jean Sarkozy (conseiller général, fils de l'ex-président) ou Mitterrand (Gilbert, député, et Frédéric, ministre, respectivement fils et neveu de l'ancien président)…

Parfois, on peut presque parler de « clans », tels celui des Narquin (Bachelot, fille de député et sœur d'élu) ou celui des Debré : Michel (Premier ministre de Charles de Gaulle) et ses deux fils (Bernard et Jean-Louis, tous deux députés et ministres)…

Mais peut-on pour autant parler de « dynasties » ? Les « fils de » se rencontrent dans tous les métiers, chez les boulangers comme chez les notaires, et dans toutes les classes sociales. Le phénomène est tellement banal que le généalogiste exige un minimum de trois générations successives, en ligne directe ou non, pour parler de dynastie.

Ainsi chez les **Le Pen**, avec Jean-Marie, sa fille Marine et sa petite-fille Marion, nièce de la précédente. Un grand-père disant à sa petite-fille : « Si tu es vraiment une Le Pen, il faut que tu y ailles. » Et celle-ci reconnaissant : « Le nom de Le Pen a contribué à ma victoire. C'est une évidence. » Une dynastie où l'endogamie est forte (mariages au sein du FN, ☞ p. 207), mais où bisbilles et brouilles intestines, depuis près de vingt ans, vont également bon train.

Les familles de trois générations sont assez courantes. Ainsi les **Raffarin** (Alfred, maire, son fils Jean, maire et secrétaire d'État, et son petit-fils, Jean-Pierre, ministre) ou les **Barrot**, dans la Haute-Loire : Noël (1903, député) son fils Jacques (1937, député et ministre) et son petit-fils Jean-Noël). Avec des familles ayant parfois marqué l'Histoire :

– les **Carnot**, 3 générations : avec Lazare (1753-1823, général d'Empire, surnommé « l'Organisateur de la Victoire », député et deux fois ministre), son frère (Claude-Marie, lui aussi général, député et ministre), son fils Hippolyte (député et sénateur) et ses deux petits-fils : Adolphe, conseiller général, et Sadi, ministre et président de la République ;

– les **Arago**, 3 générations : François (député et ministre, en 1848), ses fils Étienne (député et maire de Paris, en 1870) et Emmanuel (député et sénateur), lequel a eu un fils (François, député des Alpes-Maritimes et gendre d'un sénateur) ;

– les **Ferry** : Jules, son frère Charles et son neveu Abel, ce dernier étant par sa famille maternelle issu de plusieurs générations de politiques (Allain-Targé et Villemain).

On trouve beaucoup de familles de quatre générations :

– en ligne directe, comme les **Masse**, à Marseille : Marius (1884), adjoint au maire, son fils Jean (1911), son petit-fils Marius (1941) et son arrière-petit-fils Christophe (1963), tous trois députés ;

– en ligne collatérale, comme chez les **Baylet**, depuis l'oncle J.-B. Chaumeil jusqu'à Jean-Michel (☞ p. 57) ;

– en ligne discontinue, comme chez les **Giscard**, dans le Puy-de-Dôme, avec Agénor Bardoux (1829-1893), sénateur et ministre, père de Jacques (député), grand-père maternel de Valéry Giscard d'Estaing, père de Louis (maire et député) ;

– en Corse, les **Giacobbi**, à Venaco : quatre générations de députés, sénateurs et secrétaires d'État, de Marius (1846) à Paul (1957) et aujourd'hui en politique depuis cent dix-huit ans (!) ; et les **Zuccarelli**, à Bastia, avec à l'origine un ancêtre, Antoine Gaudin, maire de Bastia sous la Restauration (par ailleurs ancêtre de Valérie Pécresse), dont une fille sera la grand-mère du sénateur Émile Sari (1876), beau-père de Jean Zuccarelli (1907, député-maire), père d'Émile Zuccarelli (1940, député-maire) et lui-même père de Jean Zuccarelli (1964).

Des familles de cinq et six générations : six générations chez les **Kosciusko-Morizet** : Éléonor Morizet (né en 1810), maire du Mesnil-sur-Oger, dans la Marne, père de Charles, adjoint au maire de Reims, père d'André, sénateur maire communiste de Boulogne-Billancourt, beau-père de Jacques Kosciusko, maire de Saint-Nom-la-Bretèche, père de François Kosciusko-Morizet, maire de Sèvres, et lui-même père de « NKM ».

Mais les records semblent être détenus par deux familles : les **Lanvin**, maires de Fressin, dans le Nord, durant 180 ans (1813-1993) et les **Caillard d'Aillères**, élus pendant 225 ans (1789-2014) dans la Sarthe, avec seize personnes sur sept générations, dont six députés, un sénateur et de nombreux maires.

Ce phénomène n'est évidemment pas propre à la France, avec l'exemple des Kennedy, aux États-Unis, en politique depuis Patrick (né en 1858, député), ancêtre de 8 hommes politiques sur quatre générations (1 fils, 3 petits-fils, dont John F., le président, et 4 arrière-petits-fils).

TITRES ET BLASONS

Les familles de quatre des personnalités politiques étudiées arborent un blason :

Goullet de Rugy : d'azur au lion d'or, rampant contre une fontaine d'argent.

Le Joli de Villiers : d'azur au chevron d'or accompagné de trois aigles d'argent, les vols abaissés.

Roux de Bézieux : d'argent, au chevron d'azur, accompagné de trois roses de gueules.

Sarkozy de Nagy-Bocsa : d'azur, au loup érigé d'argent, levant de sa dextre un cimeterre gardé d'or.

Auxquels on pourra ajouter ceux de deux familles alliées :

de Buor de Villeneuve (Mme Ph. de Villiers) : d'argent à trois coquilles de gueules.

de Lombard de Montchalin : d'argent, au chevron de gueules, accompagné de trois fleurs de lis de sable, au chef de gueules (Lombard). Éventuellement écartelé avec les armes des La Balme de Montchalin (de gueules, à trois pals d'or, à la bande de sable brochante). Blason surmonté d'une couronne de comte, avec pour devise : *Deus rex honor.*

Poute de Puybaudet (Mme Blanquer) : palé d'argent et de sable, au chevron de sable brochant sur le tout ; au chef d'argent.

Mais attention : pas plus que la particule (☞ p. 363), un blason n'est un signe extérieur de noblesse. Il était si peu réservé aux nobles que Louis XIV, en 1693, avait obligé toute personne d'un certain rang à en avoir un et à le faire enregistrer, moyennant l'acquittement d'un droit d'enregistrement (opération destinée à renflouer le trésor royal). Pour satisfaire à ces dispositions, les fonctionnaires royaux avaient alors sillonné les provinces pour fabriquer des blasons en série... Et, du fait que toutes les familles nobles en avaient un, la confusion s'était vite installée.

Il en va un peu de même pour les titres, dont les moins importants (baron, comte, marquis) ont été plus ou moins galvaudés, souvent avec la complicité du souverain. Sous Louis XV et Louis XVI, le système des « Honneurs de la Cour », voulant que ne soient présentés au roi que des gens titrés, faisait systématiquement attribuer à qui devait l'être un titre choisi arbitrairement et que la famille conservait bien sûr ensuite.

Notons ici deux authentiques titres de comte : chez les Villiers – Philippe et Pierre de Villiers sont quant à eux vicomtes – et chez les Montchalin.

VRAIS OU FAUX NOBLES ?

➡ *Comprendre*

La noblesse ayant été abolie en 1790, on ne saurait aujourd'hui être « noble », pour être à tout le mieux « descendant d'anciens nobles ». Cette qualité *a priori* anecdotique n'en conserve pas moins beaucoup de poids et demeure souvent un critère d'appartenance sociale dans notre France républicaine... Mais ce critère très complexe est difficile à apprécier – même pour les « nobles » eux-mêmes – du fait qu'aucun indice n'est fiable : ni le blason, qui n'a jamais été réservé aux nobles (☞ p. 362), ni la fameuse « particule », qui a manifestement connu une inflation. Alors que l'on recensait environ 17 000 familles nobles recensées sous Louis XVI – dont à peine 3 000 subsistent –, on en compte plus de 20 000 qui en portent une aujourd'hui.
Contrairement aux idées reçues, la particule n'est pas un signe extérieur de noblesse. Il est des familles authentiquement nobles – dont beaucoup de celles anoblies sous l'Empire – qui n'en ont jamais eu, et bien plus encore qui en ont une, sans jamais avoir été anoblies.
Avant la Révolution, lorsqu'une famille réussissait, elle achetait des domaines, qui étaient souvent d'anciens fiefs, dont ses membres devenaient « seigneurs » et prenaient généralement le nom. M. Durand, propriétaire du domaine du Chesnay, devenait ainsi Durand du Chesnay. Nombre de ces familles, continuant leur progression sociale, se voyaient anoblies ; la plupart des familles nobles portaient par conséquent des noms « à tiroirs ». Après la Révolution, avec l'organisation de l'état civil, il ne fut plus possible d'allonger ainsi son nom. Mais les patronymes à particule étant associés à la noblesse, bien des familles se sont longtemps efforcées de faire allonger le leur.

➡ *Trier*

On doit donc distinguer :
– la vraie noblesse, authentique, classée selon son ancienneté, avec
- o la noblesse d'extraction (antérieure à 1600) : cas des familles de Charrette, de Raincourt, de Robien, de Buor de Villeneuve (Mme Ph. de Villiers), Poute de Puybaudet, 1427 (Mme Blanquer), **Le Jolis de Villiers** (1595)... ;
- o la noblesse par anoblissement (entre 1600 et 1789) : **de Lombard de Montchalin** (maintenue 1669), de Labriffe (ex. Mme Montebourg) ou par confirmation (**Goullet de Rugy**, 1785) et la noblesse dite « de cloche » (**Roux de Bézieux**, 1769) ;
- o les noblesses d'Empire et de la Restauration : Le Guay (ex. Mme de Villepin) ;

– la noblesse d'apparence : familles bourgeoises, portant déjà avant la Révolution un nom à particule, mais non anoblies : **de Gaulle**, Donnedieu de Vabres, Doussau de Bazigan (Mme Le Maire), de Panafieu, Galouzeau de Villepin... ;
– la fausse noblesse : familles ayant fait allonger leur nom (légalement ou non) : Sauvage de Brantes (1863 : Mme Giscard d'Estaing), **Giscard d'Estaing** (1922) ;
– la noblesse étrangère : **Sarkozy de Nagy-Bocsa** ;
– des cas particuliers, plus complexes, comme celui de Mme Chirac, née Chodron de Courcel, ne pouvant être considérée comme noble, du fait que sa branche ne descend pas du membre de la famille anobli.

QUI DESCEND D'UN ROI ?

En matière d'ancêtre, il y a « roi » et « roi ». On entend souvent dire que neuf Français sur dix doivent descendre de Charlemagne. Compte tenu du nombre d'ancêtres que nous avons, c'est arithmétiquement inévitable, puisque, ce nombre ayant doublé à chaque génération, nous devrions chacun compter plus de 16 000 milliards d'ancêtres contemporains de Charlemagne.
Un chiffre délirant et évidemment théorique, car les spécialistes s'entendent pour estimer que nous ne devons en fait guère compter à cette génération plus de deux millions d'ancêtres différents, revenant souvent chacun plusieurs fois dans nos généalogies, du fait d'incessants mariages entre cousins – à des degrés le plus souvent très éloignés. Ils estiment qu'un Français a neuf chances sur dix de descendre de tous les couples vivant à cette lointaine époque dans l'Hexagone et ayant eu une descendance. Et donc forcément, parmi eux, de l'Empereur-à-la-Barbe-fleurie.
Au plan généalogique, compter Charlemagne parmi ses ancêtres n'a donc rien d'étonnant. Ce qui est plus difficile est d'arriver à le démontrer et si c'est une chose assez facile dans les lignées nobles, il en va tout autrement dans les familles plus anonymes. Le fait de compter un roi parmi ses ancêtres va donc s'apprécier à l'aune de son ancienneté. Plus le roi est récent, plus l'ascendance est remarquable – dût-elle passer par un bâtard, chaque roi en ayant eu de façon tout à fait officielle et admise.
Comme on a neuf chances sur dix de descendre de Charlemagne (né vers 743), on en aura environ quatre sur cinq de descendre d'Hugues Capet (né vers 940), trois sur quatre de descendre du roi Louis VI le Gros (1081-1137) et seulement une sur dix de descendre de Saint Louis (né en 1214).
De là, on obtient plusieurs groupes de politiques comptant des rois de France parmi leurs ancêtres, avec d'abord de très nombreux descendants de Louis VI le Gros (Arthaud, Attal, Bayou, Cheminade, Drouet, Larcher, Marine Le Pen, Lisnard, Macron, Maréchal, Philippe, Philippot, Poisson, Véran et tous ceux qui suivent, comme descendants de :

– Louis VII et Aliénor d'Aquitaine (Dupond-Moretti, Jadot, Montchalin) ;
– Louis VIII et de Blanche de Castille (Brigitte Macron-Trogneux) ;
– le « club des descendants de Saint Louis » : Attal, Darmanin, Hollande, Le Drian, Le Maire, Rugy, Sapin, Villiers.

Parmi ces descendants de Saint Louis, on note, dans l'ordre chronologique :

– Sapin, descendant de Philippe III le Hardi (né en 1245) ;
– Hollande, descendant de Philippe V le Long (né en 1292) ;
– Le Drian, Roux de Bézieux et Rugy, descendants de Jean II le Bon (né en 1319) ;
– Attal, descendant de Charles VI (né en 1368) ;
– Le Maire, descendant de Louis XII (né en 1462), mais aussi de Philippe III d'Espagne, de Charles-Quint… et en fait descendant d'un beau-frère de Louis XIII ;
– Ph. et Pierre de Villiers, descendants de Louis XIII (né en 1601), par une fille naturelle de son petit-fils, le Régent, Philippe d'Orléans, neveu de Louis XIV ;
– (pour mémoire) Giscard d'Estaing, descendant de Louis XV (né en 1710, par une fille naturelle), alors que sa femme, Anne-Aymone de Brantes, descend d'une fille illégitime du roi Charles X (né en 1757 et roi jusqu'en 1830).

On ajoutera aussi que qui descend de Saint Louis descend également (par sa mère, la reine Blanche de Castille) de Mahomet, duquel descendent aussi, par d'autres branches Attal, Darmanin, Denormandie, Faure, Ferrand, Lisnard, Muselier, Roussel et… Marine Le Pen (☞ p. 365).

MARINE LE PEN ET LES DESCENDANTS DE MAHOMET

Suite à la conquête, au VIIIe siècle, de la péninsule Ibérique par les Arabes, on verra quelques grandes lignées royales chrétiennes s'allier à des familles musulmanes, certains princes espagnols épousant des filles d'émirs, souvent afin de sceller des traités de paix.

De ce fait, quiconque se découvre, par la généalogie, descendant de familles de la vieille noblesse française et par elles descendant de rois, va se retrouver descendant de la plupart des anciennes familles royales européennes et donc des vieilles dynasties espagnoles et, par elles, de certaines de ces hautes lignées mauresques.

Il en va ainsi pour quiconque descend de Saint Louis, descendant de familles de la parenté de Mahomet tant par sa mère Blanche de Castille que par sa femme Marguerite de Provence, comme les anciens rois de Portugal descendaient de leur côté de cadis (juges arabes) de Séville.

Le cas de Marine Le Pen obéit aux mêmes principes : par la famille de sa mère, la présidente du Rassemblement national a des racines en Aveyron, avec pour ancêtres les classiques paysans et laboureurs, mais aussi quelques notables, dont un marchand nommé Jean Foulquier, marié vers 1576 à une demoiselle de Roquefeuil, dans la généalogie de laquelle on va trouver plusieurs familles de l'ancienne noblesse, dont les Pompadour, des Cars, Ventadour, Brienne..., et les anciens comtes de Toulouse. L'un de ces derniers avait épousé une princesse espagnole, Elvire de Castille, dont l'arbre généalogique offre plusieurs filiations permettant de la relier à des familles omeyyades ayant régné en Espagne, au nombre desquelles la filiation présentée ci-dessus, valant à Marine Le Pen d'avoir à la 35e génération une ancêtre maure : Zaïda, épouse d'un infant de Léon, par laquelle elle descend d'un cousin de Mahomet, mais aussi d'une certaine Aïcha, que plusieurs généalogistes identifient comme étant la propre petite-fille du Prophète, soit 49 générations entre elle et le Prophète :

- Umayya, fondateur de la dynastie Omeyyade, cousin germain du grand-père de Mahomet,
- Abbu al Açi,
- AlbHaKam x Amina,
- Marwan Ier, 4e calife de Damas x Aïcha, fille d'Uthman Ier bin AFFÂN, calife de Médine, de La Mecque et de Damas, et de **Ruqayyah, fille de Mahomet**, le Prophète, calife de La Mecque (vers 570-632) et de Khadija
- Abd el Malik, 5e calife de Damas x Walada SUFYANIDE
- Hisham Ier Mansourah, calife de Damas, tué à la bataille de Poitiers
- Mutawiya x Fatma
- Abûl-Mutarrif Ier, émir de Cordoue x Zaïbra
- Hisham Ier l'Apprécié, émir de Cordoue
- Ab ar Raham, émir de Cordoue x Adjab
- Abd al Rahman II, le Victorieux, émir de Cordoue x Tarub al Shifa
- Muhamed, émir de Cordoue x Ushar

• Abd Allah in Muhammad, émir de Cordoue x Oneca Iniga de PAMPELUNE
• Zayd de CORDOUE
• Zahaïd Ibn Zayd de CORDOUE x Fatma
• **Zaïra** de CORDOUE **x Lovesende de AMAYA**, infant de Léon, seigneur du comté de Portugal
• Abou Nazar Lovesendez de AMAYA, fondateur du monastère de Santo-Tirso x Unico Gohindez
• Trastamire de AMAYA x Dordia SUAREZ
• Gonzalo de AMAYA, x Unisco
• Ermesinde de AMAYA x Nunio II *Cœur Andalou* de LARA, gouverneur des Asturies
• Jimena (Chimène) Nunaz de LARA, senhora de Ulver x Alphonse le Brave, roi de LÉON, de Castille, de Tolède et de Galice
• **Elvire de CASTILLE** (vers 1080-1135), infante de Castille **x Raymond de SAINT-GILLES, comte de TOULOUSE**, chef d'une des armées de la première Croisade
• Alphonse 1er *Jourdain*, comte de TOULOUSE (vers 1103-1148) x Faydide de POSQUIÈRES
• Raymond V, comte de TOULOUSE (1134-1194) x Constance de FRANCE (fille de Louis VI le Gros)
• Raymond VI *le Vieux*, comte de TOULOUSE (1156-1222) x Jeanne d'ANGLETERRE
• Jeanne de TOULOUSE (1195-1250) x Bernard IV de LA TOUR
• Dauphine de LA TOUR (1220-1299) x Elbes VII de VENTADOUR
• Elbes VIII *Hélie* de VENTADOUR x Blanche de CHÂTEAUNEUF-LA-FORÊT
• Elbes X Hélie de VENTADOUR (1264-1339) x Marguerite de BEAUJEU
• Bernard Ier de VENTADOUR x Marguerite de BRIENNE DE BEAUMONT
• Madeleine (Marie) de VENTADOUR x Jean Hélie de POMPADOUR
• Marguerite de POMPADOUR x 1390 Audouin de PÉRUSSE DES CARS
• Souvenraine de PÉRUSSE DES CARS x Aymeric de MOSTUEJOULS
• Louise de MOSTUEJOULS x 1454 Philippe de CAPLUC, seigneur de Pinet (Hérault)
• Blanche de CAPLUC x 1495 Jean de ROQUEFEUIL
• Guillaume de ROQUEFEUIL x 1525 Catherine GUISTARD de TAURINES
• **Anne de ROQUEFEUIL x vers 1570 Jean FOULQUIER**, marchand à Pousthomy (Aveyron)
• Pierre FOULQUIER x 1602 Cécile CAHUZAC
• Simon FOULQUIER x Françoise FAGES
• Anne FOULQUIER x 1674 Pousthomy Pierre BEL, brassier
• Marie BEL x 1703 Georges JULIEN, laboureur à Saint-Sernin-sur-Rance (Aveyron)
• Pierre JULIEN x 1758 Cécile BELLY
• Victor JULIEN, propriétaire x 1791 Rose BENEZECH
• Victor JULIEN, chapelier, x 1820 Marie Benoîte CONDOMINES
• Henriette Pauline JULIEN x 1845 Antoine TARRISSE
• Henriette TARRISSE x 1873 Pierre Joseph SIRGUE, meunier à Brasc (Aveyron)
• Jean-Baptiste SIRGUE (1877-1936), ingénieur x 1907 (Assiout, Égypte) Pauline VINCENT
• Jeannette SIRGUE (1912-1998) x Pierre LALANNE, négociant en vins
• **Perrette LALANNE (1935) x 1960 Jean-Marie LE PEN**
• Marine LE PEN (1968)

SONT-ILS NÉS LE MÊME JOUR QUE VOUS ?

JANVIER

01 Lagarde (Christine)
03 Castaner
06 Piolle
09 Barnier
22 Poisson
28 Sarkozy

FÉVRIER

01 Juvin
02 Lisnard, Taubira
03 Collard, Le Foll
23 Arthaud

MARS

04 Fillon
07 Dupont-Aignan
13 Attal
14 Poutou
21 Bertrand
25 Ph. de Villiers

AVRIL

01 Martinez
05 Abad
12 Wauquiez
13 Brigitte Macron
15 Le Maire
16 Roussel
18 Besancenot, Borne
20 Dupond-Moretti
22 Véran
30 Hulot

MAI

03 Lassalle
05 Copé
06 Muselier
08 Parly
23 Quatennens
25 Bayrou
26 Autain
31 Roux de Bézieux

JUIN

02 Cazeneuve
10 Montchalin
11 Bayou
13 Pompili
19 Hidalgo
20 Jean-Marie Le Pen
21 Baroin
25 Castex
26 Hamon
30 Le Drian

JUILLET

01 Estrosi, Ferrand
14 Pécresse
26 P. de Villiers
27 Jadot

AOÛT

05 Marine Le Pen
08 Aubry
12 Hollande
13 Valls
14 Denormandie
15 Juppé
17 Morin
18 Faure
19 Mélenchon
20 Fabius
31 Zemmour

SEPTEMBRE

13 Bardella
14 Asselineau, Larcher
16 Moscovici
22 Royal
28 Ciotti

OCTOBRE

05 Villani
11 Darmanin
24 J.-C. Lagarde, Philippot
27 Berger
30 Montebourg

NOVEMBRE

06 Morano
17 Baylet
18 Schiappa
20 Retailleau
27 Dati
28 Philippe

DÉCEMBRE

04 Blanquer, Jacob
06 Rugy
10 Maréchal
21 Macron
24 Bachelot
29 Griveaux

LEURS JOURS, MOIS ET SIGNES DE NAISSANCE

Jours particuliers : 1er janvier : Christine Lagarde ; 1er avril : Philippe Martinez ; 14 juillet : Valérie Pécresse.

Mois records : avril et août (11 natifs), juin (10) et mars (12) ; le moins : mars et juillet (5).

ILS SONT NÉS LE MÊME JOUR

Ici encore, hasards et coïncidences étonnent et amusent, avec des personnalités ayant le même jour anniversaire qu'une autre, voire nées exactement le même jour.

Ont le même jour anniversaire :

Beaucoup de cas, très divers et parfois étonnants, comme Sarkozy et Pollock, le maître de l'expressionnisme abstrait ; Rachida Dati et l'aventurier Daniel Ducruet (ex-mari de Stéphanie de Monaco).

Des similitudes parfois entre politiques :

– trois nés un même jour : Borne, Besancenot et Charles Pasqua ; Ferrand, Estrosi et l'ancien ministre Bernard Laporte ; Castex et les anciens ministres Rebsamen et Albanel ; Castaner, Darrieussecq et l'ancien ministre Le Guen ; Giscard, Lisnard et Taubira ;

– deux nés un même jour : Asselineau et Larcher ; **Bayou et Jose Bové** ; Blanquer et Jacob ; Cahuzac et Hidalgo ; Collard et Le Foll ; Collomb et Jean-Marie Le Pen ; Denormandie et Cambédelis, le Gilet Jaune Éric Drouet et Christine Boutin, du Parti chrétien démocrate ; Macron et l'homme politique belge Charles Michel, Chatel et Juppé (15 août, comme Napoléon) ; **DSK et Fadela Amara** (« Ni putes ni soumises ») ; Copé et Karl Marx ; Muselier et Robespierre ; **Mélenchon et Bill Clinton** ; Olivier Faure et son homonyme Edgar Faure ; Valls et Fidel Castro.

L'ascendant, dans un thème, décrit le comportement extérieur, ce que l'on « donne à voir »... Dès lors, le nombre important de personnalités politiques ayant l'ascendant en Balance – une constante remarquable – peut s'expliquer par le fait que leur rôle nécessite un comportement agréable et diplomate, qualités typiquement « Balance ».

Qu'Arthaud, Laguiller et Poutou soient tous trois Poissons ne saurait surprendre. Ce sont des altruistes, qui trouvent un sens à leur vie en se dévouant aux autres.

(Catherine Aubier)

LEUR SIGNE ASTROLOGIQUE

On compte 13 Lion, 10 Gémeaux, 9 Bélier, 7 Vierge, Cancer, Scorpion, Taureau et Verseau, 6 Capricorne et Sagittaire, 5 Poissons et 3 Balance.

Bélier (21 mars-19 avril) : **9** – Abad, Bertrand, Borne, Le Maire, Brigitte Macron, Martinez, Roussel, Ph. de Villiers, Wauquiez.

Taureau (20 avril-20 mai) : **7** – Copé, Dupond-Moretti, Hulot, Lassalle, Muselier, Parly, Véran.

Gémeaux (21 mai-20 juin) : **10** – Autain, Bayou, Bayrou, Cazeneuve, Hidalgo, J.-M. Le Pen, Montchalin, Pompili, Quatennens, Roux de Bézieux.

Cancer (21 juin-22 juillet) : **7** – Baroin, Castex, Estrosi, Ferrand, Hamon, Le Drian, Pécresse.

Lion (23 juillet-23 août) : **13** – Aubry, Cambadélis, Denormandie, Fabius, Faure, Hollande, Jadot, Juppé, Mélenchon, Morin, Marine Le Pen, Valls, P. de Villiers.

Vierge (24 août-22 septembre) : **7** – Asselineau, Bardella, Baylet, Larcher, Moscovici, Royal, Zemmour.

Balance (23 septembre-22 octobre) : **3** – Ciotti, Darmanin, Villani.

Scorpion (23 octobre-21 novembre) : **7** – Berger, J.-C. Lagarde, Montebourg, Morano, Philippot, Retailleau, Schiappa.

Sagittaire (22 novembre-21 décembre) : **6** – Blanquer, Dati, Jacob, Macron, Maréchal, Philippe.

Capricorne (22 décembre-19 janvier) : **6** – Bachelot, Barnier, Castaner, Griveaux, Lagarde, Piolle.

Verseau (20 janvier-19 février) : **7** – Collard, Le Foll, Juvin, Lisnard, Poisson, Sarkozy, Taubira.

Poissons (20 février-20 mars) : **5** – Arthaud, Attal, Dupont-Aignan, Fillon, Poutou.

On compte **28 signes de feu** (Bélier, Lion, Sagittaire), **20 signes de terre** (Taureau, Vierge, Capricorne), **20 signes d'air** (Gémeaux, Balance, Verseau) et **19 signes d'eau** (Cancer, Scorpion, Poissons) et seulement **48 signes positifs** (Bélier, Gémeaux, Lion, Balance, Sagittaire, Verseau), pour **39 signes négatifs** (Taureau, Cancer, Vierge, Scorpion, Capricorne, Poissons).

Leur ascendant : on compte 15 Vierge, 13 Balance, 12 Cancer et 11 Scorpion, face à 7 Lion, 6 Sagittaire et Taureau, 5 Verseau, 4 Gémeaux, 3 Bélier et Capricorne et seulement 2 Poissons.

LEURS ORIGINES GÉOGRAPHIQUES

Où sont-ils nés ?

55 sont nés en province, 28 en Île-de-France (13 à Paris et 15 en banlieue) et 4 à l'étranger, dont 2 nés non français (Hidalgo et Valls, devenus français par naturalisation en 1973 et 1982). Signalons une seule personnalité née dans un Dom (Taubira).

Où ont-ils des racines ?

Beaucoup ont des arbres généalogiques géographiquement très éclatés, écartelés entre plusieurs départements, régions, voire pays, à commencer par les natifs de Paris et de sa région, et avec ici aussi des records :

Beaucoup ont des arbres généalogiques géographiquement très éclatés, écartelés entre plusieurs départements, régions, voire pays, à commencer par les natifs de Paris et de sa région, et avec ici aussi les records de :

– Denormandie : 37 départements + 8 pays : **record absolu de la dispersion** ;
– Roux de Bézieux : 30 départements + 2 pays ;
– Bayou : 20 départements + 1 pays ;
– Jadot : 18 départements + 1 pays ;
– Le Maire (16 départements + 4 pays), Lisnard et Sapin (16 +1) ;
– Collard (15 départements + 7 pays) et Montchalin (15 + 3) ;
– Philippe et Villani : 14 départements (+ 3 et + 5).

Vingt-trois politiques français ont des racines dans 10 départements et plus (Le Maire, Sapin, Collard, Poisson, Maréchal, Cazeneuve, Hollande, Dupont-Aignan, Villiers, Hulot, Pécresse, Duflot, Asselineau, Attal, Bardella, Barnier, Blanquer, Drouet, Griveaux, Juvin, Parly, Véran, Ph. et P. de Villiers).

Quinze en ont dans deux ou trois seulement (ainsi Arthaud, Aubry, Bachelot, Bayrou, Berger, Ferrand, Jacob, Le Drian, Le Foll, Jean-Marie Le Pen, Morin, Poutou, Retailleau, Wauquiez) et quatre dans un seul : Castex (Gers), Lassalle (Pyrénées-Atlantiques), Taubira (Guyane), Hamon (Finistère : phénomène classique en Bretagne, la plupart des Bretons n'ayant pas de racines hors de la Bretagne (Berger, Le Drian, Le Foll, Jean-Marie Le Pen…). Zemmour a toutes les siennes dans les mêmes secteurs de l'Algérie.

Si la dispersion géographique est généralement le fait des milieux socialement dominants (ainsi Denormandie, Roux de Bézieux, Collard, Le Maire, Sapin…), alors que les concentrations sur un ou deux départements sont plutôt révélateurs de milieux plus simples (Arthaud, Berger, Lassalle, Poutou, Jean-Marie Le Pen…), on constate néanmoins que cette dispersion géographique va croissant, à l'inverse de la concentration, résultat des brassages et s'imposant avec les plus jeunes générations. De même, la carte de France des origines géographiques, reproduite ci-dessous, sera surtout intéressante lorsqu'elle sera comparée à celles des éditions précédentes de ce livre.

La montée des descendants d'immigrés

À la veille de la présidentielle de 2012, on était loin des traditionnelles origines du Massif central, si souvent dénoncées autrefois, au temps de Pompidou, Giscard et Chirac, pour observer les pics des origines géographiques concentrés dans les deux bassins industriels et miniers du Nord-Pas-de-Calais et de Lorraine, face à une sous-représentation de la Bretagne et des départements du Sud, exception faite des Pyrénées-Atlantiques. Pays étrangers les plus représentés : la Belgique et l'Italie.

Cinq ans après, la carte établie avant les élections de 2017 confirmait globalement ces tendances, tout en révélant une remontée spectaculaire de la Bretagne bretonnante (Côtes-d'Armor, Morbihan et Finistère), avec une arrivée en force des Bretons dans les gouvernements du quinquennat de François Hollande, peut-être à la suite de J.-M. Ayrault, lui-même breton.

En 2022, on constate une plus forte dispersion géographique et bien des changements, tout en voyant se maintenir le « pic » du Nord (talonné par le Pas-de-Calais) et la confirmation de celui des Pyrénées-Atlantiques, parallèlement à un recul des départements lorrains et à une sous-représentation des départements du Centre et du Val-de-Loire, de l'Auvergne, du Poitou-Limousin, de la Franche-Comté et du Languedoc, et à une légère remontée des départements du Sud (Sud-Ouest, Languedoc, Provence et Corse).

Mais le plus frappant est l'impressionnante montée des racines étrangères, l'Espagne s'offrant le premier rang devant l'Italie, suivies de la Belgique. Espagne et Italie devancent même ici les deux départements précédemment cités comme détenteurs des records. Une observation révélatrice de l'engagement des descendants d'immigrés, après intégration et assimilation acquise à force de volonté et de travail, parallèlement à la montée des personnalités à double culture (☞ p. 377). On note enfin deux départements dans lesquels aucune personnalité n'a de racine : la Haute-Loire et la Mayenne.

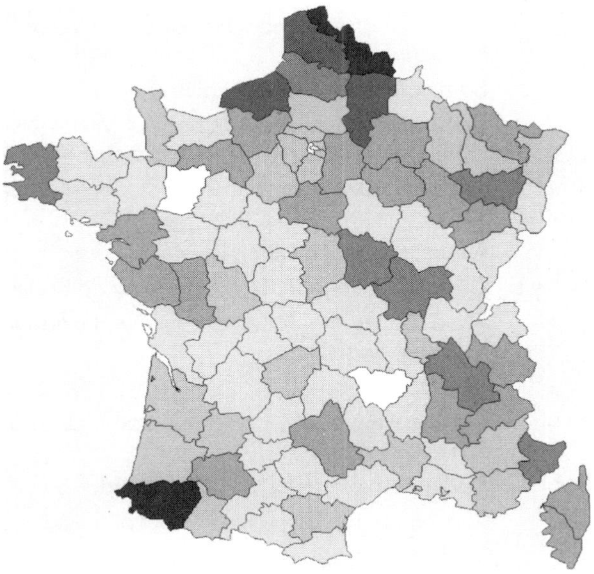

QUI EST DE « CHEZ VOUS » ?

Leurs origines par départements et pays

Chaque personnalité pouvant compter autant de départements d'enracinement que d'ancêtres, son nom est imprimé en caractères gras lorsqu'il s'agit de ses racines patronymiques.

AIN :	Attal, Griveaux, Roux de Bézieux, Sarkozy
AISNE :	Bardella, Bertrand, Blanquer, Cambadélis, Darmanin, Denormandie, Faure, **Jacob**, Jadot, Le Maire, Macron, **Philippot**, Roux de Bézieux, Trogneux-Macron
ALLIER :	Cambadélis, Cazeneuve, Denormandie, Juvin, Philippe, Roux de Bézieux, Véran
HAUTES-ALPES :	Barnier, Ciotti, **Faure**, Roux de Bézieux,
ALPES-DE-HAUTE-PROVENCE :	Ciotti, **Pécresse**
ALPES-MARITIMES :	Cazeneuve, **Ciotti**, **Estrosi**, **Lisnard**, Pécresse, Philippe, **Véran**
ARDÈCHE :	Attal, Barnier, Denormandie, Philippe, **Roux de Bézieux**
ARDENNES :	Besancenot, Blanquer, Denormandie, Jadot, Juvin, Trogneux-Macron
ARIÈGE :	Asselineau, Hulot, Trogneux-Macron,
AUBE :	Attal, **Bertrand**, **Collard**, Darmanin, Montchalin, **Poisson**
AUDE :	Asselineau, Dupont-Aignan, Parly, Villani
AVEYRON :	Bayou, Dupont-Aignan, **Ferrand**, Marine Le Pen, Macron, Maréchal, Sapin
BOUCHES-DU-RHÔNE :	Barnier, Ciotti, Muselier, Philippe
CALVADOS :	Denormandie, Fillon, Larcher, Le Maire, Lisnard, Maréchal, Morin, Roussel, Roux de Bézieux, Villani, Villiers
CANTAL :	Aubry, Bardella, Besancenot, Dupont-Aignan, Philippot, Valls
CHARENTE :	Autain, Castaner, Hulot, Le Maire, Poisson
CHARENTE-MARITIME :	Castaner, Hollande, Le Maire, Roux de Bézieux
CHER :	Abad, Bayou, Bertrand, Cazeneuve, Hollande, Maréchal, Muselier, Sapin
CORRÈZE :	**Aubry**, Schiappa
CORSE :	Cazeneuve, Juvin, J.-C. Lagarde, Lisnard, Pécresse, Schiappa, Villani
CÔTES-D'ARMOR :	Asselineau, Blanquer, Le Foll, Lisnard, Villiers
CÔTE-D'OR :	Barnier, Faure, Griveaux, Montchalin, Montebourg, Parly, Philippe

Creuse :	Abad, Baroin, Denormandie, Juvin, Montchalin, Muselier, Pécresse, Sapin
Dordogne :	Attal, Cazeneuve, Hulot, Lisnard
Doubs :	Bardella, Denormandie, Montchalin, **Muselier**, Roux de Bézieux, Sapin
Drôme :	Arthaud, Autain, Baylet, Bayou, Griveaux, **Juvin**, Philippe, Roux de Bézieux, Véran
Eure :	Bardella, Borne, Ch. Lagarde, Larcher, Lisnard, Maréchal, **Morin**, Parly, **Philippe**, Roux de Bézieux
Eure-et-Loir :	Abad, Asselineau, Cazeneuve, Denormandie, Hollande, Hulot, Jadot, Larcher, Lisnard, Montchalin, Parly
Finistère :	Bachelot, **Hamon**, Le Drian, **Le Foll**, Jean-Marie et Marine Le Pen, Maréchal, Parly, Pécresse, Rugy
Gard :	Asselineau, Bayou, Collard, Marine Le Pen, Maréchal, Poisson
Haute-Garonne :	Asselineau, Bayrou, **Cazeneuve**, Juppé, **Piolle**, Villiers
Gers :	**Castex**, Juppé
Gironde :	Castaner, Hulot, Ch. Lagarde, Marine Le Pen, Lisnard, Maréchal, Poutou
Hérault :	Attal, Barnier, Bayou, Ferrand, Macron
Ille-et-Vilaine :	Parly, Pécresse, Pompili
Indre :	Denormandie, Fillon, Griveaux, Montchalin, Pécresse, Sapin
Indre-et-Loire :	Denormandie, Poisson, Roux de Bézieux
Isère :	Abad, **Arthaud**, Autain, **Barnier**, Baylet, Collard, Griveaux, Hulot, Muselier, Poisson, Roux de Bézieux, Sarkozy, Véran
Jura :	Attal, Denormandie, Faure, Le Maire, Poisson, Roux de Bézieux
Landes :	Besancenot, Castaner, Juppé, Marine Le Pen, Maréchal, Piolle
Loir-et-Cher :	Lisnard, Maréchal
Loire :	Bayou, Denormandie, Griveaux, Jadot, Le Maire, Roux de Bézieux, Véran
Loire-Atlantique :	**Berger**, Dupont-Aignan, Macron, Pécresse, Villiers
Loiret :	Abad, **Asselineau**, Attal, Borne, Cazeneuve, Dupont-Aignan, Hollande, Jadot, Maréchal, Montchalin, Muselier, Poisson
Lot :	Faure
Lot-et-Garonne :	**Bayou**, Hulot, Lisnard, Poutou
Lozère :	Bayou, Larcher, Roux de Bézieux
Maine-et-Loire :	Attal, Denormandie, Poisson, Retailleau
Manche :	Fillon, Lisnard, Royal, **Villiers**

MARNE :	Bardella, Bertrand, Blanquer, Collard, Darmanin, Denormandie, Dupont-Aignan, Jacob, Jadot, Le Maire, Macron, Parly, Poisson, Quatennens, Royal, Sapin, Trogneux-Macron, Véran
HAUTE-MARNE :	Bayou, Collard, Griveaux, Hulot, Juvin, Le Maire, Montchalin, Morano, Véran
MEURTHE-ET-MOSELLE :	Attal, Jadot, **J.-C. Lagarde**, Morano, Pécresse, Royal, Schiappa, Villani, Villiers
MEUSE :	Bayou, Besancenot, Collard, Darmanin, Jadot, Morano, Parly, Royal, Schiappa, Trogneux-Macron, Villani
MORBIHAN :	Bachelot, Berger, Blanquer, Denormandie, Griveaux, **Le Drian**, **J.-M. Le Pen**, **Marine Le Pen**, Maréchal, Pécresse, Villiers
MOSELLE :	Attal, Bardella, Baroin, Baylet, Blanquer, Castaner, **Fabius**, Jadot, **J.-C. Lagarde**, Morano, Muselier, Royal, **Rugy**, Véran, Villani, Villiers
NIÈVRE :	**Bachelot**, **Baroin**, Bayou, Bertrand, Besancenot, Cazeneuve, Denormandie, Griveaux, Hollande, Philippe, Roux de Bézieux
NORD :	Baroin, Cambadélis, Collard, Darmanin, Denormandie, Dupond-Moretti, Hulot, Jadot, Ch. Lagarde, Larcher, Le Maire, Macron, Maréchal, **Montchalin**, Philippe, Philippot, Poisson, Pompili, Quatennens, Roussel, Roux de Bézieux, Rugy, Trogneux-Macron, Villani, **Wauquiez**
OISE :	Cambadélis, Collard, **Denormandie**, Jadot, Juvin, Larcher, Macron, Maréchal, Montchalin, Rugy, Trogneux-Macron
ORNE :	Abad, Denormandie, Dupond-Moretti, Hollande, **Hulot**, Le Maire, Lisnard, Maréchal, Véran
PAS-DE-CALAIS :	Abad, Besancenot, Collard, Darmanin, Denormandie, Dupond-Moretti, **Hollande**, Jadot, Ch. Lagarde, Larcher, Lisnard, Macron, Montchalin, Philippe, Philippot, Pompili, Quatennens, **Roussel**, Roux de Bézieux, Trogneux-Macron, Wauquiez
PUY-DE-DÔME :	Cambadélis, Cazeneuve, Collard, Griveaux, Jadot, Juvin, Poisson, Sapin
PYRÉNÉES-ATLANTIQUES :	Aubry, **Bayrou**, Besancenot, Castaner, Fillon, Juppé, J.-C. Lagarde, **Lassalle**, Lisnard, Macron, Piolle, **Poutou**, Villani
HAUTES-PYRÉNÉES :	Bayrou, Cazeneuve, Juppé, Macron, Piolle
PYRÉNÉES-ORIENTALES :	Baylet, Collard, Roux de Bézieux, Villiers
BAS-RHIN :	Baylet, Bertrand, Blanquer, Collard, Denormandie, Ch. Lagarde, J.-C. Lagarde, Rugy, Villani
HAUT-RHIN :	Attal, Bardella, Blanquer, Denormandie, Pécresse, Sapin,

Rhône :	Barnier, Bayou, **Dupont-Aignan**, Denormandie, Griveaux, Hollande, Hulot, Le Maire, Roux de Bézieux, Sapin
Haute-Saône :	**Asselineau**, **Bayou**, **Besancenot**, **Denormandie**, **Morano**, **Roux de Bézieux**, **Sapin**, **Véran**, **Villani**
Saône-et-Loire :	Barnier, Bayou, Besancenot, Denormandie, Dupont-Aignan, **Griveaux**, Montchalin, **Montebourg**, Philippe, Poisson, Roux de Bézieux, Véran, Villani
Sarthe :	Denormandie, Fillon, Maréchal, Royal
Savoie :	Abad, Autain, Barnier, Bayou, Bertrand, Hollande, J.-C. Lagarde, Roux de Bézieux, Sarkozy
Haute-Savoie :	Autain, Bayou
Paris :	Bardella, Collard, Denormandie, Le Maire, Roux de Bézieux, Sapin, Véran
Seine-Maritime :	Borne, Denormandie, Fillon, Juvin, **Larcher**, Montchalin, Montebourg, Morin, Philippe, Roux de Bézieux, Sapin
Seine-et-Marne :	Bardella, Borne, Collard, Darmanin, Denormandie, Faure, Jacob, Jadot, Larcher, **Le Maire**, Montchalin, Poisson, Rugy
Deux-Sèvres :	**Autain**, Fillon, Hollande, Retailleau, Roux de Bézieux, Sapin
Somme :	Cambadélis, Denormandie, Drouet, **Estrosi**, Guéant, Hulot, Jadot, Lisnard, Parly, **Macron**, Pompili, Roussel, Roux de Bézieux, Rugy, **Trogneux-Macron**, Villani, Villiers
Tarn :	Asselineau, Bayou, Macron, Maréchal
Tarn-et-Garonne :	**Baylet**, Faure, Maréchal
Var :	Barnier, Blanquer, Ciotti, Le Maire, Muselier, Pécresse, Philippe, Roux de Bézieux, Rugy
Vaucluse :	Baylet, Bayou, Blanquer, Juvin, Muselier, Philippe
Vendée :	**Fillon**, Juppé, **Retailleau**, Villiers
Vienne :	Hollande, Le Maire, Roux de Bézieux, **Sapin**
Vosges :	Asselineau, Autain, Bayou, Jadot, Juvin, **J.-C. Lagarde**, Le Maire, **Morano**, Pécresse, **Royal**, Rugy, Sapin, Véran, Villani
Yonne :	Borne, Darmanin, Denormandie, Griveaux, Jadot, **Parly**, Poisson, Villani
Yvelines :	Dupont-Aignan, Denormandie, Le Maire
Territoire de Belfort :	Roux de Bézieux, Sapin
Essonne :	Dupont-Aignan, Jadot, Lisnard, Montchalin, Parly,
Hauts-de-Seine :	Bayou,
Seine-Saint-Denis :	Bardella, Denormandie, Parly,
Val-d'Oise :	Collard, Denormandie, Juvin,
Guyane :	**Taubira**

RACINES À L'ÉTRANGER

Algérie :	Bardella, Blanquer, Cazeneuve, Copé, Dati, Juppé, J.-C. Lagarde, Le Maire, Mélenchon, Montebourg, Villani, **Zemmour**
Allemagne :	Attal, Blanquer, Collard, Denormandie, Dupond-Moretti, Fabius, Philippot, Rugy, Villani
Belgique :	Bertrand, Borne, Darmanin, Denormandie, Dupond-Moretti, **Jadot**, Lagarde, Larcher, Le Maire, Montchalin, Philippot, Poisson, Philippe, Pompili, Quatennens, Roussel, Royal, Rugy, Sapin, Wauquiez
Brésil :	Le Maire
Espagne :	**Abad**, **Blanquer**, **Castaner**, Cazeneuve, **Hidalgo**, J.-C. Lagarde, **Martinez**, **Mélenchon**, Piolle, Roussel, Villani, **Valls**
États-Unis :	Attal, Fabius, Muselier
Grèce :	Sarkozy
Hongrie :	Bayou, Baroin, **Sarkozy**
Irak :	Collard
Italie :	Attal, **Bardella**, Cazeneuve, **Ciotti**, Dupond-Moretti, **Estrosi**, Juvin, J.-C. Lagarde, Lisnard, Mélenchon, Morano, Muselier, Philippe, **Pompili**, Roux de Bézieux, **Schiappa**, Valls, **Villani**
Liban :	Collard
Luxembourg :	Royal, Véran, Villani
Malte :	**Darmanin**, Marine Le Pen, Maréchal
Maroc :	**Dati**
Monaco :	Denormandie
Pays-Bas :	Collard, Denormandie
Pologne :	**Borne**, Denormandie, Moscovici, Philippot, Quatennens
Roumanie :	**Copé**, **Moscovici**
Royaume-Uni :	Attal, Blanquer, Collard, Le Maire, Macron, Roux de Bézieux
Russie :	Attal, Denormandie, Villiers
Saint-Domingue :	Denormandie
Suisse :	Attal, Autain, Bardella, Collard, Denormandie, Juvin, Marine Le Pen, Maréchal, Montchalin, Pécresse, Valls, Véran
Tchéquie :	Montchalin
Tunisie :	**Attal, Darmanin**
Turquie :	Collard
Viêtnam :	Faure

LES RICHESSES DU MELTING-POT FRANÇAIS

Au fil des dernières décennies et des vagues successives d'immigration (Italiens, Polonais, Espagnols, Portugais, Maghrébins), la France s'affirme de plus en plus, elle aussi, comme un melting-pot, dont le monde politique est aussi le reflet. Face à 27 personnalités n'ayant aucune racine à l'étranger, 56 en ont (dont 12 dans un seul pays, avec les records de Denormandie (8 pays) et de Collard (7).

À quoi s'ajoutent 6 personnalités n'ayant aucune racine en France :

- Dati (Maroc),
- Hidalgo et Martinez (Espagne),
- Mélenchon (Espagne, Italie),
- Moscovici (Roumanie, Pologne),
- Zemmour (Algérie)

Auxquelles on serait tenté d'ajouter Valls (à qui le généalogiste découvre anecdotiquement un aïeul auvergnat, établi en Espagne au XVIIe siècle).

Personnalités à double culture

- Abad (Espagne/France)
- Bardella (¾ Italie ; ¼ France-Algérie)
- Blanquer (Espagne/France)
- Borne (Pologne/France)
- Cambadélis (Grèce/France)
- Darmanin (¼ Malte, ¼ Algérie/ ½ France)
- Dupond-Moretti (½ France-Belgique ; ½ Italie)
- Faure (France/Viêtnam)
- Montebourg (¾ France ; ¼ Kabylie)
- Morano (¾ France ; ¼ Italie)
- Moscovici (Roumanie/Pologne)
- Philippot (¾ France ; ¼ Pologne)
- Pompili (¼ Italie ; ¾ France)
- Sarkozy ½ Hongrie ; ¼ Grèce ; ¼ France)
- Valls (Espagne/Suisse)

Aux côtés d'une personnalité à triple culture : Attal, descendant pour ¼ de juifs séfarades, pour ¼ de juifs ashkénazes, pour ¼ de Russes orthodoxes et pour le dernier ¼ de Français catholiques.

LES COUSINAGES INATTENDUS

ENTRE LES PERSONNALITÉS POLITIQUES ÉTUDIÉES DANS CE LIVRE (43 CAS)

Autain <...............> Sarkozy
Baroin <...............> Hollande
Baroin <...............> Drouet
Bayou <...............> Besancenot
Besancenot <........> Bayou
Besancenot <........> Castaner
Blanquer <...........> Muselier
Cazeneuve <.........> Hulot
Castaner <...........> Besancenot
Ciotti <.................> Pécresse
Ciotti <.................> Véran
Collard <.............> Philippot
Collard <.............> Poisson
Darmanin <..........> Brigitte Macron
Darmanin <..........> Le Pen (Marine)
Darmanin <..........> Jadot
Drouet <...............> Baroin
Drouet <...............> Jadot
Drouet <...............> Montebourg
Drouet <...............> Philippe
Drouet <...............> Retailleau
Drouet <...............> Villani
Fillon <.................> Retailleau
Griveaux <...........> Philippe
Hollande <...........> Baroin
Hollande <...........> Hulot
Hollande <...........> Macron (Brigitte)
Hollande <...........> Maréchal
Hollande <...........> Philippot
Hollande <...........> Sapin
Hulot <.................> Cazeneuve
Hulot <.................> Hollande
Jadot <.................> Darmanin
Jadot <.................> Drouet
Lagarde JC <........> Le Maire
Larcher <.............> Quatennens
Lassalle <............> Piolle
Le Drian <...........> Le Pen
Le Maire <...........> Lagarde (J.-C.)
Le Maire <...........> Villiers
Le Maire <...........> Wauquiez
Le Pen (J.-M.) <......> Le Drian
Le Pen (Marine) <...> Darmanin
Lisnard <.............> Philippe
Macron (Brigitte) <.> Darmanin
Macron (Brigitte) <.> Hollande
Macron (Brigitte) <.> Villani
Maréchal <...........> Hollande
Maréchal <...........> Philippot
Montchalin <.........> Roussel
Montebourg <.......> Drouet
Montebourg <.......> Philippe
Muselier <...........> Blanquer
Pécresse <...........> Ciotti
Philippe <.............> Drouet
Philippe <.............> Griveaux
Philippe <.............> Lisnard
Philippe <.............> Montebourg
Philippe <.............> Quatennens
Philippe <.............> Wauquiez
Philippot <...........> Collard
Philippot <...........> Hollande
Philippot <...........> Maréchal
Philippot <...........> Quatennens
Piolle <.................> Lassalle
Poisson <.............> Collard
Poisson <.............> Wauquiez
Quatennens <.......> Larcher
Quatennens <.......> Philippe
Quatennens <.......> Roussel
Quattennens <......> Philippot
Retailleau <..........> Drouet
Retailleau <..........> Fillon
Roussel <.............> Montchalin
Roussel <.............> Quatennens
Sapin <................> Hollande
Sarkozy <.............> Autain
Sarkozy <.............> Hollande
Schiappa <......> Manaudou (Laure)
Véran <................> Ciotti
Villani <................> Drouet
Villani <................> Macron (Brigitte)
Villiers <...............> Le Maire
Wauquiez <..........> Le Maire
Wauquiez <..........> Philippe
Wauquiez <..........> Poisson

LES COUSINAGES INATTENDUS

AVEC D'AUTRES PERSONNALITÉS DU MONDE POLITIQUE
(NON ÉTUDIÉES ICI) OU D'AUTRES MILIEUX (90 COUSINAGES)

Abad <...........> Sophie Marceau
Arthaud <........> Facteur Cheval
Asselineau <....> Mimie Mathy
Asselineau <....> Poher
Barnier <.........> Benjamin Castaldi
Barnier <.........> Claudie Haigneré
Barnier <.........> Nathalie Baye
Barnier <.........> Simone Signoret
Baroin <..........> Thibault
Baroin <..........> Laurent
Baylet <...........> Nagui
Besancenot <...> L. Bettencourt
Cazeneuve <...> Peillon
Cazeneuve <...> Touraine
Cheminade <..> Bernard Arnault
Collard <........> Longuet
Darmanin <.....> Hortefeux
Darmanin <.....> Robespierre
Darmanin <.....> Thorez
Denormandie <> Mme Steinheil
Drouet <.........> Thibault
Fabius <..........> Alfred Dreyfus
Fabius <..........> Guggenheim
Fabius <..........> Debré
Fabius <..........> Lepage
Fabius <..........> Peillon
Ferrand <........> Belloubet
Fillon <...........> Villepin
Giscard <........> Mitterrand
Griveaux <......> Trierweiler
Griveaux <......> Yvonne de Gaulle
Hamon <.........> El Khomri
Hollande <......> Eckert
Hollande <......> Barjot
Hollande <......> Foucault
Hollande <......> Bernadette Chirac
Hollande <......> Guéant
Hollande <......> Kosciusko-Morizet
Hollande <......> Raffarin
Hollande <......> G. de Fontenay
Jadot < ....> Boulay
Jadot < ....> Félix Faure
Jadot <...........> Madona
Jadot <...........> Poher
Jadot <...........> Sardou
Jadot <...........> Trierweiler
Juppé <..........> Jean Dujardin
Lagarde (Ch.) <> Strauss-Kahn
Lagarde (Ch.) <> Laurent
Lassalle <.........> Estanguet
Le Foll <.........> Urvoas
Le Maire <.......> Louis XIV
Le Maire <.......> Napoléon Ier
Le Maire <.......> Talleyrand
Le Maire <.......> Nihous
Montebourg <..> Haigneré
Montebourg <..> Trierweiler
Morano <........> Gayet
Morin <..........> Bourvil
Morin <..........> Douillet
Moscovici <.....> Kiberlain
Muselier <.......> Camus
Muselier <.......> Gaudin
Muselier <.......> Sardou
Parly <............> Kersauson
Parly <............> Trenet
Philippe <........> Thibault
Philippot <.......> Barjot
Philippot <.......> Jeanne d'Arc
Piolle <...........> Estanguet
Pompili <........> Dodo-la-Saumure
Roux de Bézieux <.........> Kosciusko-Morizet
Roux de Bézieux <.........> Yvonne de Gaulle
Royal <...........> Lyautey
Royal <...........> Allègre
Royal <...........> Strauss-Kahn
Rugy <............> Patricia Kaas
Sarkozy <.........> Bettencourt
Sarkozy <.........> Castelbajac
Trierweiler <.....> Bachelet
Trierweiler <.....> Rebsamen
Trierweiler <.....> Gayet
Trierweiler <.....> Montebourg
Trierweiler <.....> Y. de Gaulle
Villiers <..........> d'Ormesson
Wauquiez <......> Mulliez
Wauquiez <......> Prouvost
Wauquiez <......> Brel
Wauquiez <......> Mitterrand
Wauquiez <......> Nihous
Zemmour <......> E. Macias

LEUR NIVEAU D'ÉTUDES

Parmi les 89 personnalités françaises étudiées dans ce livre :
– **14** ont fait à la fois Sciences Po et l'Ena : Aubry, Castex, Copé, Dupont-Aignan, Fabius, Hollande, Juppé, Le Maire, Macron, Moscovici, Parly, Philippe, Royal, Wauquiez, aux côtés de quelques-unes qui ont fait l'Ena seules, comme Asselineau, Pécresse et Philippot, sachant que **4** y avaient échoué (Griveaux, Ch. Lagarde, Montebourg, ainsi que Abad et Zemmour, ces deux derniers par 2 fois).
– **14** n'ont fait que Sciences Po (Abad, Attal, Bayou, Blanquer, Ciotti, Fillon, Griveaux, Ch. Lagarde, Montebourg, Morin, Retailleau, Rugy, Véran, Zemmour), plus Sarkozy, qui n'a pas été diplômé.
– **1** a fait Polytechnique : Borne.
Au reste : on compte 3 médecins (Juvin, Muselier et Véran, ce dernier ayant également fait Sciences Po.), 1 vétérinaire (Larcher), 1 diplômé de l'Agro (Denormandie), 1 HEC (Montchalin), 1 Sup de Co (Barnier). Beaucoup ont des diplômes de niveau agrégation, doctorat..., et plus encore de niveau licence/DEA, 2 du niveau BEPC et lycée (Estrosi, Hulot, Lassalle, Quatennens).

LEUR PROFESSION

Que faisaient-ils avant d'entrer en politique ?

Beaucoup y évoluaient plus ou moins déjà : Bardella, Ciotti, Darmanin, Fillon, Hamon, J.-C. Lagarde, Pompili, Roussel, Valls étaient attachés parlementaires – une profession de plus en plus présente –, Morin administrateur de l'Assemblée nationale, Blanquer directeur de cabinet ministériel, Parly conseillère ministérielle... Beaucoup étaient hauts fonctionnaires (Aubry, Barnier, Borne, Castex, Cazeneuve, Copé, Pécresse, Philippot), conseillers d'État (Fabius, Wauquiez), inspecteurs des Finances (Asselineau, Juppé, Macron), diplomates (Le Maire)...
Sinon, on trouve :
- plusieurs magistrats : Bayou, Dati, Moscovici, Philippe, Royal ;
- nombre d'avocats : Cazeneuve, Copé, Dati, Devedjian, Ch. Lagarde, M. Le Pen, Montebourg, Sarkozy, Strauss-Kahn ;
- quelques enseignants : Arthaud (économie et gestion), Bayrou (lettres), Berger et Le Drian (histoire), Mélenchon (français), Poisson (philo), Taubira (sciences éco), des universitaires (Cambadélis, Le Foll, Villani) ;
- des journalistes (Autain, Baroin, Baylet, Ferrand, Roussel) et des professionnels de l'audiovisuel (Hulot, Zemmour) ;
- des dirigeants du privé (Montchalin, Roux de Bézieux) ;
- plusieurs médecins (Juvin, Muselier, Véran), une pharmacienne (Bachelot), un vétérinaire (Larcher) ;
- quelques fonctionnaires (Hidalgo...) ;
- un conseiller clientèle EDF (Quatennens), un technicien agricole (Lassalle) ;
- des écrivains (Schiappa) ;
- un seul agriculteur (Jacob) et deux ouvriers (Martinez, Poutou).

ENA OU PAS ENA ?

Considérée comme l'école de l'élite nationale, l'Ena est-elle un passage obligé pour nos gouvernants ?

Supprimée en 2021, elle avait été fondée en 1945 pour « démocratiser » l'accès à la haute fonction publique de l'État et assurer la formation des hauts fonctionnaires, qui y entraient par concours et en sortaient deux ans plus tard, fiers de faire partie d'une promotion dont ils avaient choisi le nom. Longtemps sise à l'hôtel de La Meilleraye, 56 rue des Saints-Pères, à Paris, l'Ena a été transférée à Strasbourg, où elle occupait, depuis 2006, les locaux d'une ancienne prison.

Parmi ses anciens élèves les plus éminents, on peut citer quatre présidents de la République (Giscard, Chirac, Hollande, Macron) et neuf Premiers ministres (Chirac, Fabius, Rocard, Balladur, Juppé, Jospin, Villepin, Philippe, Castex), mais aussi de très nombreux ministres ou anciens ministres (outre ceux ci-après, on mentionnera Bianco, Charette, Gaymard, Guigou, Jouanno, Moscovici, Perben, Sapin, Soisson, Tasca, Toubon...), sans oublier plusieurs PDG (Denis Olivennes, Europe 1 ; Guillaume Pépy, SNCF...), des fonctionnaires internationaux (Jean-Claude Trichet), des intellectuels (Jacques Attali, Françoise Chandernagor, Alain Minc...).

Élèves de l'Ena présents dans ce livre et leur promotion

2007 : Philippot
2004 : Macron
2001 : Wauquiez
1998 : Le Maire
1992 : Valérie Pécresse (sortie 2e)
1989 : Castex, Copé et Dupont-Aignan
1987 : Parly
1985 : Asselineau
1984 : Moscovici
1980 : Hollande, Royal, Sapin, Villepin (avec Jean-Pierre Jouyet et Renaud Donnedieu de Vabres)
1975 : Aubry
1973 : Fabius
1972 : Juppé

VIE PRIVÉE, MARIAGE ET ENFANTS

Mariages : stabilité ou non ?

• **23** n'ont été mariés qu'une fois et le sont restés (comme Barnier, Jacob, Macron, Pécresse, Wauquiez...).

• **44** ont divorcé, soit près de la moitié – un taux nettement au-dessus de la moyenne. Certains ont divorcé plusieurs fois (comme Nicolas Sarkozy et Xavier Bertrand, mariés trois fois), plusieurs ayant eu au moins trois conjoints, compagnes ou compagnons (Baroin, Blanquer, Fabius, Hollande, Montebourg...), sinon plus, avec des liaisons plus ou moins éphémères et médiatisées. À noter un cas original, celui de Cazeneuve, remarié en 2015 avec son ex-épouse.

• **19** n'ont jamais été mariés (union libre ou célibat). Un célibataire (Bayou), un cas de mariage annulé (Rachida Dati) et deux *coming out* officiels (Philippot et Attal, pacsé).

Qui épousent-ils ? Attraction des médias et évolution

Les politiques seraient-ils attirés ou fascinés par les médias et le showbiz, dont plusieurs personnalités apparaissent dans leurs comités de soutien et figuraient notamment au nombre des invités au fameux dîner du Fouquet's, célébrant en 2007 la victoire de Nicolas Sarkozy ? Fréquentant de plus en plus le monde des médias et des people, les politiques y ont souvent trouvé leurs conjoints ou compagnons, journalistes (souvent politiques) de la presse écrite ou de l'audiovisuel (Borloo et Schoenberg, Montebourg et Pulvar, Strauss-Kahn et Sinclair – elle-même divorcée d'Ivan Levaï –, Hollande et Trierweiler) ou artistes : acteurs ou actrices, comme Michèle Laroque (Baroin), Julie Gayet (Hollande), elle-même ex d'Amigorena. Nicolas Sarkozy épousa Cécilia, animatrice TV et ex de Jacques Martin, puis Carla Bruni (mannequin, chanteuse et actrice)... Des liens déjà tissés au temps de François Mitterrand (beau-frère de l'acteur Roger Hanin) ou de Lionel Jospin (beau-frère de l'actrice Sophie Agacinski, épouse de l'humoriste Jean-Marc Thibault).

On remarque également que nombre de leurs enfants s'y dirigent et y font carrière – parfois, sans doute, grâce au carnet d'adresses paternel. Plusieurs ont ainsi des enfants journalistes, producteurs de cinéma ou de télévision (Ayrault, Fabius, Juppé, Morano, Sapin, Tapie, Touraine...), artistes ou comédiens (Lang, Sarkozy)...

Dès lors, si certains y ont fait leur classe, comme naguère Tapie – ou Trump aux États-Unis –, c'est vers ce milieu que d'autres se tournent pour rebondir, telle Roselyne Bachelot, papillonnant plusieurs années de micros en caméras, entre deux portefeuilles.

Cette tendance – soulignée dans la précédente édition de ce livre – est cependant en très net recul (hormis Jadot et sa compagne, la journaliste Isabelle Saporta). Les très sages et techniciens ministres de la Macronie se montrent en effet plus discrets auprès des médias quant à leur vie privée – hormis quelques rares scandales – et se mêlent moins au monde des people (hormis le couple Dupond-Moretti/Isabelle Boulay).

La tendance à l'endogamie semble elle aussi en léger recul, ou du moins en plateau, après de très nombreux cas : Alliot-Marie (compagne d'Ollier, ministre en même temps qu'elle), Martine Aubry (son mari est un de ses adjoints à la mairie de Lille), Estrosi (ex-femme adjointe à Nice), Fabius (compagne ex-femme d'un ministre), Cosse (le député Denis Baupin), Filippetti (un temps avec l'ex-ministre de droite Frédéric de Saint-Sernin, puis avec Montebourg), Hidalgo (mari directeur de cabinet de Martine Aubry), les ex-couples Hollande-Royal, Taubira-Delannon ou Duflot-Placé (ce dernier ensuite compagnon d'une députée, elle-même ex-compagne d'un ministre) et encore… Pellerin (ses deux maris directeurs de cabinet), Bertrand (son épouse, élue), Moscovici, Pompili (compagnon conseiller régional). De même, Marine Le Pen et son mari Éric Lorio, ancien secrétaire national du FN et conseiller général FN du Pas-de-Calais, puis son compagnon Louis Aliot (conseiller régional du Languedoc-Roussillon et vice-président du FN), la vie en couple de sa nièce Nolwenn Olivier avec Jordan Bardella. Citons encore Jean-Michel Blanquer et sa compagne Anna Cabana, journaliste et belle-fille de ministre.

Voir aussi à ce sujet les dynasties politiques (☞ p. 360).

Combien ont-ils d'enfants ?

Si beaucoup ont des familles recomposées, on compte peu de familles nombreuses, la majorité en ayant deux ou trois, plus rarement quatre, le record étant de sept (Ph. de Villiers), ce qui fait bien peu en comparaison des seize enfants de Marcel Barbu ! (☞ p. 408). Très rares sont ceux qui n'ont pas d'enfants (Darmanin, Macron, Poisson).

GENRES ET NIVEAUX DE VIE

Leur domicile : château ou HLM ?

S'ils ne vivent pas tous à Paris, presque tous y ont au moins un pied-à-terre, quasi indispensable pour les parlementaires habitant en province.

Si certains habitent les quartiers « chic », comme le XVIe (Montchalin, Sarkozy), le VIIe (Bayrou, Dati...), le VIIIe (Blanquer, Morin, Zemmour...), mais aussi Saint-Germain-des-Prés (Le Maire), le Quartier latin (Dupont-Aignan, Fabius...), et beaucoup la plus branchée rive gauche, entre le Luxembourg (Philippot...), le quartier Montparnasse et les vastes XVe (Aubry, Bachelot, Copé, Hidalgo, Denormande, Hollande...) ou XIVe (Borne, Haon...), les domiciles parisiens sont de plus en plus dispersés, avec aussi la montée des quartiers plus jeunes et plus « bobo », comme les bords du canal Saint-Martin (Bayou, Jadot).

Quelques-uns préfèrent la banlieue, avec une prédilection pour l'ouest, les Hauts-de-Seine et les Yvelines (Attal, Juvin, Roux de Bézieux, le clan Le Pen à Saint-Cloud, Pécresse et Larcher à Versailles et Rambouillet), deux ayant leur adresse dans le « 9-3 » : Autain et Bardella), non loin du populaire XXe arrondissement de Mélenchon. Alors que Darmanin s'est longtemps contenté d'un 76 m^{2} en location à Tourcoing, les châteaux de Giscard et de Chirac ne sont plus guère de mise...

Beaucoup, bien sûr, ont des résidences secondaires : Barnier et sa ferme solognote, Fillon et son manoir sarthois, les Macron (la villa familiale de madame, au Touquet), Roux de Bézieux et sa maison battue par le vent marin, sans oublier les maisons en Corse (Juvin, Hulot...), où Roussel se contente chaque d'été d'un camping 2 étoiles.

L'immense majorité reste évidemment fidèle à la ville ou au département d'élection, quitte à voir son domicile attaqué ou vandalisé (Castaner, Ferrand, Schiappa, comme ce fut aussi le cas de celui du Gilet jaune Éric Drouet).

Riches ou pauvres ?

Depuis 2013, la loi sur la transparence de la vie publique, promulguée sous le second gouvernement de Jean-Marc Ayrault, fait obligation aux membres du gouvernement d'adresser au président de la Haute Autorité pour la transparence de la vie publique, dans les deux mois suivant leur nomination, une déclaration exhaustive, exacte et sincère de leur situation patrimoniale. Ces déclarations sont consultables sur le site de cette instance, ou tout citoyen pourra consulter celles des ministres en place (www.hatvp.fr/consulter-les-declarations/). Les médias ont souvent puisé à cette documentation, notamment des magazines comme *Capital*, pour publier des classements et palmarès du patrimoine de nos ministres.

En 2013, l'analyse de ces déclarations avait montré une différence de près de 6 millions d'euros entre les patrimoines personnels nets déclarés de Laurent Fabius (6,04 millions) et Fleur Pellerin (0,09 million), placés au premier et dernier rangs. Sapin (2,08 millions), Ayrault (1,45 million) et Montebourg (1,35 million) occupaient les deuxième, troisième et quatrième rangs), à comparer au patrimoine des anciens présidents : 1,9 million (Mitterrand, 1995), 1,4 million (Chirac, 2007), 2,7 millions (Sarkozy, 2012) et 1,1 million (Hollande, 2012). Lorsqu'il était ministre de l'Économie, Macron avait déclaré un patrimoine de 1,2 million d'euros (dont 900 000 euros pour son appartement parisien, 86 000 en assurance-vie et une voiture achetée sept ans plus tôt, estimée à 6 000 euros), ce qui le plaçait au septième rang, loin derrière Jean-Michel Baylet, caracolant en tête, avec un patrimoine de plus de 6,5 millions d'euros.

Les études menées ensuite ont montré que les ministres de Macron possédaient un patrimoine deux fois plus élevés que ceux de Hollande, principalement pour avoir exercé, avant de devenir ministres, de hautes fonctions dans de grosses entreprises privées (ainsi Pénicaud, chez Danone). Cette dernière, ministre du Travail, se trouvait au premier rang, lors de la constitution du gouvernement Philippe en 2017, avec un patrimoine de 7,7 millions d'euros, talonnée par Nicolas Hulot (7,3 millions), Gérald Darmanin étant lanterne rouge avec un patrimoine n'excédant pas 50 000 euros (un terrain non constructible, plusieurs comptes bancaires et une Citroën). Tous les records ont depuis battus par Delphine Gény-Stéphann, X-Ponts et haut-fonctionnaire, discrète secrétaire d'État auprès du ministre de l'Économie de novembre 2017 à octobre 2018, qui a déclaré un patrimoine de quelque 16 millions d'euros.

Selon la dernière analyse publiée par *Capital* en décembre 2020, la palme revient à Franck Riester, ancien ministre de la Culture, désormais chargé du Commerce extérieur, avec une fortune essentiellement constituée de son entreprise familiale (chaîne de concessions automobiles). D'où le quinté de tête suivant (en millions d'euros) :

1er : Riester (Commerce), 7,1 ;

2e : Dupond-Morreti (Justice), 6,3 ;

3e : Wargon (Logement), 5,3 ;

4e : Panier-Runacher (Industrie), 3,5 ;

5e : Parly (Armées), 2,1.

Suivent Bachelot (11e, 1 million) et Borne (13e, 1 million), Blanquer (15e, 941 000), Attal (19e, 785 000), Castex (20e, 703 000), Le Drian (24e, 569 000), Le Maire (27e, 428 000), Montchalin (29e, 315 000), Denormandie (30e, 313 000), Véran (32e, 246 000), Pompili (34e, 183 000), Schiappa (35e, 147 000) et Darmanin toujours en queue (41e, avec un passif, dû à des emprunts, de 31 000 euros).

On note que Dupond-Moretti, qui déclare notamment deux montres de prix (une Rolex et une Journe, expertisées à 13 000 et 25 000 euros), une Harley Davidson, un bateau et trois voitures, se trouverait au premier rang, s'il n'avait fait état d'un endettement record de 1,8 million, correspondant à plusieurs prêts pour l'acquisition de biens immobiliers.

Ajoutons enfin que Mélenchon avait déclaré, en 2017, des biens immobiliers d'une valeur de 1,022 million d'euros, avec un reste à rembourser de 151 723 euros et quelque 100 000 euros sur divers comptes bancaires.

SONT-ILS SPORTIFS ?

Réponse : modérément, mais toutefois plus qu'en 2012 et 2017 – question de génération.

Si la grande majorité des hommes et femmes politiques figurant dans le *Who's Who* n'en disent rien, la moitié d'entre eux semble malgré tout en pratiquer ou avoir pratiqué un, au-delà du rituel jogging pour paparazzi.

La palme revient évidemment à Estrosi et Hulot, mais aussi à Barnier, Muselier (2e dan de karaté) et Roux de Bézieux, tous trois « multisports »). Viennent ensuite quelques « accros » de certains sports : Lisnard et Wauquiez, marathoniens et Roux de Bézieux, triathlète ; Lisnard, Macron, Philippe et Roux de Bézieux, boxeurs ; Fabius et Larcher (équitation) ou des cas plus particuliers (la course automobile pour Fillon ou l'escalade pour Bayou).

Beaucoup aiment – ou ont aimé – taper dans le ballon rond (Baroin, Blanquer, Hamon, Hollande, Jadot, Le Foll, Macron, Valls, P. de Villiers, Zemmour) et quelques-uns dans l'ovale (Ferrand, Hamon, Lassalle, Muselier, Poisson). Beaucoup disent jouer traditionnellement au tennis (Baroin, Castex, Copé, Lisnard, Morin, Roux de Bézieux, Zemmour… et Griveaux, qui voulait devenir joueur professionnel) ou au squash (Philippe). D'autres se contentent d'activités plus solitaires, comme le vélo (Barnier, Le Foll, Piolle, Rugy, Taubira), le VTT (Le Drian), le ski (Barnier, Muselier). Quelques-uns, enfin, affichent un intérêt pour le golf, réputé plus élitiste, comme Morin, ou pour l'équitation, dont Larcher fut champion.

D'autres registres sont également représentés : la chasse, à laquelle s'adonnent Darmanin, mais aussi Dupond-Moretti (chasse au faucon) et Larcher (dont la chasse à courre), couplée souvent avec la pêche (Darmanin et Larcher), alors que Berger préfère le tennis de table et la pétanque, tandis qu'Abad, malgré son handicap, pratique ski de fond, natation et foot.

Chez les femmes, les sports nautiques l'emportent, à commencer par la natation (Autain, Bachelot, Dati, Lagarde), mais aussi les joggings réguliers (Dati), la randonnée (Borne), le ski (Parly) ou les séances de stretching, chères notamment à Bachelot.

DES GOÛTS ET DES COULEURS

Côté table : tous les goûts sont dans la nature, parfois partagés, comme la tête de veau, qui fait saliver Montebourg, la farcidure corrézienne pour Hollande, l'andouille de Guéméné pour Le Drian, ou tout simplement les fruits de la passion pour Blanquer. Le sucré est un péché mignon répandu : tiramisu et macarons pour Aubry, cachous pour Bertrand et bonbons pour Philippe… Morin proclame que sa cuisine est sa pièce préférée. Dupond-Moretti, Griveaux et Bardella, fan quant à lui de spaghettis carbonara et de cuisine italienne, n'hésitent pas à se mettre aux fourneaux, alors que Larcher, réputé pour son coup de fourchette, excelle dans les négociations à table. La plupart, enfin, disent apprécier les petits repas entre amis.

Côté musique : plusieurs se déclarent mélomanes et souvent musiciens. Si Giscard jouait de l'accordéon, Arthaud taquine la trompette, Le Maire pratique l'alto et Copé le piano-jaz. Mentionnons plusieurs pianistes (Lisnard, Philippe, Véran, Villani) et quelques musiciens d'orchestre (Bayou au saxo, Quattennens à la batterie). Beaucoup sont fans de rock (Castaner, Lisnard, Philippe, Roux de Bézieux…) ou d'opéra (comme Castaner et plusieurs femmes : Aubry, Bachelot, Borne, Lagarde et Parly).

Côté hobbies : volonté de garder leur « jardin secret » ou signe d'une vie tout entière vouée à la politique, rares sont les politiques figurant au *Who's Who* qui déclarent des hobbies : Juvin et sa collection d'autographes, Dupond-Moretti, passionné de corrida et Véran d'histoire. Blanquer est un joueur d'échecs émérite, et Castaner s'adonne au poker. Drouet est fan de *tuning*, alors que Villani s'éclate avec l'équation Boltzmann et l'amortissement Landau. Cazeneuve et Bayou s'intéressent à la généalogie, le premier se consacrant à la biographie de son ancêtre expulsé (☞ p. 90) et le second ayant publié, comme une autre élue verte, Delpine Batho, son arbre généalogique sur Geneanet.

Notons enfin que la plupart sont de très gros bosseurs, plusieurs se contentant de quatre heures de sommeil par nuit, comme Blanquer, Macron ou Schiappa.

LE POIDS DES LIVRES, LE CHOC DES TIRAGES !

Outre que dès qu'elle commence à peser sur la scène politique, toute personnalité à sa bio, beaucoup ont par ailleurs la plume facile. L'écriture, en effet, en démange plus d'un et d'une : sans parler des livres-programmes et politiques, étudiés ci-après, et hormis des professionnels comme Schiappa et Autain (avec respectivement vingt-cinq et dix-sept livres à leur actif), on voit Blanquer écrire depuis l'âge de sept ans et n'ayant nulle peur des vers, tout comme Édouard Philippe, capable de rédiger un discours en alexandrins. Leurs publications sont donc aussi nombreuses que variées, s'étalant sur des registres très divers, comme autrefois Pompidou, publiant avant de devenir Premier ministre une *Anthologie de la poésie française*, ou Bayrou signant des biographies d'Henri IV, comme le jeune Blanquer avait écrit celle du père de son ami Baroin, alors que Cazeneuve mène un travail sur la vie d'un de ses ancêtres. Sans parler des romans que certains s'amusent à écrire, tel naguère feu VGE avec *La Princesse et le Président* (2009) ou les deux signés par Aurélie Filippetti, dont un roman d'amour (2006) aux passages aussi scabreux que ceux de Bruno Le Maire (2004), grand habitué quant à lui de ce genre littéraire, pour avoir fourni – sous pseudonyme – plusieurs titres à l'eau de rose, lorsqu'il était étudiant, à la fameuse collection Harlequin. Tout autre registre aussi pour Faure, qui a donné dans la BD, ou pour Larcher, coauteur d'un livre sur les animaux avec Yann Artus-Bertrand.

Un autre exercice littéraire qu'affectionnent les politiques est celui des mémoires. Un exercice auquel ils s'adonnent souvent après un retrait : VGE et Chirac y ayant sacrifié, mais aussi en 2012, dès le changement de gouvernement, Roselyne Bachelot racontant la présidentielle (*À feu et à sang*) et Guaino ses souvenirs de plume du président, comme Sapin raconta en 2014 son expérience de « ministre du travail par gros temps ». Parallèlement, certains ayant été tentés par l'autobiographie, comme Taubira.

Mais beaucoup utilisent surtout le livre pour diffuser leur programme, ainsi Valls, en 2008 (*Pour en finir avec le vieux socialisme*) ou Bartolone, avec son *Plaidoyer pour un socialisme populaire*, qui fit un flop en 2014. D'autres exploitent leur notoriété pour témoigner, comme David Douillet, signant en 2007 *Notre grande famille, histoire d'une tribu recomposée*, alors que quelques-uns se contentent d'ouvrages sur leur domaine, tel Le Guen, médecin, publiant en 2011 *Sauvons notre santé, avant qu'il ne soit trop tard*.

Quelques-uns sont des auteurs particulièrement prolixes, comme Aubry, Bayrou, Dupont-Aignan et Royal, auteurs d'une quinzaine de livres – souvent en coécriture –, suivis de Mélenchon et Montebourg (une douzaine), beaucoup se contentant de sept ou huit (Fabius, Juppé, Hollande, Le Maire, J.-M. Le Pen, Taubira, Valls), Marine Le Pen arrivant curieusement à la queue, avec seulement deux titres à ce jour (en 2006 et 2012).

En fait, on observe que le livre est manifestement devenu un outil de communication. Pionnier, VGE avait en 1976 réalisé une excellente opération de com en publiant *Démocratie française*, alors qu'il était au pouvoir. Un livre vendu à 800 000 exemplaires en quelques semaines, avec réversion des droits d'auteur. Il réitérera l'expérience à la veille des élections de 1981, imité par son adversaire François Mitterrand, qui publiera à nouveau en 1995. Les candidats fourbissant leurs armes sortent désormais leurs plumes. Sarkozy, qui a tiré la leçon, publiera un livre dès 2001, et en 2007 les libraires proposeront aux côtés du sien celui de Royal, avant de recevoir en 2011-2012 des ouvrages d'Aubry, Chevènement, Hollande, Borloo, Bayrou et Marine Le Pen.

Aujourd'hui, il n'est donc pas de candidature sans publication d'un livre et la perspective du scrutin de 2022 a fait arriver, parfois dès 2018, des œuvres d'auteurs désireux de travailler leur image en vue des diverses primaires. Conséquence : la popularité peut désormais se mesurer autant par les tirages que par les classiques sondages, d'où un nouveau petit baromètre, avec les chiffres suivants (arrêtés au 1er décembre, arrondis et donnés toutes éditions confondues, y compris celles au format poche) :

255 000	Zemmour (*La France n'a pas dit son dernier mot*, Rubempré, 2021)
251 000	Pierre de Villiers (*Le moment est venu de dire ce que j'ai vu*, Albin Michel, 2015)
174 000	Sarkozy (*La France pour la vie*, Plon, 2016)
172 000	Taubira (*Murmure pour la jeunesse*, Ph. Rey, 2016)
167 000	Sarkozy (*Le Temps des tempêtes*, L'Observatoire, 2020)
126 000	Fillon (*Faire*, Albin-Michel, 2015)
115 000	Zemmour (*Destin français*, Albin-Michel, 2018)
76 000	Pierre de Villiers (*L'équilibre est un courage*, Fayard, 2020)
55 000	Mélenchon (*Le Hareng de Bismarck*, Plon, 2015)
48 000	Juppé (*Pour un État fort*, Lattès, 2016)
40 000	J.-M. Le Pen (*Fils de la nation*, Muller, 2018)
35 000	Le Maire (*Ne vous résignez pas !*, Albin-Michel, 2016)
20 000	Barnier (*La Grande Illusion : journal secret du Brexit*, Gallimard, 2021)
14 000	Montebourg (*L'Engagement*, Grasset, 2020)
13 000	M. Le Pen (*Pour que vive la France*, 2012)
9 000	Dupont-Aignan (*France, lève-toi et marche !*, Fayard, 2016)
7 000	Juvin (*Je ne tromperai jamais leur confiance*, Gallimard, 2021)
6 000	Copé (*Le Sursaut français*, Stock, 2016)
6 000	Kosciusko-Morizet (*Nous avons changé le monde*, Albin Michel, 2016)
5 000	Valls (*L'Exigence*, Grasset, 2016)
4 000	Pécresse (*Et c'est cela qui change tout*, Robert-Laffont, 2019)
3 000	Mélenchon (*Députés du peuple humain*, Robert-Laffont, 2021)
2 000	Hidalgo (*Une femme française*, L'Observatoire, 2021)
1 300	Duflot (*Le Grand Virage*, Les Petits Matins, 2015)
1 200	Jadot (*Aujourd'hui tout commence !*, Les liens qui libèrent, 2019)
1 200	Cambadélis (*À gauche, les valeurs décident de tout*, Plon, 2015)
1 000	Roussel (*Ma France : heureuse, solidaire et digne*, Le cherche midi, 2021)
462	Placé (*Pourquoi pas moi*, Plon, 2015)

Mais tous sont battus à plate couture par le best-seller publié en 2015 par Valérie Trierweiler, *Merci pour ce moment*, traduit dans plusieurs langues, record des ventes de cette année-là, avec 603 000 exemplaires. Il s'en vendra au total plus de 732 000…

PYRAMIDE DES ÂGES

Doyens et benjamins

Allant de 27 à 94 ans (de Jordan Bardella, le benjamin, à Jean-Marie Le Pen, le doyen, qui se trouve par ailleurs être le grand-père de sa compagne), nos leaders politiques sont aux deux tiers nés entre 1953 et 1972, et donc de 50 à 70 ans.

Moins de 30 ans : 1. Trentenaires : 5. Quadragénaires : 16. **Quinquagénaires : 26. Sexagénaires : 26**. Septuagénaires : 13. Nonagénaire : 1.

1995	Bardella				
1990	Quatennens				
1989	Attal	Maréchal			
1985	Drouet	Montchalin			
1982	Darmanin	Schiappa			
1981	Philippot				
1980	Abad	Bayou	Denormandie	Véran	
1977	Griveaux	Macron			
1975	Pompili	Wauquiez			
1974	Besancenot				
1973	Autain	Piolle	Rugy	Villani	
1970	Arthaud	Philippe			
1969	Le Maire	Lisnard	Roussel		
1968	Berger	Faure	Marine Le Pen		
1967	Hamon	Jadot	J.-C. Lagarde	Pécresse	Poutou
1966	Castaner				
1965	Baroin	Bertrand	Castex	Ciotti	Dati
1964	Blanquer	Copé	Juvin		
1963	Cazeneuve	Morano	Parly	Poisson	
1962	Ferrand	Montebourg	Roux de Bézieux	Valls	
1961	Borne	Dupond-Moretti	Dupont-Aignan	Martinez	Morin
1960	Le Foll	Retailleau			
1959	Hidalgo	Jacob	Muselier		
1958	Zemmour				
1957	Asselineau	Moscovici			
1956	Ch. Lagarde	Villiers			
1955	Estrosi	Hulot	Lassalle	Sarkozy	
1954	Fillon	Hollande			
1953	Royal				
1952	Sapin	Taubira			
1951	Barnier	Bayrou	Mélenchon		
1950	Aubry				
1949	Larcher				
1948	Collard				
1947	Le Drian				
1946	Bachelot	Baylet	Fabius		
1945	Juppé				
1928	J.-M. Le Pen				

LEUR PSYCHOGÉNÉALOGIE

Au carrefour de la généalogie et de la psychologie, la psychogénéalogie a toute sa place pour éclairer le parcours de ceux et celles qui ambitionnent de nous gouverner.

Très en vogue depuis une vingtaine d'années, cette discipline consiste à explorer les transmissions conscientes et inconscientes que nous avons reçues de nos ascendants et qui influencent nos comportements et nos choix de vie.

L'héritage est positif quand il nous apporte des valeurs ou de la force ; il peut aussi nous brider, lorsque des expériences malheureuses vécues par des ancêtres n'ont pas trouvé à se dire et que des blessures suintent dans l'inconscient familial de génération en génération.

L'impact des événements sur les descendants dépend aussi de la manière dont ils ont été vécus par les contemporains. Une migration, une mésalliance, une naissance illégitime ont pu être source de honte comme de fierté, selon le récit qui en a été fait ou le secret qui l'a protégé.

Prénoms, dates de conception ou de naissance, rang dans la fratrie, choix de conjoint et de métier, jusqu'aux maladies, sont autant de marqueurs de cet héritage qu'on met en lumière grâce au génosociogramme, sorte d'arbre généalogique où l'on intègre les influences extérieures, les trajectoires sociales et des éléments de ressenti.

À la lecture du génosociogramme, on s'aperçoit que tel choix que l'on croyait personnel répondait en fait à des attentes de la famille et revenait à solder des comptes, trouver sa place, réparer une faute, reproduire un modèle ou au contraire le rejeter.

Dans l'analyse psychogénéalogique, **Marine Le Pen**, dernière de trois filles, hériterait du rôle du fils en reprenant le flambeau du père, dont elle a gardé le patronyme, au contraire d'une autre « fille de », **Martine Aubry**.

Ségolène Royal donnerait dans le contre-scénario, en s'opposant violemment à son père pour se faire une place dans sa fratrie de huit, élevée militairement. Comme l'a fait de son côté **François Hollande**, face à son père « Algérie française et antigaulliste », qui l'engageait à travailler dans la finance plutôt qu'en politique.

Quant à **François Bayrou**, difficile de ne pas le rattacher à son arrière-arrière-grand-père, aïeul maudit puis réhabilité, qui avait vécu dans le même village et dont il porte non seulement le nom mais aussi le prénom, lequel avait déjà été redonné à un frère de son père, mort tragiquement, bébé, en tombant dans le feu de la cheminée. Un drame familial insurmontable qui avait fait mourir la grand-mère de chagrin...

Sans parler de **Jacques Chirac**, chargé par son prénom de la mémoire de sa sœur aînée, Jacqueline, morte d'une bronchopneumonie à l'âge de deux ans, plus de huit ans avant sa naissance.

On note également de nombreux deuils, surtout de frères, avec pas moins de quatre cas.

François Fillon, aîné de quatre garçons, a perdu son plus jeune frère dans un accident de voiture en 1981, moins de six mois après la mort subite de son mentor en politique, Joël Le Theule. **Nicolas Hulot**, âgé alors de dix-neuf ans, a découvert une veille de Noël le suicide de son frère aîné. **Dominique de Villepin** ne s'est jamais remis de la mort de son frère aîné, survenue au retour d'une promenade en mer dont ils étaient rentrés glacés jusqu'à la moelle ; il avait tenté de l'arracher à la mort par des massages cardiaques et du bouche-à-bouche. Ce drame a conduit sa biographe, Anna Cabana*, à se demander si ce n'est pas « pour se donner le goût de lui survivre que Dominique se convainc qu'il a un destin »...

Ainsi **Claude Bartolone** a-t-il découvert tardivement l'existence d'un frère aîné décédé avant sa naissance dans des circonstances tragiques.

Double deuil, même, pour **Martine Aubry**, née entre deux enfants aujourd'hui disparus : un aîné, décédé à la naissance, et Jean-Paul, son cadet de trois ans, emporté par une leucémie à l'âge de vingt-neuf ans...

Double deuil également pour Vladimir Poutine, né après deux aînés décédés.

Dans toutes les ramures de l'arbre familial, la psychogénéalogie est là. Omniprésente, elle doit toujours être prise en compte, sans toutefois tomber dans un déterminisme déresponsabilisant, qui ferait de nous le seul produit de notre histoire familiale, le résultat des projections, des attentes ou des frustrations de nos ancêtres. Il importe de se garer des raccourcis hasardeux ! La psychogénéalogie est au contraire un questionnement intime et sérieux sur son héritage familial, pour y puiser des forces – ou s'en affranchir au besoin.

Véronique Tison

* *Villepin, la diagonale du fou*, Flammarion, 2010.

Autres aspects méritant d'être relevés :

• **la fratrie** : selon François de Singly, sociologue de la famille qui a cherché le point commun des femmes de pouvoir, beaucoup seraient des aînées qui ont eu le temps d'exister avant la naissance des suivants. C'est également le cas de beaucoup d'hommes (Hollande, Macron…).

• **le fait d'avoir des parents divorcés**, séparés ou ne vivant pas ensemble – une épreuve qui oblige à se construire – est une situation très fréquente, voire ici plus fréquente que la moyenne, sachant que nos personnalités ont également une propension au divorce ou à la séparation très supérieure à la moyenne. Sont ainsi issu de couples distendus : Attal, Autain, Bardella, Cambadélis, Darmanin, Drouet, Hulot, Marine Le Pen, Macron, Marion Maréchal, Mélenchon, Moscovici, Poisson, Royal, Sarkozy, Schiappa, Taubira… Certains parents sont en outre très dépareillés, soit de cultures ou de religions différentes (☞ p. 377) ou affichant des opinions politiques divergentes (comme ceux de Hollande ou de Griveaux)… Au total, dix-neuf des personnalités étudiées ici ont été confrontées à ces déséquilibres. Emmanuel Macron ayant dû ajouter au divorce de ses parents le poids du deuil de leur fille aînée, décédée bébé, avant sa propre naissance.

• **les déséquilibres, les passifs et les conflits familiaux** forgent également les personnalités. Ainsi pour Dupond-Moretti, orphelin de père à l'âge de quatre ans, pour Faure, qui confie simplement : « Mon père, c'est compliqué », ou encore pour Le Maire, qui dit avoir souffert du comportement du sien. C'est l'opposition à un père militaire qui a conduit l'enfant rebelle Castaner à claquer à dix-sept ans la porte de la maison. « Quand nous restions dans le verbe, j'avais le dessus sur lui, confiait Zemmour à *Libération* en 2006. Quand il m'attrapait, ça se finissait par la ceinture », mais c'est « quand on affronte son père, on devient un homme ».

• **observations diverses** : la grand-mère de Macron avait, lorsqu'elle lui faisait faire ses devoirs, sensiblement l'âge qu'aura le professeur de français Brigitte Trogneux lorsqu'il l'épousera.

UN PEU D'HISTOIRE

PRÉSIDENTS, CANDIDATS, PREMIERS MINISTRES

LES PRÉCÉDENTS PRÉSIDENTS DE LA RÉPUBLIQUE

Chiffres et records

Emmanuel Macron, élu en 2017, est le 25ᵉ président de la République. L'ont précédé :

– Iʳᵉ République (1792-1804) : aucun président, mais des *directeurs* et des *consuls* ;

– IIᵉ République (1848-1852) : un seul président, Louis-Napoléon Bonaparte, devenu l'empereur Napoléon III ;

– IIIᵉ République (1871-1940) : quatorze présidents ;

– IVᵉ République (1946-1958) : deux présidents ;

– Vᵉ République (1958-) : sept présidents.

Parmi ces vingt-quatre, deux sont morts assassinés (Sadi Carnot, poignardé par l'anarchiste italien Caserio, le 24 juin 1894, lors de l'Exposition de Lyon ; Paul Doumer, victime du coup de pistolet d'un émigré russe, Gorgulov, à Paris, le 6 mai 1932), et deux sont morts en exercice (Félix Faure, mort à l'Élysée, le 16 février 1899, dans les bras de sa maîtresse, Marguerite Steinheil, fille de l'industriel Édouard Japy ; Georges Pompidou, mort en 1974).

Plusieurs ont démissionné : Thiers, Mac Mahon, Grévy, Casimir-Perier, Deschanel (en 1920, après être tombé d'un train, conséquence de problèmes de santé, apparemment dus au surmenage), Millerand, Coty et de Gaulle.

• Présidence la plus longue : François Mitterrand (14 ans, contre 10 ans pour de Gaulle).

• Présidence la plus courte : Casimir-Perier (6 mois et 20 jours).

• Présidents les plus jeunes : Emmanuel Macron (39 ans), suivi de Louis-Napoléon Bonaparte (40 ans), Casimir-Perier (46 ans) et Giscard d'Estaing (48 ans).

• Présidents les plus âgés : Paul Doumer et Adolphe Thiers (74 ans, sachant que de Gaulle fut réélu en 1965, à l'âge de 75 ans).

• Seuls deux présidents se sont mariés à l'Élysée : Gaston Doumergue y épousa en 1931, à l'âge de 68 ans, Jeanne Gaussal, professeur ; Nicolas Sarkozy y épousa (en troisièmes noces), le 2 février 2008, Carla Bruni (mariages tous deux célébrés par les maires du VIIIᵉ arrondissement de Paris).

Modes d'élection

Sous les IIIᵉ et IVᵉ Républiques, le président est élu pour sept ans par les Chambres (députés et sénateurs), réunies en Congrès, à la majorité des voix. Vincent Auriol fut ainsi élu dès le premier tour de scrutin, le 16 janvier 1947 (51 % des voix, face à Auguste Champetier de Ribes et Michel

Clemenceau, le fils de Georges), alors qu'il faudra treize tours, du 17 au 23 décembre 1953, pour élire René Coty (candidat au onzième tour, qui sera élu avec 54 % des voix, face à Marcel-Edmond Naegelen).

La Constitution de la Ve République a introduit l'élection du président au suffrage universel (par référendum du 28 octobre 1962, avec première élection de ce type en 1965). Le mandat sera réduit de sept à cinq ans (par référendum du 24 septembre 2000) et le nombre des mandats limité à deux consécutifs (par révision constitutionnelle du 23 juillet 2008).

Observations et records

Depuis 1962, on a compté dix élections présidentielles (1965, 1969, 1974, 1981, 1988, 1995, 2002, 2007, 2012, 2017). Le record du nombre des candidats (seize) a été atteint en 2002.

La première élection présidentielle au suffrage universel eut lieu juste avant Noël (5 et 19 décembre 1965) et la deuxième en juin (suite au décès de Georges Pompidou, en 1974). Les suivantes ont toutes eu lieu fin avril ou début mai (1981 : 26 avril et 10 mai ; 1988 : 24 avril et 8 mai ; 1995 : 23 avril et 7 mai ; 2002 : 21 avril et 5 mai ; 2007 et 2012 : 22 avril et 6 mai ; 2017 : 23 avril au 7 mai).

• Arlette Laguiller, qui fut la première femme à briguer la présidence, s'est présentée six fois (de 1974 à 2007) et détient donc le nombre record de candidatures, suivie par Jean-Marie Le Pen (cinq fois : 1974, 1988, 1995, 2002 et 2007) et Jacques Chirac (quatre fois : 1981, 1988, 1995 et 2002).

• Score le plus faible : Guy Héraud, candidat fédéraliste européen, au 1er tour de l'élection de 1974 : 0,88 %, avec 19 255 voix (sachant que Jacques Cheminade fera 0,18 % en 2017, mais avec 65 586 voix).

LES PRÉSIDENTS

IIe République

• 1848-1851 : Louis-Napoléon Bonaparte (1808-1873). Né à Paris, fils de Louis Bonaparte, roi de Hollande et frère de Napoléon Ier, et d'Hortense de Beauharnais, fille d'Alexandre de Beauharnais et de Joséphine de Tascher de La Pagerie (l'impératrice Joséphine, épouse de Napoléon Ier). Famille corse, établie à Ajaccio en 1486, arrivée d'Italie (Sarzanne, près de La Spezia). Marié avec Eugénie de Guzman, dite « de Montijo » (d'où un fils unique, le prince impérial, tué en 1879 en Afrique par les Zoulous, célibataire).

IIIe République

• 1871-1873 : Adolphe Thiers (1797-1877). Né à Marseille, d'une famille bourgeoise de Provence (ancêtres marchands à Aix-en-Provence, au XVIIe siècle). Plusieurs fois ministre sous Louis-Philippe. Historien et académicien. Sans descendance.

• 1873-1879 : **Patrice de Mac Mahon** (1808-1893). Né au château de Sully, en Saône-et-Loire, issu d'une famille irlandaise, descendant des rois d'Irlande, réfugiée en France au XVIIIe siècle, à la chute des Stuart. Son arrière-grand-père, Patrice de Mac Mahon, établi comme médecin à Autun, épousa la très jeune veuve et héritière d'un de ses vieux patients, la marquise d'Éguilly, propriétaire du magnifique château voisin de Sully. Général en 1848, maréchal de France en 1859, duc de Magenta (vainqueur de la bataille du même nom, contre l'Autriche), il présida la République, dans l'attente d'une restauration monarchique. Marié à Élisabeth de Castries, il mariera son fils aîné avec une princesse d'Orléans et est l'ancêtre de l'actuel duc de Magenta et de Diane de Mac Mahon (née en 1968), ex-épouse de Frédéric Beigbeder et compagne du journaliste Guillaume Durand. Une de ses arrière-arrière-petites-filles (France de Touchet) a épousé un Galouzeau de Villepin.
• 1879-1887 : **Jules Grévy** (1807-1891). Avocat. Né à Mont-sous-Vaudrey (Jura), d'une famille dont les ancêtres étaient laboureurs à Aumont, dans le même département.
• 1887-1894 : **Sadi Carnot** (1837-1894). Ingénieur. Né à Limoges, d'une famille de la bourgeoisie de Nolay, en Côte-d'Or, où son arrière-grand-père était notaire. Petit-fils de Lazare Carnot (1753-1823), général et ministre de Napoléon Ier (surnommé « l'Organisateur de la victoire »). Préfet. Plusieurs fois ministre. Marié à une Dupont-White. Une de ses petites-filles (Anne Carnot) épousera en 1925 René Giscard d'Estaing, oncle de Valéry Giscard d'Estaing (☞ dynasties, p. 414).
• 1894-1895 : **Jean Casimir-Perier** (1847-1907). Natif de Paris, né Jean Perier, autorisé avec sa famille, en 1874, à prendre le patronyme de Casimir-Perier, en référence à son grand-père ainsi prénommé, banquier connu, député, régent de la Banque de France et président du Conseil sous Louis-Philippe. Famille d'industriels, originaire de Saint-Baudille, dans l'Isère. Sa grand-mère maternelle (née Mosselman) avait deux sœurs, aïeules des Poniatowski et d'Anne-Aymone de Brantes, épouse de Valéry Giscard d'Estaing. Marié à sa cousine issue de germaine (Hélène Perier-Vitet), il n'a pas de descendance.
• 1895-1899 : **Félix Faure** (1841-1899). Négociant en cuirs. Né à Paris, petit-fils d'un ébéniste, dont les ancêtres étaient établis au XVIIe siècle comme marchands à Meys (dans le Rhône, à la limite de la Loire).
• 1899-1906 : **Émile Loubet** (1838-1929). Avocat. Né à Marsanne (Drôme), fils de cultivateurs. Ancêtres originaires de Réauville, dont ils ont été longtemps consuls (maires) sous l'Ancien Régime. Maire de Montélimar. Sans descendants actuels.
• 1906-1913 : **Armand Fallières** (1841-1931). Avocat. Né à Mézin, petit-fils de forgeron, d'une famille originaire de Villeneuve-de-Mézin (Lot-et-Garonne).
• 1913-1920 : **Raymond Poincaré** (1860-1934). Avocat. Né à Bar-le-Duc, issu d'une famille bourgeoise dont les ancêtres, notables de Neufchâteau, étaient originaires du village voisin de Landaville. On connaît un Jean Poingcarré, secrétaire de la reine Isabeau de Bavière (femme de Charles VI, le Fou), en 1403. Marié, sans enfants, il était le cousin germain d'Henri Poincaré, arrière-grand-père du célèbre journaliste, Nicolas Poincaré. Par une aïeule née Ficatier, il cousine, de loin, avec… Brigitte Bardot.

• 1920-1920 : **Paul Deschanel** (1855-1922). Sous-préfet. Né à Schaerbeck, en Belgique, descendant d'un courrier royal et limonadier parisien, issu d'une famille originaire de l'Ardèche.
• 1920-1924 : **Alexandre Millerand** (1859-1943). Avocat. Né à Gentilly (Val-de-Marne), fils et petit-fils de marchands de vins, dont les ancêtres étaient originaires de la Haute-Saône (Membrey et auparavant Trécourt). Plusieurs fois ministre. Académicien (sciences morales et politiques).
• 1924-1931 : **Gaston Doumergue** (1863-1937). Magistrat. Né à Aigues-Vives (Gard), où ses ancêtres étaient vignerons, après y avoir été tonneliers, dès le XVIIe siècle. Marié, sans enfants.
• 1931-1932 : **Paul Doumer** (1857-1932). Professeur de mathématiques. Né à Aurillac, fils d'employé des chemins de fer et petit-fils de cultivateurs analphabètes, d'une famille de manouvriers, originaire de Séniergues, au nord de l'Aveyron.
• 1932-1940 : **Albert Lebrun** (1871-1950). Ingénieur des Mines. Né à Mercy-le-Haut (Meurthe-et-Moselle), issu d'une très vieille lignée d'agriculteurs du lieu.

IVe République

• 1947-1954 : **Vincent Auriol** (1884-1966). Avocat. Né à Revel (Haute-Garonne), où son père était boulanger. Issu d'une famille du Lauragais, dont les ancêtres étaient agriculteurs à Saint-Julia, au XVIIIe siècle. Marié à la fille d'un leader ouvrier, il n'aura qu'un fils, dont la femme sera une aviatrice connue (Jacqueline Auriol, 1917-2000).
• 1954-1958 : **René Coty** (1882-1962). Avocat. Né au Havre, d'une famille travaillant dans l'enseignement, ayant ses ancêtres à Saint-Antoine-la-Forêt.

Ve République

• 1958-1969 : **Charles de Gaulle** (1890-1970). Général. Né à Lille, fils d'un professeur, issu d'une famille bourgeoise, non noble, dont les origines ont été longtemps mal connues. Elle est en fait originaire de Châlons-sur-Marne, où ses ancêtres étaient établis comme marchands sous Louis XIV, et où sa généalogie peut être remontée, via un aïeul portefaix et des vignerons, jusqu'à un certain Thébault (= Thibaud) de Gaulle, laboureur, né vers 1475 (dont le nom pouvait venir du hameau nommé « Le Gault », près de Dormans). Il avait épousé, en 1921, Yvonne Vendroux (née à Calais en 1900, décédée en 1979), d'une famille établie à Dunkerque au XVIIIe siècle mais d'origine bressane (Ménetreuil, en Saône-et-Loire). Trois enfants : Philippe (1921), amiral, père de quatre fils, dont Charles (au Front national depuis 1999) et Jean (ancien député des Deux-Sèvres et de Paris) ; Élisabeth (1924), mariée au général Alain de Boissieu (1914-2006) et mère d'une fille (Anne, épouse Laroullière) ; Anne (1928-1948, trisomique).
• 1969-1974 : **Georges Pompidou** (1911-1974). Normalien. Agrégé de lettres. Maître des requêtes au Conseil d'État. Directeur général de la banque Rothschild. Né à Montboudif, dans le Cantal, dans la maison d'école où ses deux parents enseignaient. Sa famille est un parfait exemple d'accession sociale en trois générations, avec un père instituteur et un grand-père bouvier puis métayer, dont les ancêtres étaient, sous Louis XIV, métayers dans le village de Saint-Étienne-de-Maurs (et sans doute auparavant à Roumégoux, plus au nord). Premier ministre de 1962 à 1968, il avait épousé Claude Cahour (née

à Château-Gontier en 1912, décédée en 2007). Un fils : Alain, adopté en 1942, médecin, eurodéputé (1989-1999) et père de trois fils.

• 1974-1981 : **Valéry Giscard d'Estaing** (1926-2020). Inspecteur des Finances. Né à Coblence (Allemagne), décédé à Authon (Loir-et-Cher) de la Covid-19. Famille paternelle de la vieille bourgeoisie cévenole, convertie au catholicisme (seigneurs de Montplaisir, à Marvejols). S'établit en Auvergne au début du XIXe siècle (châtelains et maires), suite à un mariage avec une demoiselle de La Tour-Fondue, fille d'une demoiselle d'Estaing, puis à Paris, où ils collectionnent les belles situations et les beaux mariages et obtiennent, en 1923, après avoir vainement demandé d'ajouter à leur nom celui de La Tour-Fondue, l'autorisation de relever le patronyme d'Estaing. Famille maternelle : les Bardoux, originaires du Cher, l'ont doté d'une belle tradition républicaine en Auvergne, avec un grand-père et un arrière-grand-père (Jacques et Agénor Bardoux) tous deux députés du Puy-de-Dôme et le premier ministre de l'Instruction publique du maréchal de Mac Mahon. Grand-mère née Georges-Picot, descendante d'Adelaïde Starot de Saint-Germain, considérée comme un des nombreux enfants bâtards de Louis XV. Sans oublier une parenté avec François Mitterrand (ancêtre commun André Dumay, maître pâtissier à Limoges, marié vers 1600).

Polytechnique, Ena (promotion Europe, 1951). Débute sa carrière ministérielle en 1959, aux Finances. Député CNI, RI puis UDF du Puy-de-Dôme (élu pour la première fois en 1956, abandonne son siège en 2002). Maire de Chamalières. Président de la République, de 1974 à 1981 (majorité à 18 ans, divorce par consentement mutuel, IVG, suppression de l'ORTF, affaire des diamants de Bokassa…). Député européen. Président de la Convention sur l'avenir de l'Europe. Président du conseil régional d'Auvergne (1986-2004). Président de l'UDF. Membre de l'Académie française (2003, fauteuil de Senghor).

Marié en 1952 avec Anne-Aymone Sauvage de Brantes (née en 1933, d'une famille bourgeoise, non noble ; mère née Faucigny-Lucinge ; grand-mère née Schneider, du Creusot). Quatre enfants : Valérie-Anne (1953, éditrice et galeriste photo, mariée en 1977 avec Gérard Montassier, ancien élève de l'Ena, et, après divorce, en 1987 avec l'éditeur Bernard Fixot) ; Henri (1956, homme d'affaires, PDG du Club Med) ; Louis (1958, ex-député UMP du Puy-de-Dôme, maire de Chamalières et conseiller régional) ; Jacinte (1960-2018, vétérinaire, divorcée de Philippe Guibout, architecte).

• 1981-1995 : **François Mitterrand** (1916-1996). Avocat. Né à Jarnac, en Charente. Famille paternelle originaire du Berry (connue depuis Thibaud Mitterrand, laboureur à Vignoux-sous-les-Aix, dans le Cher, sous le règne de Louis XIII), arrivée en Charente avec son grand-père, chef de gare à Jarnac, où l'autre grand-père était vinaigrier. Racines maternelles en Limousin (d'où parenté avec Giscard) et en Charente, d'où parenté très éloignée (par les familles d'Olbreuse et de Barbezières) avec la reine d'Angleterre (31e degré !) et tout le Gotha.

Élu dans la Nièvre à partir de 1946. Ministre des Anciens Combattants (1947, un des plus jeunes ministres de France), puis de l'Outre-Mer (1950). Ministre d'État (1952), ministre de l'Intérieur (1954, dans le gouvernement Mendès France), garde des Sceaux (1956). Candidat à l'élection présidentielle de 1965 (31,7 % au 1er tour ; 44,8 % au 2nd). Premier secrétaire du Parti socialiste (1971-1981). Président de la République de 1981 à 1988, dont

PARENTÉ ENTRE VALÉRY GISCARD D'ESTAING ET FRANÇOIS MITTERRAND

(révélée par Robert Auclair, Cercle généalogique de la Marche et du Limousin, 1995)

André DUMAY

Maître pâtissier à Limoges

x vers 1600 Martiale de LAVAUD

Léonard DUMAY x 1641 Léonarde BARDONNAUD	Martiale DUMAY x Jean GIBUS
Jacques DUMAY	Marcelle GIBUS x Martial MARTIALOT
Léonard DUMAY	Anne MARTIALOT x Léonard CHATARD
Marguerite DUMAY x Jacques DUFOUR	Germain CHATARD
Paule Véronique DUFOUR x Pierre PIGNET	Catherine CHATARD x Pierre SADERNE
Thérèse Ursule PIGNET x 1828 Jacques BARDOUX	Catherine SADERNE x 1795 Jean-Baptiste du SOULIER de CLAVREUIL
Agénor BARDOUX	Marguerite du SOULIER de CLAVREUIL x Joseph LAROCHE
Jacques BARDOUX	Pétronille Zulma LAROCHE x 1869 Gilbert MITTERRAND
May BARDOUX x 1923 Edmond GISCARD D'ESTAING	Joseph MITTERRAND x Yvonne LORRAIN
Valéry GISCARD D'ESTAING 1926	**François MITTERRAND** 1916-1996

1re cohabitation (1986-1988) avec Jacques Chirac pour Premier ministre, puis de 1988 à 1995, dont 2e cohabitation (1993-1995) avec Édouard Balladur pour Premier ministre. Marié avec Danielle Gouze (1924-2011), d'une famille originaire de Corrèze (arrière-grand-père, tailleur ambulant, né à Chirac-Bellevue). Danielle Gouze était la sœur de Madeleine, productrice de cinéma sous le nom de Gouze-Rénal et épouse de Roger Lévy (l'acteur Roger Hanin). De son mariage, François Mitterrand a eu trois fils : Pascal (décédé à l'âge de deux mois) ; Jean-Christophe (1946, journaliste et homme d'affaires, compromis dans le scandale de l'Angolagate) ; Gilbert (1949, professeur de droit, ancien député et maire de Libourne). Il a eu une fille, Mazarine, née hors mariage (en 1974, à Avignon), reconnue devant notaire en 1984, fille d'Anne Pingeot (née en 1943 à Clermont-Ferrand, d'une famille originaire de la Vienne, conservatrice du musée d'Orsay). Mazarine Mitterrand Pingeot, agrégée de philosophie et chroniqueuse, compagne du présentateur Ali Baddou, mère de trois enfants avec le producteur Mohamed Ulad-Mohand ; a épousé en 2017 le diplomate Didier Le Bret. François Mitterrand avait une sœur et deux frères : Jacques, général, et Robert (1915), polytechnicien et père de Frédéric (1947, producteur de télévision et ministre de la Culture de 2009 à 2012).

• 1995-2007 : **Jacques Chirac** (1932-2019). Haut fonctionnaire. Né et mort à Paris, fils d'un homme d'affaires qui était, comme sa femme, de souche corrézienne, avec ici aussi un parfait exemple d'ascension sociale : deux grands-pères instituteurs (dont un radical de gauche et franc-maçon), issus de milieux ruraux. Lignée patronymique connue depuis Jean Chirac, né vers 1607, laboureur au village de Gros-Chastang.

Lycée Louis-le-Grand. Sciences Po Paris. Ena. Haut fonctionnaire. Collaborateur de Georges Pompidou, son mentor, qui le surnommait « le bulldozer ». Commence sa carrière ministérielle en 1967 (Emploi, Agriculture, Intérieur...). Premier ministre (1974-1976 et 1986-1988, en cohabitation avec F. Mitterrand). Fonde le RPR (1976), puis l'UMP (2002). Maire de Paris (1977-1995). Député de Corrèze (1967-1995). Président du Conseil général de Corrèze (1970-1979). Candidat à la présidentielle. Président de la République (1995-2007).

Beau mariage, en 1956, avec Bernadette Chodron de Courcel (conseiller général de la Corrèze ; née en 1933 ; famille bourgeoise : Chodron tout court, jusqu'en 1852, ancêtres orfèvres à Toul, alliés au XIXe siècle aux Boulay de la Meurthe). Deux filles : Laurence (1958-2016), souffrant d'anorexie mentale, et Claude (1962), licenciée en économétrie, conseillère en communication de son père à la mairie de Paris puis à l'Élysée, élue en 2021 conseillère départementale de Corrèze. Mariée en 1992 avec Philippe Habert, politologue († 1993), avec Nicolas Sarkozy pour témoin ; compagne du champion olympique de judo, Thierry Rey, dont elle a eu un fils, Martin Rey-Chirac (1996, au service marketing de Christie's) ; remariée en 2011 avec Frédéric Salat-Baroux, conseiller d'État, avocat et ancien secrétaire général de la présidence de la République.

• 2007-2012 : **Nicolas Sarkozy de Nagy-Bocsa** (1955) : ☞ p. 313.
• 2012-2017 : **François Hollande** (1954) ☞ p. 156.
• 2017 : **Emmanuel Macron** (1977) ☞ p. 218.

LES 10 SCRUTINS DE LA Ve RÉPUBLIQUE

1965	1er tour :	2nd tour :
DE GAULLE (UNR)	44,6 %	55,2 %
Mitterrand (FGDS)	31,7 %	44,8 %
Lecanuet (MRP)	15,5 %	
Tixier-Vignancour (extrême droite)	5,2 %	
Marcilhacy (Parti libéral européen)	1,7 %	
Barbu (sans étiquette)	1,1 %	

1969	1er tour :	2nd tour :
POMPIDOU (UNR)	44,7 %	58,2 %
Poher (Centre démocrate)	23,3 %	41,8 %
Duclos (PC)	21,2 %	
Defferre (PS)	5 %	
Rocard (PSU)	3,6 %	
Ducatel (sans étiquette)	1,2 %	
Krivine (Ligue communiste)	1 %	

1974	1er tour :	2nd tour :
Mitterrand (PS)	43,2 %	49,1 %
GISCARD D'ESTAING (RI)	32,6 %	50,8 %
Chaban-Delmas (UDR)	15,1 %	
Royer (sans étiquette)	3,1 %	
Laguiller (LO)	2,3 %	
Dumont (écologiste)	1,3 %	
J.-M. Le Pen (FN)	0,7 %	
Muller (Mouvement démocrate social)	0,7 %	
Krivine (Front communiste révolutionnaire)	0,3 %	
Renouvin (Action royaliste)	0,1 %	
Sebag (Mouvement fédéraliste européen)	0,1 %	
Héraud (Fédéraliste européen)	0,08 %	

1981	1er tour :	2nd tour :
Giscard d'Estaing (UDF)	28,3 %	48,2 %
MITTERRAND (PS)	25,8 %	51,7 %
Chirac (RPR)	18 %	
Marchais (PC)	15,3 %	
Lalonde (Écologie politique)	3,8 %	
Laguiller (LO)	2,3 %	

Crépeau (MRG)	2,2 %	
Debré (divers droite)	1,6 %	
Garaud (divers droite)	1,3 %	
Bouchardeau (PSU)	1,1 %	

1988	**1er tour :**	**2nd tour :**
MITTERRAND (PS)	34,1 %	54,2 %
Chirac (RPR)	19,9 %	45,9 %
Barre (UDF)	16,5 %	
J.-M. Le Pen (FN)	14,3 %	
Lajoinie (PC)	6,7 %	
Waechter (Les Verts)	3,7 %	
Juquin (Communiste réformateur)	2,1 %	
Laguiller (LO)	1,9 %	
Boussel (Parti des travailleurs)	0,3 %	

1995	**1er tour :**	**2nd tour :**
Jospin (PS)	23,3 %	47,3 %
CHIRAC (RPR)	20,8 %	52,6 %
Balladur (UDF)	18,5 %	
J.-M. Le Pen (FN)	15 %	
Hue (PC)	8,6 %	
Laguiller (LO)	5,3 %	
Villiers (Mouvement pour la France)	4,7 %	
Voynet (Les Verts)	3,3 %	
Cheminade (Parti ouvrier européen)	0,2 %	

2002	**1er tour :**	**2nd tour :**
CHIRAC (RPR)	19,8 %	82,2 %
J.-M. Le Pen (FN)	16,8 %	17,7 %
Jospin (PS)	16,1 %	
Bayrou (UDF)	6,8 %	
Laguiller (LO)	5,7 %	
Chevènement (Mouvement citoyen)	5,3	
Mamère (Les Verts)	5,2 %	
Besancenot (LCR)	4,2 %	
Saint Josse (Chasse, Pêche, Nature et Traditions)	4,2 %	
Madelin (Démocratie libérale)	3,9 %	
Hue (PC)	3,3 %	
Mégret (Mouvement national républicain)	2,3 %	
Taubira (Radical de gauche)	2,3 %	

Lepage (Citoyenneté XXIe)	1,8 %	
Boutin (Républicains sociaux)	1,1 %	
Gluckstein (Parti des travailleurs)	0,4 %	

2007	**1er tour :**	**2nd tour :**
SARKOZY (UMP)	31,1 %	53 %
Royal (PS)	25,8 %	46,9 %
Bayrou (UDF)	18,5 %	
J.-M. Le Pen (FN)	10,4 %	
Besancenot (LCR)	4,8 %	
Villiers (Mouvement pour la France)	2,2 %	
Buffet (PCF)	1,9 %	
Voynet (Les Verts)	1,5 %	
Laguiller (LO)	1,3 %	
Bové (sans étiquette)	1,3 %	
Nihous (Chasse, Pêche, Nature et Traditions)	1,1 %	
Schivardi (Cté Reconq. Serv. Pub.)	0,3 %	

2012	**1er tour :**	**2nd tour :**
HOLLANDE (PS)	28,6 %	51,6 %
Sarkozy (UMP)	27,1 %	48,3 %
M. Le Pen (FN)	17,9 %	
Mélenchon (FG)	11,1 %	
Bayrou (MD)	9,1 %	
Joly (EELV)	2,3 %	
Dupont-Aignan (DR)	1,8 %	
Poutou (NPA)	1,1 %	
Arthaud (LO)	0,5 %	
Cheminade (SP)	0,2 %	

2017	**1er tour :**	**2nd tour :**
MACRON (LREM)	24,01 %	66,10 %
M. Le Pen (FN)	21,30 %	33,90 %
Fillon (LR)	20,01 %	
Mélenchon (FI)	19,58 %	
Hamon (PS)	6,36 %	
Dupont-Aignan (DLF)	4,70 %	
Lassalle (R)	1,21 %	
Poutou (NPA)	1,09 %	
Asselineau (UPR)	0,92 %	
Arthaud (LO)	0,64 %	
Cheminade (SP)	0,18 %	

LES « GRANDS DÉBATS »

On les a dits décisifs et ils sont restés dans les mémoires. Lancés pour la première fois en 1974, on en a compté six, puisqu'il n'y en a pas eu en 2002 (refusé par Jacques Chirac, face à Jean-Marie Le Pen).

• **Débat Giscard / Mitterrand** (10 mai 1974)
Présentateurs : Alain Duhamel et Jacqueline Baudrier.
Audience : environ 25 millions de téléspectateurs français.
La repartie de VGE, « Monsieur Mitterrand, vous n'avez pas le monopole du cœur ! », lui aurait assuré la victoire.

• **Débat Giscard / Mitterrand** (5 mai 1981)
Présentateurs : Jean Boissonnat et Michèle Cotta.
Audience : environ 30 millions de téléspectateurs français.

• **Débat Mitterrand / Chirac** (28 avril 1988)
Présentateurs : Elie Vannier et Michèle Cotta.
Audience : environ 30 millions de téléspectateurs français.
Jacques Chirac lance à François Mitterrand : « Ce soir, je ne suis pas le Premier ministre, et vous n'êtes pas le président de la République, nous sommes deux candidats à égalité [...], vous me permettrez donc de vous appeler monsieur Mitterrand. » François Mitterrand lui répond ironiquement : « Vous avez tout à fait raison, monsieur le Premier ministre. »

• **Débat Chirac / Jospin** (2 mai 1995)
Présentateurs : Alain Duhamel et Guillaume Durand.
Audience : environ 16,7 millions de téléspectateurs français.
Phrase de Lionel Jospin à propos de la réforme du quinquennat : « Il vaut mieux cinq ans avec Jospin que sept ans avec Chirac. »

• **Débat Royal / Sarkozy** (2 mai 2007)
Présentateurs : Patrick Poivre d'Arvor et Arlette Chabot.
Audience : environ 20,4 millions de téléspectateurs français.
Remarque de Nicolas Sarkozy à Ségolène Royal : « Il faut être calme pour être président de la République. »

• **Débat Hollande/Sarkozy** (2 mai 2012)
Présentateurs : Laurence Ferrari et David Pujadas.
Audience : environ 17,8 millions de téléspectateurs français.
Anaphore de François Hollande, prononcée 15 fois consécutives (pendant 3 mn 21 s) à la fin du débat : « Moi, président de la République » (suite à une question de L. Ferrari : « Quel président comptez-vous être ? »).

• **Débat Le Pen/Macron** (3 mai 2017)
Présentateurs : Christophe Jakubyszyn et Nathalie Saint-Cricq.
Audience : environ 16,5 millions de téléspectateurs.
Truffé de joutes verbales souvent violentes.

LES 70 CANDIDATS DE LA Ve RÉPUBLIQUE

Au fil de neuf scrutins, 70 personnes se sont portées candidates, dont seulement 12 femmes (Arlette Laguiller la première, en 1974) et dont 45 sont aujourd'hui vivants. Le plus jeune fut Alain Krivine, âgé de 27 ans (suivi d'Olivier Besancenot, 28 ans, en 2002) et le plus vieux Jean-Marie Le Pen (79 ans en 2007, devant Charles de Gaulle, 75 ans en 1965).

ARTHAUD (Nathalie)

Candidate deux fois : en 2012 (0,5 %) et 2017 (0,6 %) ☞ p. 26.

ASSELINEAU (François)

Candidate en 2017 (0,5 %) ☞ p. 29.

BALLADUR (Édouard)

Candidat en 1995 (18,5 %) ☞ p. 423.

BARBU (Marcel)

Candidat en 1965 (1,1 %). Né à Nanterre en 1907, décédé en 1984, Marcel Barbu était entrepreneur en bijouterie (fabrique de boîtiers de montres à Besançon). Déporté, député de la Drôme, ennemi de l'administration et de la bureaucratie et défenseur des causes sociales. Candidat de dernière minute, sans étiquette, à l'élection présidentielle de 1965. Très raillé par la presse et l'opinion, qualifié par de Gaulle d'« hurluberlu » et de « brave couillon », il a marqué les mémoires par cette phrase, prononcée lors d'une de ses allocutions télévisées : « Mon général, je voudrais tant vous voir éviter le sort du maréchal Pétain », suivie d'un sanglot. Marié deux fois ; père de seize enfants !

BARRE (Raymond)

Candidat en 1988 : 16,5 %. Né à Saint-Denis de la Réunion en 1924, décédé en 2007, Raymond Barre était issu d'une famille bourgeoise de la Réunion, où ses ancêtres s'étaient établis avec son arrière-grand-père, Xavier Barre, pharmacien, né en 1811 à Charpey, dans la Drôme, descendant d'une lignée de drapiers de Bésayes, près de Romans. Agrégé de droit et de sciences économiques. Vice-président de la Commission européenne, responsable des Affaires économiques et financières (1967-1973). Ministre du Commerce extérieur (1976), puis Premier ministre (1976-1981). Maire de Lyon (1995-2001). Académie des sciences morales et politiques (2001). Marié en 1954, avec Eva Hegedüs (Hongroise). Deux fils : Olivier (Ena) et Nicolas.

BAYROU (François)

Trois fois candidat (2002 : 6,8 % ; 2007 : 18,5 %) ; 2012 : 9,1 % ☞ p. 64.

BESANCENOT (Olivier)

Deux fois candidat (2002 : 4,2 % et 2007 : 4,8 %) ☞ p. 73.

BOUCHARDEAU (Huguette)

Candidate en 1981 (1,1 %). Née à Saint-Étienne en 1935, Huguette Bouchardeau, née Briaut, porte le nom de son mari, psychologue. Secrétaire nationale du Parti socialiste unifié (1979-1981). Secrétaire d'État à l'Environnement (1983-84). Députée du Doubs (1986-1993). Éditrice régionale (Forcalquier). Maire d'Aigues-Vives (1995-2001).

BOUSSEL (Pierre)

Candidat en 1988 (0,3 %). Né à Paris en 1920, décédé en 2008, Pierre Boussel, dirigeant trotskiste, également connu sous le pseudonyme de Pierre Lambert, était issu d'une famille d'immigrés juifs russes.

BOUTIN (Christine)

Candidate en 2002 (1,2 %). Née en 1944 à Levroux (Indre), Christine Martin, fille de journaliste, est issue d'une lignée ayant son berceau à Chabris et dont les ancêtres étaient marchands de cierges. Parcours : maîtrise de droit public et d'économie industrielle. Attachée de presse au CNRS. Cadre et journaliste au Crédit agricole. Maire d'Auffargis (1980-1983) et conseillère générale des Yvelines. Adjointe au maire de Rambouillet (1983-2001). Députée UDF puis UMP des Yvelines (1986-2007). Lutte contre l'avortement, l'euthanasie et le Pacs. Fondatrice (juin 2009) et présidente du Parti chrétien-démocrate (2009-2013). Ministre du Logement et de la Ville (2007-2009). Mariée avec Louis Boutin, informaticien, son cousin germain paternel, et mère de trois enfants.

BOVÉ (José)

Candidat en 2007 (1,3 %). Né à Talence en 1953, Joseph dit José Bové est fils de Joseph-Marie, directeur régional de l'Inra et membre de l'Institut, et de Colette Dumeau, professeur d'histoire naturelle. La lignée Bové, originaire de Toulouse, s'était fixée dès 1703 à Luxembourg (ancêtres horticulteurs et jardiniers). Parcours : faculté de Bordeaux, militant pacifiste, antimilitariste, insoumis au service militaire et civil, « voyage initiatique » en Inde, élevage de brebis sur le causse du Larzac, syndicaliste agricole. Cofondateur de la Confédération paysanne. Altermondialiste, combat la « malbouffe » et les OGM. Emprisonné plusieurs mois (affaire du McDonald's de Millau). Député européen Europe Écologie-Les Verts depuis 2009. Divorcé et père de deux filles (dont Marie, conseillère régionale EELV).

BUFFET (Marie-George)

Candidate en 2007 (1,9 %). Marie-George Kosellek est née en 1947, à Sceaux. Famille paternelle originaire de Silésie (doit son nom à la ville de

Kossel ; arrière-grand-père charron à Bauerwiz ; grand-père marié à une Bourguignonne, dans l'Yonne). Ancêtres maternels franco-allemands. Mariée en 1972 avec Jean-Pierre Buffet, directeur général de mairie (deux enfants). Ministre de la Jeunesse et des Sports (1997-2002). Secrétaire nationale du PCF (2001-2010).

CHABAN-DELMAS (Jacques)

Candidat en 1974 (15,1 %). Né à Paris en 1915, décédé en 2000, Jacques Chaban-Delmas était né dans une famille de la bourgeoisie de Bordeaux, où ses ancêtres s'étaient établis au cours du XIXe siècle. Juriste de formation, journaliste, résistant (prend pour pseudonyme Chaban, nom d'un château de Dordogne ; général de brigade). International français de rugby à XV et de tennis. Deputé-maire de Bordeaux (1947-1995). Plusieurs fois ministre sous la IVe République (Travaux publics, Logement, Défense). Président de l'Assemblée nationale (à trois reprises). Premier ministre (1969-1972). Marié trois fois, dont, en troisièmes noces, avec Michèle Chavelet, originaire du Nivernais, que lui avait présentée François Mitterrand et qui était une sœur de la grand-mère de... Dominique de Villepin.

CHEMINADE (Jacques)

Trois fois candidat (1995, 2012 et 2017 : 0,24 %, 0,24 % et 0,16 %). Né à Buenos Aires, en 1941, Jacques Cheminade est issu d'une famille de souche auvergnate (berceau à Usson, dans le Puy-de-Dôme, mais originaire du hameau de ce nom, à Saint-Privat-du-Dragon, en Haute-Loire), par laquelle il cousine avec le milliardaire Bernard Arnaud. Parcours : HEC, Ena, fonctionnaire DREE puis attaché commercial aux États-Unis. Défenseur d'un « nouveau Bretton Woods », vecteur d'une politique de « crédit productif public ». Fondateur et président de Solidarité et Progrès, depuis 1996. Annonce son intention d'être à nouveau candidat, en 2016. Marié, sans enfants.

CHEVÈNEMENT (Jean-Pierre)

Candidat en 2002 (5,3 %). Né à Belfort en 1939, Jean-Pierre Chevènement, fils d'un couple d'instituteurs, est issu d'une lignée paysanne franc-comtoise mais venue de Suisse (à l'origine Schwenneman, à Ueberstrof, aux environs de Fribourg) et cousine avec Dominique Voynet. Sciences Po. Haut fonctionnaire au ministère des Finances. Fonde le Mouvement des citoyens (qu'il préside de 1993 à 2001), devenu Mouvement républicain et citoyen (qu'il présidera de 2008 à 2010). Député de Belfort (2000-2002). Ministre de la Recherche (1981-1983), de l'Éducation nationale (1984-1986), de la Défense (1988-1991, démissionne lors de la guerre du Golfe) et de l'Intérieur (1997-2000). Maire de Belfort (1983-2007). Candidat souverainiste à la présidentielle de 2002 (5,3 %). Sénateur (2008-2014). Président de la Fondation française pour l'islam (2016-2018). A réchappé d'une opération en 1998, après 57 minutes d'arrêt cardiaque. Marié et père de deux fils.

CHIRAC (Jacques)

Quatre fois candidat (1981 : 18 % ; 1988 : 1er tour, 19,9 % - 2nd, 45,9 % ; 1995 : 1er tour, 20,8 % - 2nd, 52,6 % ; 2002 : 1er tour, 19,8 % - 2nd, 82,2 %) ☞ p. 403.

CRÉPEAU (Michel)

Candidat en 1981 (2,2 %). Né en 1930 à Fontenay-le-Comte, décédé en 1999, Michel Crépeau, avocat, a participé en 1972 à la création du Mouvement des radicaux de gauche (MRG), dont il a été président (1978-1981). Ministre de l'Environnement (1981-1983), du Commerce et de l'Artisanat (1983-1984). Garde des Sceaux (1986).

DEBRÉ (Michel)

Candidat en 1981 (1,6 %). ☞ p. 421.

DEFFERRE (Gaston)

Candidat en 1969 (5 %). Né en 1910 à Marsillargues (Hérault), décédé en 1986, Gaston Defferre était avocat. Fils et petit-fils d'avocats et d'avoués, dont les ancêtres étaient agriculteurs à Gallargues-le-Montueux, dans le Gard. Maire de Marseille (1944-1945 et 1953-1986). De nombreuses fois ministre entre 1946 et 1986, notamment de l'Intérieur (1981-1984). Marié trois fois, sans enfants. Sa dernière épouse était l'écrivain Edmonde Charles-Roux (née à Marseille, fille de Charles Roux, ambassadeur, haute bourgeoisie, ancêtres fabricants de savon).

DUCATEL (Louis)

Candidat en 1969 (1,2 %). Né à Frévent (Pas-de-Calais) en 1902, décédé en 1999, Louis Ducatel, ingénieur et entrepreneur, était également peintre (répertorié au *Bénézit*). Issu d'une famille de cette région, il a lui-même réalisé son impressionnant tombeau au cimetière du Père-Lachaise, revêtu de nombreuses inscriptions hagiographiques.

DUCLOS (Jacques)

Candidat en 1969 (21,2 %). Né à Louey (Hautes-Pyrénées) en 1896, décédé en 1975, Jacques Duclos, d'abord ouvrier pâtissier, fils d'un charpentier, était issu d'une famille paysanne originaire de Juillan, dans le même département (Duclos-Candelé). Député dès 1926. L'un des principaux dirigeants du PCF. Marié, sans enfants.

DUMONT (René)

Candidat en 1974 (1,3 %). Né à Cambrai en 1913, décédé en 2001, René Dumont, fils d'un instituteur franc-maçon et d'une des premières femmes agrégées de mathématiques, avait ses ancêtres paysans à Balan, dans les Ardennes. Agronome, connu pour son engagement écologiste, il signa notamment, en 1962, un livre intitulé *L'Afrique noire est mal partie*, qui fit alors grand bruit.

DUPONT-AIGNAN (Nicolas)

Deux fois candidat en 2012 (1,8 %) et 2017 (4,7 %) ☞ p. 125.

FILLON (François)

Candidat en 2017 (20 %) ☞ p. 141.

GARAUD (Marie-France)

Candidate en 1981 (1,3 %). Née en 1934 à Poitiers, Marie-Françoise Quintard, fille d'avoué, est issue d'une lignée d'agriculteurs poitevins (originaires de Rouillé, à l'ouest du département de la Vienne) et cousine de loin avec Jean-Pierre Raffarin. Conseillère de Georges Pompidou, puis de Jacques Chirac. Considérée par *Newsweek*, en 1973, comme « la femme la plus puissante de France ». Elle a épousé, en 1959, Louis Garaud, avocat au Conseil d'État et à la Cour de cassation. Deux fils, dont l'un a épousé Sophie Chodron de Courcel, cousine de Bernadette Chirac.

GAULLE (Charles de)

Candidat en 1965 : 44,6 % au 1er tour ; 55,2 % au 2nd ☞ p. 400.

GISCARD D'ESTAING (Valéry)

Deux fois candidat (1974 : 1er tour, 32,6 % - 2nd, 50,8 % ; 1981 : 1er tour, 28,3 - 2nd, 48,2 %) ☞ p. 401.

GLUCKSTEIN (Daniel)

Candidat en 2002 (0,4 %). Né à Paris en 1953, Daniel Gluckstein est issu d'une famille de juifs polonais, militants du Parti juif révolutionnaire, originaire de Kiev, en Ukraine. Trotskiste, il adhère dès 1968 à la Jeunesse communiste révolutionnaire, puis à la Ligue communiste révolutionnaire (LCR). Participe en 1979 à la création de la Ligue communiste internationale. Directeur de campagne de Gérard Schivardi aux élections de 2007.

HAMON (Benoît)

Candidat en 2017 (6,3 %) ☞ p. 149.

HÉRAUD (Guy)

Candidat en 1974 (0,08 %, score le plus faible jamais réalisé). Né à Avignon en 1920, décédé en 2003, Guy Héraud, professeur de droit public, était un pamphlétaire et un des penseurs de l'ethnisme.

HOLLANDE (François)

Candidat en 2012 (28,6 % au 1er tour; élu au second avec 51,6 %) ☞ p. 156.

HUE (Robert)

Deux fois candidat (1995 : 8,6 %; 2002 : 3,3 %). Né en 1946 à Cormeilles-en-Parisis (Val-d'Oise), Robert Hue, fils de maçon et petit-fils d'un ouvrier travaillant sur les chantiers des voies de chemin de fer, est issu d'une famille paysanne du Cotentin (ancêtres établis au Mesnilbus), qui avait migré vers le Calvados. Infirmier de formation et ceinture noire de judo, il adhère aux Jeunesses communistes, dès 1962. Secrétaire général du PCF (1994-2001). Député du Val-d'Oise. Marié, deux enfants.

JOLY (Eva)

Candidate en 2012 (2,3 %). Née à Oslo en 1943, la Norvégienne Gro Farseth, fille d'un tailleur, est venue en France à 21 ans et s'est retrouvée jeune fille au pair chez le Dr Joly, un médecin parisien réputé dont elle a épousé le fils. Parcours : styliste de mode, puis École de la magistrature (1980). Substitut puis juge d'instruction à Paris (1992-2002 : le fameux cabinet 126 ; instruit de gros dossiers politico-financiers, comme Tapie et Elf). Retour en Norvège en 2002 – elle a gardé la double nationalité – où elle est conseillère du gouvernement, pour la lutte contre la corruption. Rejoint Europe Écologie-Les Verts. Députée européenne, depuis 2009. Veuve de Pascal Joly (suicidé en 2001) et mère de deux enfants.

JOSPIN (Lionel)

Deux fois candidat (1995 : 1er tour, 23,3 % - 2nd, 47,3 % ; 2002 : 1er tour, 16,1 %) ☞ p. 423.

JUQUIN (Pierre)

Candidat en 1988 (2,1 %). Né en 1930 à Clermont-Ferrand, Pierre Juquin, fils d'employé de la SNCF, porte un patronyme originaire de Normandie (Orne, Calvados). Professeur agrégé d'allemand. Adhère au PCF dès 1959. Député de l'Essonne (1967-1968 et 1973-1981). Exclu du bureau politique en 1984, il crée son mouvement en 1989.

KRIVINE (Alain)

Deux fois candidat (1969 : 1 % ; 1974 : 0,3 %). Né à Paris en 1941, Alain Krivine, fils de dentiste et petit-fils d'antiquaire, est issu d'une famille juive originaire de Zaslaw, en Ukraine. Professeur d'histoire. S'engage dans les Jeunesses communistes dès 1956. Fonde, en 1966, la Jeunesse communiste révolutionnaire (dissoute par décret en juin 1968, emprisonné). Participe à la création de la Ligue communiste (1969, puis 1974, dont il restera longtemps l'un des porte-parole). Député européen (1999-2004). Marié en 1962 avec Isabelle Martinet, fille de Gilles Martinet, journaliste et ancien député, l'un des fondateurs du PSU. Père de deux enfants. Cousin germain du chef d'orchestre Emmanuel Krivine.

LAGUILLER (Arlette)

Six fois candidate (1974 : 2,3 % ; 1981 : 2,3 % ; 1988 : 1,9 % ; 1995 : 5,3 % ; 2002 : 5,7 % ; 2007 : 1,3 %). Née en 1940 à Paris et élevée aux Lilas, Arlette Laguiller est la fille d'un ouvrier et d'une secrétaire. Lignée paternelle originaire du Cambrésis (berceau à Metz-en-Couture), cousinant avec Cécile Duflot. Ancêtres venus à Paris vers 1890, avec un grand-père sommelier. Parcours : après son BEPC, entre à 16 ans au Crédit Lyonnais, comme dactylo. Retraitée depuis 2000. Syndicaliste CGT (dont est exclue pour être trotskiste) puis à FO. Militante au PSU, elle participe en 1968 à la formation de Lutte ouvrière, dont elle devient la porte-parole. Sextuple candidate à l'élection présidentielle (de 1974 à 2007, avec son meilleur score en 2002 : 5,72 %). Conseillère régionale d'Ile-de-France (1998-2004). Députée européenne (1999-2004). Célibataire, sans enfants.

LAJOINIE (André)

Candidat en 1988 (6,7 %). Né en 1929 à Chasteaux (Corrèze), André Lajoinie, fils d'agriculteur, est issu d'une vieille lignée paysanne tirant son nom de celui d'un domaine local (La Jouanie), dont les ancêtres étaient établis comme paysans à La Dornac, en Dordogne (aux confins de la Corrèze). Très tôt membre du PCF, il en sera élu secrétaire, en 1982. Député de l'Allier (1978-1993 et 1997-2002). Marié, père d'un fils, journaliste sportif à *L'Humanité*.

LALONDE (Brice)

Candidat en 1981 (3,8 %). Né en 1946 à Neuilly-sur-Seine, Brice Lalonde, fils d'industriel (textile), est né dans une famille aisée d'origine juive alsacienne (Lévy), dont le père avait demandé à changer de nom en 1950. Sa mère, américaine, née Forbes (riche famille bostonienne d'origine écossaise), est la propre tante du sénateur démocrate John Kerry. Licencié en lettres et en droit. Longtemps au PSU. Militant écologiste dès 1972. Secrétaire d'État, puis ministre de l'Environnement (1988-1992). Fonde en 1990 Génération Écologie. Ambassadeur chargé des négociations sur le changement climatique (2007). Marié, quatre enfants.

LASSALLE (Jean)

Candidat en 2017 (1,2 %) ☞ p. 189.

LECANUET (Jean)

Candidat en 1965 (15,5 %). Né à Rouen en 1920, décédé en 1993, Jean Lecanuet est issu d'un milieu modeste (père représentant en vins et spiritueux pour le Père Magloire), dont les racines étaient dans la Manche (Tessy-sur-Vire et à l'origine Soulles). Cousin éloigné de l'ancien ministre Roland Dumas.

Plus jeune agrégé de France (philosophie, en 1942). Résistant. Plusieurs fois directeur de cabinets ministériels. Président du MRP (1963-1965). Fonde le Centre démocrate (1966). Ministre de la Justice (1974-1976), puis du Plan (1976-1977). Maire de Rouen (1968-1993). Marié, trois enfants.

LEPAGE (Corinne)

Candidate en 2002 (1,8 %). Née en 1951 à Boulogne-Billancourt, fille d'un chimiste, Corinne Lepage est issue d'une lignée ayant changé son nom – à l'origine Lévy – en 1950, à la demande de son grand-père. Racines dispersées entre la Lorraine et l'Allemagne. Parcours : Sciences Po, DES de sciences politiques, docteur en droit public. Avocate, spécialisée dans les affaires environnementales (*Amoco Cadiz*, *Erika*). Adjointe au maire de Cabourg. Membre de Génération Écologie. Fonde son mouvement politique, Cap 21 (Citoyens Actions Participation pour le XXIe siècle, qui fusionnera en 2013 avec Le Rassemblement Citoyen, pour donner LRC-Cap 21, dont elle est la présidente). Candidate en 2002, elle rejoint Bayrou en 2007. Cofondatrice et vice-présidente du MoDem (a démissionné en 2010). Députée européenne (2009-2014). Mariée avec Christian Jessua, puis Christian Huglo (avocat spécialisé dans le droit de l'environnement, avec qui elle travaille). Mère de deux enfants.

LE PEN (Jean-Marie)

Cinq fois candidat (1974 : 0,7 % ; 1988 : 14,3 % ; 1995 : 15 % ; 2002 : 1er tour, 16,8 % ; 2nd, 17,7 % ; 2007 : 10,4 %) ☞ p. 205.

LE PEN (Marine)

Deux fois candidate, en 2012 (17,9 %) et 2017 (1er tour : 21,3 % ; 2nd tour : 33,9 %) ☞ p. 210.

MACRON (Emmanuel)

Candidat en 2017 (1er tour : 24 % ; élu au 2nd tour : 66,1 %) ☞ p. 218.

MADELIN (Alain)

Candidat en 2002 (3,9 %). Avocat. Né à Paris en 1946, Alain Madelin est fils d'un ouvrier chez Renault et d'une dactylo. Militant étudiant anticommuniste (FEN) ; l'un des fondateurs d'Occident. Adhère aux Républicains indépendants en 1968. Député d'Ille-et-Vilaine (1978-1986, 1988-1993 et 1995-2002). Ministre de l'Industrie (1986-1988), des Entreprises et du Développement économique (1993-1995), de l'Économie et des Finances (1995). S'est retiré de la scène politique en 2006. Divorcé, père de trois enfants.

MAMÈRE (Noël)

Candidat en 2002 (5,2 %). Né en 1948 à Libourne, Noël Mamère, fils de négociants en chaussures, a ses racines en Dordogne. Son nom est hérité d'un ancêtre, enfant trouvé en 1826 à Bordeaux et ainsi nommé pour être né le jour de la Saint-Mamère. Assistant à la faculté de Bordeaux. Journaliste (comme son frère Jean, décédé en 1995). Présentateur d'émissions télévisées. Élu suppléant de Gilbert Mitterrand, en 1988. Crée Génération Écologie avec Brice Lalonde en 1990, avant de fonder son propre parti en 1994. Député européen (1994-1997). Député de la Gironde (1997-2002). Maire de Bègles depuis 1989. Avocat (2008). Divorcé ; père d'un fils (avocat lui aussi).

MARCHAIS (Georges)

Candidat en 1981 (15,3 %). Né à La Hoguette (Calvados) en 1920, décédé en 1997, Georges Marchais était fils d'un ouvrier carrier (issu d'une lignée paysanne établie anciennement à Louverné, près de Laval). Mécanicien à l'usine aéronautique Voisin, à Issy-les-Moulineaux, puis à Augsbourg, chez Messerschmitt (épisode très controversé). Adhère au PCF en 1947. Secrétaire général (1972-1994). Député du Val-de-Marne (1973-1997). Père de trois filles d'un premier lit. Remarié après divorce, en 1977, avec Liliane Grelot (d'où un fils). A beaucoup marqué la scène politique, notamment par cette phrase, lors d'un débat télévisé : « Liliane, fais les valises, on rentre à Paris ! » (suite à une intervention de François Mitterrand, alors que le couple était en vacances en Corse). Il n'a en revanche jamais prononcé le célèbre : « Taisez-vous, Elkabbach ! », que lui a prêté, dans un sketch, l'humoriste Pierre Douglas.

MARCILHACY (Pierre)

Candidat en 1965 (1,7 %). Avocat. Né à Paris en 1910, décédé en 1987, Pierre Marcilhacy était issu d'une famille de la grande bourgeoisie, dont les ancêtres, marchands et notaires, étaient originaires de Saint-Côme-d'Olt, dans l'Aveyron. Candidat indépendant.

MÉGRET (Bruno)

Candidat en 2002 (2,3 %). Né en 1949, à Paris, Bruno Mégret est fils de haut fonctionnaire. Ingénieur des Ponts et Chaussées. Fonde en 1982 les Comités d'action républicaine. Adhère au FN en 1987 (directeur de la campagne de Jean-Marie Le Pen aux élections de 1988, puis n° 2 du parti). Scission en 1999 (fonde le Mouvement national républicain, MNR). Député de l'Isère (1986-1988). Député européen (1989-1999). En réserve de la vie politique depuis mai 2008. Marié, deux enfants.

MÉLENCHON (Jean-Luc)

Deux dois candidat, en 2012 (11,1 %) et 2017 (19,5 %) ☞ p. 237.

MITTERRAND (François)

Quatre fois candidat (1965 : 1er tour, 31,7 % – 2nd, 44,8 % ; 1974 : 1er tour, 43,2 % – 2nd, 49,1 % ; 1981 : 1er tour, 25,8 % – 2nd tour, 51,7 % ; 1988 : 1er tour, 34,1 % – 2nd, 54,2 %) ☞ p. 404-405.

MULLER (Émile)

Candidat en 1974 (0,7 %). Né en 1915 à Mulhouse, décédé en 1988, Émile Muller était fils de syndicaliste. Ouvrier typographe puis directeur d'imprimerie, adhéra au SFIO puis au PS, dont il refuse l'alliance avec le PC (il fondera le Mouvement démocrate socialiste en France en 1973). Député du Haut-Rhin (1958-1962, puis 1973-1981). Maire de Mulhouse (1956-1981).

NIHOUS (Frédéric)

Candidat en 2007 (1,1 %). Né en 1967 à Valenciennes, Frédéric Nihous, fils de dentiste et issu d'une lignée originaire de Belgique (connue à Liège, dès la fin du XVIIIe siècle) a aussi des ancêtres en France et en Pologne. Parcours : DEA en droit économique, DEA en défense. Juriste. Enseigne à la faculté de droit de Cambrai. Travaille dans plusieurs collectivités du Nord, puis des Pyrénées-Atlantiques. Permanent du RPR jusqu'en 1995. Assistant parlementaire de Jean Saint-Josse, auquel il succède à la tête de Chasse, Pêche, Nature et Traditions (CPNT) en 2008. Adjoint au maire de Baudreix (Pyrénées-Atlantiques). Conseiller régional d'Aquitaine (2010-2015) et depuis des Hauts-de-France (élu sur la liste de Xavier Bertrand). Divorcé et remarié, père de deux fils.

POHER (Alain)

Candidat en 1969 : 1er tour, 23,3 % - 2nd, 41,8 %. Né à Ablon-sur-Seine (Seine-et-Oise) en 1909, décédé en 1996, Alain Poher était fils d'ingénieur aux chemins de fer, petit-fils de chef de gare et arrière-petit-fils d'instituteur. Son arrière-arrière-grand-père, scieur de long, était né dans le Finistère (à Plougasnou, dans le Léon). Ingénieur des Mines. Secrétaire d'État (1948-1958). Sénateur du Val-de-Marne (1946-1995). Président du Sénat (1968-1992). Deux fois président de la République par intérim (1969, suite à la démission de Charles de Gaulle ; 1974, suite à la mort de Pompidou).

POMPIDOU (Georges)

Candidat en 1969 (1er tour, 44,7 % – 2nd, 58,2 %) ☞ p. 400.

POUTOU (Philippe)

Deux fois candidat, en 2012 (1,1 %) et 2017 (1 %) ☞ p. 286.

RENOUVIN (Bertrand)

Candidat en 1974 (0,1 %). Né en 1943, fils de Jacques Renouvin, héros de la Résistance, mort en déportation, membre de l'Action française. Patronyme porté par une famille originaire du Calvados. Royaliste depuis son adolescence. L'un des fondateurs de la Nouvelle Action royaliste.

ROCARD (Michel)
Candidat en 1969 (3,6 %) ☞ p. 422.

ROYAL (Ségolène)
Candidate en 2007 (1er tour, 25,8 % – 2nd, 46,9 %) ☞ p. 302.

ROYER (Jean)
Candidat en 1974 (3,1 %). Né en 1920 à Nevers, décédé en 2011, Jean Royer était fils d'employé de banque. Instituteur. Député d'Indre-et-Loire (1958-1973 ; 1976-1997). Maire de Tours (1959-1995). Ministre du Commerce et de l'Artisanat (1973-1974), des Postes (1974). Candidat de droite et de l'ordre moral.

SAINT-JOSSE (Jean)
Candidat en 2002 (4,2 %). Né en 1944, à Coarraze (Pyrénées-Atlantiques), fils de vendeur de vêtements. Directeur de NRJ-Pau. Adhère au RPR. Fondateur de l'Union de défense des chasses traditionnelles françaises, puis de Chasse, Pêche, Nature et Tradition (CPNT, 1989), qu'il préside de 1998 à 2008 (directeur de la campagne de Frédéric Nihous en 2007).

SARKOZY (Nicolas)
Deux fois candidat (2007 : 1er tour: 31,1 %, élu au second, avec 53 % ; 2012 : 1er tour : 27,1 %, 2nd tour : 48,3 %) ☞ p. 313.

SCHIVARDI (Gérard)
Candidat en 2007 (0,3 %). Né en 1950 à Narbonne, Gérard Schivardi, fils d'un maçon et petit-fils d'un immigré italien, a ses racines maternelles dans le Tarn. Parcours : CAP de maçon. Président du Syndicat des maçons de l'Aude. Membre du PS, puis cofondateur du Parti ouvrier européen. Conseiller général de l'Aude. Maire de Mailhac (Aude) depuis 2001. Marié et père de deux fils.

SEBAG (Jean-Claude)
Candidat en 1974 (0,1 %). Né en 1943, Jean-Claude Sebag, enseignant à Aix-en-Provence, a été soutenu par le Mouvement fédéraliste européen.

TAUBIRA (Christiane)
Candidate en 2002 (2,3 %). ☞ p. 325.

TIXIER-VIGNANCOUR (Jean-Louis)
Candidat en 1965 (5,2 %). Né en 1907 à Paris, décédé en 1989, Jean-Louis Tixier-Vignancour est le fils de Léon Tixier, médecin, issu d'une lignée originaire d'Auvergne (papetiers à Ambert, et avant de Saint-Martin-des-Olmes) et d'Andrée Vignancour (d'une famille de Pau, dont le père avait été

député et sénateur). Prend ce double nom comme nom d'usage, avant de se voir autorisé à le porter à l'état civil, en 1987. Avocat. Militant royaliste et d'extrême droite. Défend, en 1962, les membres de l'OAS (dont le général Salan) et plaide au procès de l'attentat du Petit-Clamart, en 1963. Parrain de Marie-Caroline Le Pen, la fille aînée de Jean-Marie et la sœur de Marine.

VILLIERS (Philippe de)

Candidat en 1995 (4,7 %) et 2007 (2,23 %). ☞ p. 343.

VOYNET (Dominique)

Deux fois candidate (1995 : 3,3 % ; 2007 : 1,5 %). Née en 1958 à Montbéliard (Doubs), fille d'un couple d'enseignants, elle a toutes ses racines dans le Haut-Doubs, les Voynet, longtemps bûcherons et colporteurs, ayant leur berceau dans le village d'Hauterive-la-Fresse, à la frontière suisse. Parcours : études de médecine, médecin anesthésiste à Dôle. Cofondatrice des Verts (1984). Conseillère municipale de Dôle, brièvement députée européenne (1991). Conseillère régionale de Franche-Comté (1992-1994). Députée du Jura (1997-2002). Conseillère générale du Doubs. Ministre de l'Environnement (1997-2001). Sénatrice de Seine-Saint-Denis (2004-2011). Maire de Montreuil (2008-2014). Porte-parole de la campagne d'Eva Joly (2012). Mère de deux filles : Marine Ronzani (1978, militante chez les *Verts*). Ancienne compagne du député écologiste Yves Cochet, ministre de l'Environnement de Lionel Jospin.

WAECHTER (Antoine)

Candidat en 1988 (3,7 %). Né à Mulhouse en 1949, fils d'un boucher-charcutier, Antoine Waechter, ingénieur écologue, a milité très tôt pour la défense de la nature. L'un des porte-parole des Verts, dès leur fondation, en 1984. Fonde en 1994 le Mouvement écologiste indépendant. Député européen (1989-1991). Annonce en septembre 2021 sa candidature à l'élection présidnetielle. Marié, deux enfants.

LES 24 PREMIERS MINISTRES DE LA Ve RÉPUBLIQUE

On compte vingt-quatre Premiers ministres depuis 1958, dont trois seulement n'avaient jamais été ministres : Georges Pompidou, Pierre Mauroy et Jean-Marc Ayrault.

Le plus jeune a été Laurent Fabius (37 ans).

Maurice Couve de Murville et Édith Cresson le furent le moins longtemps (11 mois, suivis de Pierre Bérégovoy : 1 an), la palme de la longévité revenant à Georges Pompidou (6 ans) et Raymond Barre (5 ans, comme sans doute François Fillon, seul Premier ministre unique d'un mandat présidentiel).

Pour mémoire, sous la IIIe République, plusieurs Premiers ministres avaient fait d'éphémères apparitions : Georges Bonnet (3 jours, du 15 au 18 janvier 1938) et Fernand Bouisson (6 jours, du 1er au 7 juin 1935).

Premiers ministres de Charles de Gaulle

– Michel Debré (9 janvier 1959 - 14 avril 1962) ☞ p. 421.
– Georges Pompidou (14 avril 1962 - 10 juillet 1968) ☞ p. 400.
– Maurice Couve de Murville (10 juillet 1968 - 21 juin 1969) ☞ p. 421.

Premiers ministres de Georges Pompidou

– Jacques Chaban-Delmas (21 juin 1969 - 5 juillet 1972) ☞ p. 410.
– Pierre Messmer (5 juillet 1972 - 27 mai 1974) ☞ p. 421.

Premiers ministres de Valéry Giscard d'Estaing

– Jacques Chirac (27 mai 1974 - 25 août 1976) ☞ p. 403.
– Raymond Barre (25 août 1976 - 21 mai 1981) ☞ p. 408.

Premiers ministres de François Mitterrand

– Pierre Mauroy (21 mai 1981 - 17 juillet 1984) ☞ p. 422.
– Laurent Fabius (17 juillet 1984 - 20 mars 1986) ☞ p. 131.
– Jacques Chirac (cohabitation) : (20 mars 1986 - 9 mai 1988) ☞ p. 403.
– Michel Rocard (9 mai 1988 - 15 mai 1991) ☞ p. 422.
– Édith Cresson (15 mai 1991 - 2 avril 1992) ☞ p. 422.
– Pierre Bérégovoy (2 avril 1992 - 29 mars 1993) ☞ p. 422 .
– Édouard Balladur (cohabitation) : (29 mars 1993 - 18 mai 1995) ☞ p. 423.

Premiers ministres de Jacques Chirac

– Alain Juppé (18 mai 1995 - 2 juin 1997) ☞ p. 173.
– Lionel Jospin (cohabitation) : (2 juin 1997 - 6 mai 2002) ☞ p. 423.
– Jean-Pierre Raffarin (6 mai 2002 - 31 mai 2005) ☞ p. 423.
– Dominique de Villepin (31 mai 2005 - 15 mai 2007) ☞ p. 424.

Premiers ministres de Nicolas Sarkozy :

– François Fillon (17 mai 2007 - 14 mai 2012) ☞ p. 141.

Premiers ministres de François Hollande :
– Jean-Marc Ayrault (15 mai 2012 - 31 mars 2014) ☞ p. 424.
– Manuel Valls (31 mars 2014-6 décembre 2016) ☞ p. 330.
– Bernard Cazeneuve (6 décembre 2016-15 mai 2017) ☞ p. 90.

Premiers ministres d'Emmanuel Macron :
– Édouard Philippe (15 mai 2017-3 juillet 2020) ☞ p. 270.
– Jean Castex (depuis le 3 juillet 2020) ☞ p. 87.

*

Michel Debré : né à Paris en 1912, décédé en 1996, issu d'une vieille lignée juive originaire de Bavière, nommée autrefois Horburger et établie à Westhoffen, dans le Bas-Rhin, où ses membres ont choisi en 1808 de se nommer ainsi. Ancêtres marchands de blé puis rabbins. Optent pour la France en 1870, pour donner de grands médecins parisiens (Robert, père de Michel). Parcours : docteur en droit. Sénateur d'Indre-et-Loire (1948-58). Garde des Sceaux (1958-59). Père de la Constitution de 1958. Premier ministre (1959-62). Ministre de l'Économie et des Finances (1966-68), des Affaires Étrangères (1968-69), de la Défense (1969-73). Député de la Réunion (1963-88). Maire d'Amboise (1966-1989). Député européen (1979-80). Marié avec Anne-Marie Lemaresquier et père de quatre fils, dont deux jumeaux : Bernard, chirurgien urologue et député UMP de Paris (1944-2020), et Jean-Louis, député de l'Eure, ministre de l'Intérieur, président de l'Assemblée nationale puis du Conseil constitutionnel.

Maurice Couve de Murville : né à Reims en 1907, décédé en 1999, fils de magistrat (né Couve, a fait rectifier son nom en Couve de Murville en 1925). Famille d'ancienne bourgeoisie protestante des Cévennes (ancêtres tisserands à Alzon, dans le Gard), d'abord établie à Montpellier (tailleurs), puis en Provence. Ministre des Affaires étrangères (1958-1968), de l'Économie (1968). Premier ministre (1968-1969). Marié à Jacqueline Schweisguth, artiste peintre, descendante, par sa mère, de Guizot, ministre de Louis-Philippe. Père de trois filles.

Pierre Messmer : né en 1916 à Vincennes, décédé en 2007, fils d'un industriel, issu d'une famille alsacienne ayant opté pour la France en 1871 (ancêtres originaires de Trimbach, à l'extrême nord-est de l'Alsace, près de la frontière allemande). Engagé dans les Forces françaises libres, puis administrateur colonial, sera directeur de cabinet de Gaston Defferre, ministre de la France d'Outre-mer, en 1956. Ministre des Armées (1960-1969), des Départements et Territoires d'outre-mer (1971), puis Premier ministre (1972-1974). Député de la Moselle (1968 ; 1973 ; 1978-1988). Académie française (1999). Marié à Gilberte Duprez, surnommée « Messmeralda ». Remarié en 1999. Sans enfants.

Pierre Mauroy : né en 1928 à Cartignies (Nord), décédé en 2013, fils d'instituteur, issu d'une lignée très modeste (grand-père et arrière-grand-père bûcherons), originaire de Saint-Amand-les-Eaux. Professeur d'enseignement technique, militant à la SFIO dès 1966. Maire de Lille (1973-2001). Député du Nord (1973-1981 ; 1986-1992). Président du conseil régional Nord-Pas-de-Calais (1974-1981). Premier ministre (1981-1984). Premier secrétaire du PS (1988-1992). Sénateur depuis 1992. Marié avec Gilberte Deboudt. Un fils (Fabien, 1956, ingénieur).

Michel Rocard : né en 1930 à Courbevoie, décédé en 2016, fils d'Yves, grand résistant, grand physicien et inventeur prolifique, et de Renée Favre. Famille originaire de Haute-Marne (berceau à Vaux-sous-Aubigny). Grand-père et arrière-grand-père officiers (le premier tué en 1918 ; le second suicidé pour une affaire d'honneur). Parcours : Sciences Po, Ena. Inspecteur des Finances. Participe à la fondation du PSU (1960). Entre au PS en 1974. Député, puis sénateur des Yvelines. Maire de Conflans-Sainte-Honorine (1977-1994). Ministre du Plan et de l'Aménagement du territoire (1981-1983), de l'Agriculture (1983-1985). Premier ministre (1988-1991 : RMI, CSG, accords de Matignon sur la Nouvelle-Calédonie, taxe carbone). Premier secrétaire du PS (1993-1994). Député européen (1994-2009). Marié trois fois (Geneviève Poujol, Michèle Legendre et Sylvie Pélissier). Quatre enfants, dont Francis (1957, astrophysicien) et Loïc (1974, polytechnicien, conseiller de Manuel Valls).

Édith Cresson : née à Boulogne-Billancourt en 1934, Édith Campion, fille d'un inspecteur des finances et petite-fille d'un centralien, est issue d'une lignée paysanne originaire de Beuzeville, dans l'Eure. HEC, docteur en démographie. Participe en 1965, grâce à une amie, à la campagne de François Mitterrand, qu'elle suivra au PS. Député de la Vienne (1981-1986 ; 1986-1988). Ministre de l'Agriculture (1981-1983), du Commerce extérieur et du Tourisme (1983-1984), du Redéploiement industriel (1984-1986), des Affaires européennes (1988-1990). Premier ministre (1991-1992 : première femme Premier ministre et la seule à ce jour). Commissaire européenne (1994-1999). Maire de Châtellerault (1983-1997). Mariée, en 1959, avec Jacques Cresson, directeur de l'exportation de Peugeot (descendant d'un préfet de police parisien). Deux filles, dont Alexandra, mariée au producteur et acteur de cinéma Alain Rocca.

Pierre Bérégovoy : né en 1925 à Déville-lès-Rouen, décédé en 1993 (suicide, à Nevers), fils d'Adrien, Ukrainien, capitaine blanc et menchevik né à Izioum, parti pour gagner l'Amérique, passé par la France, où il fit la connaissance de sa femme (Irène Baudelin) et s'installa à Elbeuf, pour y tenir un café-épicerie. Décédé jeune, son fils devra arrêter ses études. Certificat d'études. CAP d'ajusteur. Travaille dès l'âge de 16 ans, puis entre comme cheminot à la SNCF. Résistant. Adhère à la SFIO (1946). Participe à la fondation du PSU. Adhère au PS en 1969. Secrétaire général de l'Élysée (1981-1982). Maire de Nevers (1983-1988 ; 1988-1993). Député de la

Nièvre (1986-1993). Ministre des Affaires sociales (1982-1984), de l'Économie (1984-1986 ; 1988-1992). Premier ministre (1992-1993). Marié avec Gilberte Bonnet. Trois enfants (dont une fille, Catherine, épouse Cottineau, élue à Clichy). Un frère (Michel), ancien député socialiste de Seine-Maritime (lui-même père de Jean-Michel, époux de Véronique, élus Verts).

Édouard Balladur : né en 1929 à Smyrne (Turquie), fils de Pierre, banquier, et d'Émilie Latour. Famille aux origines mal connues : établie à Smyrne vers 1740, ses membres, reconnus comme sujets français, y étaient devenus des négociants prospères, avant de quitter la Turquie au lendemain de la Grande Guerre. Racines maternelles marseillaises. Parcours : Sciences Po Paris. Ena. Conseiller d'État. Secrétaire général de l'Élysée, sous Pompidou, puis carrière dans le privé. Ministre des Finances (1986-1988). Premier ministre (cohabitation avec F. Mitterrand : 1993-1995). Candidat à la présidentielle de 1995 (3e avec 18,5 %). Député de Paris (1986, 1988-1993, 1995-2007). Conseiller de Paris (1989-2008). Marié avec Marie-Josèphe Delacour et père de quatre fils.

Lionel Jospin : né en 1937 à Meudon, fils de Robert, instituteur, et de Mireille Dandieu, sage-femme. Famille paternelle originaire de Belgique (Montignies-sur-Roc), venue vers 1820 à Bertry, en Cambrésis. Famille maternelle du Lot-et-Garonne. Parcours : Sciences Po Paris, Ena. Diplomate au Quai d'Orsay. Professeur d'économie. Rejoint le PS en 1971. Premier secrétaire du PS (1981-1988 et 1995-1997). Député de Paris, puis de Haute-Garonne. Député européen. Ministre de l'Éducation nationale (1988-1992), candidat à l'élection présidentielle de 1995. Premier ministre (cohabitation avec J. Chirac : 1997-2002). Candidat à la présidentielle de 2002. Membre du Conseil constitutionnel, depuis 2014. Marié deux fois (Élisabeth Dannenmuller, psychosociologue, et Sylviane Agacinski, philosophe (sœur de l'actrice Sophie Agacinski, elle-même épouse de l'acteur et humoriste, Jean-Marc Thibault). Un fils et une fille. Un demi-frère, Mowgli Jospin, jazzman à La Nouvelle-Orléans.

Jean-Pierre Raffarin : né à Poitiers en 1948, fils de Jean, propriétaire exploitant agricole, député-maire et ancien secrétaire d'État à l'Agriculture sous la IVe République, et de Renée Michaud. Racines à 100 % poitevines (lignée Raffarin ayant sa souche à Naintré), offrant des cousinages avec Marie-France Garraud, Julien Clerc, Jean-Pierre Foucault… Parcours : École supérieure de commerce de Paris. Directeur marketing chez Jacques Vabre. Conseiller technique au cabinet de Lionel Stoléru (1976-1981). Président du Crédit immobilier de Poitou-Charentes. Membre des Jeunes giscardiens. Président du conseil régional de Poitou-Charentes (1988-2002). Député européen (1989-1995). Ministre des PME, du Commerce et de l'Artisanat (1995-1997). Sénateur de la Vienne (1997-2002 et 2005-2017). Premier ministre (2002-2005). Président par intérim de l'UMP (2014). Marié et père d'une fille.

Dominique de Villepin : né à Rabat en 1953, fils de Xavier, industriel et sénateur des Français de l'étranger, et d'Yvonne Hétier. Famille paternelle, de son nom complet Galouzeau de Villepin. Non noble. Ancêtres de l'Yonne : Galouzeau connus dès 1630 à Savoisy, ayant migré dans les Vosges, où ils deviennent Galouzeau de Villepin, avec un aïeul capitaine général des Fermes du roi (gabelles) à Gérardmer (1778). Belles alliances (Blair, Crolbois). Nombreux officiers. Blason des Crolbois. Nombreux cousinages (neveu de la dernière épouse de Chaban-Delmas et cousin germain de l'ex-ministre Frédéric de Saint-Sernin, un temps compagnon d'Aurélie Filippetti. Parcours : double licence en Lettres et en Droit. Adhère au RPR en 1977. Sciences Po Paris. Ena. Carrière de diplomate. Directeur de cabinet d'Alain Juppé, au Quai d'Orsay. Secrétaire général de l'Élysée (1995-2002). Ministre des Affaires étrangères (2002-2004), de l'Intérieur (2004-2005). Premier ministre (2005-2007). Avocat au barreau de Paris, puis conférencier et avocat international. Relaxé en 2011 dans le procès Clearstream. Marié avec Marie-Laure Le Guay (née en 1962, sculptrice, sous le nom de Marie-Laure Viébel, rencontrée dans un bus parisien de la ligne 84, fille d'un agent de change, d'une famille de noblesse d'Empire). Séparation annoncée en 2011. Trois enfants : Marie (1986, mannequin, actrice et chanteuse, sous le pseudonyme de Marie Steiss et amie de l'actrice américaine Amber Heard) ; Arthur (1988 ; dans les vins, à Hong-Kong) ; Victoire (1990, HEC).

Jean-Marc Ayrault : né à Maulévrier (Maine-et-Loire) en 1950, fils de Joseph, ouvrier, et de Georgette Uzenot, couturière. Racines paternelles vendéennes (lignée Ayrault originaire de Saint-Pierre-des-Échaubrognes, Deux-Sèvres), connue depuis Vincent Ayrault, né vers 1680. Racines maternelles en Bretagne (région de Pontivy). Adhère au PS (1972, section de Saint-Herblain). Professeur d'allemand au collège de Saint-Herblain, dont il devient maire, de 1977 à 1989. Député de Loire-Atlantique (1986-2012 et 2014-2016). Président du groupe socialiste, à l'Assemblée nationale (1997-2012). Maire de Nantes (1989-2012) et président de Nantes métropole (2001-2012). Premier ministre (2012-2014). Ministre des Affaires étrangères et du Développement international (2016-2017). Marié en 1971 avec Brigitte Terrien, professeur de français. Deux filles.

EXPLICATIONS ET RÉFÉRENCES

MODES D'INVESTIGATION, PARTENAIRES, OUTILS DE TRAVAIL

MODES D'INVESTIGATION

Ce livre a été réalisé à partir de différentes approches, faisant appel à autant de spécialistes.

Anthroponymie

• Les **prénoms** ont fait l'objet d'une analyse étymologique. Tout prénom a en effet un sens originel, généralement oublié, et qui ne saurait décrire ses porteurs actuels. Si Claude vient d'un terme latin signifiant « boiteux » (penser à notre verbe « claudiquer ») et qu'un homme ainsi prénommé le soit, ce ne peut être que pure coïncidence...

L'étude de leur fréquence et de leur cycle de vie renseigne parfois sur le milieu social : les modes sont généralement lancées par les cadres et les bourgeois, pour n'arriver souvent dans les milieux modestes que lorsque les premiers les ont délaissées. Ainsi, les Nathalie nées dans les années 1950 étaient plutôt des filles de cadres, celles nées dans les années 1960 des filles d'ouvriers et celles nées après issues de milieux souvent « à la traîne ».

• Les **noms de famille** ont fait l'objet d'études diverses, notamment étymologiques, selon les méthodes de l'anthroponymie, qui est la science des noms propres de personnes.

En France, les noms de famille se sont spontanément dégagés entre les XIe et XIIIe siècles. Jusqu'alors, nos ancêtres ne portaient qu'un seul nom : un nom de baptême. Une longue période de croissance ayant provoqué ce que l'on nommerait aujourd'hui un « grand boom démographique », les homonymes (Pierre, Jean, Guillaume, etc.) étaient devenus si nombreux au sein de chaque communauté (paroisse, village, seigneurie...) que l'on vit apparaître des surnoms destinés à les résoudre et à différencier Jean « le roux » de Jean « boucher ». Ces surnoms se sont peu à peu fixés et transmis pour donner nos noms de familles, longtemps dénués de toute orthographe et qui se déformeront souvent au fil des siècles.

Le nom de famille n'avait donc à l'origine qu'un sens individuel, pour avoir surnommé un individu. Il va de soi que, huit à neuf siècles plus tard, il ne saurait indiquer quoi que ce soit relativement à ses porteurs actuels. Un blond se nommera Leroux et un boulanger Boucher, pour avoir hérité ces noms, le premier d'un très lointain ancêtre aux cheveux roux, le second d'un lointain ancêtre boucher. Porter en 2022 le patronyme Cocu ou Vaillant ne signifie donc nullement qu'on le soit...

A également été prise en compte la fréquence du nom, parfois génératrice d'anonymat (☞ p. 357).

Généalogie

Très à la mode depuis les années 1980, la généalogie fait appel à des méthodes de travail précises, permettant de reconstituer et de remonter des filiations, en exploitant divers documents d'archives. Les principaux sont les actes d'état civil, conservés dans les mairies et les dépôts départementaux d'archives, accessibles, au terme de la loi actuelle (revue en 2008), dès lors qu'ils datent de plus de soixante-quinze ans (pour les actes de naissances et de mariages, sans délai pour ceux de décès). Mais le généalogiste doit aussi souvent rechercher d'autres sources (recensements, listes électorales, rôles d'impôts… et les archives notariales, qui lui offriront notamment des contrats de mariage et des inventaires après décès).

Il travaillera principalement dans deux directions : généalogie *ascendante*, lorsqu'il recherche des ancêtres, ou *descendante*, lorsqu'il recherche des cousins.

Pour bien comprendre son apport, il faut avoir à l'esprit :

– que tout individu est le résultat d'une construction aux règles impressionnantes, puisque « fabriqué » par deux parents, qui en avaient eux-mêmes deux et ainsi de suite, d'où quatre grands-parents, huit arrière-grands-parents, seize arrière-arrière-grands-parents, 32, 64, 128, 256, 512…, soit des milliers et des millions d'ancêtres. Sachant que les archives françaises – les plus riches et les plus anciennes au monde – permettent pour la plupart des familles, même modestes, de remonter dans la bonne moyenne jusqu'au milieu du XVIIe siècle, nous nous retrouvons tous avec deux à cinq mille ancêtres identifiables ;

– que, selon les cas, notamment suite aux grands brassages du XXe siècle, ces ancêtres seront plus ou moins dispersés géographiquement (par exemple, un père breton, une mère picarde et huit arrière-grands-parents nés dans cinq régions différentes) et souvent socialement…

Trouver une parenté entre deux personnes natives d'un même secteur géographique (originaires par exemple de la région de Cintegabelle ou de celle de Château-Salins) est presque inévitable, puisque chacune y ayant, sous Louis XIV, des milliers d'ancêtres identifiables, soit l'équivalent de la moitié ou du quart de ce que la région comptait alors d'habitants, plusieurs de ces ancêtres sont forcément les mêmes, d'où des liens de parentés oubliés souvent depuis deux bons siècles !

Parallèlement, ces ancêtres divers et variés n'en ont pas moins « écrit » autant de sagas familiales, susceptibles d'avoir marqué leurs descendants, surtout de la part des générations récentes. D'où une autre discipline scientifique : la psychogénéalogie qui, en marge de la généalogie *stricto sensu*, étudie ces influences, que chacun de nous subit souvent de façon inconsciente.

PARTENAIRES ET OUTILS DE TRAVAIL

Magazine numéro 1 dans son domaine, ***La Revue française de généalogie*** accompagne à tous niveaux les chercheurs. Elle leur prodigue des conseils et les informe de l'évolution des outils de travail. Elle propose à la fois des articles sur les méthodes et les sources (histoire des familles, anciens métiers, paléographie, informatique et Internet, origines des noms de famille, fonds et archives en ligne, entraide), rédigés par les meilleurs spécialistes, avec Jean-Louis Beaucarnot comme conseiller à la rédaction.

Bimestrielle, disponible dans tous les kiosques, elle peut aussi se découvrir sur son site, très complet et interactif, présentant l'actualité généalogique et les bonnes adresses : rfgenealogie.com.

• **GeneaNet** : le site généalogique incontournable, surtout pour sa base en ligne de près de 7 milliards de références, avec notamment plus d'un million et demi d'arbres en ligne, en accès totalement gratuit, interrogeables via des formulaires de requêtes affinés offerts aux membres de son « Club premium » : www.geneanet.org.

• **Filae** : avec ses arbres en ligne et surtout son incomparable et incontournable base d'actes en ligne, avec indexations des actes d'état civil du XIXe siècle, pour presque toute la France, et de ceux du XVIIIe siècle, pour un tiers des départements, à quoi s'ajoutent de très nombreuses et très riches autres bases, donnant au total plus de 2,3 milliards d'« événements » : www.filae.com

Sans oublier :
– **GeneaBank** : plus de 112 millions d'actes disponibles (www.geneabank.org).
– **Mémoire des hommes**, site institutionnel, spécialisé sur les guerres (www.memoiredeshommes.sga.defense.gouv.fr).
– **GeneaStar** (www.geneastar.org), site satellite de Geneanet, proposant des généalogies de personnes célèbres d'hier et d'aujourd'hui.

Enfin les nombreux sites d'archives en ligne (proposant notamment l'état civil de 95 % de nos départements, en accès totalement gratuit).

REMERCIEMENTS

Jean-Louis Beaucarnot remercie tous ceux et toutes celles qui l'ont aidé, trop nombreux pour pouvoir le faire nominativement : tant ses confrères et consœurs généalogistes que journalistes, les très nombreux employés des dépôts d'archives et des mairies, ainsi que ses interlocuteurs aux Éditions de l'Archipel et plusieurs de ses proches, pour leur aide, leur patience et leurs avis.

Avec mention particulière pour Jean-François Arly, Julien B. T., Jean Debrit, Alexis Dhuyvetterre, Marie-Hélène Leray, Jean-Claude Michon, Didier Ramelet-Stuart, et bien sûr Frédéric Dumoulin.

Cet ouvrage a été composé
par Atlant'Communication
au Bernard (Vendée)

Impression réalisée par

NORMANDIE ROTO IMPRESSION S.A.S.
à Lonrai

en janvier 2022
pour le compte des Éditions de l'Archipel
département éditorial
de la S.A.S. Écriture-Communication

Imprimé en France
N° d'impression : 2106865
Dépôt légal : janvier 2022